예비신자 교리서

사랑의 공동체

교사 교안집 부록

예비신자 교리서

사랑의 공동체

교사 교안집 부록

차례

개요	9
함께하는 시작	11
선발예식	14
변화된 삶 (피정)	17
신비 교육 기간	28
첫고해 준비	30
첨부 1,2 (활동 1, 2)	35
첨부 3 (11과 – 예수님의 프로필)	37
첨부 4 (15과 – 삼위일체 십자가)	38
첨부 5 (17과 – 나의 십계명)	39
첨부 6 (21과 – 은총으로 천국을)	40
첨부 7 (활동 3)	41
첨부 8 (22과 – 성소 이야기)	42
첨부 9 (22과 – 복자 황일광 시몬)	43

개요

1. 예비신자 이전 기간

예비신자를 모집하여 교리반이 구성되면 바로 환영식을 갖는 것이 오늘날의 통례이다. 하지만 이들은 가톨릭에 대한 이해가 전무한 상태이기 때문에 하느님에 대한 생각을 정리하고, 하느님과의 관계를 어떻게 맺을 수 있는가에 대해 가르치는 기도, 하느님의 구원 업적을 기리는 미사의 의미, 하느님 말씀이 담긴 성경에 대한 기본적 가르침을 받고 환영식에 임해야 한다. 그래야 이들은 세상의 가치를 따르는 삶을 끊어 버리고, 새로운 가르침을 주는 하느님의 말씀에 귀 기울이겠다는 약속을 할 수 있다. 1~4과의 내용을 배우면서 이들은 사랑의 공동체를 이루고 계시며, 그 사랑으로 인간을 사랑하시는 하느님에 대해 배우게 될 것이다. 그리고 그 공동체성이 우리를 살리는 영생의 길임을 깨닫고 자발적으로 하느님의 가르침에 따르며, 새로운 삶을 살고자 하는 자신의 결심을 다짐하게 될 것이다.

2. 받아들이는 예식

1) **환영식** : 하느님에 대한 기본적 가르침을 받은 이들은 교회의 일원이 되기 위한 예비신자 기간을 시작할 결심을 하고, 교회 공동체는 환영식을 통해 이들의 결심을 축복하고 격려한다. 집전자는 후보자들을 호명하고, 그들이 교회 공동체에서 무엇을 원하는지 질문한다. 후보자들은 교회 공동체에서 신앙을 청하고 공동체 생활을 원한다고 대답한다.

2) **성경 수여식** : 하느님 말씀을 생명의 말씀으로 받아들여 말씀에 맛 들이고, 말씀을 살아 낼 결심과 고백을 하면서 후견인이나, 인도한 사람(없을 경우 구역장이나, 반장, 혹은 선교분과장)의 손을 통하여 성경을 전달받는다. 후보자들은 성경을 하느님의 살아 있는 말씀임을 믿고, 그 말씀대로 살겠다는 다짐을 한다.

3. 선발예식

1) **선발예식** : 12주간의 예비신자 기간 동안 배우고 익힌 진리를 기꺼이 받아들이고, 하느님의 자녀로 새롭게 태어날 준비가 된 이들을 호명하여 선발한다. 사제는 이들의 명단을 받아 그것에 서명하고, 제단에 놓음으로써 이들의 결심을 미사성제와 합하여 봉헌한다. 예비신자 성유를 도유함으로써 선발된 이들에게 지위를 부여한다. 또한 예비신자 기간을 거쳐 정화와 조명의 단계로 접어들면서 천상 교회의 보호를 입기 위해 세례명 명명식을 갖는다. 세례식을 통해 받게 될 이름을 미리 받아 성인의 통공을 힘입어 입교예식을 잘 준비하도록 돕는다.

2) **신경 수여식과 수락식** : 오랜 교회의 역사 속에서 성경을 바탕으로 체험되고 정리된, 교회 공동체가 믿는 바에 대한 내용이 담긴 '신경 수여식' 을 통해 예비신자 기간 동안 배운 내용을 받아들일 마음의 준비가 되어 있는지 확인하고 신경을 수여한다. 이어서 신경의 내용을 믿고 따르겠다는 결심과 함께 신경을 바침으로써 공적으로 수락한다.

4. 입교예식(세례식)

5. 신비 교육 기간

세례식 이후 한 달 동안 각자 신앙생활을 몸에 익힌 후 그 기간 동안 체험한 하느님의 섭리적 돌보심을 서로 나눈다. 기도와 신앙에 생활이라는 말이 붙는 의미를 알아야 한다. 생활의 속성은 연속성이다. 인간의 일상적 활동들에 연속성이 결여되면 문제가 발생한다. 동일하게 신앙과 기도에 '생활' 이라는 말이 붙는 의미도 일상생활과 같다. 그런 의미에서 기도 생활과 신앙생활이 연속성을 지니는지 함께 이야기하며 자신의 신앙을 굳건히 한다.

6개월 과정의 수업 목록

단계별 기간	과	제목
예비신자 이전 기간 4주	1	오, 좋으신 하느님
	2	하느님과 우리를 이어 주는 기도
	3	하늘나라 신비를 기념하는 미사
	4	하느님 말씀이 담긴 성경
받아들이는 예식		환영식, 성경 수여 예식
예비신자 기간 12주	5	하느님 사랑으로 태어난 이 세상
	6	하느님과의 약속을 어긴 첫 사람
	7	하느님께서 해방시켜 주신 이스라엘 백성 I (성조사)
	8	하느님께서 해방시켜 주신 이스라엘 백성 II (이스라엘 왕정 시기)
	9	하느님께서 우리에게 오신 성탄
	10	예수님께서 보여 주신 하느님 나라
	11	우리를 구원한 예수님의 십자가
	12	우리는 믿습니다, 예수님 부활
	13	성령의 강림으로 드러난 교회
	14	교회 가족과 어머니이신 마리아
	15	우리를 지켜 주는 십계명
	16	예수님께서 주신 사랑의 계명
선발예식		선발예식, 신경 수여식과 수락 예식
정화와 조명의 기간 8주	17	하느님 은총의 표지인 성사
	18	세례성사와 견진성사
	19	성체성사와 선교
	20	서로 화해시켜 주는 고해성사
	21	혼인성사, 성품성사, 병자성사
	22	한국 천주교회사
	23	그리스도인의 권리와 의무
	24	피정 또는 성지순례
입교예식		세례식
신비 교육		내가 체험한 하느님

함께하는 시작

| 준비물 | 교사용 첨부(명함 만들기 10쪽) 개인별로 복사해서 준비한다. |

성당에서 미사 중 교회 공동체와 함께 간략한 인사를 한다. 그 후 각 반 교리실로 가서 함께 동반할 교사와 예비신자들이 서로를 소개하는 시간을 갖는다.

● 안녕하세요? 저는 여러분을 동반할 교리교사 OOO입니다. 보통 첫 만남에서 우리는 자신을 소개하는 시간을 갖습니다. 오늘은 특별히 각자의 명함을 만들어 보면서 소개의 시간을 가져 보겠습니다. 일반 명함과는 조금 다른 내용입니다.

작업하는 동안 조용한 음악을 틀어 줘도 좋다.

● 이제 각자가 만든 명함을 옆 사람에게 주면서 내용을 함께 나누어 보겠습니다. (나눌 시간을 충분히 준다.)

● 충분히 이야기를 나누셨나요? 이제 우리 모두에게 소개하는 시간을 갖겠습니다. 각자 자신이 아니라 방금 이야기를 나눈 분의 명함을 소개하겠습니다.(소개하는 시간을 가짐)

● 세상에서 통용되는 명함엔 나의 이름과 연락처, 그리고 직위 등이 적혀 있습니다. 그러나 그리스도인의 명함은 좀 다릅니다. 하느님께서 나를 만나면 무엇을 묻고 싶어 하는지에 대한 질문에 답했고, 그것으로 나를 소개했습니다. 우리는 이제 이 공동체 안에서 다른 가치들로 세상을 사는 법을 배우고, 그 삶을 살아갈 힘을 얻게 될 것입니다. 여러분은 그것을 기대하기 때문에 이 과정을 시작하는 것이라 생각합니다.

또한 우리가 알고자 하는 하느님은 인간과 인격적 관계를 맺기를 원하시는 분이시기에 우리 사이의 관계 맺음도 무척 중요합니다. 그래서 나의 소개를 내가 하는 것이 아니라 나와 오늘 이 시간을 통해 관계 맺은 내 옆 사람이 한 것입니다.

아직 여러분께서 잘 알지 못하는 하느님께서는 좋으신 분이심으로 우리가 그렇게 살 수 있는 은총을 풍부히 주십니다. 교리 첫 시간에 우리는 좋으신 하느님을 공부하게 될 것입니다.
주님 은총 속에 한 주간 잘 보내시고, 다음 시간에 기쁜 얼굴로 뵙겠습니다. 오늘 수고 많으셨습니다.

명함

★ 내 이름은 무엇입니까?

★ 내가 가장 자랑스러운 순간은 언제입니까?

★ 내가 가장 사랑한 사람은 누구였습니까?

★ 나에게 가장 가치 있는 것은 무엇입니까?

명함

★ 내 이름은 무엇입니까?

★ 내가 가장 자랑스러운 순간은 언제입니까?

★ 내가 가장 사랑한 사람은 누구였습니까?

★ 나에게 가장 가치 있는 것은 무엇입니까?

받아들이는 예식

후보자들은 후견인 혹은 인도자와 더불어 성당 앞자리에 앉거나, 집전자와 더불어 행렬을 하게 될 경우 성당 문 밖에 자리한다. 자리의 배치는 후보자들 뒤로 후견인, 혹은 인도자가 앉도록 하며, 행렬은 후보자들만 한다. 이 예식은 교중 미사 중에 행할 것을 권한다.

미사 전 해설

● 오늘 미사는 4주간의 예비신자 이전 기간을 마친 예비신자 후보들의 환영식과 성경 수여식이 있는 뜻깊은 날입니다. 예비신자 이전 기간 동안 배우게 된 좋으신 하느님의 사랑을 받아들일 준비가 된 이들을 교회는 그리스도의 이름으로 교회 공동체 안에 받아들이게 됩니다. 더불어 하느님 말씀이 담긴 성경 수여식을 통해 성경에 맛 들이고, 하느님 말씀을 살아갈 능력을 가꾸는 예비신자 기간을 맞이하게 될 것입니다. 모두 일어서시어 입당성가 00을 부르겠습니다.

첫 인사

사제는 후보자들을 환영하는 인사를 한다. 또한 4주간의 예비신자 이전 기간을 통해 배워 익힌 하느님 사랑을 이 예식을 통해 받아들이기를 권고한다.

환영식

환영식은 강론 이후 시작한다. 환영식 해설은 선교분과장이 할 수도 있다.

● 지금부터 예비신자 환영식을 시작하겠습니다. 먼저 후보자의 이름을 호명할 것입니다. 후보자들은 "**예, 주님 제가 여기 있습니다.**" 하고 대답하면서 자리에서 일어나 제대 앞으로 나와 주십시오.
- 이름 호명

● 000 형제/자매
⊙ "예, 주님 제가 여기 있습니다."

✢ 여러분은 하느님의 교회에서 무엇을 배우기를 원합니까?
⊙ 하느님의 거룩한 교회에서 사랑의 공동체 생활을 배우고 익히기를 원합니다.

✢ 하느님의 가르침이 여러분에게 새로운 삶을 살도록 해 줄 것을 믿습니까?
⊙ 네, 믿습니다.

✢ 세상의 가치를 따르던 삶을 포기하고, 영원한 생명을 주는 하느님의 가치를 받아들이고 살아갈 것을 약속합니까?
⊙ 네, 약속합니다.

✝ 일상에서 주님과 만나고, 그 뜻을 찾는 기도 생활에 성실할 것을 약속합니까?
◉ 네, 약속합니다.

✝ 나는 교회를 세우시고, 가꾸어 가시는 그리스도의 뜻을 잇는 사제직의 권한으로 여러분을 교회 공동체에 받아들이고 공동체 생활을 익히며, 자신을 정화해 가도록 도울 것입니다.
◎ 하느님 감사합니다.

● 이제 사제는 하느님의 사람으로 살아갈 것을 약속한 후보자들의 감각 기관을 축복하는 예절을 시작하십니다. 후보자들은 모두 뒤를 돌아서 주십시오. 후보자들의 후견인들과 인도자들은 모두 후보자들 앞으로 서 주십시오. 그리고 사제께서 말씀하시는 몸의 기관에 후견인들은 십자표를 해 주십시오.

✝ 친애하는 입교 후보자 여러분, 여러분들의 생활이 그리스도인답기 위해 여러분의 감각 기관에 십자표를 그어 축복할 것입니다. 십자표는 우리를 구원하신 그리스도의 십자가를 내 몸에 놓아 그것으로 구원에 이를 수 있다는 표지입니다.

✝ 하느님의 구원 역사를 듣고, 이성으로 깨달을 수 있도록 이마에 십자표를 받으십시오.
 - 후견인들은 십자표를 준다.

✝ 하느님의 말씀을 듣기 위해 귀에 십자표를 받으십시오. — 상동

✝ 하느님의 길을 볼 수 있기 위해 눈에 십자표를 받으십시오. — 상동

✝ 하느님의 부르심에 매 순간 응답하기 위해 입에 십자표를 받으십시오. — 상동

✝ 하느님의 말씀을 마음에 새겨 삶에 실천하기 위해 가슴에 십자표를 받으십시오. — 상동

✝ 주님, 당신 구원의 십자가를 기꺼이 지고, 당신을 따르기 위해 감각 기관 위에 십자표를 받은 이 예비신자들을 지켜 주시어, 매일 당신 구원의 신비를 묵상하고, 말씀을 통해 깨달으며, 그리스도의 모범을 따라 살아갈 은총을 주소서. 우리 주 그리스도를 통하여 비나이다.
◎ 아멘.

성경 수여식

성경은 후견인들이나 인도자가 선물하거나 본당에서 준비해 준다. 후견인들이나 인도자가 후보자들에게 해 줄 말을 편지 형식으로 적어 성경에 끼워 주어도 좋다.

● 이제 사제는 성경 수여식에 앞서, 성경 말씀이 살아 있는 하느님의 말씀임을 믿고, 사람이 되신 말씀의 신

비를 받아들이고, 말씀을 생활화할 것인지 후보자들에게 물으십시오. 후보자들은 다시 뒤돌아 제대를 향해 서 주십시오.

† 여러분은 성경이 살아 계시고, 우리 가운데 현존하시는 하느님 진리의 말씀을 담고 있는 책임을 믿습니까?
⊙ 네, 믿습니다.

† 여러분은 말씀이 사람이 되시어 우리 구원을 위해 희생하시고, 그 고귀한 희생으로 우리게 영원한 생명이 주어졌으며, 성경은 그 신비의 내용을 담고 있음을 믿습니까?
⊙ 네, 믿습니다.

† 여러분은 살아 계신 하느님의 말씀을 자주 읽고 묵상할 것을 약속합니까?
⊙ 네, 약속합니다.

† 여러분은 삶 속에서 성경 말씀을 실천하여 하느님 사랑을 세상과 나눌 것을 약속합니까?
⊙ 네, 약속합니다.

† 여러분 안에서 좋은 일을 시작하시고, 믿음을 더해 주시는 성령의 은총을 청하며 여러분에게 살아 계신 하느님 말씀이 담긴 성경을 수여합니다.
◎ 하느님 감사합니다.

● 후보자들은 모두 뒤로 돌아서서 후견인들이 주는 성경을 받으십시오. 교우 여러분은 큰 박수로 이들을 환영하고 축하하겠습니다. (성경을 받고 나면) 이제 자리로 돌아가 신앙 고백으로 미사를 계속 봉헌하겠습니다.

선발예식

이 예식은 예비신자 기간을 마친 이들이 교회의 신앙을 자신의 신앙으로 받아들이고 고백하도록 돕는 내용으로 꾸며진다. 그동안의 교리교육을 통해 세례를 받을 마음의 준비가 된 이들을 선발예식을 통해 호명하고, 천상 성인들의 통공을 믿으며, 그들의 통공을 힘입게 되기를 바라는 마음으로 세례명 명명식을 갖게 된다. 또한 교회의 신앙 고백이 이들의 고백이 되도록 신경 수여와 수락식을 가지게 된다. 이 예식 또한 교중 미사 중 강론 이후에 진행하는 것이 좋다. 자리 배치는 성당 제일 앞줄 중앙에 한다.

미사 전 해설

- 오늘 미사는 12주간의 예비신자 기간을 마치고 세례받을 마음의 준비를 갖춘 이들의 선발예식과 신경 수여식과 수락 예식이 있는 뜻깊은 날입니다. 선발예식을 통해 호명됨과 더불어 세례식을 앞두고 천상 성인들의 통공을 힘입기 위해 세례명 명명식을 함께 가지게 될 것입니다. 예비신자 기간 동안 배우게 된 인류 구원을 위한 하느님 사랑을 알고, 믿고, 살기를 바라는 간절한 마음으로 신경의 내용을 수락하고 고백하게 될 것입니다. 모두 일어서시어 입당성가 00을 부르겠습니다.

첫 인사

사제는 예비신자들을 환영하는 인사를 한다. 또한 이들이 12주간의 예비기를 통해 배워 익힌 하느님 구원의 역사를 이해하고, 기꺼운 마음으로 삶으로 받아들이기를 권고한다.

선발예식과 명단 등록

선교분과장은 선발될 후보들의 명단을 미리 작성해 준비해 둔다. 명단의 하단 부분엔 사제의 서명란을 마련한다. 선발예식은 강론 후 시작한다. 후보 호명은 각 반 교리교사가 한다.

- 자리에 앉으십시오. 지금부터 12주간의 예비신자 기간을 마친 예비신자들의 선발예식을 시작하겠습니다. 이들은 하느님 사랑과 진리를 배움을 통해 깨우치고 자신들의 원의로 세례성사를 교회에 청하게 됩니다. 또한 하늘나라 성인들의 통공을 힘입어 앞으로 다가올 세례식을 잘 준비하기 위해 예비 세례명을 받게 됩니다. 각반 교사들은 앞으로 나오시어, 해당되는 후보자들을 호명해 주시기 바랍니다. 호명되신 분들은 "예, 주님 제가 여기 있습니다."라고 대답하시면서 자리에서 일어나십시오.

◎ **각 반 교사들** : 000 0000자매/형제
⊙ "예, 주님 제가 여기 있습니다."

◎ **각 반 교사들** : "신부님, 저희는 이들이 교회의 가르침을 기꺼이 받아들이고, 배운 바를 삶으로 실천하며, 하느님 자녀로 새로이 태어날 준비를 성실히 해 왔기에 세례성사를 받도록 허락해 주실 것을 청합니다."

† 친애하는 예비신자 여러분, 여러분은 하느님 사랑과 진리를 배움을 통해 깨우쳐 하느님의 자녀가 되려는 마음을 가지게 되었습니까?
◉ "예, 세례성사를 통해 하느님 자녀가 되기를 간절히 바랍니다."

† 여러분은 하느님 사랑과 진리가 영원한 생명을 주신다는 것을 믿습니까?
◉ "예, 믿습니다."

† 여러분은 하늘나라 시민의 이름을 받음으로써 그들의 전구를 힘입게 되고, 그들의 이름으로 불리게 될 것입니다. 성인들의 이름을 받아 그 삶을 본받고, 성덕을 쌓아 앞으로 다가올 세례식을 잘 준비하시겠습니까?
◉ "예, 그렇게 하겠습니다."

† 교리교사들의 증언과 여러분의 원의를 받아들여 교회는 그리스도의 이름으로 여러분을 세례성사를 받기에 합당한 이들로 선발합니다.
◉ 하느님 감사합니다.

● 이제 사제는 선발된 이들의 명단을 선교분과장으로부터 받아 서명을 하고, 제대에 놓음으로써, 이들의 결심을 미사성제와 합하여 하느님께 봉헌하게 됩니다. 선교분과장은 이들의 명단을 사제께 드리겠습니다. 서명 후 사제는 선발된 이들을 축복하는 기도를 하시고 예비신자 성유를 도유하십니다.

† 기도합시다. 당신 성령의 불로 우리를 정화하시는 하느님, 당신 나라 영광에 든 성인들의 이름을 받은 예비신자들이 그들의 성덕을 본받아 살게 하시고, 이들의 간청을 들어주시어 영혼을 정화하고, 당신 자녀로 새로 태어날 준비를 잘할 수 있도록 천상 은총으로 도우소서. 또한 천상 은총의 보화를 성사를 통해 우리에게 주셨으니 앞으로 남은 기간 동안 이를 배워 익히며, 천상 양식을 갈망하게 하소서. 우리 주 그리스도를 통하여 비나이다.
◎ 아멘.

● 예비신자들은 두 줄로 나오시어 예비신자 성유를 받으시기 바랍니다.

신경 수여 및 수락식

신경의 내용을 상본이나 액자로 준비해 둔다.

● 이어서 신경 수여식과 수락식을 시작하겠습니다.

† 하느님께 뽑힌 여러분, 여러분은 교회가 믿는 바를 함께 고백하고, 받아들일 준비가 되었습니까?
◉ 예, 준비가 되었습니다.

✝ 여러분은 신앙의 말씀을 듣고 실천함으로써 하느님과의 올바른 관계를 맺게 될 것입니다. 진실한 마음으로 이 신경을 받아들이고 잘 간직하시기 바랍니다.
◎ 하느님 감사합니다.

● 이제 사제께서는 신경을 수여하십니다. 신자분들은 모두 자리에 앉으십시오. 예비신자들은 두 줄로 나오셔서 교회의 신경을 받으십시오.

(신경 수여가 끝나면 사제는 팔을 벌리고 아래의 기도를 바친다.)

✝ 기도합시다.
주님, 선발된 이들이 주님 사랑의 섭리 안에서 그리스도의 삶에 신비를 받아들이게 하셨으니, 그 신비를 고백하고, 신앙으로 간직하여 행동으로 실천함으로써 당신 뜻을 이루게 하소서. 우리 주 그리스도를 통하여 비나이다.
◎ 아멘.

(기도를 마치면 사제는 아래의 말이나 비슷한 말로 신경을 수락하도록 권고한다.)

✝ 이제 선발된 이들은 교회 공동체와 함께 한마음으로 교회의 신앙을 고백함으로써 신경을 수락하게 됩니다. 모두 일어서시어 우리의 신앙을 고백합시다. **전능하신 천주 성부~~~**

● 모든 예식이 끝나면 이로써 선발예식과 신경 수여 및 수락식을 마치겠습니다. 이제 예비신자들은 8주 동안 교회에 내려진 은총의 보화인 성사편을 공부하면서 세례를 통해 받게 될 온갖 은총을 깨닫게 될 것입니다. 보편 지향 기도로 미사가 계속 봉헌됩니다.

세례식

세례 예식서를 참조한다.

변화된 삶 (피정)

◎ **피정 계획표** (총 140분)

준비물: 성경, 가톨릭 성가, 색연필, 필기도구

단계	내용	시간	준비물	장소
말씀 전례	피정 시작 말씀 전례	20분	가톨릭 성가, 성경	성당
묵상	마음기도 (예수님 세례 장면 묵상)	40분	성경, 색연필	
휴식(10분)				
개인 숙고	세례성사: 변화된 삶 (여섯 항아리 채우기)	20분	성경, 그림 동화, A4 색지, 필기구	강당
	세례 상본 만들기	10분	세례 상본 (7번째 항아리), 필기구	
휴식(10분)				
	하느님께 드리는 편지	20분	편지 봉투, 필기구, 조용한 음악	조용한 장소
마무리	축복의 기도	10분	데코레이션 천, 항아리, 컵 초, 조용한 음악	성당

◎ **사전 준비**

1. 마음기도 : A4 용지, 색연필을 인원 수만큼 준비함.
2. 변화된 삶 : '그림 동화'를 빔을 이용한 영상으로 준비한다. A4 색지(미색), 필기구.
3. 세례 상본 만들기 : 항아리 모양의 세례 상본, 필기구를 인원 수만큼 준비함.
4. 하느님께 드리는 편지 : 편지지, 편지봉투, 필기구를 인원 수만큼 준비함. 조용한 음악
5. 축복의 기도 : 데코레인션 천, 항아리를 준비한다. 성당 제대 중앙에 데코레이션 천으로 장식하고, 그 위에 항아리를 하나 놓아둔다. 컵 초는 인원 수만큼(예비신자) 켜 둔다. 조용한 음악을 틀어 둔다.

말씀 전례

- **해설**: 지금부터 예비신자 피정의 '시작 전례'를 시작하겠습니다. 모두 일어나시어 시작성가로 '옹기장이'를 노래하겠습니다.

- **시작성가**: 옹기장이 (가톨릭 성가 49번)

- **인사**
  ✝ 성부와 성자와 성령의 이름으로.
  ◎ 아멘.

  ✝ 우리 주 예수 그리스도의 은총과 하느님의 사랑과 성령의 친교가 여러분 모두 함께.
  ◎ 또한 사제의 영과 함께.

- **환영사** (사제)

- **참회예절**
  ✝ 형제자매 여러분, 말씀의 전례를 합당하게 거행하기 위하여 우리 죄를 반성합시다.
  (잠시 침묵)
  ✝ 전능하신 하느님과
  ◎ 형제들에게 고백하오니 생각과 말과 행위로 죄를 많이 지었으며 자주 의무를 소홀히 하였나이다. 제 탓이요, 제 탓이요, 저의 큰 탓이옵니다. 그러므로 간절히 바라오니 평생 동정이신 성모 마리아와 모든 천사와 성인과 형제들은 저를 위하여 하느님께 빌어 주소서.
  ✝ 전능하신 하느님, 저희에게 자비를 베푸시어 죄를 용서하시고 영원한 생명으로 이끌어 주소서.
  ◎ 아멘.

  ✝ 주님, 자비를 베푸소서.
  ◎ 주님, 자비를 베푸소서.
  ✝ 그리스도님, 자비를 베푸소서.
  ◎ 그리스도님, 자비를 베푸소서.
  ✝ 주님, 자비를 베푸소서.
  ◎ 주님, 자비를 베푸소서.
  ✝ 기도합시다. (사제는 팔을 벌리고 기도함)
  좋으신 하느님 아버지, 오늘 이 자리에 불러 주신 세례를 준비하는 예비신자들과 대부, 대모들이 당신 말씀에 귀 기울여, 당신의 놀라우신 사랑 안에서 늘 새로나 진리로 나아가는 빛의 자녀들이 되게 하소서. 우리 주 그리스도를 통하여 비나이다. 아멘.

- **해설**: (모두 앉으십시오.) 바오로 사도께서는 세례로 다시 태어나 하느님의 자녀가 될 우리가 어떻게 살아야 할 것인지를 가르쳐 주십니다. 테살로니카 신자들에게 보낸 첫째 서간 5장 12절에서 24절까지의 말씀을 들으시겠습니다.

- **독서**: 1 테살 5,12-24 (마지막 권고와 인사)

(잠시 묵상)

- **해설**: 화답송으로 '주님께 영광을 드리자(1,2)'를 노래하겠습니다.

- **화답송**: '주님께 영광을 드리자(1,2)' (가톨릭 성가 478번)

- **해설**: 모두 일어서십시오. (모두 일어섬)

　◎ 알렐루야
　○ 누구든지 물과 성령으로 태어나지 않으면, 하느님 나라에 들어갈 수 없다.
　◎ 알렐루야

▷ **사순 시기**
◉ 말씀이신 그리스도님 찬미받으소서.
○ 누구든지 물과 성령으로 태어나지 않으면, 하느님 나라에 들어갈 수 없다.
◉ 말씀이신 그리스도님 찬미받으소서.

- **해설**: 주님께서는 우리가 하느님 나라에 들어가기 위해서는 새로 태어나야 한다고 말씀하십니다. 요한 복음 3장 1절에서 8절, 16절에서 21절의 말씀을 듣겠습니다.

☦ 주님께서 여러분과 함께
◎ 또한 사제의 영과 함께
☦ 요한이 전한 거룩한 복음입니다.
◎ 주님, 영광 받으소서.

- **복음**: 요한 3,1-8;16-21(니코데모와 이야기 하시다)
　(복음 낭독 끝에) 주님의 말씀입니다.

- **모두**: 그리스도님, 찬미합니다. (모두 앉음)

- **사제** (짧은 강론)

- **해설**: 모두 일어서십시오. (모두 일어섬) 이제부터 우리가 성경 말씀과 교리 수업을 통해 배운 것처럼 악을 미워하며 빛으로 나아가 하느님을 드러내는 우리가 되기를 다짐하고, 오늘 피정을 통하여 우리 모든 가정이 **하느님께 가까이** 다가가 일치될 수 있기를 청하면서 모두 손을 잡고 '주님의 기도'를 바치겠습니다.

- **모두**: 주님의 기도

  ✝ 기도합시다. (사제는 팔을 벌리고 기도함)

  우리를 사랑으로 불러 주시는 주님, 여기 모인 예비신자들과 대부모들을 축복하시어 당신 자녀로서의 삶에 성실하게 하시고, 특별히 오늘 피정을 통하여 세례성사를 더욱 갈망하고, 니코데모처럼 당신 영으로 새로 나 진리를 실천하며 빛으로 나아가게 하소서. 우리 주 그리스도를 통하여 비나이다. 아멘.

- **강복**

  ✝ 주님께서 여러분과 함께.
  ◎ 또한 사제의 영과 함께.
  ✝ 전능하신 천주 성부와 ✠ 성자와 성령께서는 여기 모인 모든 이에게 강복하소서.
  ◎ 아멘.

  ✝ 주님을 찬미합시다.
  ◎ 하느님 감사합니다.

- **해설**: 이 시간 베풀어 주신 은총에 감사드리면서, 마침성가로 421번 '나는 세상의 빛입니다'를 노래하겠습니다.

- **마침성가**: '나는 세상의 빛입니다' (가톨릭 성가 421번)

✝ 환영

- 예비신자들과 그 대부모들을 맞이하며 등록하도록 안내한다.
- 이름표를 달도록 한다.
- 잔잔한 음악을 틀어 줌으로써 피정 분위기를 낸다.

✝ 묵상

I 안내 글이 없는 마음기도

여러분은 예비신자 기간을 거치며 거의 매 시간 마음기도를 해 오셨습니다. 이제 여러분께서는 복음서의 내용을 가지고 스스로 마음기도를 바쳐 보도록 하겠습니다. 교사의 안내가 없이 성경을 읽고, 장면을 상상해 보고, 그 장면 속에 나도 함께 동참하면서 깨닫는 내용들을 마음속에 담아 볼 것입니다. 마태오 복음 3, 11-17 예수님 세례 장면을 조용히 읽도록 합니다. 그리고 마음기도 초반에 해 왔던 것처럼 성령께 도움을 청하는 호흡기도 먼저 하시기 바랍니다.

1) 마태오 복음 3, 11-17까지 읽고 마음기도를 함. (20분)
2) 이제 마음에 떠오른 내용들을 그림으로 그릴 것입니다. 성경의 장면을 그리는 것이 아니라, 내 느낌이나 깨달음을 그려 보는 것입니다.
3) 그림의 내용 발표

II 안내 글이 있는 마음기도

1. **성경 봉독** : 마태 3,13-17 예수님 세례를 받으시다

2. **묵상 전 해설**
   우리는 세례를 통해 원죄와 본죄를 완전히 용서받습니다. 세례자 요한은 하느님 나라가 가까이 왔다고 선포하면서 죄인들의 회개를 촉구했습니다. 세례자 요한의 모범적인 삶에 감동받은 이들은 하느님 나라를 구하는 열성으로 그에게 와서 세례를 받았습니다. 그런데 어느 날 요한 스스로 '나는 그분의 신발 끈을 풀어 드릴 자격조차 없다'고 말한 그분, 바로 예수님께서 세례자 요한에게 세례를 받으러 요르단강에 오십니다.
   죄가 없으신 예수님께서 세례받으심은 사람의 일을 하느님의 일로 만드시기 위함이었습니다. 우리는 오늘 이 대목을 묵상하면서, 세례를 통해 하느님의 자녀가 될 나에 대한 기대를 갖도록 하겠습니다.

3. 묵상

모두 마음기도를 위한 바른 자세를 해 보도록 하겠습니다. 두 발은 땅에 완전히 닿도록 앉습니다. 두 손은 하늘을 향해 손바닥을 위로 하여, 하느님 앞에 가난한 마음, 빈 마음을 보입니다. 허리는 반드시 펴서 호흡하기 좋게 합니다. 이제 두 눈을 살포시 감고 깊은 호흡을 해 보겠습니다.

들숨을 쉬며, '사랑의 성령님', 날숨을 쉬며 '저에게 오소서' 하고 기도합니다. 이렇게 다섯 번 반복합니다. 갈릴래아에서 요르단으로 가는 길을 상상해 봅니다. 그 길을 유유히 걸어가시는 예수님의 모습을 상상해 봅니다. 나도 예수님 곁에 서 있습니다. 저 멀리서 오시는 예수님을 바라보는 요한의 당황한 모습도 바라봅니다. 예수님께서 요한 앞에 서시자 요한은 당황한 듯 말합니다. "제가 선생님께 세례를 받아야 할 터인데 선생님께서 저에게 오시다니요?" 세례자 요한의 말에 예수님께서는 이렇게 대답하십니다. "지금은 이대로 하십시오. 우리는 이렇게 해서 마땅히 모든 의로움을 이루어야 합니다." 예수님께서 말씀하신 '모든 의로움'이란 무엇일까요? 예수님께 조용히 여쭈어봅니다. 그리고 가만히 그분의 대답을 듣습니다. (침묵)

예수님께서 세례를 받고 물에서 올라오셨을 때 하늘이 열리고 하느님의 영이 비둘기처럼 예수님 위로 내려오셨습니다. 그 장면을 바라봅니다. 그리고 하늘에서 이런 소리가 들렸습니다. "이는 내가 사랑하는 아들, 내 마음에 드는 아들이다." (침묵)

이제 내가 세례를 받는 장면을 생각해 봅니다. 그리고 하늘에서 똑같은 소리가 나에게 들려옵니다. "이는 내가 사랑하는 아들, 딸, 내 마음에 드는 이다." 이 거룩한 음성 속에 깊이 머뭅니다. 그리고 하느님의 사랑받는 아들, 딸로서의 나는 어떤 모습인지 떠올려 봅시다. (침묵)

4. 묵상 나눔

이제 마음에 떠오른 내용들을 그림으로 그릴 것입니다. 성경의 장면을 그리는 것이 아니라, 내 느낌이나 깨달음을 그려 보는 것입니다. 그림의 내용을 나눔.

✝ 개인 숙고

1. 세례성사-변화된 삶

★ **카나의 혼인 잔치** (요한 2,1-11)

- 예수님께서 첫 번째 기적을 일으키신 카나의 혼인 잔치 장소로 가 보겠습니다. 요한 복음 2장 1절에서 11절까지의 말씀을 역할을 분담해서 읽어 보기로 하겠습니다.

  다음과 같이 역할을 나누어 함께 읽어 나감:
  — 예수님(형제), 성모님(자매), 과방장(대부모), 해설(진행자)

(해설) 사흘째 되는 날, 갈릴래아 카나에서 혼인 잔치가 있었는데, 예수님의 어머니도 거기에 계셨다. 예수님도 제자들과 함께 그 혼인 잔치에 초대를 받으셨다. 그런데 포도주가 떨어지자 예수님의 어머니가 예수님께

(성모님) "포도주가 없구나."

(해설) 하였다. 예수님께서 어머니에게 말씀하셨다.

(예수님) "여인이시여, 저에게 무엇을 바라십니까? 아직 저의 때가 오지 않았습니다."

(해설) 그분의 어머니는 일꾼들에게

(성모님) "무엇이든지 그가 시키는 대로 하여라."

(해설) 하고 말하였다. 거기에는 유다인들의 정결례에 쓰는 돌로 된 물독 여섯 개가 놓여 있었는데, 모두 두세 동이들이였다. 예수님께서 일꾼들에게

(예수님) "물독에 물을 채워라."

(해설) 하고 말씀하셨다. 그들이 물독마다 가득 채우자, 예수님께서 그들에게 다시,

(예수님) "이제는 그것을 퍼서 과방장에게 날라다 주어라."

(해설) 하셨다. 그들은 곧 그것을 날라 갔다. 과방장은 포도주가 된 물을 맛보고 그것이 어디에서 났는지 알지 못하였지만, 물을 퍼 간 일꾼들은 알고 있었다. 그래서 과방장이 신랑을 불러 그에게 말하였다.

(과방장) "누구든지 먼저 좋은 포도주를 내놓고, 손님들이 취하면 그보다 못한 것을 내놓는데, 지금까지 좋은 포도주를 남겨 두셨군요."

(해설) 이렇게 예수님께서는 처음으로 갈릴래아 카나에서 표징을 일으키시어, 당신의 영광을 드러내셨다. 그리하여 제자들은 예수님을 믿게 되었다.

- 예수님께서는 어떤 기적을 일으키셨습니까? (물을 포도주로 변화시키는 기적)

- 성모님의 부탁(중재, 간구)으로 예수님은 여섯 개 물독에 있는 '물'을 '포도주'로 변화시키십니다. 물과 포도주의 화학 성분이 다르지만 하느님의 은총으로 아무 색깔과 맛과 향이 없는 물이 고운 색깔과 맛과 향을 내는 포도주가 됩니다.

- 세례성사의 은총으로 우리 자신이 '물'에서 '포도주'로 변화되는 기적이 일어납니다. 하지만 기적이 일어나기 위해서는 우리의 노력도 필요합니다. 혼인 잔치의 일꾼들이 물독에 물을 채우는 노력을 하였기에 물독의 물이 포도주로 변화될 수 있었듯이, **우리가 하느님의 자녀로 새롭게 태어나기 위해서는 물독에 물을 채우는 우리의 노력도 필요합니다.** 하느님의 자녀로 새롭게 변화하려는 나의 의지와 결심이 중요하지요.

★ 여섯 항아리 채우기

- 각자 받은 A4 용지에 여섯 개의 빈 항아리를 스케치해 보기 바랍니다. (1분 정도 시간을 주어 간단하게 스케치하도록 함, '여섯 항아리 그림의 예' 22쪽을 참조하기 바람)

· **도움말**

1. 여섯 개의 빈 항아리에 들어가는 내용은 하느님의 자녀로 살아야 할 여섯 가지 자세이다.
2. 여섯 가지 자세를 여섯 가지 동화를 통해 제시한다.
3. 동화
   — 이규경 동화 「짧은 동화 긴 생각 ②」 이규경 글·그림, 효리원
4. 여섯 가지 자세와 그에 해당하는 동화는 다음과 같다.

번호	자세	이규경 동화
1	자부심 갖기	하나밖에 없는 것 (18~19쪽)
2	자신에 대해 알기	그늘 (102쪽)
3	자신에 대해 만족하기	뻥튀기 (191쪽)
4	이기심 없애기	저만 생각하는 다람쥐 (144쪽)
5	이웃을 생각하기	박수 (14쪽)
6	공동체로 살아가기	음악 (70~71쪽)

★ 그림 동화' (이규경 동화)

(1번 동화) 느껴지는 생각이 무엇입니까?

· 우리 각자는 하느님의 자녀로 세상에 하나밖에 없는 귀한 존재라는 것을 깨달아야 합니다. 나 자신이 세상에서 단 하나밖에 없는 하느님의 자녀이기 때문에 '자신을 소중히 여기는 마음'을 가져야 합니다. 여러분이 그린 여섯 개의 항아리 그림에서 첫 번째 항아리 그림에, **'자신을 소중히 여기기'** 라고 적어 보시기 바랍니다.

(2번 동화) 느껴지는 생각이 무엇입니까?

· 우리 모두 부족한 사람들입니다. 이 세상에 결점(부족함)이 없는 완벽한 사람은 없습니다. 정말 부족한 사람은 남의 부족한 점만 보는 사람입니다. 자신의 부족함을 아는 사람은 남의 부족한 점도 감싸 줄 줄 압니다. 두 번째 항아리에 **'자신에 대해 알기'** 라고 적어 보시기 바랍니다.

(3번 동화) 느껴지는 생각이 무엇입니까?

- 우리는 자신에 대해 또는 자신이 가진 것에 대해 만족하고 감사하기보다는 다른 사람과 비교하며 자신이 가지지 않은 것에 대해 불평하기 쉽습니다. 인간의 욕심은 끝이 없습니다. 욕심을 채우려 하지 말고 자신이 가진 것에 대해 만족하고 감사하며 기쁨으로 살아가도록 노력해야 합니다. 세 번째 항아리에 **'자신에 대해 만족하기'** 라고 적어 보시기 바랍니다.

(4번 동화) 느껴지는 생각이 무엇입니까?

- 우리가 모두 행복하게 살아가기 위해서는 자신만을 생각하는 '이기적인 생각'을 없애야 합니다. 나만 생각하는 마음에서 항상 다른 사람, 또는 공동체를 생각하는 마음으로 변화되도록 노력해야 합니다. 네 번째 항아리에 **'이기심 없애기'** 라고 적어 보시기 바랍니다.

(5번 동화) 느껴지는 생각이 무엇입니까?

- 우리는 다른 사람을 생각할 수 있어야 합니다. 그렇게 할 때 '이웃을 네 몸같이 사랑하라'는 예수님께서 주신 '사랑의 계명'을 실천할 수 있습니다. 내 생각만 하면 이웃을 도울 수 없습니다. 이웃의 고통과 아픔을 내 것으로 할 수 있어야 합니다. 다섯 번째 항아리에 **'이웃을 생각하기'** 라고 적어 보시기 바랍니다.

(6번 동화) 느껴지는 생각이 무엇입니까?

- 우리는 혼자 살아갈 수 없습니다. 하느님께서 공동체로 있으시기에 우리도 공동체로 있어야 합니다. 같이 어울려 살아야 행복해질 수 있습니다. 함께 어울려 일했을 때 더 좋은 결실과 성공을 거둘 수 있습니다. 여섯 번째 항아리에 **'공동체로 살아가기'** 라고 적어 보시기 바랍니다.

- 여섯 항아리에 물이 다 채워졌나요? 여러분이 항아리에 물을 채워야만 하느님께서 '물'을 '포도주'로 변화시킬 수 있습니다. 이제 여러분은 세례성사의 은총을 받게 될 것입니다. 하느님의 자녀들은 자신을 변화시키려는 노력들을 하느님 앞에 가는 그날까지 성실하게 해야 합니다. 물이 화학 성분이 다른 포도주로 변화되는 것이 쉬운 것이 아니듯이, 여러분의 **인간적인 본성이 거룩한 하느님의 본성을 닮기 위해서는 많은 노력과 하느님의 은총을 필요로 합니다.** 세례성사로 여러분은 하느님의 은총을 받게 될 것이기에 여러분 안의 성령이 여러분을 서서히 변화시키실 것입니다. 단 여러분이 6개의 항아리에 성실히 물을 채우는 노력을 게을리 하지 않는다면 말입니다.

2. 세례 상본 만들기

1) 잠시 그동안의 세례 준비 시간을 돌아본다. 앞으로의 나의 결심이 담긴 '세례 상본'을 만든다. 항아리 모양의 상본에 자신의 결심을 적는다. 자신의 이름, 세례일, 세례 본당을 적는다. 아래 '세례 상본의 예'를 참조한다.

2) 각자 완성된 '세례 상본'을 축복의 기도 시간에 준비된 데코레이션 천에 초와 함께 봉헌한다.

3. 하느님께 편지 쓰기

1) 각자 조용한 곳으로 가서 자신을 하느님의 자녀로 불러 주실 '하느님께 감사를' 드리는 시간을 가진다. 대부모들은 대자, 대녀를 어떻게 인도할 것인지를 약속한다.

2) '하느님께 드리는 편지'에 자신이 변화되고 싶은 내용, 감사했던 것, 부족했던 점, 결심 혹은 약속 등으로 하느님께 드리는 편지를 적는다. 적은 후 봉투 안에 넣고, 봉투 앞면에 '하느님께 드리는 편지'라고 적고 뒷면에 자신의 이름을 적는다.

✝ 마무리

1. 축복기도

예비신자들을 성전 입구에 두 줄로 서게 한다. 조용한 음악을 틀어 둔다. 조명은 조금 어둡게 하고, 예비신자들 각자가 들 컵 초에 불을 붙여 놓는다. 대부 대모도 예비신자와 함께 입장하며, 하느님께 드리는 편지만 봉헌한다.

(모두 하나의 둥근 원으로 선다.)

- 이제 여러분은 각자가 만든 세례 상본과 하느님께 드리는 편지를 제대 앞에 봉헌하게 될 것입니다. 우리를 인도해 주시는 성령의 빛을 따라가듯이 여러분 손에 드린 빛을 가지고 제대 앞으로 나오십시오. 세례 상본은 제대 앞에 장식된 천 위에 놓을 것이고, 편지는 바구니 속에 담겠습니다. 봉헌 후 제대 앞에 반원으로 서겠습니다. ─ 해설 후 천천히 나와 봉헌한다.

- **해설자** : 이제 대부모님께서는 대자, 대녀가 될 예비신자 머리 위에 두 손을 얹어 축복의 기도를 해 주겠습니다. (축복 후에) 대자, 대녀를 꼭 안아 주십시오.

- **해설자** : 반대로 예비신자들이 대부모님의 머리에 두 손을 얹어 축복의 기도를 해 주겠습니다.
  (축복 후에) 예비신자들은 대부모님을 꼭 안아 주십시오.

- **해설자** : 이제 우리 모두를 축복하겠습니다. 모두를 향하여 두 팔을 뻗어 주십시오.
  사랑의 공동체를 이루시는 삼위일체 하느님, 저희를 당신 공동체의 일원으로 불러 주심에 감사드립니다. 당신의 자녀로서 살아갈 지혜와 용기를 저희 모두에게 주시어, 세상과 타협하지 않고 올곧은 삶으로 당신을 증거하게 하소서.

- **해설자** : (축복식이 끝난 다음) 모두 하나 되는 마음으로 손을 잡고 주님의 기도를 바치겠습니다.

* 세례 상본은 우드락에 붙여 세례식 당일 봉헌할 수 있도록 준비한다.
* 편지는 교사들이 거두어 읽어 본 후 가장 좋은 글을 하나 뽑아 당사자에게 연락하여 세례식 당일 첫영성체 후에 읽게 한다. 하지만 절대 글을 쓰기 전에 이 사실을 알려서는 안 된다. 긴장하여 마음 표현이 제대로 되지 않기 때문이다.
단, 위의 두 내용은 집전자이신 신부님과 사전 논의가 있어야 한다.

신비 교육 기간

세례식 한 달 후 새 신자들은 자신들의 신앙생활을 돌아보는 시간을 갖는다. 더불어 하느님 체험을 서로 나눔으로써 신앙 체험의 풍요를 경험한다. 이 교육은 반별로 진행한다.
또한 세례 후 한 달이 지났기에 첫 고해성사를 할 수 있도록 지도한다.

진행자 : 한 달 동안 주님 은총 안에 평안하셨습니까? 오늘 우리는 한 달 동안 자신이 체험한 하느님 이야기를 서로 나누게 될 것입니다. 신앙은 이론이 아니라 체험입니다. 이 체험이 쌓일 때 우리 신앙 감각은 민감해질 것이며, 이로써 주님의 음성을 잘 듣게 되고, 그분의 뜻을 따라 살게 될 것입니다. 우선 제가 나누어 드리는 문장을 완성하시고, 이유를 적어 보도록 하겠습니다.

나에게 하느님은 _____ 이시다. 왜냐하면 _____ 이기 때문이다.

다음의 문구를 크게 적은 A4 색지를 새 신자들에게 나누어 준다.

새 신자 : 문장을 완성한 후 자연스럽게 이야기 나눔

진행자 : 여러분의 이야기를 들으니 한 달 동안 주님의 은총이 얼마나 크게 여러분 안에 머무르셨는지 알 수 있어 행복합니다. 여러분! 일상생활의 속성이 무엇일까요? 바로 연속성입니다. 생활은 연속되지 않으면 문제가 발생합니다. 먹고, 자고, 화장실 가는 이런 일상에 연속성이 상실된다면 탈이 난 것이겠지요. 일상에 생활이란 말이 붙듯이 신앙에도 기도에도 '생활'이라는 말이 붙습니다. 이 또한 연속성을 그 속성으로 합니다. 신앙생활도 연속성을 상실하면 '나'라는 존재가 다중적 모습을 보이기 시작합니다. 성당에서 000형제/자매로 불리는 나와 세상에서 000 씨로 불리는 내가 분리가 되겠지요. 그러면 나는 무엇을 선택하게 될까요? 바로 몸에 익은 편한 것을 선택하게 됩니다. 그러면 당연히 하느님과 멀어지게 됩니다.

사실 신앙은 지속적으로 '선'을 선택하는 용기를 요청합니다. 그 용기를 주님은 청하는 이에게 언제나 주시고요. 그래서 우리에게 기도 생활이 필요합니다. 기도는 하느님과 관계를 맺는 아주 좋은 방법이지요. 또한 기도를 통해 우리는 하느님과 관계가 돈독해집니다. 기도에도 연속성이 요청됩니다. 우리가 관계 맺는 사람들을 잘 살펴보면 지속성을 그 속성으로 합니다. 하느님과의 관계에서도 마찬가지겠지요. 매일의 일상 기도가 생활화될 때에 우리는 우리가 하지 못했던 일들을 하게 됩니다. 작은 일에 감사하기 시작하고, 용서할 수 없던 일을 용서하게 되며, 미움 가득한 눈에 사랑이 고일 것입니다. 예수님께서도 기도하지 않으셨다면 골고타의 고통을 감내하실 수 없으셨을 것입니다.

우리가 덕(德)이라 일컫는 것은 사실 좋은 습관이 쌓이는 것을 말합니다. 그렇다면 기도가 습관이 될 때, 일상에서 늘 반복될 때 우리는 우리도 모르는 사이에 성덕에 이르게 됩니다. 이것이 기도가 지닌 힘이지요. 또한 기도의 응답이 바로 없을 때가 많습니다. 그것은 유한한 인간이 무한한 하느님을 다 알아들을 수 없기 때문에 나타나는 현상입니다. 그럼에도 하느님을 신뢰하고 꾸준히 그분의 뜻을 알아듣기 위해 기도해야 합니다.

이제 앞으로 분명하고 실천적인 기도와 신자다운 생활로 하느님의 사랑받는 자녀임을 증거해야 할 것입

니다. 지금부터 짧은 숙고의 시간을 가지며 본인이 쉽게 악으로 빠지기 쉽고 반복적으로 저지르는 죄와 잘못이 무엇인지 잠시 생각해 보는 시간을 갖겠습니다. 그리고 여기 공동체 앞에서 주님 보시기에 기뻐하실 새 모습을 다짐하겠습니다. — 숙고의 시간(음악 준비)

여기 나누어 드리는 종이에 주님의 자녀로 살아갈 구체적 다짐을 적어 봅시다.
"나는 앞으로 _____ 로 복음을 증거하며 살겠습니다." 라고 적으시면 되겠습니다.

예) 1. 나는 앞으로 좀 더 인내하며 부드러운 말투와 행동으로 복음을 증거하며 살겠습니다.
　　2. 나는 앞으로 좀 더 자주 기도하며 기도의 습관을 가져 하느님 말씀을 잘 듣고 실천하는 것으로 복음을 증거하며 살겠습니다."

한 반에서 함께 공부하고, 하느님의 자녀로 한 날 한 시에 새로 태어난 우리는 서로를 돕는 좋은 동반자가 될 것입니다. 이런 의미로 각자의 다짐을 축복하는 기도의 시간을 가지겠습니다. 이렇게 하느님의 자녀로 거듭나기 위해 공동체 앞에서 큰 소리로 다짐을 하는 것은 본인의 의지를 굳건히 다지는 좋은 계기가 될 것입니다. 또한 입교 동기로서 서로를 위해 기도해 주는 것도 사도신경에서 고백하는 '성인들의 통공'을 사는 것입니다.

이제 동그랗게 둘러서겠습니다. OOO형제님(자매님)부터 종이에 적은 내용을 발표하고 바구니에 봉헌하면 우리 모두는 "주님, _____ 형제(자매)를 도와주소서." 라고 응답하겠습니다.

(발표가 끝난 후)
솔직하고 진솔한 기도에 하느님은 진심으로 기뻐하셨을 겁니다. 이제 마침기도로 주님의 기도를 합송하겠습니다. 예수 그리스도께서 직접 가르쳐 주신 주님의 기도를 살아 내는 것이 신앙생활을 완성하는 것이기 때문입니다.

첫 고해 준비

> **준비물**: 컵초(개별), 성찰노트, 필기구, 조용한 음악, 제대 앞에 간단한 장식(천을 이용함)

1. 후속 교리 후 성전에 모여 그 동안의 신앙생활을 되돌아본다.
2. 아래의 내용에 따라 자신의 잘못을 성찰하고 통회한다.
3. 성찰 노트에 해당되는 죄를 적는다.
4. 고해성사를 한다.
5. 고해 후 촛불을 받아 성체 앞에 조용히 나아가 자신의 결심을 지켜 주시길 청하며, 하느님의 자비를 빌고 촛불을 제단 아래 장식되어 있는 곳에 봉헌한다.

십계명에 따라 성찰하기

* 양심에 걸리거나 습관적으로 저지르는 죄에 대하여 확인란에 체크하십시오

제1계 : 한 분이신 하느님을 흠숭하여라	확인
하느님 이외에 다른 신을 섬기지 않았는가?	
미래를 하느님께 맡기기보다 잡신이나 마귀에 의지하거나, 죽은 자를 불러내거나, 점성술, 손금, 궁합, 사주 등에 의지하지는 않았는가?	
하느님을 시험하는 행위를 하지 않았는가? (예] "저를 사랑하신다면… 한 기도를 들어주소서.")	
일상 기도(아침 • 저녁 기도, 식사 전 • 후 기도)에 성실했는가?	
하느님의 뜻이 아닌 내 뜻만을 고집하지 않았는가?	
하느님께 대한 나의 믿음, 희망, 사랑은 굳건한가?	
거룩한 것을 지향하고, 덕행과 선행의 길로 나아가는 데 힘쓰고 있는가?	
성경이나 교회 서적을 정기적으로 읽고 예수 그리스도의 가르침을 따라 살려고 노력하고 있는가?	
유혹을 받을 때 기도하며 적극적으로 이겨 냈는가?	
하느님께 감사하는 마음으로 살았는가?	

제2계 : 하느님의 이름을 함부로 부르지 마라	확인
하느님의 이름으로 거짓 맹세를 하지 않았는가?	
하느님, 예수님, 성인 성녀, 천사들의 이름을 함부로 부른 적은 없는가?	
하느님을 저주하거나 원망하지 않았는가? 실망하여 자포자기한 적은 없었는가?	
신자임을 후회하거나, 부끄럽게 여기지 않았는가?	
교리에 반대되는 일을 고집하거나 주장하지는 않았는가?	
하느님께 한 약속을 깨트리지 않았는가?	
신앙생활을 세속적인 어떤 이익과 결부시키지는 않았는가?	
신심 생활을 남에게 보이기 위해 하지는 않았는가?	

제3계 : 주일을 거룩히 지내라	확인
주일 미사와 의무 대축일 미사를 궐한 적은 없었는가?	
억지로 미사에 참례하거나 습관적으로 늦지는 않는가?	
영성체하기를 소홀히 하지 않는가?	
성체를 모시기 위해 합당한 몸과 마음의 준비를 하였는가?	
주일을 자신과 가족의 영적 성장을 위해 거룩하게 보냈는가?	
불우한 이웃을 방문하는 등 성체성사의 나누는 삶을 살려고 노력하는가?	
전례 주기에 생활을 맞추어 살려고 노력했는가?	
다른 사람들이 주일 미사에 참여하는 것을 방해하지는 않았는가?	

제4계 : 부모에게 효도하라	확인
부모에 대한 자녀로서의 책임을 다하고 있으며, 부모께 마땅한 존경을 드리는가?	
부모를 부끄러워하거나 업신여기지 않았는가?	
부모님을 거역하거나 노엽게 해 드린 적은 없었는가?	
돌아가신 부모, 형제를 위해 기도와 희생을 드렸는가?	
자녀들에게 모범적인 표양을 보이고, 신앙생활을 잘 돌보아 주었는가?	
자녀들의 교회 생활, 가정 생활, 윤리 생활, 사회생활, 학교생활에 얼마나 관심을 가졌는가?	
가족이 함께 대화하고 기도할 시간과 분위기를 가지려고 노력하였는가?	
자녀를 편애하지 않았는가?	
성직자와 윗사람에게 마땅한 존경을 드렸는가?	
형제자매 간에 우애를 지키며 서로 도우려고 노력했는가?	

제5계 : 사람을 죽이지 마라	확인
다른 사람을 고의적 또는 간접적으로 살해한 적이 있었는가?	
다른 사람의 생명이나 건강에 해를 끼친 적이 있었는가?	
다른 사람과 싸우거나 구타하지 않았는가? 또는 거기에 가담하지 않았는가?	
다른 사람에게 악담, 욕설을 하거나 험담하지 않았는가?	
다른 사람이 잘못되기를 바라거나 해하려고 한 적은 없었는가?	
고의로 유산시킨 적은 없었는가? 낙태에 협조한 적은 없었는가?	
불임 수술을 받거나 배아 실험, 인간 복제, 안락사에 가담하지 않았는가?	
마약을 사용한 적이 있었는가?	
자신의 몸을 일부러 상해하거나 자살하려고 한 적은 없었는가?	
술을 취하도록 마셔서 자신의 몸을 돌보지 못하고 남에게 불편을 주지 않았는가?	

제6계 : 간음하지 마라 (제9계 : 남의 아내를 탐내지 마라)	확인
배우자가 아닌 이성과 관계한 적이 있었는가?	
배우자가 아닌 이성에게 정을 품거나 음란한 행동을 한 적은 없었는가?	
하느님께서 명하신 부부 생활을 잘하려고 노력했는가?	
부부로서 신의를 지키고 일치를 위한 노력을 적극적으로 했는가?	
혼인의 완성을 위한 성욕을 남용하지 않았는가?	
몸의 순결을 거스르는 음란한 생각, 말, 행동을 한 적은 없었는가?	
야한 동영상을 보거나 퍼트리지 않았는가?	
성폭력, 성희롱, 성추행을 한 적이 있었는가?	
퇴폐 유흥업소 등에 출입한 적이 있는가?	
자기 외모에 지나치게 신경을 쓰고 자기 외모로 남을 유혹하려 하지 않았는가?	

제7계 : 도둑질을 하지 마라 (제10계 : 남의 재물을 탐내지 마라)	확인
남의 재물을 부당하게 취한 적이 있었는가?	
남의 재산이나 물건에 손해를 끼친 적은 있었는가?	
남의 물건을 그대로 갖고 있거나 남의 물건을 함부로 사용하고 있지 않은가?	
도박을 즐기거나 자신의 재물을 낭비하지는 않았는가?	
탈세나 수표와 계산서를 위조하지는 않았는가?	
금전적 약속이나 계약을 어기지 않았는가?	
재물에 대한 지나친 욕심에 사로잡혀 있지는 않았는가?	
사치를 즐기며, 남의 어렵고 비참한 환경을 외면하지 않았는가?	
부당한 품삯을 요구하였는가? 주어야 할 보수를 제대로 주었는가?	
주식이나 증권에 과다한 투자를 하거나, 카지노나 복권, 화투 놀이 등에서 요행을 바라지 않았는가?	
하느님의 교회에 대한 교무금의 본분을 다했는가?	

제8계 : 거짓 증언을 하지 마라	확인
거짓 증언과 거짓 맹세로 남에게 해를 끼치지 않았는가?	
법정에서 위증하거나 고의로 남의 명예를 손상시키지는 않았는가?	
지나친 찬사나 아부, 아첨, 자랑이나 허풍, 빈정거림, 교만과 허영으로 거짓말을 하지 않았는가?	
남을 중상 모략하거나 나쁘게 말한 적은 없었는가?	
위로와 칭찬보다 비평하기를 즐기지는 않았는가?	
직업상의 비밀을 누설하지는 않았는가?	
진실을 말해야 할 때 침묵함으로써 허위를 진실처럼 만든 적은 없는가?	
인터넷상에서 남의 아이디를 이용하거나 거짓 내용을 올리지는 않았는가?	
대중 매체를 이용해 진실을 왜곡시키고 여론을 조작하지는 않았는가?	
자기가 한 말에 대해서 책임을 지려고 노력했는가?	

* 이밖에도 자주 저지르는 죄에는 어떤 것들이 있습니까?

활동 1 (야곱의 꿈 - 7과)

창세기 28,10-22를 읽고 다음의 질문에 대해 이야기를 나눈다.

1. 창세기 28장 10절에서 22절까지 읽고, 가장 마음에 와 닿는 구절을 활동지에 적어 보겠습니다.

2. 15절 "내가 너에게 약속한 것을 다 이루기까지 너를 떠나지 않겠다."는 하느님의 말씀을 들은 야곱의 마음은 어떠했을까요?

3. 우리의 필요를 우리보다 더 잘 아시는 하느님께서는 주님을 알고자 하는 우리들에게도 야곱을 돌보시는 손길을 펼쳐 주십니다. 여러분이 야곱처럼 주님과 함께 있고 싶은 순간은 언제입니까?

첨부 2

활동 2 (모세의 부르심 - 애니 시청: 4분 25초)

활동 1 (모세의 부르심 - 애니 시청: 4분 25초)

질문

1. 모세는 왜 불타는 떨기나무를 이상하게 생각하였습니까?

2. 하느님은 당신을 누구라고 밝힙니까?

3. 하느님께서 모세에게 명하신 것이 무엇이었습니까?

4. 변명하는 모세에게 하느님께서 무엇이라고 격려하십니까?

5. 모세를 위해 기적을 일으키시겠다고 하느님께서 주신 것이 무엇인가요?

6. 모세는 어떤 성격을 가졌다고 생각합니까?
   나와 모세가 닮은 점이 있습니까?
   고치고 싶은 나의 모습은 어떤 것이 있는지 "활동"칸에 적어 보세요.

첨부 3

예수님의 프로필 (10과)

1) 생년월일

_____ 년   월   일

2) 태어난 나라와 지역은 어디입니까?

3) 어머니는 누구십니까?

4) 친아버지는 누구십니까?

5) 양부는 누구십니까?

6) 직업은 무엇입니까?

7) 함께 어울리던 이들은 사람들은 누구입니까?

8) 돌아가신 나이는?

9) 특기는 무엇입니까?

10) 좋아하는 것은 무엇입니까?

11) 싫어하는 것은 무엇입니까?

첨부 4

삼위일체 십자가 (11과)

첨부 5

나의 십계명(15과)

계명	내용	구분
1		하느님 사랑
2		
3		
4		가족 사랑
5		
6		
7		나라 사랑
8		
9		지구 사랑
10		

작성 연월일 :   .

첨부 6

은총으로 천국을 (17과)

주사위를 던져 다음의 내용이 나오면 그 점수만큼 건너뛰세요

기도	극기(참음)	선행(착한일)	봉사	일곱성사
1점	2점	3점	5점	10점

활동 3 (간음한 여인 이야기 - 토의 20과)

요한 복음 8, 1-11 함께 읽음

질문

1. 사람들이 간음한 여인을 데려와 중앙에 세웠을 때 그 여인의 심정은 어떠했겠습니까?

2. 그 여인을 잡아온 사람들의 마음은 어떠했겠습니까?

3. 예수님의 답변에 나이가 많은 이들부터 돌을 내려놓고 그 자리를 떠났다고 했는데 그들은 어떤 마음에서 그런 행동을 했을까요?

4. 예수님께서는 여인에게 죄를 묻지 않겠다고 했는데 이 말을 들은 여인의 마음은 어떠했을까요?

첨부 8

성소 이야기 (21과)

스물여섯 살이 되던 해 1월의 어느 주일, 늦잠에서 깨어나 스스로에게 깜짝 놀랐다. 스물다섯이 넘었는데도 아직 결혼을 하지 않고 있는 내가 참으로 낯설게 느껴졌다. 전통적인 유교 집안의 6남매 중 막내로 태어난 나는 20대에 결혼한 언니 오빠들처럼 스물다섯 이전엔 결혼을 해야겠다고 생각했었기 때문이다.

시골에서 올라와 서울에서 직장 생활을 하던 중 아름다운 한 가정을 보았다. 이 가정은 주일이 되면 온 가족이 손을 잡고 성당으로 미사를 드리러 갔다. 참 신기하게도 천주교 신자도 아닌 내가 그 가정을 동경하고 있었다. 이런 가정을 이루기 위해 난 명동성당 예비신자로 등록하였고, 고맙게도 아름다운 그 가정의 어머니가 나의 대모가 되어 주셨다.

세례는 받았지만 다른 활동 없이 주일만 지키던 내 눈에 까만 옷을 입은 사람들이 눈에 띄었다. "아, 그래. 저 분들이 수녀라고 했었지… 혹시 내게도 저런 삶이 가능할까?" 이 생각이 미치자마자 난 114로 전화했다. 그리고 명동에서 가장 가까운 수녀원 전화번호를 물었다. 그리고 서울 계동에 위치한 노틀담 수녀원을 운명처럼 방문하게 되었다. 도심 속에 차가운 대리석벽의 건물과 대조되는 아늑한 정원을 가진 수녀원엔 신성한 분위기가 감돌았다. 그 안에 머무는 정갈한 까만 수도복을 입은 수녀님들을 만난 건 신선한 충격이었다. "결혼하는 것 말고 세상에는 이런 삶도 있었구나!"

일상으로 돌아온 이후 한참 동안 수녀님들의 모습이 머리에서 떠나지 않았다. 결혼을 하고 나면 살아 볼 수 없는 삶이기에 난 먼저 수도원을 가 보고 아니면 얼른 나와 결혼해야겠다고 나름 계산했다. 그리고 서둘러 입회를 준비했다. 하지만 충북의 깊은 시골에 우리 가족들은 아무도 천주교에 대해서 알지 못했다. 그저 막내가 수도원에 간다 하니 막연한 풍문으로 알게 된 수도 생활은 불안 그 자체였다. 그 불안은 내 선택에 대한 반대로 이어졌다. 그러나 나는 태연히 이런 말로 어머니를 안심시켰다. "어머니, 걱정 마세요. 좋아 보이니까 일단 살아 보고 빨리 나올게요." 하지만 아버지의 완강한 반대에 부딪히고 말았다. "네가 가야만 한다면 약속이 하나 있다. 내일 아침 일찍 나와 함께 면사무소에 가서 네 호적을 파 가지고 내가 네 손을 잡고 수녀원 원장 수녀에게 네 호적과 너를 인계하겠다. 이제 부모 자식 간의 너와 나의 인연을 끝내자."

이른 새벽 어머니께서 나를 흔들어 깨우셨다. "빨리 짐 챙겨라. 아버지가 잠시 집을 비우셨다. 네 아버지는 그렇게 한다면 하시는 분이니까 빨리 서울로 가거라." 어머니께서는 딸을 꺾을 수 없으셨던 것이다.

어머니 손에 끌려 나오듯 집을 나와 버스 정류장을 향해 모퉁이를 돌고 있을 때 누군가가 내 머리를 끌어당기는 느낌이 들었다. 뒤를 돌아보니 무뚝뚝한 아버지께서 마을 어귀 산모퉁이에서 나를 보고 계셨다. 그 완고하고 점잖으신 분께서 눈물을 보이고 싶지 않으셔서 산으로 피해 가신 것이다.

그렇게 모질게 부모님을 떠나 새로이 시작한 수도 생활은 그리 녹록지 않았다. 일생을 한 공간에서 같은 사람들과 살아가야 한다는 것, 틀에 매인 일상, 계시는 것 같은데 설명할 수도 없고, 잡히지도 않는 하느님, 너무나 따르기 어려운 예수님의 가르침과 권고… 나의 하루는 행복한데 일생을 바라보면 너무 답답했다. 그래서 도망가고 싶은 날들이 점점 많아졌다.

그러던 중 한줄기 빛이 나를 비추었다. '**내일 우리의 삶은 알 수 없는 것이다. 오늘 내가 하느님께 내 삶을 맡기는 단순한 삶이 기쁘고 평화롭다면 매일을 오늘처럼 하느님께 맡기고 살면 되지 않을까?**' 이 깨달음은 나를 변화시키는 강력한 힘이었다. 그 빛은 오늘도 나를 비추고 있다.

복자 황일광 시몬(22과)

황일광 시몬은 2014년 8월 프란치스코 1세 교황에 의해 한국 순교 복자 124위 품에 오른 복자이시다. 그는 충청도 홍주에서 태어났으며, 천민 출신으로 백정이었다. 이 시절 백정에게는 어린아이들까지도 하대하였고 이를 당연히 여겼다. 태어나면서부터 신분이 정해지는 모진 운명을 살아야 했음에도 황일광 시몬은 매우 명랑하였고, 명석한 머리를 가졌다.

1792년경 황일광은 내포의 사도 이존창 루도비코 곤자가에 대한 소문을 들었다. 그래서 그를 찾아가 교리를 배우고 가톨릭 신앙을 기꺼이 받아들였다. 이후 더 자유로운 신앙생활을 위해 동생 황차돌과 함께 경상도로 이사를 했다. 그곳 교우들도 이들의 신분을 잘 알고 있었으나 하느님 앞에 모두 평등하다는 가톨릭 교리를 철저히 살아 내는 이들이었기에 양반들까지도 그를 동등이 대해 주었다. 이에 감동한 황일광 시몬은 이런 고백을 하였다. **"나의 신분에도 불구하고 사람들이 너무나 점잖게 대해 주니, 천당은 이 세상에 하나가 있고, 후세에 하나가 있음이 분명하다."**

1800년 2월 시몬은 경기도 광주의 정약종 아우구스티노 성인의 곁으로 이사하였다. 그리고 그곳 교우들과 교류하면서 성덕을 쌓았다. 나날이 높아지는 그의 덕에 모든 이들은 감탄을 금치 못했다. 그 후 정약종 성인과 함께 한양으로 이사하여 땔감을 해서 생계를 꾸려 나가는 힘겨운 생활을 하면서도 온 힘을 다해 교회 일을 도왔다. 하지만 한양 생활에서 가장 큰 기쁨은 주문모 야고보 신부님께 세례를 받게 된 것과 교우들과 함께 미사 참례를 하는 것이었다.

1801년 신유박해가 일어난 뒤, 황일광 시몬은 땔감을 하러 갔다가 포졸들에게 체포되었다. 그는 포도청과 형조에서 여러 차례 고문을 받았지만 배교하지 않았다. 간악한 신문에도 굴하지 않고 그는 형리들에게 천주교를 이렇게 소개했다. **"저는 천주교 신앙을 올바른 길로 생각하여 깊이 빠졌습니다. 이제 비록 죽을 지경에 이르렀지만, 어찌 배교하여 천주교 신앙을 저버리겠습니까? 빨리 죽기만을 원할 따름입니다."** 황일광의 신앙고백은 더 혹독한 고문을 불러왔다. 다리 하나가 부러져 으스러지도록 매질을 당했고, 동료들과 함께 사형 판결을 받았다. 조정에서는 황일광의 고향으로 그를 보내 참수하도록 하였는데 백성들이 천주교에 대한 경각심을 갖게 하려는 의도였다. 다리를 쓸 수 없을 만큼 고문을 받은 그는 들것에 실려 가면서도 특유의 명랑함을 잃지 않았다. 그의 아내와 아들이 그의 마지막 길을 배웅하려 나왔을 때 황일광 시몬은 유혹을 염려하여 그들을 보려고 하지 않았다.

1802년 1월 30일 그의 나이 45세에 그는 거룩하신 하늘 아버지의 부름을 받고 자신의 고향 땅 홍주에서 참수형에 처해졌다.

예비신자 교리서

사랑의 공동체

교사 교안집

예비신자 교리서
사랑의 공동체
교사 교안집

초판 발행일 2018. 6. 25
1판 3쇄 2023. 1. 3

엮은이 노틀담 수녀회 교리교재 연구소
전례감수 김기태 사도 요한 신부(인천가톨릭대학 전례학 교수)
그림 마리 테레시타 수녀, 마리 루치아 수녀
사진 노틀담수녀회, 박미라(데레사)
펴낸이 서영주
총편집 황인수
편집 한재웅 **디자인** 솜씨디자인
제작 김안순 **마케팅** 서영주 **인쇄** 솜씨디자인

펴낸곳 성바오로
출판등록 7-93호 1992. 10. 6
주소 서울특별시 강북구 오현로7길 20(미아동)
취급처 성바오로보급소 **전화** 944-8300, 986-1361
팩스 986-1365 **통신판매** 945-2972
E-mail bookclub@paolo.net
인터넷 서점 www.paolo.kr
www.facebook.com/stpaulskr

값 25,000원
ISBN 978-89-8015-912-3
ISBN 978-89-8015-911-6 (세트)
교회인가 인천교구 2016.10.24 SSP 1063

성경·전례문 ⓒ 한국천주교중앙협의회

ⓒ 노틀담 수녀회, 2018

이 도서의 국립중앙도서관 출판시도서목록(CIP)은 서지정보유통지원시스템 홈페이지(http://seoji.nl.go.kr)와 국가자료공동목록시스템(http://www.nl.go.kr/kolisnet)에서 이용하실 수 있습니다. (CIP제어번호 : CIP2018018574)

이 책은 저작권법의 보호를 받으므로 무단전재와 무단복제를 금합니다.
이 책 내용의 전부 또는 일부를 재사용하려면 반드시 노틀담 수녀회와 성바오로출판사의 동의를 얻어야 합니다.

예비신자 교리서

사랑의 공동체

교사 교안집

인사말

친애하는 교리교사 여러분,

우리의 참스승이신 예수 그리스도가 제자들에게 주신 사명은 "그러므로 너희는 가서 모든 민족들을 제자로 삼아, 아버지와 아들과 성령의 이름으로 세례를 주고, 내가 너희에게 명령한 모든 것을 가르쳐 지키게 하여라. 보라, 내가 세상 끝 날까지 언제나 너희와 함께 있겠다."(마태 28,19-20)입니다. 이 명령은 그들의 평생을 가늠하는 진로가 되었습니다.

교회는 교회의 역사만큼이나 오래된 활동인 교리교육을 통해서 제자들에게 주셨던 사명을 여러분에게도 주었습니다. 주님께서 이 시대의 교리교사로서 여러분을 택하시고 부르셔서 그분 가까이 두시며 그분 가르침을 배우도록 초대하셨습니다. 그분 말씀과 교회의 가르침에 따라 가톨릭교회 안에 첫걸음을 내딛는 예비신자들의 신앙 여정에 함께하며 그들을 교육할 중요한 책임을 여러분에게 부여하고 있습니다.

저희 노틀담수녀회 교리교재 연구소가 집필한 노틀담 첫영성체 교리서「사랑의 공동체 하나되어요」를 통해 저희가 여러분의 관심과 지지를 받고 있음에 깊이 감사드립니다. 교리교육을 각별히 중시하는 저희 수녀회가 세상과 교회 안에서 특히 교리교육을 통해서 사람들에게 우리의 좋으시고 섭리하시는 하느님을 믿고 신뢰하며 성장하도록 도와줄 수 있는 도구가 될 수 있음은 주님의 축복이며 은총입니다.

지난 몇 년간 이 첫영성체 교재는 저희 교리교재 연구소가 주관하는 첫영성체 교재 연수와 교리교육 현장에서 적절하게 활용되어 왔다고 생각됩니다. 이 경험들을 통해 저희는 이 교재의 좀 더 효율적인 활용의 필요성을 발견하고 성인 예비신자를 위한 교리교재를 출간하게 되었습니다.

이 교리교재를 통해서 '사랑의 공동체' 즉 삼위일체의 하느님을 여러분의 일상 안에서 구체적으로 만남으로써 함께 살아가는 사회 안에서, 관계와 소통의 매개체가 되기를 희망합니다. 그리하여 교리교육의 현장에서 이 시대의 사람들과 문화 속에 수없이 복잡하게 들어오는 메시지들을 신앙과 성령의 빛 안에서 읽어 내는 데 이 교재가 여러분에게 도움이 되었으면 합니다.

여러분의 이 중대한 사명에 동행하실 성모 마리아는 하느님의 가르침을 깊이 받아들여 간직하셨고 일생을 이 가르침으로 사셨으므로 믿는 이들의 어머니이시며 당신 아드님의 첫 제자가 되셨습니다. 교회는 '마리아가 살아 있는 교리서' '교리교사들의 어머니요 귀감' 이라는 표현을 서슴지 않습니다. 그만큼 마리아는 삶으로써 아들 예수 그리스도를 선포하셨기 때문입니다.

저는 교리를 가르치는 여러분에게 성령의 신성한 에너지와 지혜가 함께하기를 기원하며 여러분이 지닌 용기와 희망과 열성 그리고 책임과 소명을 주님께서 계속 북돋아 주시고 축복해 주시기를 기도합니다.

선하신 하느님을 신뢰하며,

노틀담수녀회 한국 관구장, 선효경 마리 율리아 수녀, SND

노틀담 예비신자 교리서에 대하여

I. 교리교육의 정신과 교재의 특징

1. **사회성** : 인간은 더불어 살아가야 하는 본성을 지닌다. 그 근거는 우리가 사랑의 공동체로 계시는 삼위일체 하느님께로부터 왔다는 것에 있다. 그러므로 관계 속에서 배우고, 성장한다. 이 교리서는 건강한 사회 일원으로서의 역할을 신앙의 빛으로 비추어 줌으로써 생각하고, 삶으로 실천하도록 이끌어 준다.

2. **관계성** : 삼위일체의 사랑의 관계 속에 계신 하느님께서는 관계의 하느님이시다. 그러므로 그분의 모상을 닮아 이 세상을 살아가는 인간에게도 관계는 필수 요소이다. 이 교리서는 통신, 전자기기의 발달로 인하여 관계와 소통의 형태가 변해 가는 오늘을 살아가는 이들에게 진정한 소통과 관계를 어떻게 형성하고, 실천할 수 있는지 이끌어 준다.

3. **공동체성** : 세계화의 물결 속에 살아가는 현대인들은 역설적이게도 공동체성을 점점 잃어 가고 있다. 그 이유는 자신의 안락만을 추구하는 이기심에 있다. 이 교리서는 물질이 모든 도덕적 가치들을 대체한 오늘을 살아가는 이들에게 하느님 사랑의 공동체를 실현하는 것이 가치 전도의 세상을 바로 세울 수 있는 방법임을 일깨워 준다.

II. 교재 구성

1. **어른 입교예식의 재구성** : 1976년 발행된 어른 입교예식서는 1년 과정의 단계별 받아들이는 예식을 싣고 있다. 그간 한국 교회의 예비신자 교육 기간은 변화의 과정을 거쳐 오늘날 대부분 6개월 과정으로 진행하고 있다. 하지만 여전히 어른 입교예식서는 1년 과정의 단계별 받아들이는 예식으로 되어 있고, 내용이 너무 방대하여 실제로 사용하기 어렵다는 의견이 많았다. 그러므로 교리서를 내면서 이 과정을 요약하고, 정리하여 간단히 미사 전례에 사용할 수 있도록 의미를 살려 재구성하였다.

2. **교사 교안집** : 교사를 위한 교안의 형태로 작성된 교리서는 교사들의 교안 작성의 수고를 덜어 주고, 교안집을 여러 번 읽는 것으로 교리 준비를 충분히 할 수 있도록 구성하였다. 매 과의 첫 장 '나의 신앙을 돌아보며'는 교사들을 위한 내용으로, 각 과의 주제에 맞게 자신의 신앙을 돌아보고 숙고하는 시간을 배려하였다. 둘째 장의 '수업을 이렇게'는 수업 전체의 줄거리를 요약해 놓아 어떤 내용을 가르쳐야 하는지 한눈에 볼 수 있도록 하였다. 또한 두 가지 활동을 제시함으로써 각 반의 분위기에 따라 선택할 수 있도록 하였다. 2과부터는 마음기도를 매 시간 배치하여 예비신자들이 묵상기도의 습관을 가질 수 있도록 구성하였다. 각 과의 학습목표는 본문에 밑줄 처리를 하여, 다시 한 번 강조하였다.

3. **교사용 첨부** : 받아들이는 단계별 예식과 피정, 후속 교리의 내용, 수업에 필요한 첨부 내용을 수록하였다.

4. **예비신자 교리서** : 주제에 맞는 그림(Sr.M.테레시타 SND)을 수록하여 전체 내용의 이해를 돕고, 삽화들을 이용하여 교리서의 단조로움을 지양하였다. 교재에는 중요한 내용만을 요약하여 교리시간 중에 스스로 적으면서 더 깊이 있게 익힐 수 있도록 하였다. 또한 매 시간 성경을 이용함으로써 성경에 대해 친밀감을 가질 수 있도록 구성하였으며, 활동들을 통해 교리의 내용을 생활로 옮겨 가도록 하였다. 또한 복습을 통해 매 과에서 중요한 개념들을 스스로 익힐 수 있도록 하였다. 부록에는 전례력과 성월, 예비신자들이 궁금해할 수 있는 질문들과 답, 각 과와 관련된 성인들의 목록, 과별 성경 목록, 가톨릭교회 용어들을 수록하여, 수업 시간에 다 다룰 수 없는 내용들을 보충해 놓았다.

III. 6개월 과정의 수업 목록

단계별 기간	과	제목
예비신자 이전 기간 4주	1	오, 좋으신 하느님
	2	하느님과 우리를 이어 주는 기도
	3	하늘나라 신비를 기념하는 미사
	4	하느님 말씀이 담긴 성경
받아들이는 예식		환영식, 성경 수여 예식
예비신자 기간 12주	5	하느님 사랑으로 태어난 이 세상
	6	하느님과의 약속을 어긴 첫 사람
	7	하느님께서 해방시켜 주신 이스라엘 백성 I (성조사)
	8	하느님께서 해방시켜 주신 이스라엘 백성 II (이스라엘 왕정 시기)
	9	하느님께서 우리에게 오신 성탄
	10	예수님께서 보여 주신 하느님 나라
	11	우리를 구원한 예수님의 십자가
	12	우리는 믿습니다, 예수님의 부활
	13	성령의 강림으로 드러난 교회
	14	교회 가족과 어머니이신 마리아
	15	우리를 지켜 주는 십계명
	16	예수님께서 주신 사랑의 계명
선발예식		선발예식, 신경수여식과 수락 예식
정화와 조명의 기간 8주	17	하느님 은총의 표지인 성사
	18	세례성사와 견진성사
	19	성체성사와 선교
	20	서로 화해시켜 주는 고해성사
	21	혼인성사, 성품성사, 병자성사
	22	한국 천주교회사
	23	그리스도인의 권리와 의무
	24	피정 또는 성지순례
입교예식		세례식
신비 교육		내가 체험한 하느님

Ⅳ. 단계별 받아들이는 예식

1. 예비신자 이전 기간

예비신자를 모집하여 교리반이 구성되면 바로 환영식을 갖는 것이 오늘날의 통례이다. 하지만 이들은 가톨릭에 대한 이해가 전무한 상태이기 때문에 하느님에 대한 생각을 정리하고, 하느님과의 관계를 어떻게 맺을 수 있는가에 대해 가르치는 기도, 하느님의 구원 업적을 기리는 미사의 의미, 하느님 말씀이 담긴 성경에 대한 기본적 가르침을 받고 환영식에 임해야 한다.

2. 받아들이는 예식

1) 환영식 : 하느님에 대한 기본적 가르침을 받은 이들은 교회의 일원이 되기 위한 예비신자 기간을 시작할 결심을 하고, 교회 공동체는 환영식을 통해 이들의 결심을 축복하고 격려한다. 호명된 후보자들에게 사제는 그들이 교회 공동체에서 무엇을 원하는지 질문한다. 후보자들은 교회 공동체에서 신앙을 청하고 공동체 생활을 원한다고 대답한다.

2) 성경 수여식 : 하느님 말씀을 생명의 말씀으로 받아들여 말씀에 맛들이고, 말씀을 살아 낼 결심과 고백을 하면서 후견인이나, 인도한 사람(없을 경우 구역장이나, 반장, 혹은 선교분과장)의 손을 통하여 성경을 전달받는다. 후보자들은 성경을 하느님의 살아 있는 말씀으로 믿고, 그 말씀대로 살겠다는 다짐을 한다.

3. 선발예식

1) 선발예식 : 12주간의 예비신자 기간 동안 배우고 익힌 진리를 기꺼이 받아들이고, 하느님의 자녀로 새롭게 태어날 준비가 된 이들을 호명하여 선발한다. 사제는 이들의 명단을 받아 그것에 서명하고, 제단에 놓음으로써 이들의 결심을 미사성제와 합하여 봉헌한다. 예비신자 성유를 도유함으로써 선발된 이들에게 지위를 부여한다. 또한 예비신자 기간을 거쳐 정화와 조명의 단계로 접어들면서 천상 교회의 보호를 입기 위해 세례명 명명식을 갖는다. 세례식을 통해 받게 될 이름을 미리 받아 성인의 통공을 힘입어 입교예식을 잘 준비하도록 돕는다.

2) 신경 수여식과 수락식 : 오랜 교회의 역사 속에서 성경을 바탕으로 체험되고 정리된, 교회 공동체가 믿는 바에 대한 내용이 담긴 '신경 수여식'을 통해 예비신자 기간 동안 배운 내용을 받아들일 마음의 준비가 되어 있는지 확인하고 신경을 수여한다. 이어서 신경의 내용을 믿고 따르겠다는 결심과 함께 신경을 바침으로써 공적으로 수락한다.

4. 입교예식(세례식)

5. 신비 교육 기간

세례식 이후 한 달 동안 각자 신앙생활을 몸에 익힌 후 그 기간 동안 체험한 하느님의 섭리적 돌보심을 서로 나눈다. 기도와 신앙에 생활이라는 말이 붙는 의미를 알아야 한다. 생활의 속성은 연속성이다. 인간의 일상적 활동들에 연속성이 결여되면 문제가 발생한다. 동일하게 신앙과 기도에 '생활'이라는 말이 붙는 의미도 일상생활과 같다. 그런 의미에서 기도 생활과 신앙생활이 연속성을 지니는지 함께 이야기하며 자신의 신앙을 굳건히 한다.

차례

제 1 과	오, 좋으신 하느님	11
제 2 과	하느님과 우리를 이어 주는 기도	17
제 3 과	하늘나라 신비를 기념하는 미사	23
제 4 과	하느님의 말씀이 담긴 성경(聖經)	30
제 5 과	하느님 사랑으로 태어난 이 세상	37
제 6 과	하느님과의 약속을 어긴 첫 사람	44
제 7 과	하느님께서 해방시켜 주신 이스라엘 백성 Ⅰ	51
제 8 과	하느님께서 해방시켜 주신 이스라엘 백성 Ⅱ	58
제 9 과	하느님께서 우리에게 오신 성탄(聖誕)	64
제 10 과	예수님께서 보여 주신 하느님 나라	71
제 11 과	우리를 구원한 예수님의 십자가	78
제 12 과	우리는 믿습니다, 예수님의 부활	86
제 13 과	성령의 강림으로 드러난 교회(敎會)	93
제 14 과	교회 가족과 어머니이신 마리아	101
제 15 과	우리를 지켜 주는 십계명(十誡命)	108
제 16 과	예수님께서 주신 사랑의 계명	115
제 17 과	하느님 은총의 표지인 성사(聖事)	123
제 18 과	세례성사와 견진성사	129
제 19 과	성체성사와 선교	136
제 20 과	서로 화해시켜 주는 고해성사	143
제 21 과	혼인성사, 성품성사, 병자성사	151
제 22 과	한국 천주교회사	157
제 23 과	그리스도인의 권리와 의무	166

제1과 오, 좋으신 하느님

주제어 : 좋으심

학습목표
1. 하느님은 우리를 위해 **사랑**으로 모든 것을 내어 주시는 **좋으신 분**이심을 알 수 있다.
2. **삼위일체** 하느님은 한 분이시지만 성부, 성자, 성령의 **사랑의 공동체**로 계심을 알 수 있다.
3. 하느님의 공동체를 닮아 우리의 **공동체**를 사랑할 수 있다.

나의 신앙을 돌아보며

◆ 말씀과 함께

"우러러 당신의 하늘을 바라봅니다. 당신 손가락의 작품들을
당신께서 굳건히 세우신 달과 별들을.
인간이 무엇이기에 이토록 기억해 주십니까?
사람이 무엇이기에 이토록 돌보아 주십니까?" (시편 8,4-5)

미국의 첫 우주 비행사가 우주에서 지구를 내려다보며 그 아름다움에 감탄하며 바친 노래가 이 시편이라고 합니다. 하느님께서는 이 아름다운 세상을 우리 인간을 위해 만드시고 우리에게 선물로 주셨습니다. 이 세상의 모든 좋은 것은 좋으신 하느님에게서 옵니다. 하느님은 아무 자격도 없는 우리에게 아낌없이 주시며, 마지막에는 당신 자신(예수 그리스도)까지도 선사하셨습니다.

우리는 매일매일 바쁘게 살아가고 있기에 하느님을 생각할 시간도, 하느님의 좋으심을 느낄 여유도 없습니다. 하지만 우리가 하던 일을 잠시 멈추고 생각해 보는 시간을 갖는다면 이 세상이 하느님의 좋으심으로 가득 차 있음을 알 수 있습니다. 태양의 따사로움, 아름다운 무지개, 불어오는 미풍의 감미로움, 잔디밭에 내려앉은 이슬방울, 하늘의 변화무쌍한 구름, 풀벌레 울음소리, 어린아이의 맑은 눈동자, 된장찌개의 구수한 냄새 안에서 우리는 하느님의 좋으심을 발견하고 삶의 기쁨을 느낄 수 있을 것입니다. 내가 그분을 느끼지 못하더라도 그분은 나를 돌보며 지켜 주고 계십니다. 그것을 알아차릴 때 내가 가지고 있는 모든 불평 불만은 내게 주어진 모든 것들에 대한 감사로 바뀔 것입니다. "하느님께서 보시니 손수 만드신 모든 것이 참 좋았다." (창세 1,31)

"우리와 비슷하게 우리 모습으로 사람을 만들자." (창세 1,26)

하느님은 한 분이면서도 성부, 성자, 성령의 공동체로 계십니다. 사랑이신 하느님께서는 공동체로서 사랑의 관계 안에서 존재하십니다. 성부, 성자, 성령의 그 공동체적 사랑을 우리가 살지 않으면 우리는 '하느님을 닮았다.'라고 할 수 없고, 하느님의 생명과 충만한 행복을 나누어 받을 수 없습니다. 하느님이 관계 안에서 존재하시고, 나의 생명도 부모님의 사랑의 관계 안에 기인하기에 내가 관계 안에서 살지 않으면 내 삶의 진정한 의미와 목적과 기쁨을 얻을 수 없습니다. 하느님 공동체의 세 위격처럼 공동체 안에서 내가 나 자신을 내어 줄 때만이 '내가 하느님을 닮았다.'라고 말할 수 있습니다.

◆ 숙고하기

내가 받은 좋은 것들은 어떤 것들입니까?
나는 내가 받은 모든 것에 대해 얼마나 하느님께 감사의 마음을 가지고 생활하고 있습니까?
나는 공동체의 고마움을 느끼고 있습니까? 나는 얼마나 공동체를 사랑하며 살아가고 있습니까?

◆ 기도하기

사랑이신 삼위일체 하느님, 제가 받은 모든 좋은 것들에 대해 찬미와 감사를 드리나이다. 아멘!

 ## 수업을 이렇게

◆ 수업 줄거리

1. **나의 좋은 점 찾기** : 나의 '생명'이 하느님께로부터 온 것처럼 나의 '좋은 점'은 모두 하느님께로부터 온 것이다. 자신의 좋은 점을 찾아 자신을 소개함으로써 좋으신 하느님에 대해 안다.

2. **하느님은 좋으신 분** : 하느님은 우리 가족들과 우리를 사랑해 주는 사람들을 통해 우리에게 필요한 모든 것을 사랑으로 내어 주시는 좋으신 분이다. 하느님을 신뢰하며 하루하루 기쁘게 생활할 수 있다.

3. **삼위일체이신 하느님 공동체** : 하느님은 한 분이시지만, 서로 사랑을 나누는 삼위(성부, 성자, 성령)의 공동체로 계신다. 삼위일체 하느님 공동체는 우리 공동체가 본받아야 할 모습이다.

4. **사랑의 공동체** : 하느님 공동체의 사랑을 닮아 자기 자신만을 생각하기보다 다른 사람과 공동체를 사랑하는 마음을 키우며, 구체적으로 사랑을 실천할 결심을 세운다.

수업 계획표 (총 60분)

단계	내용	진행	준비물
열기 (20분)	좋은 점 찾기	생각해서 교재에 적기	
	소개하기	자신의 '좋은 점'으로 자신 소개하기	
	'좋은 것'이란?	'좋은 것'에 대한 느낌 나누기	
펼치기 (20분)	좋으신 하느님	하느님의 좋으심에 대해 설명하기	
	사랑의 삼위일체 하느님	하느님은 '사랑의 공동체'임을 설명하기	
깊이 들어가기 (20분)	사랑의 공동체 닮기 활동 1. 나눔 활동 2. 편지쓰기	'나의 좋은 점을 내가 속한 공동체에서 어떻게 실현시킬 것인지 나누기	필기구 활동2 : 편지지
과제제시	배운 내용 정리와 실천	배운 내용 되새겨 보기	

이런 것을 뜻합니다

 삼위일체 교리　　 공동체

 기도　　**생각나눔** 숙고하고 나누기

 중요　　 사회교리

<u>밑줄</u>　수업목표에 해당함

▶ 출석 확인

열 기

1 좋은 점 찾기

- 만나서 반갑습니다. 옆 사람과 또 앞, 뒤로 잠시 서로 인사를 나눠 볼까요? (잠깐 인사함) 반가운 인사로 우리가 상대에 대해 알게 되었나요? 그렇지 않습니다. 오랜 시간이 지나면서 서로를 알게 될 것입니다. 그런데도 다 알지 못할 것입니다. 그런데 알지 못하는 범주에는 타인만 속하지 않습니다. 자기 자신에 대해서도 마찬가지지요.

- **생각나눔** 자기 자신을 안다는 것은 참 어려운 일입니다. 내가 가진 좋은 점을 생각해 보면서 그것에 감사하는 마음을 갖는다는 것도 우리에겐 참 낯선 일입니다. 하지만 하느님의 자녀가 되기 위해 첫 시간을 여는 이 순간 먼저 자신의 '좋은 점'을 찾아 보도록 하겠습니다. 잠시 눈을 감고 내가 가지고 있는 성향 중 가장 좋은 점을 숙고해 보겠습니다. (잠시 숙고함)

- 교재 9쪽에 자신의 좋은 점을 적어 보겠습니다.
  (예: '친절함', '잘 웃음')

2 소개하기

- 이제 소개를 해 볼까요? 나의 좋은 점을 가지고 나를 소개하는 시간을 갖겠습니다. 먼저 저부터 하도록 하겠습니다.

- "저는 '친절' 합니다. 그래서 친절한 OOO입니다. 반갑습니다. 여러분들과 하느님 이야기를 하면서 행복한 시간을 꾸려 가도록 노력하겠습니다. 또한 저를 통해 여러분이 하느님의 사랑을 볼 수 있게 되길 희망합니다."

- 이제 돌아가면서 자신의 좋은 점을 말하면서 자신의 이름과 소개하고 싶은 내용을 나누겠습니다. (서로 소개함)

> **도움말**
>
> 수가 많은 경우 조별로 소개를 한다.

3 '좋은 것'이 주는 느낌

- 이제 자신의 '좋은 점'을 생각해 봤고, 그것을 특징으로 하여 나를 소개했습니다.

- **생각나눔** 친절함, 성실함, 잘 웃음 (참가자들의 말을 잘 듣고 그것을 예로 들어 이야기한다) 등은 참 좋은 것들입니다. 이런 좋은 것들이 어떤 느낌을 줄까요? 교재 9쪽에 적어 보도록 하겠습니다.

- 좋은 것의 느낌을 몇 분께서 이야기해 주시겠습니까? (대답을 들음) 예, 좋은 것들은 마음의 평화와 기쁨을 가져다줍니다. 진실하고(眞), 선하고(善), 아름다운(美) 것들이지요.

- **생각나눔** 이런 좋은 것들의 근원은 어디일까요? 나의 생명, 착한 마음, 착한 행동은 대체 어디에서 왔을까요? (대답을 들음)

- ★ 예, 이 **좋은 모든 것들은 '하느님'께로부터** 왔습니다. 하느님은 참 좋으신 분이어서 이 모든 좋은 것들을 우리에게 선물로 주셨습니다.

4 좋은 것의 근원이신 하느님

- **생각나눔** 교재의 그림을 보도록 하겠습니다. 그림에서 여러분은 무엇을 느낄 수 있습니까? (대답 들음) 이 그림은 모든 선한 것을 주시는 하느님의 손길을 표현하고 있습니다.

- 하느님은 우주 만물과 우리를 만드셨습니다. 햇볕과 비를 내려 주시고, 우리와 생물이 살아가는 데 필요한 모든 것을 주신다고 시편 작가는 하느님을 찬미하고 있습니다. (시편 8,4-5 참조)

- 세상 만물뿐 아니라 관계 맺음을 통해 사회적 존재로 살아갈 수밖에 없는 속성을 가진 인간에게 하느님은 가족과 많은 이웃들을 통해 당신의 좋으심을 선사하십니다.

- ★ 그러므로 <u>내가 **지금 가진 모든 것은 하느님께로부터 받은 선물**입니다. 하느님은 우리를 위해 **사랑**으로 모든 것을 내어 주시는 **좋으신 분**</u>입니다.

- 하느님께서는 우리를 사랑으로 돌보시며 말씀하십니다. "너희는 '무엇을 먹을까?', '무엇을 마실까?', '무엇을 차려입을까?' 하며 걱정하지 마라."

- 좋으신 하느님께서는 우리가 무엇이 필요한지 아시기에 우리는 모든 근심 걱정을 하느님께 맡기고 기쁘게 살아가면 됩니다.

🙏 잠깐 머물며 기도합시다.

- 잠시 눈을 감아 봅니다.

- (천천히 다음의 내용을 읽음) "너희는 '무엇을 먹을까?', '무엇을 마실까?', '무엇을 차려입을까?' 하며 걱정하지 마라. 하느님은 이 모든 것이 너희에게 필요함을 아신다." (마태 6,31-32)
 (10초간 머무름)

- 좋으신 하느님께서 나를 돌보아 주신다는 믿음으로 지금 여러분 마음 안의 걱정을 모두 하느님께 맡깁니다. (30초) 이제 눈을 떠봅니다.

펼치기

1 하느님은 사랑이십니다. (1요한 4,16)

- 하느님은 무엇보다 '사랑'이십니다. 사랑은 혼자서 할 수 없습니다. 사랑은 주고받아야 하죠. 그래서 **하느님은 한 분이시지만 서로 사랑을 나누는 삼위의 공동체**로 계십니다. 삼위의 공동체로 계시지만 하느님은 한 분이시기에 '삼위일체 하느님'이라고 합니다.

- ★ **삼위일체** 하느님은 한 분이시지만, 성부, 성자, 성령의 **사랑의 공동체**로 계십니다. 하나이면서도 셋이고 셋이면서도 하나이기에 사실 우리 머리로는 이해할 수 없는 신비지요.

- 유한한 인간이 무한하신 하느님을 이해한다는 것은 불가능합니다. 또한 인간의 유한한 언어, 숫자로 하느님을 표현해 낸다는 것도 불가능합니다. 그러므로 우리는 숫자에 매이지 말아야 합니다.

- 하느님 사랑의 공동체에 근원을 두는 우리도 공동체를 이루어 사랑을 나누며 살아갑니다. 그래서 교회는 사랑의 공동체입니다. 성(聖) 치프리아노는 이것을 이렇게 표현합니다. **"혼자 남은 그리스도인은 그리스도인이 아니다."**

2 🌐 삼위일체 하느님

- 교재 2쪽에 나오는 '삼위일체 하느님 공동체' 이콘(그림)을 봅니다. 이 그림은 삼위일체 하느님이 어떤 분이신지 설명해 주고 있습니다. 그림에서 성부, 성자, 성령의 삼위가 다정하게 앉아 있지요? 셋이지만 한 분이신 하느님입니다. 성부, 성자, 성령은 똑같은 하느님으로서 늘 함께 계시고 함께 활동하시는데 하시는 역할은 다릅니다.

- **성부**(Father)는 사랑을 주시는 분(Lover)으로 세상을 창조한 창조주이십니다. 이 세상과 우리를 지어내셨습니다.

- **성자**(Son)는 예수님인데, 성부의 사랑을 받으시는 분(Loved)으로, 사람으로 오시어 세상을 구원한 구세주이십니다. '**구원**'이라는 말은 '**죽음**'에서 '**생명**'으로 이끌어 줌을 말합니다.

- **성령**(Holy Spirit)은 성부와 성자의 사랑을 하나로 이어 주는 분(Loving)이십니다. 그래서 하느님께서 하나가 되실 수 있습니다. 성령은 성부와 성자의 협조자로 이 세상을 움직이는 영이십니다. 성령은 우리의 보호자이시고, 세상을 성화시키시는 분이십니다.

- 이렇게 표현하는 것이 구세사적 삼위일체의 표현입니다. 세상을 창조하시고, 구원하시는 구원의 역사 안에서 드러내시는 하느님의 모습입니다.

- 삼위일체 하느님 공동체는 이렇게 셋이면서도 성령의 끈으로 하나인 완전한 사랑의 공동체입니다. 이 모습이 바로 삼위일체 하느님의 현존 방식입니다. 이는 우리의 공동체가 닮아야 할 모습이기도 합니다.

- 우선 그림의 의미를 설명해 드리겠습니다. 이 이콘은 창세기 18장에 나오는 이야기, 아브라함을 방문한 세 사람 또는 세 천사를 묘사한 그림입니다.

- 세 천사가 세쌍둥이처럼 닮았지요. 세 분이 공통으로 권위를 상징하는 지팡이를 들고 있으며, 공통으로 하느님 신성(神聖)을 뜻하는 푸른 옷을 입고 있습니다. 여기서 **세 위격이 본성으로 한 하느님이시며 서로 동등함**을 알 수 있습니다.

- 삼위가 서로 다른 옷을 입고 있는데, 왼쪽에 황금색 외투를 입고 있는 분이 성부를, 가운데 붉은색 옷을 입고 있는 분이 성자를, 오른쪽에 녹색 옷을 걸치고 있는 분이 성령을 상징합니다. 이는 **세 위격이 각각 다름**을 말하고 있습니다.

- 식탁을 중심으로 삼위가 앉아 있는데, 식탁 위의 포도주 잔은 예수님의 십자가의 희생을, 식탁 아래의 열린 사각형은 동서남북

의 창조된 세상 전체를 상징하고 있습니다. 성자는 고개를 성부께 향하고 몸은 성령을 향하고 있으며, 성령은 고개를 성부께 향하며 식탁 아래의 열린 사각형을 가리키고 있습니다. 즉 성자의 희생이 세상을 구원하는 것임을 말하고 있습니다. 또한 작은 사각형은 하늘나라에 들기 위한 좁은 문을 상징합니다. 여기서 삼위가 **서로 의존하며** 인간을 구원하기 위해 **서로 자신을 내어 주고 있음**을 알 수 있습니다.

❸ 사랑의 삼위일체 하느님을 고백하는 기도 : 성호경 배우기

- 생각나눔 신비이기 때문에 신앙으로 알아들어야 하는 삼위일체 신비를 고백하는 짧은 기도가 있습니다. 이 기도는 가톨릭 신자들이 자신의 신앙을 고백하고 자신을 축복하는 기도, 또한 모든 일과 기도를 시작할 때와 마칠 때 바치는 기도입니다. 바로 성호경이지요.

- '성호경'을 정성껏 그어 보기로 하겠습니다. 이 기도는 나의 몸에 십자가를 긋는 것인데, 말과 동작을 같이해야 합니다.

(교사는 시범을 보임)
- 왼손은 가슴에 오른손을 머리에 대면서 "성부와"라고 하고, 오른손을 가슴으로 내려 "성자와"라고 하고, 오른손을 왼쪽 어깨에서 "성", 오른쪽 어깨로 옮기면서 "령의" 라고 하고 손을 모아 합장하면서 "이름으로 아멘."이라고 합니다.

- '머리'는 모든 은총이 흘러나오는 '성부'를 표시하고, '가슴'은 사랑이신 '성자'를 표시하며, '양 어깨'는 힘이신 '성령'을 표시하는 것입니다. 그럼 각자 성호경을 한 번 그어 봅시다.

- 우리의 몸에 성호경을 긋는 것은 하느님이 삼위일체이심을 고백하면서 우리 자신을 축복하는 것입니다. 하느님의 선하심이 우리에게 머무르도록 하느님께 비는 것이지요.

깊이 들어가기

(다음 2가지 활동 중에서 하나를 선택하여 사용함)

❹ 사랑의 공동체 닮기

- '하느님은 성부, 성자, 성령의 공동체로 사랑을 나누시기에 우리도 공동체 안에서 사랑을 나누어야 하느님을 알 수 있고, 참된 행복과 영원한 생명을 얻을 수 있습니다.

활동 1 나눔

- 교재 11쪽에 있는 내용으로 나눔을 해 보겠습니다.
 (3~4명 정도의 소그룹으로 나눔)

- 생각나눔 '공동체란 무엇입니까?

- 생각나눔 '내가 속한 공동체는 무엇입니까?

- 생각나눔 나의 공동체가 사랑의 공동체가 되기 위해서 내가 할 수 있는 노력은 무엇이 있을까요?

- 🕯 '우리는 나 자신만을 찾고 생각하는 **이기적인 마음**에서 벗어나, 우리의 공동체 즉 가정 공동체, 마을 공동체, 직장 공동체, 우리나라 공동체, 지구 공동체를 생각할 수 있어야 합니다. 우리도 하느님의 **공동체**를 본받아 우리의 공동체를 사랑해야 합니다.

활동 2 하느님을 떠올리게 하는 사람

> **'하느님'의 모습 숙고하기'**
> 사랑이신 하느님의 모습을 가장 많이 느끼게 하는 사람을 생각하기.
> 하느님은 눈으로 볼 수 없지만 여러 가지 모습으로 우리에게 나타나심을 함께 이야기함으로써 하느님에 대해 좀 더 이해할 수 있다.

- '잠시 눈을 감고 따뜻하고, 다정한 하느님을 떠올릴 수 있는 사람을 생각해 봅시다(조용한 음악).

- '왜 이 사람이 하느님을 떠오르게 했는지 생각해 보고, 그 사람에게 편지를 써 봅시다(편지지 준비).

- '하느님의 자녀가 되려는 우리는 하느님께서 사용하시는 명함입니다. 하느님은 당신을 소개할 때 우리를 내보이십니다. 그러므로 하느님의 자녀로 태어날 우리는 하느님을 떠오르게 한 그 사람처럼 우리도 누군가에게 하느님을 떠오르게 하는 사람이 되어야 합니다.

과제제시

1 복습

- '오늘 우리가 무엇을 배웠는지 '복습'해 봅시다.
  - ✎ 오늘 배운 것 중 가장 기억에 남고 중요하다고 생각하는 것을 적어 봅시다.
  - ✎ 문제가 설명하는 단어들을 교재에서 찾아 적어 보세요.

도움말

1과의 복습은 교사가 함께하면 좋다 - 용어 풀이 참조

2 실천

✎ 가족들의 좋은 점 찾아서 적어 보기.

3 알아봅시다.

- 여러분 교재 부록에 보시면 과별로 더 알아야 할 질문과 답이 '궁금합니다.'에 수록되어 있습니다. 또한 각 과별로 주제에 맞는 성인을 소개하고 있습니다.
- 교재 122쪽을 함께 보시면, 하느님의 좋으심을 전한 성녀 율리아 빌리아르, 성 요한 보스코, 성 필립보 네리가 소개되어 있습니다. 복습하시면서 함께 읽어 보시면 좋겠습니다.

용어 풀이

아멘 : "그렇게 되기를 바랍니다."라는 말
삼위일체 하느님 : 하느님은 한 분이시나 삼위(성부, 성자, 성령)로 서로 사랑을 나누시는 공동체
구원 : '죽음'에서 '생명'으로 이끌어 줌
성호경 : 삼위일체 하느님에 대한 신앙을 고백하며 십자가를 그으면서 바치는 기도

교사 자기 점검표 ☑

내 용	확인
• 오늘 수업 준비에 성실하였습니까?	☐
• 예비신자들이 오늘 수업목표에 각각 도달하였습니까?	☐
• 나를 통해 예비신자들이 기도의 맛을 느낄 수 있었습니까?	☐

교사 마침 기도

좋으신 하느님, 오늘 수업에 대해 감사드리며, 저의 모든 노고를 모든 이가 하느님의 좋으심을 찬미하는 데 바쳐 드립니다. 저의 부족한 수업을 당신 친히 채워 주시고 제가 보다 나은 수업을 준비하도록 도와주소서. 우리 주 그리스도를 통하여 비나이다. 아멘.

추천합니다

* 가톨릭 도서

「삼위일체론 – 그 사랑의 신비에 관하여」
　　　　　박준양 지음 | 생활성서사

「삼위일체론」
　　　아우구스티누스 지음, 성염 역 | 분도출판사

* 일반 도서

「하느님의 눈물」
　　　　　　　권정생 지음 | 산하

* 노래

- 가톨릭 성가 80. 거룩한 성삼이여
- 가톨릭 성가 81. 영광의 주 성삼위

제2과 하느님과 우리를 이어 주는 기도

주제어 : **친밀함**

학습목표
1. 기도는 **하느님과의 대화**로 **듣는 자세**가 중요함을 알 수 있다.
2. 하느님께서 **바라시는 기도**가 무엇인지 알 수 있다.
3. **감사**하는 마음으로 **꾸준히** 기도할 수 있다.

 나의 신앙을 돌아보며

◆ 말씀과 함께

주님께서 찾아와 서시어, 아까처럼
"사무엘아, 사무엘아!" 하고 부르셨다.
사무엘은 "말씀하십시오. 당신 종이 듣고 있습니다." 하고 말하였다. (사무 3,11)

사무엘은 한밤중에 하느님의 목소리를 들었지만 하느님의 부르심에 익숙하지 않아서 세 번이나 듣지 못하다가 마지막 네 번째 가서야 하느님께 응답을 합니다. 우리도 하느님의 목소리에 익숙해지도록 자주 하느님께 마음을 여는 연습을 하여야 합니다. 하느님은 매 순간 우리에게 말씀하십니다. 성경을 통해, 이웃을 통해, 자연을 통해, 또 어떤 사건들을 통해서 이야기하고 계십니다. 기도는 '하느님과 나를 이어 주는 다리'이며, 하느님과 사랑의 관계에 놓이도록 해 주기에, 우리는 바쁜 일상 안에서도 기도하는 시간을 따로 떼어 두어야 합니다. 만일 그런 시간이 없다면 바쁜 일과 안에서라도 하느님을 만날 수 있도록 자주 자신의 마음을 하느님께 향하도록 노력하고 주위를 관심 있게 돌아보아야 합니다.

기도는 내가 원하는 것을 하느님께 말씀드리는 것이 아닙니다. 하느님의 뜻을 내 뜻에다 맞추는 것도 아닙니다. 오히려 기도를 함으로써 내가 하느님께서 원하는 뜻을 알게 되고 그 뜻에 맞춰지는 것입니다. 예수님은 올리브 동산에서 이렇게 기도하셨습니다. "아빠! 아버지! 아버지께서는 무엇이든 하실 수 있으시니, 이 잔을 저에게서 거두어 주십시오. 그러나 제가 원하는 것을 하지 마시고 아버지께서 원하시는 것을 하십시오."(마르 14,36) 예수님의 이 기도는 우리가 닮아야 할 기도의 모형입니다. 내 기도가 성숙해질수록 내 삶도 성숙해져 갑니다.

하느님께 드리는 우리의 최고의 기도는 감사하는 마음입니다. 우리가 받은 모든 것에 대해 불평하지 않고 감사하는 마음을 가지는 것이 가장 아름다운 기도를 드리는 것입니다. 팔다리가 없는 장애인 '닉 부이치치'도 여러 번 자살을 시도하였지만, 나중에는 자기 생의 의미를 찾게 되어 하느님께 감사하며 '행복의 전도사'로서 누구보다도 충만한 삶을 살아가고 있습니다. 여러분의 감사하는 마음은 여러분의 생활뿐만 아니라 여러분이 가르치는 예비신자들에게도 영향을 미칠 것입니다. 그러므로 여러분은 "언제나 기뻐하십시오. 끊임없이 기도하십시오. 모든 일에 감사하십시오. 이것이 그리스도 예수님 안에서 살아가는 여러분에게 바라시는 하느님의 뜻입니다."(1테살 5,16-18)

◆ 숙고하기

나는 현재 하느님께서 부르시는 목소리를 얼마나 듣고 있습니까?
내 기도의 얼마만큼이 나를 향하고 있습니까? 또 얼마만큼이 타인을 향하고 있습니까?
나는 얼마나 자주 기도합니까? 또 얼마나 감사하는 마음을 가지고 생활하고 있습니까?

◆ 기도하기

좋으신 하느님 아버지, 제 자신과 제가 동반하는 예비신자들이 늘 당신과 대화할 수 있도록, 무엇보다 감사의 마음을 가질 수 있도록 이끌어 주소서. 우리 주 그리스도를 통하여 비나이다. 아멘.

 ## 수업을 이렇게

◆ 수업 줄거리

1. **기도란** : 기도란 '하느님과의 대화'이다. 친구와 이야기하는 것같이 하느님께 자신의 생각, 느낌, 결심들에 대해 말을 하는 것이다. 기도에서 가장 중요한 것은 대화할 때처럼 상대편(예수님)의 이야기를 듣는 것이다.

2. **기도의 내용 및 태도** : 기도에는 네 가지 내용 즉 찬미, 감사, 용서, 청원이 들어간다. 제일 중요한 것은 감사하는 마음을 표현하는 것이며, 매일 밥을 먹듯이 끊임없이 기도하는 태도를 가져야 한다.

3. **하느님 아버지께서 듣고 싶은 기도** : 성경에서 예수님은 기도의 모범을 보여 주신다. "아버지의 뜻이 하늘에서와 같이 땅에서도 이루어지소서." 예수님 온 생애를 담고 있는 주님의 기도를 통해 하느님의 뜻에 맞는 기도를 할 수 있다.

4. **기도의 종류** : 기도에는 소리기도, 마음기도 등이 있다.

5. **상상을 이용한 마음기도** : 상상으로 성령의 비둘기를 따라 삼위일체 하느님을 만난다. 이와 같은 방법으로 수업 때마다 하느님을 만날 수 있다.

수업 계획표 (총 60분)			* 다음 시간 준비물 : 성경
단계	내용	진행	준비물
열기 (5분)	좋은 만남이란?	질의응답	
펼치기 (30분)	기도란 무엇인가?	예수님과 대화하는 것이 기도이며, 이 때 듣는 것이 중요함을 설명하기	
	기도의 내용	기도의 네 가지 내용(찬미, 감사, 용서, 청원)을 예를 들어 설명하기	
	기도의 태도	기도의 태도에 대해 알고 마음 다지기	
깊이 들어가기 (15분)	기도에 대한 생각	1. 나눔 2. 자유기도 작성하기	활동에 따라
마무리 (10분)	마음기도	기도	
과제제시	배운 내용 정리와 실천	배운 내용 되새겨 보기	

이런 것을 뜻합니다

 삼위일체 교리   공동체

 기도   생각나눔 숙고하고 나누기

 중요   사회교리

밑줄   수업목표에 해당함

▶ 출석 확인

열 기

1 시작기도 : 성호경

2 지난 시간 복습 :

◇ 지난 시간 가장 기억에 남는 교리 내용이 무엇인지 서로 이야기해 봅시다. (조별로 이야기해도 좋고, 몇 사람의 이야기를 들어도 괜찮다.)

◇ 이제 몇 가지 중요한 단어들을 기억해 보겠습니다.
1) 하느님은 한 분이시나 삼위로 서로 사랑을 나누시는 공동체로 계시다.
2) "그렇게 되기를 바랍니다."라는 말
3) '죽음'에서 '생명'으로 이끌어 줌.

3 좋은 만남

- 우리가 어떤 사람과 좋은 만남을 가지려 합니다. 그러면 여러분은 무엇을 준비하시겠습니까? 교재에 적어 보십시오.(대답을 들음)

- 그 사람을 만나서 좋은 관계로 발전하려면 우리는 무엇을 해야 합니까? (대답을 들음)

- 그렇습니다. 그와 만나기 위해 우리는 좋은 장소를 택할 것이고, 그를 궁금해하고 또 나를 어떻게 잘 알릴 수 있는지 생각할 것입니다. 무엇보다 그를 바라보며 내 눈길을 그에게서 떼지 않을 것입니다. 그리고 귀 기울여 그의 이야기를 경청하면서 공감할 수 있는 점은 무엇인지 찾아낼 것입니다.

- 이렇게 대화를 통해 우리는 그와 친밀한 관계를 맺게 될 것입니다.

펼치기

1 하느님과의 대화인 기도

- 생각나눔 한 사람을 만나 그와 좋은 관계를 맺는 것처럼 우리가 믿고자 하는 하느님을 알고, 그분이 어떤 것을 바라시는지 알려면 어떻게 해야 할까요? (대답을 들음)

- ★ 그렇습니다. 바로 하느님과 우리는 대화를 나눌 수 있습니다. 그래야 우리는 그분에 대해 알고, 나와 인격적 관계를 맺고자 하는 그분을 만날 수 있습니다. 이렇게 **하느님과 대화하는 것을 우리는 '기도'**라고 합니다.

- 성경에서, 예수님은 "나를 본 사람은 곧 아버지를 뵌 것이다."(요한 14,9)라고 말씀하십니다. 그러므로 여러분이 예수님을 만나는 것은 곧 삼위일체 하느님을 만난 것이고, 예수님과 대화하는 것은 곧 삼위일체 하느님과 대화를 하는 것이지요.

- 생각나눔 대화를 할 때 중요한 태도는 무엇일까요? (대답을 들음)

- ★ 이야기를 나눌 때는 내가 하고 싶은 말만 하는 것이 아니라 상대의 말도 들을 수 있어야합니다. 그래서 대화의 두 요소는 '말하기'와 '듣기'입니다.

- 누군가와 대화를 할 때 듣지 않는다면 상대의 마음을 알 수도 이해할 수도 없지요. 마찬가지로 하느님께 나의 말(생각, 느낌, 소감, 결심)만 하는 것이 아니라 **하느님의 말씀을 들을 수 있어야** 합니다.

- 그러므로 기도는 <u>하느님과의 대화</u>로 <u>듣는 자세</u>가 중요합니다.

2 기도의 네 가지 내용

- 생각나눔 하느님께 어떤 내용으로 기도할 수 있을까요? (대답을 들음)

- 교재 14쪽 표의 '이야기 나누는 내용'을 보고 '예수님께 이야기 드리는 내용'으로 바꾸어 적어 보십시오.

- **첫 번째** 칸에 있는 '이야기'는 어떤 내용인가요? (칭찬)

- 그와 같은 내용으로 하느님과 어떤 이야기를 할 수 있는지 옆 칸에 적어 봅니다. (시간을 줌. 예: "하느님은 좋으신 분입니다.", "하느님은 사랑이 많으십니다.", "우리를 섭리로 돌보시는 하느님")

- (적은 것을 몇몇에게 말하게 한 뒤) 이런 내용을 '**찬미**'의 기도라고 합니다. 우리가 이런 찬미 기도를 많이 바쳤으면 합니다.

- **두 번째** 칸에 있는 '이야기'는 어떤 내용인가요? (고마움)

- 그와 같은 내용으로 하느님과 어떤 이야기를 나눌 수 있는지 적어 봅니다. (시간을 줌. 예: 우리에게 일용할 양식을 주셔서 감사합니다. 또는 내가 받은 모든 것에 대해, 즉 나의 가족, 나의 생명, 내가 가진 모든 물질적인 것뿐만 아니라 내가 받은 재능 건강까지도 하느님께 감사함)

- (몇 명의 적은 대답을 듣고) 이런 내용을 '**감사**'의 기도라고 합니다. 감사를 표현하는 것이 기도에서 아주 기본적이고 중요한 부분이기에 꼭 감사의 기도를 드리면 좋겠습니다.

- **세 번째** 칸에 있는 '이야기'는 어떤 내용인가요? (미안해함)

- 그와 같은 내용으로 예수님과 어떤 이야기를 나눌 수 있는지 적어 봅니다. (시간을 줌. 예: 남에게 심한 말로 상처를 주었습니다. 용서해 주세요.)

- (몇 명의 적은 대답을 듣고) 이런 내용을 '**용서**'의 기도라고 합니다. 하느님은 사랑이 많으셔서, 우리가 잘못한 것에 대해 죄송하다고 말씀드리면, 우리의 어떤 잘못도 용서해 주심을 믿고 기도해야 합니다.

- **마지막** 칸에 있는 '이야기'는 어떤 내용인가요? (부탁)

- 그와 같은 내용으로 예수님과 어떤 이야기를 나눌 수 있는지 적어 봅니다. (시간을 줌. 예: 제 아내가 빨리 나을 수 있도록 도와주십시오.)

- (몇 명의 적은 대답을 듣고) 이런 내용을 '**청원**'의 기도라고 합니다. 하느님께서는 무엇이든지 다 할 수 있는 분(전능하신 분)이시기에 우리가 믿고 청하면 그대로 우리에게 주십니다. 다만 우리의 기도가 진실해야 하겠지요.

- 우리가 기도할 때마다 매번 이런 내용을 다 넣어서 바치지 않아도 됩니다. 사람들은 주로 청원의 기도만 바치는데 다른 내용의 기도, 즉 '찬미', '감사', '용서'의 기도도 함께 바칠 수 있으면 좋겠지요?

3 기도의 자세

- 생각나눔 하느님은 어떤 내용의 기도를 가장 좋아하실까요? (대답을 들음)

- 기도에서 중요한 것은 우리가 **감사하는 마음을 표현**하는 것입니다. 우리가 힘든 것을 그대로 말씀드리는 것은 좋지만 하느님께 불평, 불만만 한다면 하느님을 기쁘게 해 드릴 수는 없지요.

- 감사하는 마음을 갖는 것이 기도의 가장 기본적인 자세입니다. 또 기분 좋을 때만 기도하는 것이 아니라 **매일 꾸준히 기도**해야 합니다. 매일 우리가 밥을 먹듯이 기도해야 합니다.

- 그래서 아침기도, 저녁기도, 식사 전·후 기도 등을 매일 꾸준히 바쳐야 합니다. 이것이 우리가 알고자 하는 그분을 가장 빨리 아는 방법입니다.

- ★ 오늘 우리가 기도에 대해 배웠으니, 앞으로는 <u>**감사**하는 마음</u>으로 <u>**꾸준히**</u> 기도하도록 마음을 다집시다.

4 기도의 종류

- 생각나눔 우리는 기도로서 주님께 축복을 청합니다. 축복이란 하느님께서 사람과 사물을 호의적으로 돌보시는 것으로, 하느님의 복이 내리기를 비는 행위입니다.
기도의 종류들에 대해 알아보겠습니다.

- 기도는 소리기도와 마음기도로 나뉩니다.

- **소리기도** : '주님의 기도'를 포함한 주요 기도문은 내용이 작성되어 있는데 이것을 '소리기도' 라고 합니다. '소리기도'는 **신학적 내용이 요약된 것**으로 내 표현의 한계를 넘어서 있는 보석과 같은 기도입니다. 여러분 교재 겉표지 안쪽의 기도를 봐 주십시오. 이것이 바로 소리기도입니다. '주님의 기도'는 예수님께서 직접 가르쳐 주신 기도로 가장 완전한 기도입니다.

자유기도 : 기도문에 의하지 않고 자신이 **자유롭게 바치는 기도**를 '**자유기도**'라고 합니다.

화살기도 : 순간적으로 하느님께 마음을 들어 올려서 바치는 기도로, **화살처럼 쏘아 올린다**고 해서 '화살기도'라고 합니다. 위급한 순간에 '하느님 아버지!'라고 부르는 것이 여기에 해당됩니다.

- **마음기도** : 마음기도는 '묵상기도'라고도 하며, 성경 말씀을 내용으로 한 문장이나, 단어를 가지고 하느님과 깊이 있는 시간을 가지기도 하며, 혹은 성경 내용의 상황 속으로 들어가 상상을 이

용해 기도하는 것으로, 성령의 인도를 받아 깊이 있게 **성경 내용을 내 삶 속으로 가져오는 기도**입니다.

- ★ 주님의 기도는 가장 완전한 기도입니다. 하느님의 뜻이 이 땅에 그대로 이루어지라고 기도하는 대목은 우리가 기도하고 싶은 청원의 내용을 크게 벗어나는 듯 보입니다. 하지만 **우리를 넘어서 계시는 하느님의 뜻이 우리게 가장 필요한 것**입니다. 아주 간절한 마음으로 예수님께서 직접 가르쳐 주신 주님의 기도를 자주 드리도록 합시다.

- 여러분의 교재 겉표지 안쪽에 있는 기도문을 찾아 직접 결심 란에 주님의 기도를 적어 봅시다.

깊이 들어가기

(다음 2가지 활동 중에서 하나를 선택하여 사용함)

활동 1 주님의 기도에 대한 생각 나눔

[의미] 주님의 기도 내용을 생각해 봄으로써 내 삶의 기도로 가져올 수 있다.

도움말

1) 주님의 기도를 적으면서 가장 마음에 와 닿은 구절은 무엇입니까?
2) 왜 그 구절이 마음에 와 닿았습니까?

활동 2 묵주기도 배우기

[의미] 예수님의 일생을 성모님과 함께 묵상하며, 성모님의 전구를 청하는 묵주기도를 배우고 익힌다.

① 예비신자 교재 68쪽을 참조한다.
② 묵주기도 신비의 내용들을 설명한다.
③ 묵주기도 방법을 설명한다.
④ 묵주기도를 함께 바친다.

마음기도

* 🙏 상상을 이용한 마음기도

- 모두 마음을 모으기 위해 바른 자세를 해 보겠습니다. 몸은 곧게 펴고, 고개는 턱을 앞으로 당겨 약간 숙입니다. 발은 어깨 넓이로 벌리고 앉습니다. 두 손은 주님 앞에 빈손임을 드러내는 표지로 하늘을 향하게 펴서 무릎에 살포시 얹습니다. 이제 눈을 감고 깊게 호흡합니다. 숨을 들이쉬면 맑은 공기가 내 심장으로 들어와 기분을 상쾌하게 해 줍니다. 숨을 내쉬면 탁했던 마음의 공기가 밖으로 빠져나갑니다. 이렇게 반복하여 열 번 숨을 쉬겠습니다. 들이쉬고, 내쉬고…

- 내가 깊은 호흡으로 주님을 만날 준비를 하는 동안 주님께서는 따뜻한 눈빛으로 나를 바라 보시며 내 곁에 와 계십니다. 그분의 따뜻한 눈빛을 바라보며, 곁에 와 계심을 느껴봅시다. (2분)

- 그분은 내 손을 잡으시고 나의 이야기를 깊이 들어 주시듯이 내 쪽으로 몸을 약간 숙이고 계십니다. (1분)

- 나는 주님의 다정함을 느끼며 그분을 반가이 맞이합니다. 그리고 조용히 나의 일상을 말씀드립니다. 기뻤던 일, 슬펐던 일, 가슴이 뛰었던 일, 힘든 일들이 무엇인지 말씀드립니다. (3분)

- 이제 나의 말을 가만히 들으신 예수님은 나에게 어떤 말씀을 들려주십니다. 가만히 들어 봅니다. (2분)

- 영광송

- 우리는 상상으로 하는 **마음기도**를 통하여 예수님과 만날 수 있었고, 앞으로도 예수님을 이렇게 만날 것입니다.

과제제시

1 복습

- '오늘 우리가 무엇을 배웠는지 '복습' 칸을 채워 보세요.
  ✎ 오늘 배운 내용 중 가장 기억에 남는 내용을 적어 보세요.
  ✎ 문제가 설명하는 단어들을 교재에서 찾아 적어 보세요.

2 실천

✎ 본인이 고른 기도문 매일 바치기
✎ 식사 전·후 기도 바치기
✎ 다음 시간까지 주님의 기도 외워 오기

3 알아봅시다

- 부록의 내용을 살펴보겠습니다. 교재 118쪽에 더 알아야 할 질

문과 답이 '궁금합니다'에 수록되어 있습니다. 122쪽에서 기도의 모범이 되신 성 이냐시오, 성녀 대 데레사, 성 도미니코를 만날 수 있습니다.

용어 풀이

축복 : 하느님께서 사람과 사물을 호의적으로 돌보신다는 뜻

기도 : 하느님과의 대화

화살기도 : 순간적으로 화살처럼 짧게 쏘아 올리는 기도

교사 자기 점검표 ☑

내 용	확인
• 오늘 수업 준비에 성실하였습니까?	☐
• 예비신자들이 오늘 수업목표에 각각 도달하였습니까?	☐
• 나를 통해 예비신자들이 기도의 맛을 느낄 수 있었습니까?	☐

추천합니다

*** 가톨릭 도서**

「주님의 기도」
　　안셀름 그륀 지음, 이종한 역 │ 분도 출판사

「기도 이렇게 해요」
　　줄리 켈레멘 지음, 김명주 역 │ 생활성서사

「스승님, 기도는 무엇입니까?」
　　허성준 지음 │ 생활성서사

*** 일반 도서**

「대화의 기법」
　　　　　　　　　　　　구현정 지음 │ 경진

*** 노래**
- 가톨릭 성가 5. 찬미의 기도
- 가톨릭 성가 510. 주님께 올리는 기도

교사 마침 기도

좋으신 하느님, 오늘 수업에 대해 감사드리며, 저의 모든 노고를 모든 이가 하느님의 좋으심을 찬미하는 데 바쳐 드립니다. 저의 부족한 수업을 당신 친히 채워 주시고 제가 보다 나은 수업을 준비하도록 도와주소서. 우리 주 그리스도를 통하여 비나이다. 아멘.

제3과 하늘나라 신비를 기념하는 미사

주제어 : **사랑의 신비**

학습목표
1. 미사는 **하늘나라 신비**를 기념하는 **잔치**임을 알 수 있다.
2. 미사는 크게 두 부분, **말씀 전례와 성찬 전례**로 되어 있음을 알 수 있다.
3. **함께** 드리는 미사에 온 마음과 **적극적인 태도**로 참여할 수 있다.

나의 신앙을 돌아보며

◆ 말씀과 함께

"나는 하늘에서 내려온 살아 있는 빵이다.
누구든지 이 빵을 먹으면 영원히 살 것이다.
내가 줄 빵은 세상에 생명을 주는 나의 살이다." (요한 6,51)

하늘에서 내려온 '생명의 빵'을 받아 모시는 '미사'는 우리 신앙생활의 정점이며 우리의 모든 힘이 흘러나오는 원천입니다. 우리는 미사 중에 예수 그리스도를 대리하는 사제 안에서, 하느님의 말씀 안에서 또 함께 모인 교중들 안에서 하느님을 만납니다. 특히 성체 안에 살아 계시는 예수님을, 하느님을 만납니다. 미사는 우리의 일상사를 초월하는 놀라운 신비가 이루어지는 성스러운 순간입니다. 만약 그 구원의 신비, 하느님 사랑의 신비를 다 이해한다면 아마도 그 큰 사랑에 가슴이 벅차올라 숨 쉬기조차 힘들지도 모릅니다. 비록 우리가 그것을 다 이해하지 못한다 하더라도 우리를 위한 그리스도의 십자가상 희생 제사에 대해 '감사'의 마음을 올릴 수는 있을 것입니다. 그래서 미사의 또 다른 이름은 '감사제(eucharist)'입니다.

우리는 집에서 각자 기도할 수 있지만 성당에 함께 모여 미사를 봉헌합니다. 각자 자신의 삶의 자리로 흩어져 생활하던 우리가 미사 때는 '교회 가족 공동체'로서 하느님 앞에 모입니다. 자신의 생활을 되돌아보며 죄를 반성하고 뉘우치며 우리가 받은 모든 것에 대한 감사를 '공동체'와 함께 드립니다. 성체를 영함으로써 우리는 하느님과 일치할 뿐만 아니라 '전 세계 교회 공동체'와도 일치하는 것입니다.

미사는 '성자' 예수 그리스도를 통하여 '성령' 안에 일치하여 '성부' 하느님께 드리는 제사입니다. 그 목적은 바로 '우리를 위해서'입니다. 우리를 구원하기 위해서, 즉 우리에게 영원한 생명을 주시기 위해서입니다. 삼위가 '하나'라는 것은 바로 우리 인간의 구원을 위한 목적이 '하나'라는 뜻입니다. 부모의 염원은 오직 자식을 위함이듯이 삼위일체 하느님의 염원은 오직 우리 인간들을 위한 것입니다. 성체 안에서 예수님을 통해 '삼위일체 하느님' 공동체를 보십시오. 우리들을 위해 모든 것을 내어 주시어 빵으로 오시는 삼위일체 하느님의 완전한 사랑을 느끼십시오. 그리고 닮으십시오. 미사의 궁극적인 목적은 바로 '삼위일체 하느님의 사랑과 영원한 생명에 참여'하는 것입니다.

◆ 숙고하기

나는 '미사 참례'를 얼마나 중요하게 생각하고 있습니까?
나는 '미사'를 통해 힘을 얻고 있으며, 내 생활은 '미사'를 향하고 있습니까?
성체를 영할 때 나는 삼위일체 하느님과 긴밀히 결합되고 있습니까? 교회 일원들과 일치하려고 노력합니까?

◆ 기도하기

삼위일체이신 하느님! 영원한 생명의 빵으로 우리에게 오심에 감사드리며, 당신 '사랑의 신비'를 기념하는 미사성제에 제가 온 마음으로 참여하게 하소서. 아멘.

# 수업을 이렇게

◆ 수업 줄거리

1. **하늘나라 신비를 기념하는 잔치** : 지난 시간 배운 '기도'를 통해 개인적으로 하느님께 가까이 다가가는 방법을 배웠다면, '미사'를 통해 우리가 함께 드리는 공동체의 기도를 배운다. 예수님의 초대를 받은 미사는 '하늘나라 신비를 기념하는 잔치'임을 느낀다.

2. **미사의 중요성** : 미사는 삼위일체 하느님께 드리는 최고의 기도로 그 은혜와 가치가 한없이 크다. 우리 생활의 중심인 미사는 단순히 영화관이나 박물관 등을 방문하는 것과 같은 일상의 연속이 아닌, 영적인 차원으로 옮아가는 '구원의 신비'가 이루어지는 거룩한 시간이다.

3. **미사의 구조, 내용 및 의미** : 미사를 크게 두 부분 또는 네 부분으로 나눌 수 있다. 어떠한 내용들이 각 부분에 들어가는지 순서대로 알아본다. 미사 때 특히 해야 할 동작(복음 낭독 전의 작은 십자성호, 거양성체 때의 깊은 절 등)을 실제 연습을 통해 배운다.

4. **미사 참례의 올바른 태도** : 미사 참례를 위한 준비 및 올바른 태도를 토의를 통해 유추한다.

도움말

이 과에서는 공동체 기도로서의 전반적인 '미사 전례'에 대해 배우고, '성체성사'에 대해서는 제19과에서 배우도록 한다.

수업 계획표 (총 60분)

단계	내용	진행	준비물
열기 (5분)	미사에 초대받은 우리	가장 기뻤던 초대에 대한 기억	
펼치기 (30분)	미사의 중요성	하느님 나라 신비를 기념하는 잔치	
	미사의 의미와 뜻	미사의 의미와 뜻 알기	
	전례	전례의 뜻 알기	
	미사의 구조와 내용	미사의 구조가 2부분 또는 4부분으로 되어 있음을 설명하기 미사가 진행되는 순서 및 내용에 대해 알며, 중요한 동작 연습하기	
깊이 들어가기 (15분)	미사의 태도 or 미사의 가치	1. 미사 참례의 올바른 태도를 유추해 보기 2. 미사 한 대의 가치를 이해하고 느끼기	활동에 따라
마무리 (10분)	마음기도	기도	
과제제시	배운 내용 정리와 실천	배운 내용 되새겨 보기	

이런 것을 뜻합니다

 삼위일체 교리   공동체

 기도   생각나눔 숙고하고 나누기

 중요   사회교리

밑줄   수업목표에 해당함

▶ **출석 확인**

열 기

1 시작기도 : 주님의 기도

2 지난 주 복습

◇ 하느님과의 대화로 듣는 자세가 중요한 것은 무엇입니까?

◇ 기도의 종류 중 성경 말씀을 마음에 새겨 보고, 그 장면 속으로 들어가 보는 기도를 무엇이라 합니까?

3 가장 기뻤던 초대의 기억

- 여러분들 기억 속에 가장 기뻤던 초대의 기억이 있습니까? 잠시 생각해 보시고 그 내용을 교재 18쪽에 적어 보시기 바랍니다.

- 몇 분이 내용을 좀 나누어 주실 수 있으실까요? (몇 사람의 이야기를 듣는다.)

- 요즘 '초대'를 받으면 사실 부조금을 가장 먼저 염려합니다. 그래서 딱히 초대가 즐겁지 않습니다. 하지만 어떤 조건도 없이 하느님 나라의 신비를 보여 주는 멋진 초대가 있습니다. 우리는 이를 '미사'라고 합니다.

- 👥 우리는 **함께** 하늘나라 신비를 기념하는 미사 잔치에 초대를 받았습니다. 신비란 무엇입니까? 감추어진 것이지요. 그런데 그 신비가 미사를 통해 드러납니다. 우리는 미사를 통해 예수님을 모심으로써 그분의 몸의 일부가 되는 것입니다. 하늘나라의 주인이신 분의 지체가 된다면 그것 자체가 신비인 것입니다. 미사의 형식은 대화로 되어 있는데 하늘과 땅의 대화입니다. 사제가 이야기하는 부분이 하늘의 말이고, 우리가 화답하는 것이 땅의 말입니다. 그러므로 미사 동안 하늘과 땅의 대화가 일어나는 것이며, 이 또한 신비입니다. 예수님께서는 "두 사람이나 세 사람이라도 내 이름으로 모인 곳에는 나도 함께 있겠다."(마태 18,20)라고 말씀하셨습니다. 우리가 '**함께 드리는 기도**'인 미사 안에 예수님께서는 우리와 함께하시며, 미사를 통해 우리에게 가장 풍성한 은총을 베풀어 주십니다.

- 뭔가 복잡하고, 지루하지만, 범접할 수 없는 어떤 경건함이 느껴지는 미사에 대해 알아보겠습니다. 나중에 '성체성사'에서 미사에 대해 더 자세히 배우게 될 것입니다. 오늘은 미사의 중요성, 내용 및 의미 등에 대해 배울 것입니다. 이로써 여러분은 신앙인이 누릴 하늘나라의 잔치의 내용과 의미를 알게 될 것입니다.

펼치기

1 🌐 미사의 중요성

- ★ 지난주 공부했던 '기도'가 하느님과 인격적 만남의 통로라면, 미사는 **공동체가 함께 예수님을 통해 성령 안에서 하느님 아버지께 우리의 마음을 드릴 수 있는 최고의 기도입니다.** 미사는 **삼위일체 하느님**의 사랑을 가장 깊이 느끼게 해 주며, 그분의 사랑과 생명에 참여하도록 해 줍니다.

- 우리가 "함께 드리는 **미사의 은혜와 가치는 한없이 커서** 우리의 어떤 기도나 선행을 합하여도 미사 한 대의 가치만큼 되지 않는다고 합니다. 미사를 통해 받지 못할 은총은 없다고 하지요. 그래서 박해 시대 때 신자들은 미사 한 대를 봉헌하기 위해서 목숨을 걸기까지 했습니다.

- 많은 성인들이 미사가 봉헌될 때, 천국이 열리고 수많은 천사들이 내려오는 것을 보았다고 증언합니다. 우리 눈에 보이지는 않지만 이런 신비스러운 일이 매 미사마다 일어나고 있는 것이지요. 그래서 미사를 영화관이나 박물관에 가는 것처럼 생각해서는 안 됩니다.

- ★ 미사는 **하늘나라 신비**를 기념하는 **잔치**이며, 우리는 미사 때 하느님을 만나 우리에게 필요한 모든 은총을 얻고 그 힘으로 살아갑니다. 그래서 **미사는 신앙생활의 중심**이라고 하지요.

2 미사의 의미와 뜻

- 먼저 미사의 의미를 알아보겠습니다. 여러분 교재19쪽을 봐 주십시오.

- 의미 : 미사는 가톨릭의 거룩한 제사로서 잔치의 형식을 가지고 있습니다. 예수 그리스도의 최후의 만찬에서 제정된 성체성사가 거행되는 시간이며, 성체 안에 항구히 현존하심으로써 인류에게 영적인 양식이 되어 주시는 예수님의 몸을 모시는 시간이기도 합니다.

- 뜻 : 원래 'Missa'라는 말은 로마 시대에 법정에서 쓰던 관용어로 'Ite Missa est' 재판이 끝났음을 선포하는 말이었습니다. 여기서 Missa는 동사 'Mittere(파견하다)'의 파생어입니다. 그러므로 미사는 '파견하다'라는 의미를 가지며, 하느님의 영원한 천상 잔치에 참여하며 누린 기쁨을 세상에 파견되어 나누라는 뜻을 가집니다.

- ★ 이제 미사가 어떻게 이루어지는가를 한 번 알아볼까요? 미사는 크게 두 부분, **말씀 전례**와 **성찬 전례**로 되어 있습니다. 하느님의 말씀을 듣는 부분인 **말씀 전례**와 빵과 포도주가 예수님의 몸과 피로 변화되는 **성찬 전례입니다.** 하지만 이 둘은 서로 긴밀하게 연결되어 하나의 예배를 이루고 있습니다.

- 더 자세하게는 '말씀 전례' 앞의 '시작 예식'과 '성찬 전례' 다음의 '마침 예식', 이렇게 네 부분으로 나누기도 합니다.

3 전례의 뜻

- 여러분께서 들으신 미사에 대한 설명 중 처음 듣는 단어가 또 나오지요? 어떤 단어입니까?(대답을 들음) 전례라는 말이 무엇인지 궁금해지실 것입니다. 그 뜻은 이렇습니다.

- 하느님 백성이 하느님께 드리는 공적인 예배를 말합니다. 그러므로 미사는 '전례'입니다. 그래서 말씀 전례와 성찬 전례로 나뉩니다.

4 미사의 구성과 내용

- 그럼 교재 20쪽과 21쪽을 볼까요? 미사가 네 부분으로 나누어진 것이 표로 나와 있습니다.

* 시작 예식

- '시작 예식'을 보아 주세요.

(그림에 나온 순서대로 설명해 나가면서 비어 있는 부분은 아래 '보기'에서 찾아 적게 한다. : 입당, 성호경과 인사, 참회와 자비송, 대영광송, 본기도)

- 제일 첫 장면은 '**입당**' 장면입니다. 신부님과 복사가 제대 앞으로 걸어 들어오며, 다른 사람들은 모두 서서 입당 성가를 부르고 있습니다. '복사'란 미사가 잘 진행되도록 신부님 옆에서 도와주는 사람을 말합니다. 신부님은 제대에 깊은 절을 하고 또 제대에 친구(親口, 입맞춤)를 합니다. 이 제대는 단순한 탁자가 아니라 바로 '예수님'을 상징하기 때문이지요.

- 두 번째 그림은 '**성호경**'을 긋고 '**인사**'를 나누는 장면입니다. 먼저 성호경으로 삼위일체 하느님에 대한 우리의 신앙을 고백합니다. **미사는 우리가 '성령' 안에 일치하여 '예수님'을 통해 '성부 하느님'께 올리는 기도입니다.**

- 그 다음으로 신부님께서 팔을 펼치면서 "주님께서 여러분과 함께"라고 인사하시면 우리는 "또한 사제의 영과 함께"라고 받아서 인사를 합니다. '사제'란 제사장직을 일컫는 말입니다. 미사는 잔치와 동시에 제사이기 때문이지요.

- ★ 기도가 말하고 듣는 대화로 이루어졌듯이, 우리가 함께 드리는 기도인 미사도 대화 형식으로 이뤄졌습니다. 그래서 미사는 '**천상과 지상의 대화**'라고 할 수 있습니다. 미사에는 사제가 하는 부분이 있고 신자들이 받는 부분도 있습니다. 이때 우리는 하느님께 응답하는 마음으로 기도문을 읊고 성가를 불러야 합니다.

- 세 번째 칸은 미사에 올바르게 참여하기 위해 우리 죄를 반성하는 부분입니다. 신부님께서 "형제자매 여러분, 이 거룩한 미사를 올바르게 지내기 위하여 우리 죄를 뉘우칩시다."라고 하시면 신자들은 자기 자신에 대해 생각해 보고 자기의 죄를 부끄러워하며 뉘우치는 시간을 갖습니다. 이것을 '**참회**'라고 합니다.

- 그 뒤 사제와 함께 "주님 자비를 베푸소서." 라는 '**자비송**'을 노래로 바치거나 말로 읊습니다.

- 다음은 성탄 때 천사들이 부르던 찬미가인 '**대영광송**'을 함께 노래로 바칩니다. 주일과 대축일에 바치고 평일과 사순, 대림 시기엔 바치지 않습니다. 사순 시기는 예수님께서 수난 받으시는 40일의 기간을 말하고, 대림 시기는 예수님 성탄 전 4주를 말합니다.

- 그런 뒤 사제께서 "기도합시다." 하고 오늘 기도를 요약한 '**본기도**'를 바칩니다.

* 말씀 전례

- 이제 '**말씀 전례**'를 보아 주십시오.

  (그림에 나온 순서대로 설명해 나가면서 비어 있는 부분은 아래 '보기'에서 찾아 적게 한다. : 독서, 화답송, 알렐루야, 복음, 강론, 신앙 고백, 보편 지향 기도)

- 말씀을 듣고 응답하는 시간입니다. 성경을 통해 하느님께서 우리에게 이야기하시는 '**독서**'를 귀 기울여 듣고, 이에 응답하는 '**화답송**'을 부릅니다.

- ★ '말씀 전례'에서 가장 중요한 부분은 '**복음**' 낭독입니다. 복음을 듣기 위해 우리는 일어나면서 '**알렐루야**'를 힘차게 노래하지요. '알렐루야'는 '하느님을 찬미하라'는 뜻입니다.

- 복음은 매우 중요해서 신부님께서 읽으시는데, 읽으시기 전에 '복음서(성경)'에 십자가를 그으시고, 엄지손가락으로 작은 성호를 이마, 입술, 가슴에 세 번 긋는데, 우리도 "주님 영광 받으소서."라고 말하면서 똑같이 따라서 합니다. 이는 복음을 '**머리로 생각하고 입으로 전하고 가슴에 간직하겠다.**'라는 뜻입니다.

  (말하면서 작은 성호를 세 번 긋는 동작 연습)

- 그 다음 앉아서 신부님께서 복음에 대해 풀이를 해 주시는 '**강론**'을 듣습니다.

- 그 후 일어나서 '니체아 신경'이나 '사도신경'으로 우리의 '**신앙 고백**'을 합니다. 신경은 우리가 믿는 내용을 담고 있습니다.

- 그 다음은 교회와 전 세계를 위해, 가난한 이들과 기도를 필요로 하는 이들을 기억하는 '**보편 지향 기도**' 시간입니다. 매 기도 후 "주님 저희의 기도를 들어 주소서"라고 함께 응답합니다.

* 성찬 전례

- 이제 '**성찬 전례**'를 보아 주세요.

  (그림에 나온 순서대로 설명해 나가면서 비어 있는 부분은 아래 '보기'에서 찾아 적게 한다. : 봉헌, 감사 기도, 성령 청원, 거양성체, 주님의 기도, 평화의 예식, 영성체)

- 예수님의 몸과 피가 될 '빵'과 '포도주'를 제대에 '**봉헌**'하면서 우리도 함께 우리 자신을 봉헌합니다. 무엇으로 합니까? '주일 헌금'으로 대신합니다. 그동안 봉헌 성가를 함께 노래합니다.

- 신부님이 '**감사 기도**'를 올리신 다음, 성인들과 천사들의 무리와 함께 '거룩하시도다'라는 찬미의 노래를 바칩니다.

- ★ 이제 가장 엄숙한 부분이 시작됩니다. **성령의 힘으로 빵과 포도주가 예수님의 몸과 피로 축성**되는 부분입니다. 복사가 첫 번째 종을 울리면 모두 집중해서 신부님의 말씀과 행동을 지켜보아야 합니다. 신부님께서 빵과 포도주가 예수님의 몸과 피가 되게 해 달라고 성령의 은총을 청하는데, 이것을 '**성령 청원**'이라고 합니다.

- 그리고 신부님은 예수님께서 제자들과 마지막 식사 때 하신 말씀(마르 14,22-24)을 반복하시며 축성된 빵과 포도주를 각각 들어 올리시는데 그것을 '**거양성체**'라고 합니다. 이때가 바로 하늘의 천사들이 기뻐하며 춤추는 순간입니다. 복사는 이 중요한 순간을 알리는 종을 칩니다. 그때 우리는 고개를 들고 높이 들어 올려진 축성된 빵(성체)을 바라보다가 신부님께서 성체를 내려놓고 절을 하실 때 우리도 따라 깊은 흠숭의 절을 드립니다. 축성된 포도주(성혈)를 들어 올릴 때도 마찬가지입니다.

  (거양성체 예절 동작을 연습함)

- 이제 영성체 예식으로 '**주님의 기도**'를 함께 바칩니다. 주님의 기도는 예수님께서 우리에게 직접 가르쳐 주신 가장 아름답고 완전한 기도이지요.

- 다음은 예수님께서 주신 평화를 우리가 서로 나누는 '**평화 예식**' 시간입니다. 서로 "평화를 빕니다."라고 인사를 나누거나 악수를 합니다.

- 이제 예수님의 몸과 피를 모시는 '**영성체**' 예식입니다. 영성체 후 남은 성체는 '감실'에 모셔 둡니다.

* 마침 예식

- 이제 '**마침 예식**'을 보아 주세요.

  (그림에 나온 순서대로 설명해 나가면서 비어 있는 부분은 아래 '보기'에서 찾아 적게 한다. : 강복, 파견, 퇴장)

- 미사에서 받은 은총을 살아가도록 하느님의 복을 특별히 내려 주는 것을 '**강복**'이라고 합니다. 신부님께서 큰 십자가를 그으시면서 **강복을 주실 때에 우리는 고개를 숙이며 겸손한 자세를 갖춥**니다. 그리고 함께 성호경을 긋습니다.

- ★ 우리가 '예수님의 사랑의 전달자'의 임무를 띠고 세상에 보내지는데, 이것을 '**파견**'이라고 합니다. '**강복**'과 '**파견**'이 중요하

기에 미사가 다 끝나기 전에는 성당에서 나가지 않도록 해야 합니다.

- 신부님과 복사는 처음 입당 때처럼 줄을 서서 제대를 떠나고 파견성가로 미사가 끝이 납니다.

깊이 들어가기

- 이제 하늘나라 신비스러운 잔치인 미사에 초대받은 우리가 어떤 자세로 참례하여야 하는지 알아보겠습니다.

- ★ 미사를 통해 우리 모두에게 똑같이 주어지는 은총도 있지만 각자가 **어떤 마음과 자세로 미사에 참여하느냐**에 따라 달라지는 은총도 있습니다.

활동 1 미사 참례의 올바른 태도 - 토의

미사 참례의 올바른 태도를 토의를 통해 유추하기

[의미] 미사 참례의 올바른 태도를 제시어를 통해 스스로 생각해 봄으로써 예의와 품위를 갖추고 미사에 참례할 수 있게 한다.

진행

1) 교재에 제시된 '제시어(능동적인 전례 참여, 예의를 갖춘 복장, 몸과 마음을 준비하기, 성가로 주님을 찬미함)'를 보고 토의를 통해 미사 참례의 올바른 태도를 유추해 낸다.

2) 조별 발표 후 교사가 내용을 정리해 준다.

△ 제시어1. 적극적 전례 참여
 - 독서와 복음 미리 읽어 오기
 - 미사 경문 내용에 귀 기울이기
 - 다른 잡념에 빠지지 않고 깨어 참례하기
 - 적어도 미사 10분 전에 성당에 도착하기

△ 제시어2. 예의를 갖춘 복장
 - 미사는 잔치인 동시에 제사이므로 격에 맞는 복장을 갖춘다.

△ 제시어3. 몸과 마음 준비하기
 - 성체를 모시기 위해서 공심재를 지키기
 공심재 空心齋 (공복재空腹齋)란 성체를 모시기 위해 몸과 마음을 비운다는 의미로 영성체 1시간 전에 음식(물과 약은 제외)을 먹지 않는 것을 말함
 - 은총지위(은총의 상태) 회복하기
 마음의 준비로 만일 죄 중에 있다면 고해성사로 은총지위를 회복해야 함을 말함

△ 제시어4. 성가로 주님을 찬미함
 - 성가는 두 배의 기도라 불릴 정도로 중요하므로 노래를 잘하고 못하고 상관없이 정성을 다해 주님을 찬미함

활동 2 미사의 가치 - 동영상

'미사 한 대의 가치' 동영상 시청

[의미] 미사가 얼마나 큰 가치가 있는지 동영상 시청을 통해 마음 깊이 미사의 가치를 새기도록 한다.

준비물 '미사 한 대의 값'(동영상), 빔, 노트북

진행

1) 동영상 시청
2) 교재에 느낌 적기 : '활동란' 부분에 느낌을 적어 본다.
3) 발표
4) 교사의 정리

마음기도

- 모두 마음을 모으기 위해 바른 자세를 해 보겠습니다. 몸을 곧게 펴고, 고개는 턱을 앞으로 당겨 약간 숙입니다. 발은 어깨 넓이로 벌리고 앉습니다. 두 손은 주님 앞에 빈손임을 드러내는 표시로 하늘을 향해 펴서 무릎에 살포시 얹습니다. 이제 눈을 감고 깊게 호흡을 합니다. 들숨을 쉬며 "사랑의 성령님" 날숨을 내쉬며 "저에게 오소서"라고 기도합니다. 이렇게 10번 반복합니다. (2분)

- 여러분은 아주 작고 초라한 다락방에 모여 있는 예수님과 그 제자들 틈에 함께 앉아 있습니다. 예수님께서는 잡혀 돌아가시기 전 제자들과 마지막 만찬을 나누려고 준비하고 계십니다. 예수님의 간절한 마음을 가만히 바라봅니다. (2분)

- 예수님께서는 빵과 포도주를 축성하신 후 세상 끝 날까지 우리들과 함께하시겠다는 약속으로 빵과 포도주의 형상 안에 당신 자신을 담아 주십니다. 당신 자신 전부를 내어 주시는 예수님의 사랑의 행위를 나도 함께 바라보고 있습니다. 어떤 느낌이 드는지 내 마음을 따라가 봅니다. (2분)

- 예수님 마지막 만찬으로 미사는 시작되었고, 우리는 매 미사 시간 그분의 내어 주는 사랑을 체험합니다. 미사 시간에 나의 모습은 어떤지 생각해 봅니다. (2분)

- 미사를 통해 당신의 몸과 피를 영원한 생명의 양식으로 주시는 주님께 감사를 드립시다. (2분) - 영광송으로 마무리함

과제제시

1 복습

- 오늘 우리가 무엇을 배웠는지 가장 기억에 남는 내용을 적어 보십시오.
- 문제가 설명하는 단어들을 교재에서 찾아 적어 보세요. 용어풀이 참조

2 실천

- 미사의 습관을 들이기 위해 주일 미사 뿐 아니라 평일 미사에 참석하도록 미사 시간을 알려 주고 참여하게 한다.

3 알아봅시다

- 부록의 내용을 살펴보겠습니다. 교재 118쪽에 더 알아야 할 질문과 답이 '궁금합니다'에 수록되어 있습니다. 123쪽에서 미사의 은총에 대해 알려 주신 성 요한 크리소스토모, 성 알폰소, 성녀 비르지타를 만날 수 있습니다.

용어 풀이

'미사(Missa)의 말 뜻: 가톨릭의 거룩한 제사로 보내다, 파견하다
말씀 전례: 하느님 말씀을 듣고 받아들이는 부분
성찬 전례: 빵과 포도주를 성체와 성혈로 축성하고 받아 모시는 부분
강복: 하느님께서 복을 내림
파견: 임무를 맡겨 세상에 보냄
전례: 하느님 백성이 하느님께 드리는 공적 예배

교사 자기 점검표 ☑

내 용	확인
• 오늘 수업 준비에 성실하였습니까?	☐
• 예비신자들이 오늘 수업목표에 각각 도달하였습니까?	☐
• 나를 통해 예비신자들이 미사의 중요성에 대해 느낄 수 있었습니까?	☐

교사 마침 기도

좋으신 하느님, 오늘 수업에 대해 감사드리며, 저의 모든 노고를 모든 이가 미사의 은혜를 받아 누리는 데 바쳐 드립니다. 저의 부족한 수업을 당신 친히 채워 주시고 제가 보다 나은 수업을 준비하도록 도와주소서. 우리 주 그리스도를 통하여 비나이다. 아멘.

추천합니다

* 가톨릭 도서
「미사 마음의 문을 열다」
　　　　　　손희송 지음 │ 생활성서사
「제대와 감실의 싸움」
　　　　　　김인영 지음 │ 분도출판사
「어린양의 만찬」
　　　　　　스콧 한 지음, 정광영 역 │ 생활성서사

* 노래
- 가톨릭 성가 13. 주님을 그리나이다.
- 가톨릭 성가 39. 성부여 이 사람들이

제4과 하느님 말씀이 담긴 성경(聖經)

주제어 : 거룩함

학습목표
1. 성경은 **하느님의 가르침**이 담긴 **거룩한 책**임을 알 수 있다.
2. 성경은 **구약**과 **신약**으로 되어 있음을 알 수 있다.
3. 성경을 **경건**하고 소중하게 다루며, **자주 읽는 것**을 실천할 수 있다.

나의 신앙을 돌아보며

◆ 말씀과 함께

"당신 말씀은 제 발에 등불, 저의 길에 빛이옵니다." (시편 119,105)

파울로 코엘료가 쓴 「연금술사」라는 책에 나오는 주인공 양치기는 보물을 찾아 긴 여행을 떠납니다. 마침내 도달한 피라미드 옆에서 그는 어떤 표지를 읽습니다. 그리고 출발했던 곳으로 돌아와 바로 그곳에서 보물을 찾게 됩니다. 그는 '자아의 신화'를 찾기 위한 여행의 여정을 통해서 마침내 존재의 의미를 깨닫게 됩니다. 우리의 인생도 각자 존재의 의미를 깨닫기 위해 떠나는 여행이라고 할 수 있습니다.

어느 날 아우구스티노는 하늘에서부터 "집어라, 읽어라"라는 한마디를 듣고 옆의 성경을 펼쳤습니다. 그리고 다음 구절이 눈에 들어왔습니다. "대낮에 행동하듯이 품위 있게 살아갑시다. 흥청대는 술잔치와 만취, 음탕과 방탕, 다툼과 시기 속에 살지 맙시다." (로마 13,13) 바로 이 말씀을 통해 아우구스티노는 그동안 자신의 어두움에서 벗어나 새로운 빛의 세계로 들어설 수 있었습니다. 이 한 권의 책이 이교도이며 방탕자인 아우구스티노를 위대한 학자이자 성인이 되도록 변화시켰습니다. 성경의 말씀은 우리 일상의 삶을 비추는 등불이요, 우리가 가는 길에 빛이 되어 우리를 영원한 생명으로 이끌어 줍니다.

"성경은 전부 하느님의 영감으로 쓰인 것으로,
가르치고 꾸짖고 바로잡고 의롭게 살도록 교육하는 데에 유익합니다." (2티모 3,16)

성경을 선반 위의 장식용으로만 여기거나, 하나의 문학 작품이나 고전으로 또는 학문적 지식을 얻기 위하여 사용하지 마십시오. 성경은 우리를 생명으로 이끌어 주는 진리의 책입니다. 그 안에서 하느님과 인격적으로 만날 수 있습니다. 우리가 누군가를 사랑하게 되면 자신을 그 사람에게 알려 주려고 노력합니다. 대화로, 전화로, 편지로, 메일로, 여러 가지 방법으로 자신의 사랑을 표현하려고 하지요. 성경은 바로 하느님께서 천여 년에 걸쳐 수많은 작가들을 통해 우리에 대한 당신의 사랑을 고백한 책입니다. 바로 우리를 당신께로 이끄시어 영원히 행복하게 살 수 있게 해 주시기 위해서이지요. 성경은 보물을 찾기 위한 '지도', 또는 보물에 이르는 '길'이라고 할 수 있겠습니다. 다행히 여러분은 소설의 양치기처럼 보물을 찾아 긴 여행을 떠나지 않아도 됩니다. 그 보물은 "바로 네 곁에 있고 네 입에 있고 네 마음에." (로마 10,8) 있어서 여러분이 언제든지 캐낼 수 있으니까요.

◆ 숙고하기

나는 얼마나 성경을 가까이 대하고 있습니까?
오늘 내가 읽는 성경의 말씀이 하느님께서 나에게 건네시는 '사랑의 편지'라고 생각하십니까?
하느님의 말씀이 나를 바로잡으며 나를 거룩한 길로 이끌어 주고 있습니까?

◆ 기도하기

성령이시여, 우리가 성경을 읽을 때 성경 저자들에게 부어 주신 당신의 영을 지금 우리에게 똑같이 부어 주시어, 당신 생명의 말씀을 알아듣고 또 살아가도록 도와주소서. 아멘.

수업을 이렇게

◆ **수업 줄거리**

1. **성경이란 무엇인가?** : '성경'은 다른 책들과 구별되는 '거룩한 책'이다. 오랜 시간에 걸쳐 수많은 사람들에 의해 기록된 성경은 성령의 인도로 기록된 '하느님의 말씀'을 담은 책이며, 성경의 저자는 성령이시다.

2. **구약과 신약 소개** : 성경은 크게 두 권, '구약'과 '신약'으로 되어 있으며, '구약'은 예수님 탄생 이전 이스라엘 백성과 하느님 사이에 맺은 '옛 계약'이며, '신약'은 예수님 탄생 이후 온 인류와 하느님 사이에 맺은 '새 계약'이다. 73권으로 된 성경이지만 하나의 내용, 하나의 메시지인 '하느님 사랑'을 담고 있다.

3. **성경 구절 찾기 연습** : 실제 성경 구절을 찾는 연습을 한다. 신·구약에서 가장 중요한 성경 구절을 찾도록 함으로써 찾는 연습뿐만 아니라, 그 내용을 알고 외울 수 있다.

4. **성경을 대하는 태도** : 성경은 다른 책들과 다르게 경건하고 소중하게 다루어야 한다. 또 성경을 읽기 전에 성령께 기도하며 무엇보다 성경을 자주 읽어야 한다.

수업 계획표 (총 60분)

* 준비물: 성경(이번 시간부터 계속 가져오게 함)

단계	내용	진행	준비물
도입 (5분)	성경의 성(聖)자의 의미	퀴즈 풀기	
전개 (35분)	성경이란 무엇인가?	하느님의 가르침이 담긴 '거룩한 책'임을 알기	
	구약과 신약 & 그 안에 담긴 책들	구약과 신약의 의미를 설명하고 또 그 안에 어떤 책들이 담겨 있는지 알기	
	성경이 말하는 내용	73권의 성경이지만 '하느님의 사랑'이라는 한 가지 내용을 담고 있음을 설명함.	
	성경 장절 표기법 알기와 구절 찾기	성경 장절의 표기법을 가르치고, 구절을 찾는 방법을 알려 주며 찾는 연습하기	
	성경을 대하는 태도	성경을 어떻게 대해야 하는지를 알고 실천하기	
깊이 들어가기 (15분)	성경 읽기의 실천	활동 1. 말씀 사탕 뽑기 활동 2. 말씀 책갈피 만들기	말씀 사탕 책갈피 재료
마무리 (5분)	마음기도	기도	
과제제시	배운 내용 정리와 실천	배운 내용 되새겨 보기	

이런 것을 뜻합니다

 삼위일체 교리   공동체

 기도 생각나눔 숙고하고 나누기

 중요   사회교리

밑줄 수업목표에 해당함

▶ 출석 확인

열 기

1 시작기도 : 가톨릭 성가 22장

2 지난 시간 복습

◇ 지난 시간 가장 기억에 남는 교리 내용이 무엇인지 서로 이야기 해 봅시다. (조별로 이야기해도 좋고, 몇 사람의 이야기를 들어도 괜찮다.)

◇ 이제 몇 가지 중요한 단어들을 기억해 보겠습니다.
   1) 하늘나라 신비를 기념하는 잔치란? (미사)
   2) 미사는 크게 두 부분으로 나누어져 있습니다. 무엇과 무엇일까요? (말씀 전례와 성찬 전례)

3 퀴즈

- 오늘은 작은 퀴즈 하나로 이 시간을 시작할까 합니다. 여러분 교재 24쪽 사진 세 장을 보겠습니다. 사진의 내용이 무엇입니까? 여기에 공통으로 들어가는 한 글자가 있는데 무엇입니까? (교사가 한자로 칠판에 적는다. 聖)

- ★ '성(聖)'자는 '거룩하다'라는 한자입니다. '거룩하신 하느님과 관계가 있다'라는 뜻이지요. 그래서 '성'자가 들어가는 물건들은 다른 물건들과 구별됩니다.

- '성당'은 일반 가정집과 달리 미사를 드리고 하느님께 기도드리는 거룩한 집이지요. 신부님이 축성한 '성수'도 보통의 물과는 달리 함부로 사용하지 않지요. 앞으로 배우게 될 준성사에 해당된답니다.

- 성체는 거룩한 몸이라는 뜻으로 바로 예수그리스도의 몸을 일컫습니다.

- 책 중에서도 보통의 책과는 다르게 취급되는 책이 있는데 무엇일까요?

- 네. 바로 성경입니다.

펼치기

1 성경이란 무엇인가?

- '**성경**'은 하느님의 가르침이 담긴 거룩한 책입니다. 전에는 '거룩한 책'임이 강조되어 '성서'라고 했습니다. 지금은 성경, 성서 모두 함께 사용되지만 성경을 주로 사용합니다.

- 성경에는 무엇이 담겨 있습니까? 교재를 보고 답해 주십시오.

- ★ 성경은 **하느님의 가르침**이 담긴 **거룩한 책**입니다. 그래서 다른 책과는 다르지요.

- 성경의 저자가 누구입니까?
  (답: 하느님)

- ★ 성경은 많은 사람들이 적었지만 실제 저자는 하느님이십니다. 하느님께서는 우리에게 하고 싶으신 말씀을 우리가 알아들을 수 있는 언어로 어떤 사람들을 통해 기록하도록 하셨습니다. 그래서 실제 영감(靈感, 영적인 감동)을 불러일으키신 분은 하느님 자신이십니다. **삼위일체 하느님** 삼위 중 특히 '**성령**'께서 활동하셨습니다.

- ★ 성령의 인도로 성경이 쓰였기에, 우리는 **성령의 인도를 받아서** 성경을 읽어야 올바르게 그 말씀을 알아들을 수 있습니다.

2 구약과 신약

- 성경은 크게 **두 부분**으로 되어 있습니다. 예수님 탄생 이전에 적힌 책을 '**구약**'이라고 하고, 그 이후의 책을 '**신약**'이라고 합니다.

- (성경을 펴서 보이며) 이렇게 앞부분이 '구약'이고 나머지 뒷부분이 '신약'인데, '구약'과 '신약'의 '약(約)'이라는 말은 '계약(契約)'을 줄인 말로, '**약속**'이라는 뜻입니다.

- ★ '구약(舊約)'이라는 말은 '옛 계약'이라는 뜻으로, **하느님께서 이스라엘 백성과 맺으신 계약**을 의미하지요. 모두 46권이 들어 있습니다.

- ★ '신약(新約)'이라는 말은 '새 계약'이라는 뜻으로, 예수님께서 이 세상에 오심으로써 **하느님께서 모든 사람과 맺으신 계약**을 이야기합니다. 예수님께서 오심으로써 새 계약으로 옛 계약이 완성되었습니다. 모두 27권이 들어 있습니다.

- ★ 구약과 신약이 예수님 탄생을 기점으로 나누어지듯, 우리가 사용하는 **'기원전'과 '기원후'라는 시대 구분도 예수님 탄생을 기점**으로 나누어집니다.

- 그래서 예수님 탄생 전을 기원전, 영어로 BC (Before Christ, 예수 그리스도 오기 전)라고 하고, 예수님 탄생 후를 기원후, 라틴어로 AD (Anno Domini, 주님의 해)라고 합니다.

- 올해가 기원후, AD 2000년이니까 예수님 탄생 후 2000년이 되었다는 말이지요.

- 구약 성경은 46권, 신약 성경은 27권이므로 성경은 모두 몇 권인가요? 구약과 신약을 합하면 알 수 있습니다. (답: 73권)

- ★ 성경은 <u>구약</u>과 <u>신약</u>으로 크게 두 가지로 나눌 수 있으며, 구약 46권과 신약 27권을 합하여 모두 73권으로 되어 있습니다.

3 신·구약에 담긴 책들

* 구약에 담긴 책들

- 성경 앞에 나오는 목차를 보도록 하세요. 목차를 보면 46권의 성경의 이름과 나와 있는 순서를 알 수 있습니다.

- 먼저 구약 성경의 목차를 보면, 46권의 구약 성경이 크게 오경, 역사서, 시서와 지혜서, 예언서의 네 종류로 나누어져 있습니다.

- 이 책들에는 예수님 탄생 이전 시기로, 하느님께서 이스라엘 백성을 통해 말씀하신 이야기들이 실려 있습니다.

* 신약에 담긴 책들

- 신약 성경의 목차를 보면 신약 성경 27권이 5종류로 나누어져 있음을 알 수 있습니다.

- ★ 먼저 '복음서'가 나오는데 **복음(福音)**'이라는 말은 '기쁜 소식'이라는 뜻으로 예수님께서 전해 준 하느님 말씀을 이야기합니다. 복음서 4권은 특히 **예수님의 생애와 가르침이 기록되어 있기에 가장 중요한 책으로, 미사 때 신부님께서 봉독하십니다.** 네 복음서란 마태오, 마르코, 루카, 요한 복음을 말합니다. '마태오 말고 누가 요한이냐?'라고 외워 두면 복음서 4권을 순서대로 쉽게 외울 수 있습니다. 그럼 한 번 따라 외워 보겠습니다. (마태오 말고 누가 요한이냐? 마태오, 마르코, 루카, 요한)

- 이어서 '사도행전'이 나오고 '바오로의 서간들' 14권이 나옵니다. 또 '가톨릭 서간' 7권이 나오고 맨 마지막에 '요한 묵시록'이 나오지요.

4 성경이 말하는 내용

- **생각나눔** 성경이 73권으로 이루어져 있지만, 하나의 내용이 담겨 있습니다.

- ★ 성경이 전하는 내용은 바로 인간을 당신 자신을 바쳐 사랑한 <u>'하느님의 사랑'</u>입니다. 이 내용을 교재에 적어 보겠습니다.

5 성경 장절의 표기법

- 성경의 내용을 찾을 수 있도록 간략하게 표기된 방법을 알려 드리겠습니다. 여러분 교재 26쪽을 보면 나와 있습니다.

  창세기 1장 1절 : 창세 1,1
  탈출기 2장 1절에서 10절 : 탈출 2,1-10
  마태오 복음 5장 3절에서 10절, 13절에서 16절 : 마태 5,3-10. 13-16

6 성경 구절 찾기 연습

- 이제 함께 몇 개의 성경 구절을 찾아보기로 하겠습니다. 교재를 보겠습니다.

- 먼저 '신명기 6장 5절'의 말씀을 찾아 빈 곳을 채워 보세요. '신명기'는 구약의 '오경'에 해당하는 책으로 창세기, 탈출기, 레위기, 민수기 다음에 나옵니다. '신명기'를 먼저 찾은 뒤, 큰 숫자로 나와 있는 '장'을 찾고 다음에 작은 글씨로 적혀 있는 '절'을 찾으시면 됩니다. (시간을 주고, 교사는 예비신자들이 제대로 찾는지 보고 도와줌)

  답: 너희는 (마음을) 다하고 (목숨을) 다하고 (힘을) 다하여 주 너희 (하느님을) 사랑해야 한다.

- 빈 곳을 채워서 다 같이 답을 크게 읽어 보겠습니다. (함께 읽음)

이 구절은 **옛 계약에서 지켜야 할 중요한 내용입니다.** 이 내용은 모든 이스라엘 백성이 하루에 두 번씩 드리는 '쉐마 기도문'의 일부입니다. '쉐마'라는 말은 "이스라엘아, 들어라!"라는 뜻이며, 이 말로 기도를 시작하기에 이렇게 칭하지요. 구약에서 하느님을 사랑하라는 것은 명령입니다. 이 사랑은 당신의 백성을 향한 하느님의 사랑에 대한 응답으로, 하느님에 대한 경외심과, 그분에게 봉사하는 의무와 계명을 지키는 것을 포함합니다. 하느님을 사랑한다는 것은 살지고 기름진 번제물을 바치는 것이 아니라 하느님께서 어떤 분이신지 알도록 힘쓰는 것입니다.(호세 6, 6) 그러므로 성경은 하느님에 대한 이야기이며, 그분이 우리에게 어떻게 살면 좋을지 말씀하시는 그 가르침이 담긴 책이기에 자주 읽어야 합니다.

- 이제 그 아래에 있는 '요한 13장 34절'도 찾아 적어 보겠습니다. '요한'은 어디에 나올까요? (답을 듣는다.) 4복음서를 쉽게 외우는 방법으로, '마태오 말고 누가 요한이냐?'라고 합니다. 그러니까 '요한'은 신약의 '복음서' 4권 중 마지막 권에 해당합니다. 각자 찾아서 답을 적어 보세요. (시간을 주고, 교사는 예비자들이 제대로 찾는지 보고 도와줌)

답: 내가 너희를 사랑한 것처럼 너희도 서로 사랑하여라.

- 다 같이 답을 크게 읽어 볼까요? (함께 읽음)

- 이 구절은 예수님께서 우리와 '새 계약'을 맺으면서 우리에게 주신 '**새 계명**'으로 우리가 **지켜야 할 중요한 내용**입니다. 예수님께서는 사랑의 새 계명을 우리에게 주셨습니다. 당신 목숨을 바쳐 우리를 사랑하신 그 사랑을 본받아 살아가라는 내용입니다. 이 내어 주는 극진한 사랑을 본받아 사는 것이 인간의 진정한 자기실현이요, 행복이기 때문입니다.

7 성경을 대하는 태도

- 우리는 어떻게 성경을 대하고 읽어야 할까요?

    1) 성경을 경건하고 소중하게 다룬다.
    성경은 '하느님의 말씀을 담은 거룩한 책'이므로 다른 책들과 다르게 경건하게 다루어야 합니다. 성경을 땅바닥에 함부로 두거나, 다른 책들과 포개어 두지 않고 성경 책 위에 다른 물건을 올려 두지 않습니다. 성경은 '하느님의 사랑의 편지'이기에 사랑스럽고 소중하게 대해야 합니다.

    2) 성경을 읽기 전 성령께 기도한다.
    성경의 저자는 '성령'이므로, '성령'의 인도를 받지 않으면 몇 천 년 전에 적은 성경의 말씀을 잘 이해할 수 없습니다. 그래서 성령께 기도를 하고 성경을 읽으셔야 합니다. 교재에 나오는 '성경을 읽기 전에' 바치는 기도문과 '성경을 읽고 나서' 바치는 기도문을 이용할 수 있습니다.

    3) ★ 성경을 자주 읽는다.
    성경을 통해 우리는 하느님의 생각과 사랑을 알 수 있기에, 자주 성경을 읽는 습관을 길러야 합니다. 하루에 10~15분 정도 시간을 내어 매일 읽으면, 신·구약 전체를 1년이면 한 번 통독할 수 있습니다. 성경 읽기 표가 마련되어 있어 1년 동안 하루에 읽을 양을 안내해 줍니다.

깊이 들어가기

활동 1 말씀 사탕 뽑기

[의미] 성경 안에 우리 신앙인 삶의 모든 지침이 들어 있음을 알고, 성경 구절을 일상생활에서 실현시킬 수 있음을 안다.

진행

1) 교사가 미리 말씀 사탕을 준비해 온다.
2) 말씀 사탕을 뽑고 그 구절을 돌아가며 읽는다.
3) 뽑은 말씀이 나에게 건네는 말씀을 잠시 듣고 (묵상) 나눈다.

활동 2 책갈피 — 만들기

성경에 끼울 책갈피 만들기

[의미] 기도문이 적힌 책갈피를 만들어 사용함으로써 성경을 읽을 때 성령께 기도하는 습관을 들일 수 있다.

준비물 1인당

두꺼운 연한 색상지(5 x 15cm), 리본(15cm), 사인펜, 펀치.

진행

1) 펀치로 뚫어 놓은 색상지에 리본을 달아 나누어 준다
2) 사인펜으로 색지 앞면에, 교재 26쪽에 나오는 '성경을 읽기 전에', 색지 뒷면에, '성경을 읽고 나서'를 적는다.
3) 바깥쪽에 테두리를 예쁘게 그어 주거나, 예쁜 꽃 그림, 펼친 성경, 비둘기(성령 상징) 등을 그리도록 한다.

6) 책갈피를 성경에 꽂아 두어, '성경을 읽기 전에'와 '성경을 읽고 나서'를 매번 바칠 수 있게 한다.

 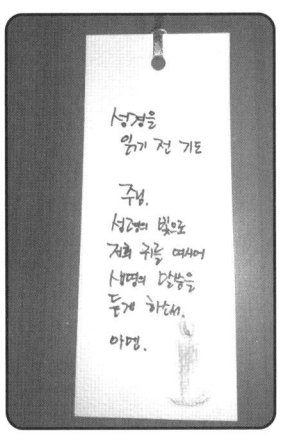

마음기도

- 활동 1을 선택했다면 그것으로 마음기도를 대신할 수 있다. 선택한 구절을 가지고 잠깐 마음기도를 하고 나눌 수 있다.

- 모두 마음을 모으기 위해 바른 자세를 해 보겠습니다. 몸은 곧게 펴고, 고개는 턱을 앞으로 당겨 약간 숙입니다. 발은 어깨 넓이로 벌리고 앉습니다. 두 손은 주님 앞에 빈손임을 드러내는 표지로 하늘을 향하게 펴서 무릎에 살포시 얹습니다. 이제 눈을 감고 깊게 호흡을 합니다. 들숨을 쉬며 "사랑의 성령님" 날숨을 내쉬며는 "저에게 오소서"라고 기도합니다. 이렇게 10번 반복합니다.

- 말씀이 사람이 되어 오신 예수 그리스도께서는 말씀을 통해 당신 사랑을 드러내시고 하느님 나라의 가치를 알려 주십니다. "내가 너희에게 새 계명을 준다. 서로 사랑하여라."는 요한 복음의 말씀이 내게 어떻게 다가오는지 말씀 속에 고요히 머물러 봅시다. (3분)

- 이제 이 말씀을 통하여 주님께서 나에게 어떤 삶으로 초대하시는지 그분의 말씀에 가만히 귀 기울여 봅시다. (3분)

- 주님께서 초대하신 삶을 잘 살아 내기 위해 필요한 은총을 청해 봅시다. 그리고 예수님께 더 드리고 싶은 말씀을 드려 봅시다. (2분)

과제제시

1 복습

- 오늘 우리가 무엇을 배웠는지 '복습'의 칸을 채워 보세요.
  ✎ 오늘 배운 내용 중 가장 기억에 남는 내용을 적어 보세요.
  ✎ OX퀴즈를 풀어 보세요.

2 실천

✐ 교재의 '실천' 작성해 오기
✐ 일상 기도 매일 바치기

3 알아봅시다

- 부록의 내용을 살펴보겠습니다. 교재 118쪽에 더 알아야 할 질문과 답이 '궁금합니다'에 수록되어 있습니다. 123쪽에서 복음서를 기록한 복음사가들을 만날 수 있습니다.

용어 풀이
성경 : 하느님의 말씀이 담긴 거룩한 책, 하느님의 사랑이 담긴 편지
구약 : 하느님과 이스라엘 백성 사이에 맺은 '옛 계약'
신약 : 예수님을 통하여 하느님과 온 인류가 맺은 '새 계약'
복음 : 기쁜 소식, 예수님께서 전해 준 하느님 말씀

교사 자기 점검표 ☑

내 용	확인
오늘 수업 준비에 성실하였습니까?	☐
예비신자들이 오늘 수업목표에 각각 도달하였습니까?	☐
나를 통해 예비신자들이 기도의 맛을 느낄 수 있었습니까?	☐

교사 마침 기도

좋으신 하느님, 오늘 수업에 대해 감사드리며, 저의 모든 노고를 모든 이가 성경을 자주 읽고 그 안에서 힘을 얻는 데 바쳐 드립니다. 저의 부족한 수업을 당신 친히 채워 주시고 제가 보다 나은 수업을 준비하도록 도와주소서. 우리 주 그리스도를 통하여 비나이다. 아멘.

추천합니다

*** 가톨릭 도서**

「성경이야기」
안셀름 그륀 지음, 이종한 역 │ 분도출판사

「성경의 인물들」
잔 프랑코 라바시 지음, 강선남 역 │ 성바오로

「성경 속 하느님 생각」
민남현 지음 │ 바오로딸

「기쁨의 편지」
박기석 지음 │ 바오로딸

*** 노래**
- 가톨릭 성가 22. 천지 생기기 전
- 가톨릭 성가 34. 길이요 진리요 생명이신 주

제5과 하느님 사랑으로 태어난 이 세상

주제어 : 선물

학습목표
1. **삼위일체 하느님**의 충만한 **사랑**으로 이 세상과 우리가 만들어졌음을 알 수 있다.
2. 사람은 **하느님의 모습**대로 가장 고귀하게 만들어졌음을 알 수 있다.
3. 우리가 받은 모든 것은 하느님의 **선물**이기에 감사하며 책임감을 가질 수 있다.

나의 신앙을 돌아보며

◆ 말씀과 함께

"하느님께서 보시니 좋았다." (창세 1,10)

우리는 이 세상을 하느님께서 만드셨다는 것을 잊어버리고 살다가 어느 순간 자연의 아름다움, 조화로움, 신비감으로 경이로움을 느낄 때 위대한 창조주를 인식합니다. 매일 해가 뜨고 지고 날이 바뀌고 계절이 바뀌는 일상사 안에서도 어느 순간 하느님을 느낄 때가 있습니다. 대자연의 황홀한 모습에 도취될 때면, 작가가 작품 한 구석에 자신의 이름을 적어 놓았듯이 하느님도 이곳에 자신의 이름을 적어 놓았다고 생각합니다. 자연의 어느 것 하나도 사실 하느님의 작품이 아닌 것이 없습니다. 심지어 '잡초'도 하느님 눈에는 '잡초'가 아닌 것입니다. 이 세상의 모든 자연과 하찮은 미물들, 또 나 자신은 하느님의 사랑(좋으심, 선하심)으로 만들어진 작품입니다.

"우리와 비슷하게 우리 모습으로 사람을 만들자." (창세 1,26)

하느님의 걸작인 우리 인간은 하느님 삼위일체 공동체의 흘러넘치는 사랑을 우리 마음에 받았기에 사랑하지 않고는 살 수 없고 혼자서는 살아갈 수 없는 존재입니다. '사람이 꽃보다 아름답다'라고 하는 이유는 바로 우리가 하느님의 공동체를 닮아 나 자신의 본능을 초월한 사랑을 이웃과 공동체와 나눌 수 있기 때문입니다. 또 '인간에게 인간이 꽃이 될 수 있다는 것'도 고(故) 이태석 신부님을 통해 알 수 있습니다. 희망과 눈물조차 없었던 수단의 톤즈 사람들에게 사제로서, 의사로서, 또 교사로서 꿈을 키워 주신 신부님, 꽃이 되어 주신 신부님은 하느님의 걸작 중에서도 걸작이라고 생각합니다.

"온갖 좋은 선물과 모든 완전한 은사는 위에서 옵니다." (야고 1,17)

하느님께서 나에게 얼마나 많은 선물을 주셨는지요? 나의 생명, 건강, 재능, 부모님, 이웃 등은 내가 노력해서 얻은 것이 아닙니다. 이것은 무상으로 나에게 주어진 선물입니다. 내가 받은 많은 것들에 대해, 또는 창조주 하느님을 의식할수록 나의 삶은 '감사함'으로 가득찰 것이고, 그렇지 못할 때는 불평과 불행의 삶을 살아갈 것입니다. 내가 받은 은총을 의식한다면 그에 대한 소명이나 책임감을 자각할 수 있으며 은총을 받은 사람답게 살아갈 수 있을 것입니다.

◆ 숙고하기

나는 얼마나 창조주 하느님을 느끼며 살아가고 있습니까?
내가 받지 않은 것에 대해 불평하기보다 내가 받은 하느님의 선물에 대해 감사하며 살고 있습니까?
하느님의 걸작품으로 나는 자연과 세상 만물, 또 나 자신에 대해 어떤 책임감을 느낍니까?

◆ 기도하기

삼위일체 하느님, 우리를 위해 이 세상을 지어 내시고 선물로 주셨음에 감사드립니다. 내 마음 안에 부어 주신 그 사랑으로 모든 자연과 이웃들을 사랑할 수 있도록 도와주소서. 아멘.

 수업을 이렇게

◆ 수업 줄거리

1. **이 세상은 하느님의 선물** : 이 세상 모든 것과 우리 자신은 하느님에게서 왔음을 안다. 삼위일체 하느님 공동체의 넘치는 사랑으로 이 세상과 인간이 만들어졌다.

2. **하느님의 사랑으로 만들어진 세상 만물** : 성경의 첫째 권인 '창세기'를 통하여 하느님께서 하늘과 땅을 지어 내셨음을 안다. 하느님은 사랑으로 아무것도 없는 어둠에서 차례차례 자연과 식물과 동물들을 만드셨다.

3. **하느님의 모습대로 만들어진 우리** : 하느님은 마지막 날에 인간을 당신 모습에 따라 만드셨다. 인간은 다른 창조물과 달리 '하느님의 모습'을 닮아 생각하고 선택하고 사랑하며 삼위일체 하느님 공동체처럼 공동체를 이루며 살아간다.

4. **하느님 보시기에 좋은 세상** : 하느님께서 보시기 좋도록 이 세상이 창조되었다. 이는 이 세상이 하느님 좋으심, 선하심, 사랑으로 지어졌기 때문이다. 우리는 하느님 선물의 관리자로서 받은 모든 것들에 대해 감사하며, 받은 것에 대해 책임감을 가지고 사용하고 돌보아야 한다.

수업 계획표 (총 60분)

단계	내 용	진 행	준비물
도입 (5분)	하느님의 선물	이 세상 모든 것이 하느님에게서 온 것임을 알기	
전개 (30분)	천지 창조	창세기의 천지 창조 이야기 들음	
	인간 창조	사람이 하느님의 모습대로 만들어졌기에 가장 고귀하다는 것을 알기	
	하느님 보시기에 좋은 세상	이 세상은 하느님 보시기에 참 좋았음을 알기	
깊이 들어가기 (15분)	선물에 대한 감사와 책임감	1. 받은 선물에 대한 책임감 일깨우기 2. 환경 다큐 감상과 토의	지식채널e 3km다이어트 빔, 노트북
마무리 (10분)	마음기도	기도	
과제제시	배운 내용 정리	요약하기	

이런 것을 뜻합니다

 삼위일체 교리   공동체

 기도   숙고하고 나누기

 중요   🌿 사회교리

<u>밑줄</u> 수업목표에 해당함

▶ 출석 확인

열 기

1 **시작기도** : 가톨릭 성가 402장

2 **지난 시간 복습**

◇ 지난 시간 가장 기억에 남는 교리 내용이 무엇인지 서로 이야기해 봅시다. (조별로 이야기하거나, 몇 사람의 이야기를 들어도 좋다.)

◇ 이제 몇 가지 중요한 단어들을 기억해 보겠습니다.
  1) 하느님 가르침이 담긴 거룩한 책 (성경)
  2) 하느님께서 이스라엘과 맺으신 계약으로 모두 46권으로 구성된 책은 (구약)이고, 하느님께서 모든 인류와 맺으신 새로운 계약으로 27권으로 되어 있는 책은 (신약)이다.
  3) 성경의 저자는 (하느님)
  4) 성경이 전하는 내용 (하느님 사랑)

3 **하느님의 선물**

- 교재 28쪽의 그림을 보겠습니다. 추상화로 표현된 천지 창조 내용입니다. 어떤 느낌이 드는지 적어 보시기 바랍니다.

- 우리는 이를 하느님의 선물이라고 표현합니다. 그 이유는 우리 인간에게 필요한 모든 것을 담고 있기 때문입니다. 마치 아기를 낳기 전에 부모들이 모든 것을 온전히 갖추고 아이를 기다리는 것과 같습니다. 이 세상 모든 것은 인간의 필요를 온전히 알고 계신 하느님께서 내신 완전한 선물이지요.

- ★ 또한 이 세상 모든 것과 거기에 포함된 우리 자신도 바로 하느님의 선물입니다. **삼위일체 하느님**은 충만한 **사랑**으로 이 세상과 우리를 내셨습니다.

펼치기

1 **하느님이 지어 내신 세상 만물** (창세 1,1-2,4)

- 오늘은 성경의 첫 번째 책인 '창세기' 1장의 말씀을 함께 읽어 보겠습니다. 모두 찾아보세요.

> **도움말**
> 각자가 집에서 성경을 읽을 때는 '성경을 읽기 전에'와 '성경을 읽고 나서' 기도를 바치나 수업 시간이나 미사 시간 중에 성경을 읽을 때는 생략함

- 창세기 1장을 다 찾으셨습니까? 이제 1장 1절부터 읽어 나가겠습니다.
¹한 처음에 하느님께서 하늘과 땅을 창조하셨다. ²땅은 아직 꼴을 갖추지 못하고 비어 있었는데 어둠이 심연을 덮고 하느님의 영이 그 물 위를 감돌고 있었다.

- 맨 처음 땅은 무엇으로 덮여 있습니까? (어둠) 어떤 상태인지 알 수 있겠습니까? 잠시 눈을 감고 맨 처음을 상상해 보겠습니다. 어둠, 아무것도 없음. 그것에서 하느님은 당신 사랑의 말씀으로 세상을 지으십니다.
³하느님께서 말씀하시기를 "빛이 생겨라." 하시자 빛이 생겼다. ⁴**하느님께서 보시니 그 빛이 좋았다** (멈춤) 오늘 시작 성가의 후렴을 다 함께 불러 보겠습니다.

(오! 아름다워라 찬란한 세상 주님이 지었네. 오! 아름다워라 찬란한 세상 주님과 함께 살아가리라.)

하느님께서는 빛과 어둠을 가르시어 ⁵빛을 낮이라 부르시고 어둠을 밤이라 부르셨다. 저녁이 되고 아침이 되니 첫날이 지났다.

⁶하느님께서 말씀하셨다. "물 한가운데에 궁창이 생겨 물과 물 사이를 갈라놓아라. ⁷하느님께서 이렇게 궁창을 만들어 궁창 아래에 있는 물과 궁창 위에 있는 물을 가르시자, 그대로 되었다. ⁸하느님께서는 궁

창을 하늘이라 부르셨다. 저녁이 되고 아침이 되니 이튿날이 지났다.

> **도움말**
> '궁창'은 '단단한 것', '평평한 마당' 같은 것을 말하며 여기서는 윗물과 아랫물 사이를 갈라놓는 '하늘(창공)'에 해당한다.

⁹하느님께서 말씀하시기를 "하늘 아래에 있는 물은 한곳으로 모여, 뭍이 드러나라." 하시자, 그대로 되었다. ¹⁰하느님께서는 뭍을 땅이라, 물이 모인 곳을 바다라 부르셨다. **하느님께서 보시니 좋았다.** (멈춤)

(오! 아름다워라 찬란한 세상 주님이 지었네. 오! 아름다워라 찬란한 세상 주님과 함께 살아가리라.)

¹¹하느님께서 말씀하시기를 "땅은 푸른 싹을 돋게 하여라. 씨를 맺는 풀과 씨 있는 과일나무를 제 종류대로 땅 위에 돋게 하여라." 하시자 그대로 되었다. ¹²땅은 푸른 싹을 돋아나게 하였다. 씨를 맺는 풀과 씨 있는 과일나무를 제 종류대로 돋아나게 하였다. **하느님께서 보시니 좋았다.** (멈춤)

(오! 아름다워라 찬란한 세상 주님이 지었네. 오! 아름다워라 찬란한 세상 주님과 함께 살아가리라.)

¹³저녁이 되고 아침이 되니 사흗날(3일)이 지났다. ¹⁴하느님께서 말씀하시기를 "하늘의 궁창에 빛물체들이 생겨, 낮과 밤을 가르고, 표징과 절기, 날과 해를 나타내어라. ¹⁵그리고 하늘의 궁창에서 땅을 비추는 빛물체들이 되어라." 하시자, 그대로 되었다. ¹⁶하느님께서는 큰 빛물체 두 개를 만드시어, 그 가운데에서 큰 빛물체는 낮을 다스리고 작은 빛물체는 밤을 다스리게 하셨다. 그리고 별들도 만드셨다. ¹⁷하느님께서는 이것들을 하늘 궁창에 두시어 땅을 비추게 하시고, ¹⁸낮과 밤을 다스리며 빛과 어둠을 가르게 하셨다. **하느님께서 보시니 좋았다.** (멈춤)

(오! 아름다워라 찬란한 세상 주님이 지었네. 오! 아름다워라 찬란한 세상 주님과 함께 살아가리라.)

¹⁹저녁이 되고 아침이 되니 나흗날(4일)이 지났다. ²⁰하느님께서 말씀하셨다. "물에는 생물이 우글거리고, 새들은 땅 위 하늘 궁창 아래를 날아다녀라." ²¹이렇게 하느님께서는 큰 용들과 물에서 우글거리며 움직이는 온갖 생물들을 제 종류대로, 또 날아다니는 온갖 새들을 제 종류대로 창조하셨다. **하느님께서 보시니 좋았다.** (멈춤)

(오! 아름다워라 찬란한 세상 주님이 지었네. 오! 아름다워라 찬란한 세상 주님과 함께 살아가리라.)

²²하느님께서 이들에게 복을 내리며 말씀하셨다. "번식하고 번성하여 바닷물을 가득 채워라. 새들도 땅 위에서 번성하여라." ²³저녁이 되고 아침이 되니 닷샛날이 지났다. ²⁴하느님께서 말씀하시기를 "땅은 생물을 제 종류대로, 곧 집짐승과 기어 다니는 것과 들짐승을 제 종류대로 내어라." 하시자, 그대로 되었다. ²⁵하느님께서는 이렇게 들짐승을 제 종류대로 만드셨다. **하느님께서 보시니 좋았다.** (멈춤)

(오! 아름다워라 찬란한 세상 주님이 지었네. 오! 아름다워라 찬란한 세상 주님과 함께 살아가리라.)

²⁶하느님께서 말씀하셨다. "우리와 비슷하게 우리 모습으로 사람을 만들자. 그래서 그가 바다의 물고기와 하늘의 새와 집짐승과 온갖 들짐승과 땅을 기어 다니는 온갖 것들을 다스리게 하자." ²⁷하느님께서 이렇게 당신의 모습으로 사람을 창조하셨다. 하느님의 모습으로 사람을 창조하시되 남자와 여자로 창조하셨다. ²⁸하느님께서 그들에게 복을 내리며 말씀하셨다. "자식을 많이 낳고 번성하여 땅을 가득 채우고 지배하여라. 그리고 바다의 물고기와 하늘의 새와 땅을 기어다니는 온갖 생물을 다스려라." ²⁹하느님께서 말씀하시기를 "이제 내가 온 땅 위에서 씨를 맺는 모든 풀과 씨 있는 모든 과일나무를 너희에게 준다. 이것이 너희의 양식이 될 것이다. ³⁰땅의 모든 짐승과 하늘의 모든 새와 땅을 기어 다니는 모든 생물에게는 온갖 푸른 풀을 양식으로 준다." 하시자, 그대로 되었다. ³¹**하느님께서 보시니 손수 만드신 모든 것이 참 좋았다.** (멈춤)

(오! 아름다워라 찬란한 세상 주님이 지었네. 오! 아름다워라 찬란한 세상 주님과 함께 살아가리라.)

• 계속해서 2장 4절까지 읽어 볼까요?

저녁이 되고 아침이 되니 엿샛날이 지났다.

¹이렇게 하늘과 땅과 그 안의 모든 것이 이루어졌다. ²하느님께서는 하시던 일을 이렛날(7일)에 다 이루셨다. 그분께서는 하시던 일을 모두 마치시고 이렛날(7

일)에 쉬셨다. ³하느님께서 이렛날에 복을 내리시고 그날을 거룩하게 하셨다. 하느님께서 창조하여 만드시던 일을 모두 마치시고 그날에 쉬셨기 때문이다. ⁴하늘과 땅이 창조될 때 그 생성은 이러하였다.

- 하느님께서 무엇으로 세상을 만드셨습니까?(말씀) 전능하신 하느님께서는 당신 말씀으로 세상을 만드셨습니다. 즉 없음(無)에서 모든 것을 있게(有) 하신 것이지요.

- 마지막 일곱째 날에는 무엇을 하셨습니까? (쉬셨습니다.)

- 하느님께서 일곱째 날에 하시던 일을 모두 마치시고 쉬심으로써 '안식일'을 축복하신 것처럼 우리도 이날을 **주님의 날**로 기억하고 기념합니다. 물론 신약에 이 의미는 더욱 커지고 깊어집니다. 그것은 나중에 예수 그리스도를 배울 때 다시 말씀드리겠습니다.

2 하느님의 모습대로 만들어진 우리

- **이 세상을 만드신 분을 '창조주'라고 하는데, '창조주'는 삼위일체 하느님 중 누구실까요? (성부)**

- 삼위일체 하느님께서 함께 이 세상을 만드셨지만 특히 성부의 역할이 두드러집니다. 그래서 **성부, 하느님 아버지를 '창조주'**라고 합니다.

- **하느님께서 만드신 모든 것을 '창조물' 또는 '피조물'이라 하는데, 하느님께서 제일 마지막으로 만든 창조물은 무엇이었습니까? (사람)**

- 하느님은 사람을 맨 마지막으로 만드셨는데 어떤 모습으로 만드셨지요? (하느님 모습으로) 이를 신학적 용어로 Imago Dei 즉 하느님의 모상성이라고 합니다. 교재 29쪽 밑줄에 적어 봅시다.

- 생각나눔 사람은 다른 동물과 달리 '하느님의 모습'을 닮아, 다른 창조물이 가지지 못한 것들을 가지고 있습니다. 무엇일까요? (대답을 들음)

- 하느님을 닮아 우리는 **생각**할 수 있고, 자유롭게 **선택**할 수 있습니다. 사랑이신 하느님을 닮아 **사랑**할 수 있고, 하느님께서 삼위일체 공동체로 계시는 것처럼 우리도 **공동체**로 살아가고 있습니다.

- ★ 이와 같이 사람은 **하느님의 모상**(模像: IMAGO DEI)대로 가장 고귀하게 만들어졌습니다. 이 말은 하느님의 고귀한 품성을 닮았다는 말입니다. 사랑을 나누고, 사랑으로 보살피고, 사랑을 사는 품위를 말합니다. 그래서 창조주 하느님께서는 인간에게 세상 만물을 보존하고, 가꿀 책임을 주셨습니다.

3 하느님 보시기에 좋은 세상

- 하느님께서 만드신 이 세상은 어떠하였습니까? (하느님 보시기 좋았습니다.)

- 우리가 조금 전 성경을 읽어 나가다가 '하느님께서 보시니 좋았다'라는 내용이 나오면 멈추어서 노래로 찬미했는데 몇 번 했는지 아십니까? (7번)

- 맞습니다. 성경에 7번이나 그 말이 반복되고 있습니다(창세 1,4.10.12.18.21.25.31). 여기서 **'7'이라는 숫자는** 단순히 숫자 7이 아니라 **'부족함이 없다'**라는 의미를 가집니다.

- 하느님께서는 손수 만드신 완벽한 이 좋은 세상을 우리에게 선물로 주셨습니다. 사람을 만드시고 나서 하느님께서 하신 말씀이 창세기 1장 28절에 나와 있는데, 다시 읽어 보겠습니다.

(한 명 지명하거나, 모두 함께 읽도록 함)

하느님께서 그들에게 복을 내리시며 말씀하셨다. "자식을 많이 낳고 번성하여 땅을 가득 채우고 지배하여라. 그리고 바다의 물고기와 하늘의 새와 땅을 기어 다니는 온갖 생물을 다스려라."

- 🍃 하느님께서는 땅을 지배하고 생물을 다스리라고 했습니다. 이 말은 보존하고, 보호하라는 의미입니다. 그런데 우리는 지금 **이 세상을 하느님 보시니 좋은 상태로 보존하고 있습니까?** 우리를 비롯한 이 세상의 모든 창조물은 하느님의 선물이라고 했습니다. 선물을 함부로 대하는 사람은 하느님의 고귀한 품성을 받은 이답게 사는 것이 아닐 것입니다.

- ★ <u>내가 사용하고 있는 모든 것은 하느님의 선물이기에 이에 감사하며 책임감을 느낄 수 있었으면 좋겠습니다.</u>

깊이 들어가기

활동 1 받은 선물에 대한 책임감 - 숙고하기

교재의 사진을 보고 숙고하여 답하기

[의미] 우리가 하느님으로부터 받은 선물에 대해 책임감을 느끼고 생활하도록 한다.

- 📖 교재 30쪽을 펴서 사진을 보고, 우리가 받은 선물들에 대해서 어떤 책임을 느끼는지 한 번 적어 볼까요? (각자 생각해서 적게 한 후 답을 들어 봄)

  1) 과다한 음식 소비와 음식물 쓰레기
  2) 물을 함부로 사용하는 일
  3) 합성 세제를 함부로 사용하는 일
  4) 나 자신 소중히 여기기
  5) 이웃을 소중히 여기기

- 이중 내가 꼭 실천하고 싶은 것 한 가지만 실천란에 적고 꼭 실천하도록 합시다.
  (각자 생각해서 적고 실천하도록 함)

활동 2 🌿 환경 다큐는 나에게 무엇을 말하는가?

[의미] 하느님께서 만드신 이 세상이 오늘날 어떻게 되었는지 살펴보고 보살필 구체적 방법을 모색함.

준비물 지식채널e '3km다이어트', 빔, 노트북

1) 지식채널e '3km다이어트'를 시청함
2) 보고 난 후 느낌을 나누고, 나는 어떻게 환경을 훼손하는지를 반성한다.
3) 반성한 내용을 교재31쪽 실천란에 적고, 되살리기 위한 방법을 모색해 실천한다.

마음기도

* 🙏 예수님 안에 머무르기

- 모두 마음을 모으기 위해 바른 자세를 해 보겠습니다. 몸은 곧게 펴고, 고개는 턱을 앞으로 당겨 약간 숙입니다. 발은 어깨 넓이로 벌리고 앉습니다. 두 손은 주님 앞에 빈손임을 드러내는 표지로 하늘을 향하게 펴서 무릎에 살포시 얹습니다. 이제 눈을 감고 깊게 호흡을 합니다. 들숨을 쉬며 "사랑의 성령님" 날숨을 내쉬며 "저에게 오소서"라고 기도합니다. 이렇게 10번 반복합니다.

- 하느님께서 창조하시고 '보시니 좋았다.'라고 감탄한 완벽한 세상을 상상해 봅니다. 그리고 그것을 우리게 선물로 주심에 대해 깊이 감사드립니다. (3분)

- 그중에서도 나를 하느님 모습대로 지으셔서 타인을 사랑할 수 있게 해 주신 것에 감사드립니다. (2분)

- 그리고 나의 부족, 우리의 부족함으로 선물을 잘 관리하지 못하고, 망가뜨림에 대해 죄송하다고 말씀드립니다. 내가 보살피지 못한 것을 자세히 말씀드립니다. (3분)

- 그밖에 하느님께 드리고 싶은 이야기를 드립니다. 그리고 하느님께서 나에게 하시는 말씀도 귀 기울여 듣습니다. (2분)

도움말

그 후 제2과 기도에서 배운 '자유기도'를 바치도록 몇 명을 초대할 수 있다. 또는 눈을 뜨게 한 후 예비신자 몇 명에게 하느님과 어떤 이야기를 나누었는지 들어 볼 수 있다.

과제제시

1 복습

- 오늘 우리가 무엇을 배웠는지 '복습' 칸을 채워 보세요.
  ✎ 오늘 배운 내용 중 가장 기억에 남는 내용을 적어 보세요.
  ✎ 다음 구절을 성경에서 찾아 적어 보세요.

2 실천

- 창조 때 하느님께서 보시니 좋았던 세상을 나는 어떤 노력으로 되살릴 수 있을지 생각하고 실천해 봅시다.

3 알아봅시다

- 부록의 내용을 살펴보겠습니다. 교재 118쪽에 더 알아야 할 질문과 답이 '궁금합니다'에 수록되어 있습니다. 124쪽에서 창조물을 사랑한 성인들 성녀 힐데카르트, 성 프란치스코, 성 이시도로를 만날 수 있습니다.

교사 자기 점검표 ☑	
내 용	확인
• 오늘 수업 준비에 성실하였습니까?	☐
• 예비신자들이 오늘 수업목표에 각각 도달하였습니까?	☐
• 나를 통해 예비신자들이 하느님께서 창조주임을 느낄 수 있었습니까?	☐

교사 마침 기도

좋으신 하느님, 오늘 수업에 대해 감사드리며, 저의 모든 노고를 모든 창조물이 하느님 보시기에 좋음을 회복하는 데 바쳐 드립니다. 저의 부족한 수업을 당신 친히 채워 주시고 제가 보다 나은 수업을 준비하도록 도와주소서. 우리 주 그리스도를 통하여 비나이다. 아멘.

추천합니다

* 가톨릭 도서

「창조론」
알렉산드레 가노치 지음, 신정훈 역
가톨릭대학교출판부

「창조론 – 아름다운 세상의 회복을 꿈꾸며」
박준양 지음 | 생활성서사

「창조 질서 회복을 위한 우리의 책임과 실천」
한국 천주교 주교회의

* 일반 도서

「환경 논쟁」
장성익 지음 | 풀빛

「생태계와 환경오염」
박정수 지음 | 국립생태원

「우리집은 친환경 반찬을 먹는다」
정영옥 지음 | 경향미디어

* 노래
- 가톨릭 성가 2 주 하느님 크시도다
- 가톨릭 성가 22 천지 생기기 전
- 가톨릭 성가 472 주님 저 하늘 펼치시고
- 가톨릭 성가 438 주께 감사드리자

제 6 과 하느님과의 약속을 어긴 첫 사람

주제어 : 자유

학습목표
1. **교만**으로 사람이 **죄**를 지어 이 세상에 악과 **죽음**이 왔음을 알 수 있다.
2. 하느님께서는 사람을 여전히 사랑하시어 **구세주**를 보내 주시기로 약속하셨음을 알 수 있다.
3. 나는 하느님께 받은 **자유**로 선(善)을 선택하고 행동할 수 있다.

나의 신앙을 돌아보며

◆ 말씀과 함께

"여자가 쳐다보니 그 나무 열매는 먹음직하고 소담스러워 보였다.
그뿐만 아니라 그것은 슬기롭게 해 줄 것처럼 탐스러웠다." (창세 3,6)

인간이 인간으로서의 가장 큰 기쁨을 누릴 때는 자신의 주권을 행사할 때입니다. 하느님께서 우리에게 주신 최고의 선물인 '자유'로 우리가 모든 것을 결정할 수 있을 때 우리는 보람과 충족감을 느낍니다. 그러나 우리에게 이 자유가 없을 때 큰 고통을 느낍니다. '선택의 자유'는 인간이 누리는 특권이지만, 그 '자유'는 모든 것을 내 마음대로 함부로 할 수 있다는 '방종'과는 다릅니다. 진정한 자유는 자신(ego)을 버리고 하느님을 선택할 수 있을 때이며, 그때 진정한 평화를 누릴 수 있습니다. 우리는 종종 자신의 '자유'로 '첫 사람'이 행했던 것처럼 자신이 가치 판단의 주체가 되어 '절대선(善)'이신 하느님을 잊어버리고 피조물로서의 자신의 유한함을 망각하는 오류를 범할 때가 있습니다. 그때가 가장 위험한 순간입니다. 이웃의 충고를 무시할 때, 나의 이익을 공동체보다 앞세울 때, 배타적으로 행동할 때 바로 삼위일체 하느님 공동체의 영성에서 멀어지는 것입니다. 그러므로 우리가 어리석은 첫 사람을 닮아 가고 있는 것은 아닌지 반성해 보아야 합니다.

"비록 사람이 순종치 아니하여 아버지의 사랑을 잃었으나
죽음의 세력 아래 버려 두지 않으시고 자비로이 도와주시어
아버지를 찾는 이는 모두 만나 뵈옵게 하셨나이다." (미사 감사 기도 제4양식)

하느님의 사랑은 우리의 죄보다 크시기에 우리에게 구세주 예수님을 보내 주셨습니다. 그래서 성 아우구스티노는 '복된 죄'라고 이야기하며 우리의 죄를 통해 구세주가 이 지상에 오셨다고 합니다. 사실 죄를 짓고 참된 회개를 한 자만이 사랑과 용서의 가치를 알 수 있습니다. '되찾은 아들의 비유'(루카 15,11-32)에서 죄를 지은 '작은아들'이 아버지의 명을 한 번도 어기지 않았던 '큰아들'보다 아버지의 사랑을 더 깊이 느낄 수 있었듯이, 어떤 의미에서 '죄'는 우리를 하느님께 다가가게 하는 끈의 역할을 하고 있습니다. 중요한 것은 내가 죄를 짓느냐 안 짓느냐가 아니라, 하느님의 사랑을 얼마만큼 신뢰하느냐에 달려 있습니다. 하느님을 찾는 누구에게나 아버지 하느님은 두 손을 벌려 주십니다. '영원한 생명'이라는 선물 보따리를 우리에게 선사하시기 위해!

◆ 숙고하기

하느님을 잊어버리고 내가 판단의 주체가 된 적은 언제였습니까?
내가 가장 자유로울 때는 언제였습니까?
나는 '개인주의' 또는 '이기주의'로 공동체를 떠나 생활하고 있지는 않습니까?

◆ 기도하기

주여, 나를 온전히 받아 주소서. 나의 모든 자유와 나의 기억과 지력, 나의 의지 소유한 이 모든 것을. 주여, 당신께 모두 드리오리다. 이 모든 것 되돌려 드리오리다. (성 이냐시오)

수업을 이렇게

◆ **수업 줄거리**

1. **사랑의 편지** : '나의 친구 아하(아담과 하와)에게 보내는 사랑의 편지'를 통해 물고기(아하)와 한 약속은 물고기의 행복을 위한 것임을 알고, 창세기 선악과 이야기에 나오는 하느님의 명령 또한 하느님의 사랑에서 나온 것임을 이해한다.

2. **하느님의 선물인 에덴 동산 & 사람의 범죄** : 하느님은 사람에게 모든 것이 풍부한 '에덴 동산'과 그 안에 영원히 살게 하는 '생명 나무'를 주셨지만, '선악과'만은 먹지 말라고 하셨다. 사람은 자신이 하느님과 같아지고자 하는 '교만'으로 뱀의 유혹에 빠져 하느님과의 약속을 어겨 죄를 저지른다.

3. **하느님의 심판 & 구세주 약속** : 첫 사람과 뱀은 각각 저지른 잘못에 대해 하느님의 심판을 받는다. 첫 사람이 지은 죄에 대한 벌로 사람은 '죽음'을 맞이하게 되었다. 하지만 하느님의 사랑이 더 크시어 우리를 죽음에서 구해 주실 구세주를 보내 주시기로 약속하셨다.

4. **'선(善)'을 자유로이 선택함** : '자유'란 내 마음대로 하는 것이 아니라, 하느님이 원하시는 선(善)을 선택하고 그것을 행동하는 것이다. 유혹을 느끼는 여러 상황들 안에서 자신이 어떻게 선택하여 행동할 것인지 생각해 보고, 자신의 양심에 따라 선(善)을 선택하고 그것을 행하도록 노력한다.

수업 계획표 (총 60분)

단계	내용	진행	준비물
열기 (5분)	동화 읽기	물고기(아하)에게 보내는 사랑의 편지 읽기	
펼치기 (30분)	하느님의 선물인 에덴 동산	성경(창세 2장)을 통해 에덴 동산, 생명나무, 선악과에 대한 이야기 듣기	
	뱀의 유혹 & 사람의 범죄	성경(창세 3장)을 통해 사람이 어떻게 죄를 짓게 되었는지 알기	
	하느님의 심판 & 구세주 약속	인간의 죽음이 원죄의 결과임을 알기 하느님께서 구세주를 보내 주시겠다고 약속하셨음을 알기	
	자유로이 선을 선택함	양심에 따른 자유로운 선택	
깊이 들어가기 (15분)	당위와 욕구, 도덕성에 대한 생각	1.당위와 욕구에 대한 생각 2.도덕성에 대한 다큐 보고 토의하기	EBS다큐프라임 아이의 사생활-도덕성, 노트북, 빔
마무리 (10분)	마음기도	기도	
과제제시	배운 내용 정리	요약하기	

이런 것을 뜻합니다

 삼위일체 교리   공동체

🙏 기도   생각나눔 숙고하고 나누기

 중요   사회교리

밑줄 수업목표에 해당함

▶ 출석 확인

열 기

1 시작기도 : 가톨릭 성가 48장

2 지난 시간 복습

◇ 이 세상은 무엇으로 만들어졌습니까?

◇ 창조물 중 특별히 사람은 무엇을 닮아 창조되었습니까? 그 의미는 또 무엇입니까?

◇ 성경에서 숫자 7은 무엇을 의미합니까?

3 사랑의 편지

- 교재 32쪽에 나오는 동화를 읽어 보겠습니다. 한 분이 큰 소리로 읽어 주시겠습니까?

- 생각나눔 이 동화는 우리에게 무엇을 말해 주려고 합니까?

- 연못의 물고기는 과연 약속을 지켰을까요? (대답을 들음)

- ★ '약속'은 반드시 지켜야 하는 것이며, '약속'을 깨뜨릴 때 서로의 신뢰가 깨지게 됩니다.

펼치기

- 오늘은 창세기 2, 3장에 나오는 이야기를 살펴보겠습니다. 성경을 찾아볼까요?

(성경 구절들을 찾아 읽는다.)

1 하느님의 선물인 에덴 동산과 선악과 (창세 2,8-9.15-17)

- 먼저 창세기 2장 8절에서 9절을 읽겠습니다.
  ⁸주 하느님께서는 동쪽에 있는 에덴에 동산 하나를 꾸미시어, 당신께서 빚으신 사람을 거기에 두셨다. ⁹주 하느님께서는 보기에 탐스럽고 먹기에 좋은 온갖 나무를 흙에서 자라게 하시고, 동산 한가운데에는 생명나무와, 선과 악을 알게 하는 나무를 자라게 하셨다.

- 생각나눔 에덴 동산을 상상해 보겠습니다.(잠시 여유) 어떤 곳일 것 같습니까? (대답을 들음)

- 에덴 동산의 모습이 천국 또는 낙원과 같을 것입니다. 왜냐하면 그곳은 좋으신 하느님께서 사람을 위해 만드신 곳이기 때문입니다. 그래서 '에덴 동산'은 '하느님의 은총이 풍부한 장소'를 상징합니다.

- 하느님께서 보시니 어떠했을까요? (대답을 들음) 네. 맞습니다. 보시니 좋았습니다.

- 이어서 15절에서 17절까지 읽겠습니다.
  ¹⁵주 하느님께서는 사람을 데려다 에덴 동산에 두시어, 그곳을 일구고 돌보게 하셨다. ¹⁶그리고 주 하느님께서는 사람에게 이렇게 명령하셨다. **"너는 동산에 있는 모든 나무에서 열매를 따 먹어도 된다. ¹⁷그러나 선과 악을 알게 하는 나무에서는 따 먹으면 안 된다. 그 열매를 따 먹는 날, 너는 반드시 죽을 것이다."**

- 하느님께서는 왜 '선악과'만은 따 먹으면 안 된다고 하셨습니까? (사람이 죽기 때문에)

- 생각나눔 하느님께서 이런 명령을 하신 이유가 무엇일까요? (대답을 들음)

- ★ 하느님께서는 우리를 사랑하시어 **우리가 하느님과 함께 영원히 살도록 하기 위해** 이런 명령을 하셨습니다. 앞의 동화에서 친구가 '아하'에게, "절대 연못 밖으로 나오지 마라" 한 것처럼 하느님께서도 사람이 죽지 않기를 원하셨기에, "죽지 않으려면 선악과를 따 먹지 말라"고 하셨던 것입니다.

- 선악과는 질서를 의미하기도 합니다. 하느님은 무한에 존재 위치를 두십니다. 우리는 피조물로서 유한에 존재 위치를 둡니다. 그러므로 신적인 권능을 유한한 인간이 넘볼 수 없는 것이지요. 그것이 상징적으로 선악과로 드러난 것입니다.

- 사람이 하느님과의 약속을 지켰는지 계속해서 성경 말씀을 읽어 보기로 합시다. 이번에는 역할극으로 해 볼까요? (세 사람을 뽑을 수도 있고, 그룹이 맡아 할 수도 있다.)

2 뱀의 유혹과 사람의 범죄 (창세 3,1-7)

¹뱀은 주 하느님께서 만드신 모든 들짐승 가운데에서 가장 간교하였다. 그 뱀이 여자에게 물었다.

뱀: "하느님께서 '너희는 동산의 어떤 나무에서든지 열매를 따 먹어서는 안 된다.'고 말씀하셨다는데 정말이냐?"

²여자가 뱀에게 대답하였다.

여자: "우리는 동산에 있는 나무 열매를 먹어도 된다. ³그러나 동산 한가운데에 있는 나무 열매만은, '너희가 죽지 않으려거든 먹지도 만지지도 마라.' 하고 하느님께서 말씀하셨다."

⁴그러자 뱀이 여자에게 말하였다.

뱀: "너희는 결코 죽지 않는다. ⁵너희가 그것을 먹는 날, 너희 눈이 열려 하느님처럼 되어서 선과 악을 알게 될 줄을 하느님께서 아시고 그렇게 말씀하신 것이다."

⁶여자가 쳐다보니 그 나무 열매는 먹음직하고 소담스러워 보였다. 그뿐만 아니라 그것은 슬기롭게 해 줄 것처럼 탐스러웠다. 그래서 여자가 열매 하나를 따서 먹고 자기와 함께 있는 남편에게도 주자, 그도 그것을 먹었다. ⁷그러자 그 둘은 눈이 열려 자기들이 알몸인 것을 알고, 무화과나무 잎을 엮어서 두렁이를 만들어 입었다.

- 누가 선악과를 따 먹으라고 사람을 유혹하였습니까? (뱀)

- 여기서 '뱀'은 진짜 뱀이라기보다 '악'을 상징하고 있습니다. 교재 33쪽 2번 밑줄에 적어 봅시다.

- 여자가 선악과를 따 먹으면 안 된다고 대답하자 뱀이 뭐라고 말했습니까? (너희는 죽지 않는다. 눈이 열려 하느님처럼 되어서 선과 악을 알게 된다.)

- 여자가 열매를 쳐다보니 어떠했습니까? (먹음직스럽고 슬기롭게 해 줄 것처럼 탐스러워 보였다.)

- **생각나눔** 왜 사람이 열매를 따 먹었다고 생각합니까? (대답을 들음)

- ★ 자신이 슬기롭게 되어 선과 악을 구분하고자 하는 '**교만**' 때문이었습니다. '~처럼'이란 말을 좀 살펴보겠습니다. 제가 탤런트 ○○○처럼 되겠다고 성형외과를 찾아가면 그렇게 될 수 있을까요? 절대 그 사람이 될 수 없습니다. '~처럼'이란 말은 말 자체에 한계가 있습니다. 그것의 한계는 대상과 근접한 정도라는 것입니다. 그런데 유한한 존재가 무한한 하느님의 권능을 지니겠다고 하다니 이것이 교만이지요. 이 **교만의 죄**가 바로 **원죄**입니다.

- **생각나눔** 여러분이 '교만'을 정의해 보겠습니다. 교만이 무엇입니까? (대답을 들음)

- '**교만**'은 '자신을 높이는 것', '자신이 남보다 낫다'라고 생각하는 것입니다. 첫 사람이 '교만' 때문에 하느님이 주신 자유를 잘못 사용하여 하느님과의 약속을 깨뜨렸습니다.

- 약속을 깨뜨리고 나서 첫 사람의 행동은 무엇이었습니까? (눈이 열려 자신들의 알몸을 가렸습니다.)

- 하느님과의 약속을 깨뜨림으로써 자신의 부끄러움을 알게 되었고 하느님과의 신뢰가 깨졌습니다. 부끄러움은 좋은 감정입니다. 오히려 죄를 짓고도 부끄러운 마음이 들지 않는 것이 문제지요. 개선의 가능성이 있다는 의미도 합니다.

- 이제 그 결과가 어떻게 되었을까요?

3 하느님의 심판과 구세주를 약속하심 (창세 3, 8-13. 14-15. 19)

- 이제 성경에 나오는 뒷부분의 이야기를 요약해 드리겠습니다.

- 하느님께서 동산을 지나가시자 죄를 지은 아담과 하와는 하느님을 피하여 숨었습니다.

- 그래서 하느님은 그들이 선악과를 따 먹게 된 것을 아시고, 그들을 유혹한 뱀과 사람의 죄를 물으시며 벌을 주셨습니다.

- 뱀에게는 평생을 배로 기어 다니며 먼지를 먹게 되며 여자의 후손에게 머리가 짓밟히게 되리라고 말씀하셨습니다.

- 뱀은 '악'을 상징하기에 뱀의 머리가 짓밟히게 된다는 것은 악이 멸망된다는 이야기입니다.

- '구약'의 이야기는 '신약'의 이야기와 연결되어 있습니다. 여기서 '여자'는 신약에 나오는 예수님의 어머니 '성모 마리아'를, '여자의 후손'은 바로 '예수님'을 상징하고 있습니다. 바로 예수님께서 '악'을 쳐부수러 오신다는 것을 예고하고 있습니다. 그래서 이 대목을 **원복음(元福音)**이라고 하며, 구세주에 대한 첫 예고입니다.

- 사람에게는 다음과 같은 벌을 내리셨습니다. 창세기 3장 19절을 펴서 같이 읽어 보겠습니다.
"너는 흙에서 나왔으니 흙으로 돌아갈 때까지 얼굴에 땀을 흘려야 양식을 먹을 수 있으리라. 너는 먼지이니 먼지로 돌아가리라."

- **생각나눔** '흙으로 또 먼지로 돌아간다.'라는 말이 무슨 뜻일까요? (대답을 들음)

- ★ **사람이 죽게 된다**는 말입니다. 맨 처음에 하느님께서는 사람을 영원히 살게 하려고 지어 내셨지만 사람이 하느님과의 약속을 어겨 죄를 지음으로써 생명을 잃게 되었습니다. 즉 인간의 **교만**으로 사람이 **죄**를 지어 이 세상에 악과 **죽음**이 오게 되었습니다. 교재 33쪽 3번 밑줄에 적어 봅시다.

- 첫 사람이 저지른 최초의 '**원죄**'는 은총의 결핍 상태로 사람의 후손에게 전해져 모든 사람은 '원죄'를 가지고 태어납니다. 인간은 약하기에 죄를 짓기 쉽고, 죄로 기우는 속성을 지닌다는 말입니다.

- 인간은 죄를 지어 영원한 생명을 잃어 결국 에덴 동산에서 쫓겨나게 되었습니다.

- ★ 하느님께서는 사람의 이런 죄에도 불구하고 당신의 자비하심으로 구세주를 예고하고 계십니다. 조금 전에 배웠던 여자의 후손 이야기가 바로 구세주 예수님에 대한 예고입니다. 마치 어릴 적 우리가 잘못했을 때 매로 종아리를 때리시고, 마음이 아파 종아리에 연고를 발라 주시던 부모님을 떠올리게 합니다.

- '**구세주**'란 '**우리를 구원해 주시는 분, 우리를 살려 주시는 분**'이라는 뜻으로 '예수님'을 말하지요. 성부 하느님께서 우리를 구원하시려(살리시려) 성자 예수님을 우리에게 보내 주셨습니다. 그래서 에덴 동산에서 누릴 수 있었던 영원한 삶을 다시 우리에게 회복시켜 주셨습니다.

4 자유로이 '선'을 선택함

- ★ 우리는 하느님에게서 '자유'를 선물받아 내가 판단하고 선택할 수 있습니다. '**자유**'란 내 마음대로 하고 싶은 대로 하는 것이 아니라 '**하느님께서 원하시는 것**'(善)**을 내가 하는 것입니다.** 우리는 이것을 선택하기 위해 신앙 교육을 받고 있는 것입니다. 우리보다 훨씬 우리를 잘 아시는 그분은 우리가 참된 행복을 누리기 위해 무엇을 해야 하는지 잘 알고 계십니다. 그것을 알아들을 수 있는 것이 신앙의 귀입니다.

- 그런데 만일 우리가 신앙생활을 시작하려하는데 무엇하나 알려 주지 않고, "알아서 해 보세요."라고 한다면 여러분은 어떠시겠습니까? 그것을 자유를 보장해 주는 것으로 받아들일 수 있습니까? 아주 막막하고 힘겨울 것입니다.

- **생각나눔** 하느님께서 원하시는 것을 어떻게 알 수 있습니까? (대답을 들음)

- ★ 우리 모두는 '양심'을 가지고 있습니다. **양심이란** 하느님 현존의 장소로서 **선과 악을 식별하는 마음**이지요. 여러분이 '**양심'의 소리를 들으면 하느님께서 원하시는 것**을 알 수 있고, 그 소리에 따라 행동하면 진정 자유롭게 되는 것입니다.

- 하지만 양심도 잘 관리하지 않으면 무뎌집니다. 그래서 에제키엘 예언자는 이렇게 말합니다. "너희 몸에서 돌처럼 굳은 마음을 도려내고 살처럼 부드러운 마음을 넣어 주리라." (에제 36,26)

- 양심을 부드럽게 한다는 것은 주어진 상황 속에서 순간순간 하느님께서는 어떤 선택을 하셨을까 기도하며 생각해 보는 것입니다.

깊이 들어가기

활동 1 당위와 욕구에 대해 생각해 보기

[의미] 살면서 느꼈던 비양심적 행동들과 그 감정들에 대해 나누고 적어 보기

- EBS 다큐프라임 '아이들의 사생활 - 도덕성'이라는 프로그램의 이야기를 잠깐 들려 드리겠습니다. 사람들은 방송국의 출연제의를 받고, 출연료를 10만원이라고 듣습니다. 하지만 제작진은 15만원을 지급합니다. 그러면서 이렇게 묻습니다. "출연료 15만원입니다. 어제 작가한테 그렇게 들으셨지요?"

- 여러분은 이 상황이라면 어떤 태도를 취하시겠습니까? 이 내용으로 토론해 주십시오. 솔직한 마음을 이야기해 주셨으면 합니다.

| 활동 2 | 도덕성에 대한 다큐멘터리 시청 후 토론 |

도덕성의 객관화

[의미] 도덕적 감수성을 키우는 것이 양심을 가꾸는 것이다. 나의 도덕 감성 지수는 어느 정도인지 토론을 통해 돌아봄. 영상을 보고 그것을 통해 숙고해 봄.

준비물
EBS 다큐프라임 '아이들의 사생활 - 도덕성'에서 도덕성 실험 장면(1:00~5:43), 노트북, 빔

1) 느낀 점을 서로 나눈다. 그 상황 속에 하나를 선택해 나라면 어떠했을까를 서로 나눈다.
2) 다큐멘터리 내용을 바탕으로 나의 도덕성을 점검한다.
3) 교재 활동란에 양심을 가꿀 구체적 방법을 적고 실천한다.

도움말
교사는 이 EBS 다큐프라임 '도덕성' 전체를 보고 활동을 준비한다면 많은 도움이 될 것임.

* **활동 1, 2에 대한 정리**

- 이 이야기의 결론은 이렇습니다. 실험자의 35%만이 진실을 말했고, 나머지는 15만 원을 그냥 받습니다. 하지만 이 내용까지도 실험이었지요. 실험임이 밝혀지자 다수가 부끄러워했습니다. 35%의 사람들은 대단히 뿌듯해했고 행복하다고 말했습니다.

- 여러분도 솔직한 마음과 해야 하는 마음이 일치합니까? 이 둘이 조화롭게 일치될 때 우리는 비로소 참된 자유를 얻게 됩니다. ★ 일상에서 이러한 연습은 각자 하느님께 받은 <u>자유</u>로 선(善)을 선택하는 것입니다. 올바른 선택이지요. 여기엔 하느님의 강요란 전혀 없습니다. 하느님께서 인간에게 당신과 똑같은 무한성을 선물하셨는데 그것이 바로 '자유'입니다. 이것은 하느님의 자유와 동일한 것입니다.

- 토론을 통해 느낀 점과 앞으로 양심에 따라 행동할 나의 결심을 활동란에 적어 봅시다.

마음기도

* **예수님 안에 머무르기**

- 모두 마음을 모으기 위해 바른 자세를 해 보겠습니다. 몸은 곧게 펴고, 고개는 턱을 앞으로 당겨 약간 숙입니다. 발은 어깨 넓이로 벌리고 앉습니다. 두 손은 주님 앞에 빈손임을 드러내는 표지로 하늘을 향하게 펴서 무릎에 살포시 얹습니다. 이제 눈을 감고 깊게 호흡을 합니다. 들숨을 쉬며 "사랑의 성령님" 날숨을 내쉬며는 "저에게 오소서"라고 기도합니다. 이렇게 10번 반복합니다.

- 아담과 하와에게 '하느님처럼' 될 수 있다고 유혹하며 다가오는 뱀을 바라봅시다. 그리고 그 뱀의 말에 귀를 기울이는 하와의 표정을 바라봅시다. 그리고 자신을 하느님과 같아지게 해 줄 것처럼 보이는 선악과를 바라보는 하와를 하느님의 눈으로 함께 바라봅시다. (2분) 이 장면을 바라보는 내 마음은 어떤지 하느님께 말씀드려 봅시다. (2분)

- 아담과 하와가 죄를 짓고 동산을 지나시는 하느님을 피하여 숨는 장면을 눈여겨봅시다. 그리고 하느님께서 사람을 부르시며, "너 어디 있느냐?" 하며 찾는 음성에 귀 기울여 봅시다. 이들을 찾는 하느님의 마음이 어떠셨는지 여쭈어봅시다. (2분)

- 아담과 하와의 후회, 하느님의 안타까운 마음을 함께 느끼며, 하느님께 드리고 싶은 말씀을 드립시다. 그리고 고요히 침묵 속에 머물러 봅시다. (4분)

과제제시

1 복습

- 오늘 우리가 무엇을 배웠는지 '복습'의 칸을 채워 보세요.
  ✎ 오늘 배운 내용 중 가장 기억에 남는 내용을 적어 보세요.
  ✎ 다음의 단어의 뜻을 교재에서 찾아 쓰세요.

2 실천

- 일상에서의 나의 선택들이 하느님 뜻에 맞는지를 멈추어 생각하고 선택하도록 노력해 봅시다.

3 알아봅시다

- 부록의 내용을 살펴보겠습니다. 교재 118쪽에 더 알아야 할 질문과 답이 '궁금합니다'에 수록되어 있습니다. 124쪽에서 자유를 위해서 일하신 성 막시밀리아노 콜베, 안중근 토마스 열사, 성 안셀모를 만날 수 있습니다.

용어 풀이

구세주 : 우리를 구원해 주시는 분
양심 : 착한 일과 나쁜 일을 판단하는 마음
원죄 : 첫 사람(아담과 하와)이 교만으로 하느님께 저지른 죄
자유 : 내 마음대로 하는 것이 아니라 하느님이 원하시는 것을 함

교사 자기 점검표 ☑

내 용	확인
• 오늘 수업 준비에 성실하였습니까?	☐
• 예비신자들이 오늘 수업목표에 각각 도달하였습니까?	☐
• 나를 통해 예비신자들이 하느님께서는 심판하시나 자비로운 분이심을 느낄 수 있었습니까?	☐

교사 마침 기도

좋으신 하느님, 오늘 수업에 대해 감사드리며, 저의 모든 노고를 하느님의 변함없는 사랑을 체험하는 데 바쳐 드립니다. 저의 부족한 수업을 당신 친히 채워 주시고 제가 보다 나은 수업을 준비하도록 도와주소서. 우리 주 그리스도를 통하여 비나이다. 아멘.

추천합니다

* 가톨릭 도서

「원죄론」
　　　　조규만 지음 ｜ 가톨릭대학교출판부
「자유인」
　　바티스타 몬딘 지음, 이재룡 역 ｜ 가톨릭출판사
「내면의 자유」
　　　　자크 필립 지음, 김은수 역 ｜ 성바오로
「자유의지론」
　　아우구스티누스 지음, 성염 역 ｜ 분도출판사

* 일반 도서

「도덕적 인간과 비도덕적 사회」
　　라인홀드 니버 지음, 이한우 역 ｜ 문예출판사
「도덕적 불감증」
　　지그문트 바우만 지음, 최호영 역 ｜ 책읽는수요일

* 노래

- 가톨릭 성가 17 정의의 하느님
- 가톨릭 성가 26 이끌어 주소서
- 가톨릭 성가 48 주 우리에게 사랑과 자유를

제7과 하느님께서 해방시켜 주신 이스라엘 백성 Ⅰ

주제어 : 해방

학습목표
1. 하느님께서는 아브라함을 통하여 **이스라엘 백성**을 부르시고 축복해 주셨음을 알 수 있다.
2. 하느님께서는 **모세**를 통하여 이스라엘 백성을 **이집트**에서 구해 내셨음을 알 수 있다.
3. 나의 **좋지 않은 모습**을 알고, 이것에서 **벗어나도록** 노력할 수 있다.

나의 신앙을 돌아보며

◆ 말씀과 함께

"네 고향과 친족과 아버지의 집을 떠나,
내가 너에게 보여 줄 땅으로 가거라." (창세 12,1)

아브람은 하느님 부르심에 망설임 없이 집과 친척과 친구들을 떠나 미지의 낯선 땅으로 떠나갑니다. 그는 안정된 생활을 버리고 떠돌아다니는 유목인의 생활을 스스로 선택합니다. 하느님께서 자기 삶의 주도권을 잡으시도록 자신을 내어 줍니다. 하지만 우리는 변화를 두려워합니다. 스펜서 존슨이 쓴 「누가 내 치즈를 옮겼을까?」에서처럼 현실을 직시하며 옮겨 간 치즈를 찾아 길을 떠나지 않고, 옛날 치즈에만 매달려 그곳에 다시 치즈가 나타나기를 부질없이 기다리고 있습니다. '안주'와 '타성'으로 하느님의 목소리를 들으려 하지 않고, 혹 들었다 하여도 새로운 치즈를 찾아 나서는 모험을 두려워합니다. 아브라함은 '믿음의 아버지'로서 우리가 어떻게 하느님과의 관계를 맺어야 하는지를 가르쳐 주고 있습니다. 하느님께 대한 신뢰와 순명으로 자신의 외아들마저 아낌없이 바친 아브라함이 지녔던 그 믿음을 오늘날 우리가 지니며 살아갈 수 있기를 바랍니다. "믿음은 우리가 바라는 것들의 보증이며 보이지 않는 실체들의 확증입니다." (히브 11,1)

"하느님의 뜻은 바로 여러분이 거룩한 사람이 되는 것입니다." (1테살 4,3)

우리 모두는 거룩한 사람이 되라는 소명을 받았습니다. '성인 성녀'가 되는 것이 우리의 목표가 되어야 합니다. 이스라엘 백성이 이집트에서 해방되었듯이, 우리도 자신의 '과거'와 '어둠의 행실'에서 벗어나야 합니다. '죄'의 노예에서, '교만'과 '이기심'의 노예에서, '물질'과 '돈'의 노예에서, '건강'과 '장수'의 노예에서, '경쟁'과 '최고'의 노예에서, '욕망'과 '욕구'의 노예에서, '개인주의'와 '집단주의'의 노예에서, '명예'와 '야망'의 노예에서, '칭찬'과 '인정'의 노예에서, '권력'과 '인기'의 노예에서, '경멸'과 '질책'의 노예에서, '고통'과 '죽음'의 노예에서, '망각'과 '상실'의 노예에서, '자기변명'과 '의심'의 노예에서, '외모'와 '성(性)'의 노예에서, '우울증'과 '자살 충동'의 노예에서 탈출하여 새 생활을 시작하여야 합니다. 우리가 예수님을 찾으면, '진리를 알게 될 것이며 진리가 우리를 자유롭게 해 줄 것입니다.' (요한 8,32) 그러므로 '사람의 아들이 우리에게 자유를 준다면 우리는 참으로 거룩한 사람, 바로 자유로운 사람이 될 것입니다.' (요한 3,36)

◆ 숙고하기

나는 언제 '나 자신에게서 떠나라'는 하느님의 부르심을 들었습니까? 그때 나는 어떻게 응답하였습니까?
하느님께 대한 나의 신뢰를 수치로 평가한다면 나는 몇 %의 신뢰도를 가지고 있다고 생각합니까?
내가 하느님을 따르는 데 가장 방해가 되는 것은 무엇입니까?

◆ 기도하기

아브라함을 불러 주신 하느님, 당신과 저를 가로막는 모든 방해 요소에서 저를 해방시켜 주시어 제가 당신만을 믿으며 따라가도록 도와주소서. 우리 주 그리스도를 통하여 비나이다. 아멘.

 수업을 이렇게

◆ 수업 줄거리

1. **부르심을 받은 아브라함** : 아브라함은 하느님의 부르심을 받았을 때 머뭇거리지 않고 바로 자기 고장을 떠나 가나안으로 향하였다. 아브라함은 이런 믿음으로 자신의 외아들까지 바칠 수 있었다.

2. **아브라함의 후손들** : 아브라함은 하느님께 복을 받아 많은 후손을 두었다. 아브라함의 아들 이사악, 그의 아들 야곱, 또 야곱의 열두 아들을 통해 하느님의 축복이 이어진다. 야곱의 아들 요셉이 형들의 질투를 받아 이집트로 팔려 감에 따라 이스라엘 백성이 이집트로 건너가게 되어, 출애굽의 배경이 되었다.

3. **모세의 생애 & 이집트 탈출** : 하느님께서는 이집트에서 노예살이를 하던 이스라엘 백성을 모세를 통해 이끌어 내셨다. 이집트에 내린 열 번째 재앙과 홍해의 기적을 통해 이스라엘 백성은 이집트를 탈출할 수 있었다. 이스라엘 백성들이 억압에서 해방되었듯이, 우리도 자신의 나쁜 모습을 알아보고, 이것에서 '해방'되도록(벗어나도록) 노력한다.

4. **구약의 구원의 역사** : 이스라엘 백성이 하느님의 말씀을 따르지 않아 어려움을 겪을 때마다 하느님은 판관, 왕, 예언자들을 통해 끊임없이 당신의 말씀을 들려주시며 그들을 구원하고자 하셨다. 이스라엘 백성은 그들 가문에서 그들을 구원해 줄 메시아가 탄생하기를 고대하고 있었다.

수업 계획표 (총 60분)			
단계	내용	진행	준비물
열기 (5분)	'아브라함' 소개	이스라엘 성조사의 시작 알기	
펼치기 (30분)	믿음의 조상 아브라함	아브라함이 믿음의 조상으로 불리게 된 이유	
	부르심을 받은 아브라함	성경(창세 12,1-6)을 통해 아브라함이 고향을 떠난 이야기 듣기	색연필(빨강, 파랑)
	아브라함의 후손들	가계도를 통해 아브라함의 후손들에 대해 배우기	
	모세 & 이집트 탈출	모세를 통해 이스라엘 백성이 이집트를 탈출한 이야기 듣기	
	해방 & 파스카	'파스카', '해방'에 대한 용어의 뜻을 알고 나 자신도 무엇에서 해방되어야 하는지를 알고 이를 실천하기	
깊이 들어가기 (15분)	모세 이야기	1. 야곱의 꿈 2. 모세의 부르심	교사용 첨부 1 빔, 노트북, 이집트 왕자VOD 교사용 첨부 2
마무리 (10분)	마음기도	기도	
과제제시	배운 내용 정리	요약하기	

이런 것을 뜻합니다

 삼위일체 교리　　 공동체

 기도　　 숙고하고 나누기

 중요　　 사회교리

밑줄　수업목표에 해당함

▶ 출석 확인

열 기

1 시작기도 : 가톨릭 성가 11장

2 지난 시간 복습

◇ 하느님과 같아지려는 교만으로 인간이 지은 죄를 무엇이라 합니까?

◇ 아담과 하와의 죄로 인한 벌은 무엇입니까?

◇ 영원한 죽음에서 인간을 구원하시기 위해 하느님은 무엇을 약속하십니까?

◇ 하느님은 당신의 무한한 자유를 인간에게 허락하셨습니다. 그것을 무엇이라고 합니까?

3 아브라함 소개

- 하느님께서는 첫 사람이 죄를 지은 후에도 그들을 계속 돌보아 주시며, 구세주를 보내 주시겠다고 약속하셨습니다. 하느님께서는 가장 나약한 이스라엘 민족을 택해 그 자손 중에서 구세주 예수님께서 태어나게 하셨습니다. 오늘은 아브라함에 대해 배울 것입니다. 아브라함 이전의 이야기들은 설화입니다. 아브라함부터 이스라엘 성조사의 시작입니다.

> **도움말**
> 설화 : 어느 민족이나 집단에 예로부터 전승되어 내려오는 이야기

펼치기

1 믿음의 조상 아브라함

- 아브라함은 특별한 점을 가지고 있었습니다. 그것은 바로 순박한 믿음이었습니다. 그래서 그는 '믿음의 조상'이라 불립니다.

- '아브라함'의 원래의 이름은 '아브람 — 단일 민족의 아버지'였는데 '민족들의 아버지'라는 뜻인 '아브라함'으로 이름을 바꾸어 주셨습니다. 이름이 바뀐다는 것은 커다란 의미가 있습니다. 바로 삶의 모습과 내용이 바뀐다는 것을 의미합니다.

- 이제 성경을 통하여 이야기를 들어 보겠습니다. 창세기 12장 1절에서 5절까지 함께 찾아서 같이 읽겠습니다.

2 하느님의 부르심을 받은 아브라함 (창세 12,1-5)

¹주님께서는 아브람에게 말씀하셨다. "네 고향과 친족과 아버지의 집을 떠나, 내가 너에게 보여 줄 땅으로 가거라. ²나는 **너를 큰 민족이 되게 하고, 너에게 복을 내리며, 너의 이름을 떨치게** 하겠다. 그리하여 너는 복이 될 것이다. ³너에게 축복하는 이들에게는 내가 복을 내리고, 너를 저주하는 자에게는 내가 저주를 내리겠다. 세상의 모든 종족들이 너를 통하여 복을 받을 것이다." ⁴아브람은 주님께서 이르신 대로 길을 떠났다. 롯도 그와 함께 떠났다. 아브람이 하란을 떠날 때 그의 나이는 일흔다섯 살이었다. ⁵아브람은 아내 사라이와 조카 롯과, 자기가 모은 재물과 하란에서 얻은 사람들을 데리고 가나안 땅을 향하여 길을 나서 마침내 가나안 땅에 이르렀다.

- 아브람이 원래 살던 곳은 어디였습니까? (하란)

- 그런데 어디로 떠나갔습니까? (가나안)

- 교재 35쪽의 지도를 보세요. 하란과 가나안을 각각 찾아보세요. 지도에서 아브라함이 걸어간 길을 화살표(→)로 표시해 보겠습니다. 점선으로 표시되어 있는 것을 파랑 색연필을 이용해 화살표로 그어 봅니다. (찾아 색칠함)

- 아브람은 누구와 같이 무엇을 가지고 길을 떠났습니까? (아내, 조카, 하인/ 재물을 가지고)

- 왜 길을 떠났습니까? (하느님의 부르심 또는 명령을 받고)

- 주님(하느님)께서 왜 아브람에게 길을 떠나라고 하셨을까요? (①큰 민족이 되게 하고 ②복을 주고 ③이름을 떨치게 하려고)

- **생각나눔** 주님의 말씀에 아브람은 어떻게 행동하였습니까? (대답을 들음)

- ★ **아브람은 머뭇거리지 않고, 어떤 핑계도 없이 바로 하느님께서 이르신 대로** 행하였습니다. 아브람의 이 응답은 "그럴 수 있지."라고 편히 생각할 그런 대답을 넘어섭니다. 안락함을 상징하는 고향과 친족과 아버지의 집을 떠나는 것, 척박한 미지의 땅으로 가야 한다는 것은 목숨을 건 모험이기 때문입니다. 하느님께서는 그의 든든한 울타리를 벗어나라 하십니다. 하느님의 자녀가 된다는 것은 이런 것조차 감내할 수 있어야 하는 것입니다. 아브람처럼 아주 단순한 믿음으로 말이지요.

③ 아브라함의 후손들

- 하느님은 아브라함의 이런 믿음을 보시고 아브라함을 선택하시어 그에게 많은 후손을 주시겠다고 약속하셨습니다. 아브라함은 나이가 많았지만 자식이 없었습니다. 아내 사라가 아이를 낳지 못하는 여자였기 때문입니다. 자식이 없어 걱정하자 하느님께서는 아브라함을 밖으로 데리고 나가서 말씀하셨습니다. 어떤 말씀을 하셨는지 창세기 15장 5절을 찾아 같이 읽어 볼까요? (함께 읽음)

그러고는 그를 밖으로 데리고 나가서 말씀하셨다. "하늘을 쳐다보아라. 네가 셀 수 있거든 저 별들을 세어 보아라." 그에게 또 말씀하셨다. "너의 후손이 저렇게 많아질 것이다."

- 하느님은 아브라함의 후손들을 하늘의 별처럼 많게 해 주시며 축복해 주십니다. 그들과 계약을 맺으시며 당신이 어떤 분이신가를 나타내 보이셨고, 또 그 가문에서 구세주인 예수님을 태어나게 하셨지요.

- 교재 36쪽을 보면 아브라함의 자손들의 가계도가 나옵니다. 아브라함의 아들이 누구인가요? (이사악)

- 이사악은 쌍둥이 아들을 두었습니다. 누구와 누구인가요? (에사우, 야곱) 큰 아들 에사우는 사냥꾼이었는데, 장자권(長者權, 맏이가 받는 권리)을 동생인 야곱에게 죽 한 그릇에 팔지요. 그래서 장자권이 작은아들 야곱에게 돌아갔습니다.(창세 25,19-34; 27장 참조)

- 하느님은 '야곱'을 '이스라엘'이라고 이름 지어 주셨습니다.

- ★ 가계도에 나와 있듯이 야곱은 열두 아들을 두었습니다. 이 아들들은 나중에 이스라엘 민족 12지파의 조상이 됩니다. 이렇게 하느님은 **아브라함**을 통하여 **이스라엘 백성**을 부르시고 축복해 주셨음을 알 수 있습니다. 12아들 중 '유다'가 장자권을 이어받았고, 이 '유다' 가문에서 '예수님'께서 태어나시지요. 아브라함의 후손 중 야곱의 11번째 아들은 누구인가요? (요셉)

- '야곱'이 '요셉'을 늘그막에 얻어서 다른 아들보다 더 사랑하게 되어(창세 37,3-4) 요셉이 형제들의 시기를 받게 되었고, 그 때문에 이집트로 팔려 가게 되었습니다. 하지만 요셉은 하느님의 축복을 받아 이집트의 재상이 되었습니다. 그 당시 흉년이 심해서 '요셉'이 이집트로 야곱과 그의 아들들을 불러 비옥한 땅에 정착시켰습니다. 또한 자신들에게 복수할까 두려워하는 형들을 요셉은 주님의 사랑으로 모두 용서합니다.

- '야곱의 후손'들을 '이스라엘 백성' 또는 '히브리인'이라고 합니다. 이스라엘 백성들은 점점 번성하고 강해졌습니다. 처음엔 이스라엘 백성들이 이집트에서 대접을 받으며 잘 지냈으나, 세월이 흘러 요셉을 알지 못하는 새 임금들이 이집트를 다스리면서 그들을 두려워하여 종으로 부리기 시작했습니다. 힘든 노동일을 시키며 종살이를 시켰지요.

- 하느님께서는 노동에 짓눌려 도움을 청하는 이스라엘 백성의 울부짖음을 들으시고 마음이 아프셔서 그들을 이집트 땅에서 탈출시키기로 마음을 먹었습니다.

- 하느님은 '모세'라는 히브리인을 통해 이스라엘 백성들을 이집트에서 해방시키기로 하셨습니다. 이 이야기가 성경 '탈출기'에 나옵니다.

④ 모세 & 이스라엘 백성의 탈출

- '모세'는 태어나면서 강에 버려졌습니다. 왜냐하면 이집트 임금이 히브리인의 아들이 태어나면 모두 죽이도록 명령했기에 모세의 어머니가 모세를 바구니에 담아 강물에 버렸기 때문입니다. 그때 이집트 공주가 모세를 건져 아들로 삼아 키웠지요.

- 모세는 자란 뒤 자신의 동족이 이집트인에 의해 핍박받는 것을 보고, 그를 죽이게 됩니다. 이 일이 탄로 나자 궁궐에서 나와 다른 땅에 가서 살았습니다. 어느 날 하느님께서 불타는 떨기 속에 나타나 모세를 부르시어 이집트 왕 파라오에게 가서 "내 백성 히브리인들을 이집트에서 떠나게 해 달라" 하라고 말씀하셨습니다. 이 대목인 탈출기 3장 1절부터 6절의 내용을 직접 읽어 보겠습니다.

- 모세가 하느님의 말씀을 파라오에게 가서 전했지만 파라오는 이스라엘 백성들을 보내 주려고 하지 않았습니다. 오히려 그들에게 더 심한 노역을 시켰습니다. 그러자 하느님께서는 모세를 통해 10가지 재앙을 이집트에 내렸습니다.

- 10번째 재앙은 이집트 가정의 맏아들과 맏배(짐승의 첫 새끼)를 모두 죽이는 재앙이었습니다. 그날 밤, 이스라엘 가정은 문에다 양의 피를 발라 놓았기에 죽음의 천사가 거르고 지나갔습니다. 하지만 이집트 가정의 맏아들은 모두 죽게 되었습니다. 탈출기 12장 29절에서 36절의 내용을 함께 읽어 보겠습니다.

- 그제야 정신을 차린 파라오는 이스라엘 백성들을 떠나가도록 허락하였지요. 하지만 나중에 다시 후회를 하고 큰 군대를 보내 그들을 쫓아가게 해서 홍해(갈대 바다)에 이르게 되었습니다.

- 도망가던 이스라엘 백성은 앞에 바다가 놓여 더 이상 갈 수 없고 뒤에는 이집트 군사들이 따라오고 있는 진퇴양난 상태에 놓이게 됩니다. 그래서 모세는 하느님께 간절한 기도를 했습니다.

- 그러자 갑자기 하늘이 어두워지면서 이집트 군사들이 이스라엘 백성을 볼 수가 없게 되었고, 그때 모세는 팔을 바다 위로 뻗쳤습니다.

- 그러자 강한 바람이 불어 바닷물을 밀어내어 가운데에 마른 땅이 드러났습니다. 이스라엘 백성은 모두 그 땅을 밟고 바다를 건너갔습니다.

- 그때 이집트 군사들이 이스라엘 백성을 쫓아서 바다의 마른 땅으로 들어섰습니다. 이스라엘 백성들은 쫓아오는 이집트 군사들 때문에 너무나 놀랐지요. 모세가 다시 팔을 바다 위로 뻗쳤습니다.

- 그러자 이번에는 물이 제자리로 돌아와 이집트 군사들이 모두 바다 한가운데로 빠지게 되었고, 한 사람도 살아남지 못했습니다.

- ★ 이렇게 하느님은 **모세**를 통하여 이스라엘 백성을 **이집트**에서 구해 내심으로써 당신이 참하느님이심을 보여 주셨습니다.

- 생각나눔 마른 땅을 밟고 바다를 건너는 이스라엘 백성들의 마음은 어떠했을까요? 교재의 그림을 보면서 그 느낌을 나눠 보겠습니다.

- 성경에 그들은 너무 기뻐 노래를 불렀고, '손북'을 들고 춤을 추었다고 합니다.

5 파스카 & 해방

- 이스라엘 백성들은 이집트를 탈출하면서 하느님을 체험한 이 날을 매년 기념하고 있습니다. 이것을 '**파스카(과월절) 축제**'라고 하지요.

- ★ '**파스카**'(Pascha, Pass over)라는 말은 '거르고 지나가다'라는 뜻으로, 죽음의 천사가 과월절 어린양의 피가 발린 히브리인 가정은 거르고 지나가 히브리인 맏아들은 죽음에서 건져졌다는 말입니다. 이스라엘 백성은 하느님의 놀라운 권능으로 이집트에서 벗어나 해방되는 기쁨을 누리게 되었답니다.

- ★ '**해방**'은 '**묶인 것에서 풀려나다**'는 뜻입니다. 얽매여 있는 것에서 자유로워진다는 것이지요. 이것은 보이는 것에서의 자유 뿐만 아니라 보이지 않는 우리 마음에서 자유로워지는 것도 의미합니다.

- 나쁜 생각이나 행동을 하였을 때 마음이 어두워지고 불편함을 느낍니다. 내가 그것에 얽매여 있기 때문입니다. 하지만 **하느님 말씀을 따르고 나쁜 행동을 단호히 끊어 버리면 내가 거기에서 풀려나 자유로워짐**을 느끼게 되지요. 자기 자신만을 생각하는 마음에서 해방되어 이웃과 공동체를 생각한다면 마음의 자유로움을 느낄 수 있습니다.

- ★ 각자 나를 억압하는 **좋지 않은 모습**을 알고, 이것에서 **벗어나 참된 자유를 찾을 수 있도록** 노력할 수 있었으면 합니다.

깊이 들어가기

활동 1   야곱의 꿈

창세 28,10-22를 읽고 다음 질문에 대해 이야기를 나눈다.

[의미] 야곱을 돌보시는 하느님을 나도 만날 수 있다.

준비물   교사용 첨부 1 - 개인별

진행

1) 야곱이 형을 피해 달아나야만 했던 이유를 이야기로 들려준

다. (창세기 27장 참조)
2) 창세기 28장 10절에서 22절까지를 읽겠습니다. (읽은 후) 가장 마음에 와 닿은 구절을 활동지에 적어 보겠습니다.
3) 형을 피해 달아나던 야곱은 꿈에서 하늘로 오르는 사다리와 거기를 오르내리는 천사들을 봅니다. 이 사다리와 천사는 무엇을 의미할까요? 사다리는 도움을 뜻합니다. 또한 천사가 사다리를 오르내리며 야곱의 어려움을 하느님께 전달해 주고 있음을 알게 됩니다.
4) 15절 "내가 너에게 약속한 것을 다 이루기까지 너를 떠나지 않겠다."는 하느님의 말씀을 들은 야곱의 마음은 어땠을까요? (활동지에 적어 봅니다.)
5) 야곱은 홀로 집을 떠나 있습니다. 그가 의지할 곳이 없어졌을 때 주님께서는 그에게 나타나 함께하시겠다고 하셨습니다.
6) 우리의 필요를 우리보다 더 잘 아시는 하느님께서는 주님을 알고자 하는 우리들에게도 야곱을 돌보시는 손길을 펼쳐 주십니다. 여러분이 야곱처럼 주님과 함께 있고 싶은 순간은 언제입니까? 활동지에 적어 보겠습니다.

활동 2 모세의 부르심 (애니 시청: 4분 25초)

애니메이션 '이집트 왕자'(드림웍스, 1998제작, 99분)에서 '하느님께서 불타는 떨기 속에 나타나 소명을 주시는 장면(43:00~47:35, 탈출 3,1-15 참조)'을 보고 다음의 질문들에 대해 이야기 나누기

[의미] 영화 감상을 통하여 성경의 내용을 마음에 깊이 새길 수 있다.

준비물 교사용 첨부 2 - 조별

진행

1) 영화 시청 후의 질문에 대비해 영화를 집중해 주의 깊게 보도록 당부한다.
2) 영화를 시청한다.
3) 아래의 질문으로 조별 나눔을 한다.

질문

1) 모세는 왜 불타는 떨기나무를 이상하게 생각하였습니까?
(불에 타는데도 데지 않고 그 떨기가 타서 없어지지 않아서)
2) 하느님은 당신을 누구라고 밝히십니까?
(나는 스스로 존재하는 자다. 네 조상의 하느님, 아브라함, 이사악, 야곱의 하느님이다.)
3) 하느님께서 모세에게 명하신 것이 무엇이었습니까?
(내 백성을 이집트에서 이끌어 내어라.)
4) 변명하는 모세에게 하느님께서 무엇이라고 격려하십니까?
(내가 너와 함께 있겠다.)
5) 모세를 위해 기적을 일으키시겠다고 하느님께서 주신 것이 무엇인가요?
(지팡이)
6) 모세는 어떤 성격을 가졌다고 생각합니까?
(자신 없어 함)
나와 모세가 닮은 점이 있습니까? 고치고 싶은 나의 모습은 어떤 것이 있는지 적어 보세요.

마음기도

* 🙏 **예수님 안에 머무르기**

- 모두 마음을 모으기 위해 바른 자세를 해 보겠습니다. 몸은 곧게 펴고, 고개는 턱을 앞으로 당겨 약간 숙입니다. 발은 어깨 넓이로 벌리고 앉습니다. 두 손은 주님 앞에 빈손임을 드러내는 표지로 하늘을 향하게 펴서 무릎에 살포시 얹습니다. 이제 눈을 감고 깊게 호흡을 합니다. 들숨을 쉬며 "사랑의 성령님" 날숨을 내쉬며 "저에게 오소서"라고 기도합니다. 이렇게 10번 반복합니다.

- 성령께서 우리를 바닷가로 인도하십니다. 바다의 파도 소리가 들립니다. 한 번 들어 보세요. (사이) 바다의 물결을 한 번 바라보세요. 바다 중앙의 물결이 갈라지고 있다고 상상해 봅니다. (사이) 이스라엘 백성이 바다를 건너가고 있는 것을 바라보세요. 나도 그들과 함께 따라 건너갑니다. 그들은 어떤 마음이 들었을까요? (2분) 그들은 자신들을 구출해 내시는 하느님께 대한 감사와 기쁨이 마음에 가득했을 겁니다. 그들과 함께 홍해를 건넌 나는 어떤 마음이 듭니까? 무엇에서 해방되었음을 느낍니까? (2분)

- 이스라엘 백성이 이집트를 탈출하여 새로운 땅으로 향하였듯이 우리도 하느님을 찾아 예비신자 교리반으로 인도되어 왔습니다. 우리를 이끌어 주신 하느님께 감사를 드리세요. (1분) 내가 하느님을 따르기 위해 달라지고 싶은 모습, 해방되어야 할 내면의 모습이 있다면 말씀드립니다. (2분) 이제 하느님께서 하시는 말씀을 가만히 경청합니다. (3분)

과제제시

1 복습

- 오늘 우리가 무엇을 배웠는지 '복습'의 칸을 채워 보세요.
  ✎ 오늘 배운 내용 중 가장 기억에 남는 내용을 적어 보세요.
  ✎ 문제가 설명하는 단어들을 교재에서 찾아 적어 보세요.

2 실천

- 나 자신을 속박하고 있는 마음의 어두움은 어떤 것이 있습니까? 그것에서 해방될 수 있도록 하느님께 간절히 기도드립시다.

3 알아봅시다

- 부록의 내용을 살펴보겠습니다. 교재 119쪽에 더 알아야 할 질문과 답이 '궁금합니다'에 수록되어 있습니다. 125쪽에서 민족 해방을 위해 일한 성녀 잔 다르크, 성 여호수아, 넬슨 만델라를 만날 수 있습니다.

정답: 용어 풀이

아브라함 : 이스라엘 민족의 조상, 믿음의 조상
야곱 : 이사악의 아들로 '이스라엘'이라고 불림
모세 : 이스라엘 백성을 이집트에서 구해 낸 인물
파스카(Pascha) : '거르고 지나가다'라는 뜻으로 해방(구원)되었음을 말함.

교사 자기 점검표 ☑

내 용	확인
• 오늘 수업 준비에 성실하였습니까?	☐
• 예비신자들이 오늘 수업목표에 각각 도달하였습니까?	☐
• 나를 통해 예비신자들이 하느님이 심판하시나 자비로운 분이심을 느낄 수 있었습니까?	☐

교사 마침 기도

좋으신 하느님, 오늘 수업에 대해 감사드리며, 저의 모든 노고를 우리 각자가 자신의 나쁜 습관에서 해방되어 자유로운 모습으로 살아가는 데 바쳐 드립니다. 저의 부족한 수업을 당신 친히 채워 주시고 제가 보다 나은 수업을 준비하도록 도와주소서. 우리 주 그리스도를 통하여 비나이다. 아멘.

추천합니다

* 가톨릭 도서

「모세의 한평생」
니사의 그레고리오 지음, 최익철 역 │ 가톨릭출판사

「순례자 아브라함」
송봉모 지음 │ 바오로딸

「모세의 일생」
닐 모리스 지음, 김경은 역 │ 으뜸사랑

* 노래
- 가톨릭 성가 11 주 하느님
- 가톨릭 성가 117 만나를 먹은 이스라엘 백성

제8과 하느님께서 해방시켜 주신 이스라엘 백성 II

주제어 : 희망

학습목표
1. 하느님께서는 **판관들에게 성령의 카리스마를 선사함**으로써 이스라엘을 위험에서 구해 주셨음을 알 수 있다.
2. **다윗**을 통해 인간이 가진 **한계**를 알게 되고, 다시 **하느님의 뜻을 찾는 것이 중요함**을 알 수 있다.
3. 인류에게 **공정과 정의가 넘치는 평화의 왕국**을 선사할 **메시아**를 우리도 기다릴 수 있다.

나의 신앙을 돌아보며

◆ 말씀과 함께

"사람들은 저마다 제 눈에 옳게 보이는 대로 하였다." (판관 21,25)

율리우스 카이사르는 이런 말을 했습니다. "사람은 누구나 제가 보고 싶은 대로 보고, 제가 듣고 싶은 대로 듣는다." 마치 율리우스가 판관기의 내용을 인용한 것처럼 같은 맥락을 엿볼 수 있습니다. 4,000년의 구약의 역사 속에서 하느님은 인간에게 늘 한결같으십니다. 당신의 자애와 사랑을 끊임없이 베푸시지만 인간은 늘 그분을 배신합니다. 판관기의 맨 마지막 대목처럼 저마다의 기준으로 옳고 그름을 판단하고, 행동합니다. 준거가 하느님 안에 있지 않을 때 우리는 '하느님을 위해서 하는 일'이라며 하는 일로 하느님의 마음을 상하게 할 수 있습니다. 사울이 왕이 되어 자신의 왕국을 넓히는 과정에서 완전 봉헌물을 모두 없애지 않고 하느님께 드릴 번제물로 좋은 가축들을 남긴 것처럼 말이지요. (1사무 15,10 이하) 사무엘 예언자는 하느님의 말씀으로 사울을 꾸짖습니다. "주님의 말씀을 듣는 것보다 번제물이나 희생 제물 바치는 것을 주님께서 더 좋아하실 것 같습니까?"(1사무 15,22) 제 눈에 옳게 보이는 대로 하는 것이 아니라 늘 하느님의 시선으로 모든 상황을 봐야 할 것입니다. 그럴 때 우리는 진정으로 하느님께서 원하시는 일을 제대로 할 수 있을 것입니다.

"하느님, 당신 자애에 따라 저를 불쌍히 여기소서. 저의 죄에서 저를 말끔히 씻으시고 저의 잘못에서 저를 깨끗이 하소서. 저의 죄악을 제가 알고 있으며 저의 잘못이 늘 제 앞에 있습니다." (시편 51,3-5)

다윗이 밧 세바를 취하고 나서, 자신의 허물을 감추고자 밧 세바의 남편 우리야를 비열하게 죽게 합니다. 이를 알게 된 나탄 예언자는 예화를 들어 하느님의 지엄하신 꾸중을 내리며 다윗 스스로 자신의 잘못을 깨닫게 만듭니다.(2사무 12,1-15) 다윗은 그 예화 속의 인물이 자신임을 알고 바로 자신의 죄를 뉘우치며 기도합니다. 바로 이 시편이 자신의 잘못을 뉘우치고 하느님과의 관계를 회복하고 싶어 하는 다윗의 심정을 담은 내용입니다. 우리 모두는 한계를 지닌 인간입니다. 그래서 한결같으시고 충실하신 하느님의 사랑을 어느 순간 멀리하며 제멋대로 살고 싶어 합니다. 그럴 때 우리는 기억해야 합니다. 돌아와 하느님의 자비를 빌 때 우리는 또다시 새롭게 하느님의 자녀로서의 삶을 살아갈 수 있다는 것을요. 하느님은 선인에게나 악인에게나 똑같이 당신의 빛을 비추시고, 의로운 이에게나 불의한 이에게나 똑같이 비를 내려 주십니다.(마태 5,45 참조) 그것은 그분의 공평 때문이기도 하지만 우리가 언제나 선인으로 머물 수 없음을 아시기 때문입니다. 그러므로 다윗처럼 즉시 하느님께로 되돌아오는 용기가 필요합니다.

◆ 숙고하기

내가 말하고, 행동하고, 판단하는 준거는 무엇입니까?
나는 잘못을 끝까지 고수하며 고집을 피우지 않고, 즉시 하느님께로 돌아옵니까?

◆ 기도하기

자비로우시고, 성실하신 하느님, 당신의 눈을 통해 세상을 보게 하시고, 잘못을 저지를 경우 즉시 당신께로 돌아가 자비를 간청하는 겸손함을 주소서. 우리 주 그리스도를 통하여 비나이다. 아멘.

 수업을 이렇게

◆ 수업 줄거리

1. **판관 시대** : 판관들은 이스라엘 역사에서 위기의 순간에 민족을 구하기 위해 하느님께서 파견하신 군사 지도자들이다. 이들 중 가장 잘 알려진 삼손에 관한 이야기를 들으며, 이스라엘을 구원하시고자 하느님의 사람으로 삼으신 이들에 대해 알아본다.

2. **왕정 시대** : 다윗 임금도 판관 삼손과 마찬가지로 자신의 유한함으로 인해 죄에 빠지게 된다. 이 죄로 인해 받는 벌을 그는 달게 받아들이며 하느님 앞에 겸손되이 자신을 낮춘다. 진심으로 통회한 그는 선정을 베풀며 하느님 뜻에 맞는 정치를 펼쳐 위대한 임금이 된다.

3. **유배 시대** : 이 세상에 참된 평화를 가져다줄 메시아를 언급하면서 이사야는 그가 어떻게 그 평화를 세상에 가져오는지 '주님의 종'의 셋째 노래에서 예언한다.

4. **유배와 구세주를 고대함** : 이스라엘 백성이 하느님의 말씀을 따르지 않아 결국 유배를 떠나게 된다. 하지만 하느님의 크신 사랑은 이들에게 예언자들을 통해 끊임없이 당신의 말씀을 들려주시며 그들을 구원하시고자 하셨다. 이스라엘 백성은 그들 가문에서 그들을 구원해 줄 메시아가 탄생하기를 고대하고 있었다.

수업 계획표 (총 60분)			
단계	내용	진행	준비물
도입 (5분)	광야 40년의 의미와 가나안 정착	40이라는 숫자의 성서적 의미 설명 여호수아를 통한 가나안 정착	
전개 (35분)	판관 시대(BC 1250-1000)	성령의 카리스마를 받아 이스라엘을 정치적 위험에서 구해 내는 판관 삼손을 만남	
	왕정 시대(BC 1000-587)	하느님께로부터 사랑을 받고, 필요한 모든 것을 받은 다윗도 죄를 짓는다. 그 죄 앞에서 겸손해지는 다윗의 이야기를 들음	
	유배 시대(BC 587-538)	'주님의 종'의 첫째 노래를 통해 세상에 참된 평화를 가져다줄 메시아를 예언하고, 셋째 노래를 통해 어떻게 이뤄지는지 예언함	
	구세주를 고대함	마카베오기에 나오는 일곱 아들과 그 어머니의 이야기를 통해 메시아를 고대하던 이들의 마음을 봄	
깊이 들어가기 (15분)	메시아 왕국	1. 판관 시대 사람들의 생각에 대한 토의 2. 이사11,1-9의 내용으로 토의	
마무리 (5분)	마음기도	기도	
과제제시	배운 내용 정리	요약하기	

이런 것을 뜻합니다

 삼위일체 교리   공동체

 기도   생각나눔 숙고하고 나누기

 중요   사회교리

밑줄   수업목표에 해당함

▶ 출석 확인

열 기

1 시작기도 : 가톨릭 성가 64장

2 지난 시간 복습

◇ 이스라엘 민족의 조상으로 단순한 믿음을 통해 '믿음의 조상'이라 불리는 사람은 누구입니까?

◇ 이사악의 아들로 '이스라엘'이라고 하느님께서 이름을 바꿔 준 사람은 누구입니까?

◇ '거르고 지나가다'라는 뜻으로 해방되었음을 말하는 단어는 무엇입니까?

◇ 이스라엘 백성을 파라오의 억압에서 해방시킨 인물은 누구입니까?

3 광야의 40년, 가나안 정착

- 하느님께서는 이집트 노예살이에서 이스라엘 백성을 해방시키시고, 그들에게 젖과 꿀이 흐르는 풍요의 땅을 약속하셨습니다. 사실 그 땅까지는 천천히 가도 4개월이면 충분히 갈 수 있는 거리입니다. 그런데 40년이란 세월이 필요했던 것은 그들 안에 오래도록 쌓여 온 노예근성 때문입니다. 이들은 광야 생활 동안 이집트를 그리워하지요.(민수11장) 그래서 성경에서 40이란 숫자가 지니는 의미는 '정화'입니다. 예수님의 수난을 기념하는 사순 시기도 같은 맥락에서 40일을 지내지요. 또한 40은 한 세대를 의미하기도 합니다. 노예근성이 박힌 1세대가 모두 죽고, 여호수아를 중심으로 한 2세대가 가나안, 즉 축복받은 땅에 정착

할 수 있게 됩니다. 오늘은 가나안 정착 이후의 이스라엘 백성의 삶에 대해 살펴보도록 하겠습니다.

펼치기

1 판관 시대(BC 1250-1000)

- 판관들은 이스라엘 역사에서 위기의 순간에 민족을 구하기 위해 하느님께서 파견하신 지도자들을 일컫습니다. 이들은 어떤 직분을 가지거나 제도에 의해 권위를 갖는 이들이 아닙니다. 이들은 정치적 위기가 있을 때마다 하느님께서 손수 세우시어 특별한 임무를 수행하게 합니다.

- 이들을 움직이는 힘은 하느님의 영이었습니다. (판관 3,10; 6,34 참조) 이들의 **지도력의 특성은 바로 영으로부터 오는 카리스마**입니다. 카리스마라는 말은 성경의 언어입니다. **성령의 특별한 은혜를 카리스마**라고 하지요. 예언, 영, 식별, 기적을 말합니다.

- 이제 성경을 통하여 카리스마를 가지고 이스라엘을 통치한 삼손의 이야기를 살펴봅시다. 판관기 16장 4절에서 30절까지 함께 찾아서 한 절씩 돌아가며 읽겠습니다.

- 생각나눔 삼손에게서 왜 성령의 힘이 빠져나갔을까요? (대답을 들음) 17절에 보면, 자신을 하느님께 바쳐진 '나지르인'이라고 표현하고 있습니다. 하느님께 바쳐진 사람으로서 지켜야 할 것이 있었죠? 그것이 무엇입니까? (대답을 들음)

- ★ 그럼에도 불구하고 삼손은 여인에게 빠져 성령의 힘이 작용하지 못하게 만듭니다. 이 또한 **인간이 지닌 한계 때문에 일어나는 일입니다.** 하지만 그 **약속이 회복되면 관계도 회복되지요.** 그래서 삼손은 마지막으로 자신의 목숨까지 바치며 원수인 필리스티아인들을 물리치게 됩니다.

2 왕정 시대(BC 1000-587)

- 우리 또한 세례성사로 성령을 받아 카리스마를 선물로 받게 됩니다. 또한 삼손처럼 끊임없이 하느님과 멀어졌다가, 다시 하느님께로 돌아가는 회개의 여정을 걷게 될 것입니다. 우리는 이스라엘의 역사 속에서 하느님께 많은 복을 받고도 죄를 짓고, 다시 뉘우쳐 관계를 회복하는 임금들을 만날 수 있습니다.

- 사람들은 하느님께서 직접 통치하시는 것에 반발하기 시작합니다.(1사무 8,7) 이웃 나라들이 임금을 모시고 있는 것을 부러워하지요. 그래서 하느님께서는 사무엘을 시켜 사울을 이스라엘

의 첫 임금으로 세웁니다. 하지만 사울은 하느님의 눈 밖에 나는 일을 저지르고 맙니다. 하느님을 위하는 일이라면서 전리품의 일부를 챙기게 되지요.(1사무 15,10 이하) 그러자 사무엘 예언자는 이런 말로 그를 꾸짖습니다. "주님의 말씀을 듣는 것보다 번제물이나 희생 제물 바치는 것을 주님께서 더 좋아하실 것 같습니까?"(1사무 15,22) 하느님께서는 사울의 왕좌를 이사이의 아들 다윗에게 넘겨줍니다.(1사무 16,1)

- 교재 39쪽에 보시면 비파를 뜯고 있는 소년이 보일 것입니다. 이 사람이 바로 다윗입니다. 그는 목동이었고, 비파를 잘 다루는 잘생긴 소년이었습니다. 하느님께로부터 마음이 떠난 사울은 악령에 시달리곤 했는데 그럴 때마다 다윗이 비파를 연주해 사울을 편안하게 해 주었습니다.

- 또한 다윗의 이야기엔 골리앗을 빼놓을 수 없겠지요. 필리스티아인들과 전쟁 중 골리앗이라는 거인을 소년 다윗이 무릿매질로 물리치지요. 이 일을 계기로 다윗은 용맹한 군인이 됩니다. 사람들은 사울의 공을 다윗의 공보다 적게 노래합니다. 그러자 사울은 다윗을 시기하게 되지요. 결국 사울은 하느님 말씀을 어긴 죄로 전쟁에서 죽고 다윗이 그 뒤를 이어 왕좌에 오릅니다. 하지만 왕좌에 오른 다윗도 한 여인에게 반하면서 하느님께 큰 잘못을 저지릅니다.

- 사무엘기 하권 11장을 한 절씩 읽겠습니다.

- 다윗은 어떤 잘못을 저지릅니까? (대답을 들음) 그 죄 앞에서 다윗의 행동은 어떠했습니까? (대답을 들음)

- ★ 다윗은 자신의 잘못을 덮기 위해 계속 계략을 꾸미게 됩니다. 이렇듯 **죄를 감추기 위해 끊임없이 잘못을 거듭하며 자기 자신을 속이게** 됩니다. 결국 이 일로 다윗은 벌을 받게 됩니다.

- 하느님께 칭찬받던 다윗도 한계를 극복하지 못하고 잘못을 저질러 하느님 마음을 아프게 합니다. 그런데도 역사는 그를 가장 위대한 임금으로 그리고 있습니다. 그가 통회하고 하느님 마음에 드는 선정을 베풀었기 때문입니다. (2사무엘 12장 참조)

- 다윗을 비롯한 많은 임금들도 인간의 한계를 벗어나지 못하고 하느님 마음을 아프게 했습니다. 백성들을 잘못 이끌어 하느님께로부터 멀어지게 합니다. 결국 이스라엘은 나라가 남과 북으로 분열되는 아픔을 겪게 됩니다. 그런데도 하느님께 마음을 모으지 못한 이스라엘은 바빌론 제국에 멸망해 유배를 떠나게 됩니다.

3 유배 시대(BC 587-538)

- 힘겨운 유배살이를 하면서 이들은 자신들의 잘못을 돌아보며, 하느님께 대한 신앙을 회복합니다. 그리고 예언자들을 통하여 하느님께서 약속해 주신 '구세주'를 고대합니다. 예언자는 하느님의 말씀을 여러 표징과 말씀으로 사람들에게 전달한 이들을 말합니다. 이사야 예언자를 통하여 우리에게 오실 구세주께서 어떤 분이신지를 들어 보도록 합시다.

- 이사야서 42장 1절에서 4절까지 함께 읽어 보겠습니다.

- 하느님께서 보내실 메시아는 어떤 분이십니까? (대답을 들음)

- 이렇게 하기 위해 메시아는 어떤 고난을 받을 것인지도 이사야 예언자는 예언하고 있습니다. 이사야 예언서 50장 4절부터 7절까지 함께 읽겠습니다.

- ★ 하느님께서는 당신의 외아들 성자를 우리에게 보내십니다. **이사야 예언서에 기록된 대로 고난을 겪고, 십자가에 달려 죽는 희생의 대가를 치른 다음에 온 인류는 아담과 하와로 인해 단절되었던 하늘과의 관계를 회복**하게 됩니다.

4 구세주를 고대함(BC 538-0)

- 그리스 치하에서 독립운동을 했던 마카베오 일가의 이야기 속에는 일곱 아들을 하루 동안에 박해자들의 손에 잃은 용감한 어머니의 이야기가 나옵니다. 이 여인은 아들들을 격려하면서 하느님의 법을 위해 자신을 내어 놓는 아들들에게 하느님께서는 영원한 생명으로 갚아 주신다는 것을 상기시키며 자신의 눈앞에서 죽어 가는 것을 지켜봅니다. 그리고 결국 이 여인도 죽게 되지요. **메시아를 고대하던 이들은** 이렇게 모진 **박해 속에서도 희망을 잃지 않고** 그날이 오기를 고대합니다.

- 이스라엘은 페르시아 임금 키루스에 의해 유배에서 풀려나 예루살렘으로 돌아와 성전을 재건하지만 곧 그리스 마케도니아 왕국의 알렉산드로스 대왕의 지배하에 들게 됩니다. 그 이후로도 프톨레마이오스 왕조, 셀레우코스 왕조의 지배 아래 있다가 하스모니안 왕조 때 잠깐 독립을 합니다. 하지만 내분으로 인해 곧 다시 로마 제국에 점령됩니다.

- 이렇게 오랜 기간 동안 나라 없이 떠도는 당신 백성을 가엾이 여긴 하느님께서는 당신 예언자들을 통하여 구세주 메시아를 보내 주실 것을 약속하십니다.

- ★ 하느님의 자녀로 새로이 태어나 새로운 생명을 받아 새 삶을 살아갈 우리도 이스라엘 백성이 고대하던 메시아를 고대하

고 있습니다. 사실 오늘까지 배운 내용은 구세주 예수 그리스도의 탄생 배경입니다. 그분은 이사야 예언자가 예언한 것처럼 우리에게 **참된 평화를 가져다주실** 분이십니다. 이 세상에 **정의와 공정**을 펼쳐 주셨습니다. (이사 11,1-9; 42,1-4)

깊이 들어가기

활동 1　나탄 예언자의 꾸짖음 — 조별 작업

[의미] 다윗이 죄를 짓고 무엇을 잘못했는지 반성할 줄 모를때 나탄 예언자가 그를 꾸짖고, 다윗은 자신을 돌아보게 된다. 이를 통해 우리도 죄를 지은 후 어떻게 주님께 돌아가야 하는지 배울 수 있다.

진행

1) 사무엘 하권 12장 1절에서 15절까지를 읽겠습니다.
2) 다윗에게 나탄의 비유가 자신의 이야기로 들리지 않은 이유는 무엇입니까?
3) 나탄의 꾸짖음을 들은 다윗의 마음은 어떠했을까요?
4) 우리도 주님께 잘못을 저지를 수 있습니다. 그렇지만 다윗처럼 자신의 잘못을 뉘우치게 되면 다시 하느님과의 관계가 회복됩니다. 나탄의 비유가 자신의 이야기로 들리지 않은 이유는 우리는 남의 잘못에는 객관성을 유지하면서 냉철한 판단을 하지만 자신의 잘못에 대해서는 관대하기 때문입니다. 나 자신에게 너무 관대했던 적은 없는지 돌아보는 시간을 가졌으면 좋겠습니다.

활동 2　이사 11, 1-9 읽고 토의 — 조별 작업

메시아의 도래와 평화의 왕국에 대한 글 읽고 토의하기

[의미] 새로운 아담이라 불리는 구세주 예수께서 구원해 주신 세상을 사는 우리가 어떻게 이사야서의 메시아 왕국을 실현시킬 것인가를 생각해 봄

진행

1) 이사 11,1-9 함께 읽겠습니다.
2) 성경에 나타난 평화의 왕국은 어떤 느낌을 줍니까?
3) 마음에 드는 성경 구절을 찾고, 왜 이 말씀이 마음에 와 닿았는지 함께 이야기해 봅시다.
4) 이사야 예언서에서 예언하고 있는 메시아께서 세우신 나라에서 실제로 살아가고 있는 우리는 평화로운 세상을 유지하기 위해 무엇을 할 수 있는지 생각해 봅시다.

마음기도

* 예수님 안에 머무르기

- 모두 마음을 모으기 위해 바른 자세를 해 보겠습니다. 몸은 곧게 펴고, 고개는 턱을 앞으로 당겨 약간 숙입니다. 발은 어깨 넓이로 벌리고 앉습니다. 두 손은 주님 앞에 빈손임을 드러내는 표지로 하늘을 향하게 펴서 무릎에 살포시 얹습니다. 이제 눈을 감고 깊게 호흡을 합니다. 들숨을 쉬며 "사랑의 성령님" 날숨을 내쉬며 "저에게 오소서"라고 기도합니다. 이렇게 10번 반복합니다.

- 성령께서 우리에게 세례성사를 통하여 하느님의 말씀에 귀 기울이고, 들은 내용을 실천에 옮길 카리스마를 선사해 주실 것입니다. 카리스마를 선물받게 된다면 나는 어떤 기분이 들겠습니까? (1분)

- "사람들은 저마다 제 눈에 옳게 보이는 대로 하였다" (잠시 침묵) 나는 예비신자로서 하느님의 말씀에 귀 기울이며 살아가려고 노력하고 있습니까? 내가 하느님 뜻에 맞지 않게 살아온 것은 무엇인지, 이제 하느님앞에 고백하고 하느님 뜻에 맞게 살고 싶은 원의가 드는지 하느님과 대화해 보세요. (2분)

- 우리가 하느님의 뜻에 맞게 살 수 있도록 하느님께서는 우리 삶에 모범이 되실 구세주 메시아를 약속해 주십니다. 우리를 위해 당신 아드님을 보내시겠다는 그분의 약속에 귀 기울이며 어떤 마음이셨을지 이야기 나누어 봅시다. (2분)

- 이제 눈을 뜨고 마음을 모아 주님의 기도를 바치겠습니다.

과제제시

1 복습

- 오늘 우리가 무엇을 배웠는지 '복습'의 칸을 채워 보세요.
  ✎ 오늘 배운 내용 중 가장 기억에 남는 내용을 적어 보세요.

✎ 다음 문제를 읽고 미로를 따라가서 해당하는 숫자에 답을 적으세요.

2 실천

- 다윗에게서 본받을 점을 생각해 보고, 실천해 봅시다.

3 알아봅시다

- 부록의 내용을 살펴보겠습니다. 교재 119쪽에 더 알아야 할 질문과 답이 '궁금합니다'에 수록되어 있습니다. 이번 과는 7과와 동일한 인물들입니다.

용어 풀이

카리스마 : 성령께서 베푸시는 특별한 은혜

다윗 : 이스라엘의 임금. 자기 부하의 처 밧 세바를 탐함으로써 하느님께 대한 신의를 저버렸으나 죄를 뉘우치고 다시 돌아옴

구세주 : 이스라엘 백성이 간절히 고대하던 메시아

교사 자기 점검표 ☑

내 용	확인
• 오늘 수업 준비에 성실하였습니까?	☐
• 예비신자들이 오늘 수업목표에 각각 도달하였습니까?	☐
• 나를 통해 예비신자들이 구원의 하느님을 느낄 수 있었습니까?	☐

교사 마침 기도

좋으신 하느님, 오늘 수업에 대해 감사드리며, 인간의 유한성으로 저지르는 모든 잘못들을 성왕 다윗처럼 바로 뉘우치며 당신의 뜻을 찾게 하시고, 저의 부족한 수업을 당신 친히 채워 주시어 제가 보다 나은 수업을 준비하도록 도와주소서. 우리 주 그리스도를 통하여 비나이다. 아멘.

추천합니다

*** 가톨릭 도서**

「성왕 다윗」
　　　정진석 지음, │ 가톨릭출판사

「이스라엘 역사」
　　　안병철 지음 │ 기쁜소식

「구약성경에서 캐내는 보물 2」
　　　박영식 지음 │ 가톨릭출판사

*** 일반 도서**

「이스라엘」
　　　김종철 지음 │ 리수

「유대인 이야기」
　　　우광호 지음 │ 여백

*** 노래**

- 가톨릭 성가 64 이스라엘 들으라
- 가톨릭 성가 58 이 몸은 애타게 당신을 찾습니다.
- 가톨릭 성가 65 예루살렘 복되고

제9과 하느님께서 우리에게 오신 성탄(聖誕)

주제어 : **겸손**

학습목표
1. **성탄**은 하느님께서 우리를 사랑하셔서 **사람**이 되어 오신 날임을 알 수 있다.
2. 마리아는 **겸손**과 **순명**으로 예수님을 잉태하셨음을 알 수 있다.
3. 성탄의 **참된 뜻**을 알고 이웃과 **사랑**을 나눌 수 있다.

나의 신앙을 돌아보며

◆ 말씀과 함께

"보십시오, 저는 주님의 종입니다.
말씀하신 대로 저에게 이루어지기를 바랍니다"(루카 1,38).

이천여 년 전의 이 한 말씀으로 이 세상이 전과는 다른 세상이 되었습니다. 죄로 기울어져 멸망하게 될 우리의 운명이 구원을 얻게 된 것입니다. 어느 가난한 시골 처녀의 '신앙'과 '겸손'이 세상의 운명을 뒤바꾸는 말할 수 없는 위대한 결과를 낳았습니다. 자신에게 처해질 위험을 알면서도 하느님께 모든 것을 맡기고 응답한 마리아의 "예"가 있었기에 하느님께서 이 지상에 오실 수 있었습니다. 그녀의 '이성(理性)'이 '신앙(信仰)'보다 더 앞섰다면, 계산적이고 따지는 마음이 수용하고 받아들이는 마음보다 앞섰다면 결코 예수님은 우리에게 오실 수 없었을 것입니다. 그래서 처녀가 아이를 가질 수 있었고, 임신 중에서도 그 먼 거리를 여행할 수 있었고, 초라한 마구간에서도 기쁘게 아이를 낳으실 수 있었습니다.

"너희는 포대기에 싸여 구유에 누워 있는 아기를 보게 될 터인데,
그것이 너희를 위한 표징이다."(루카 2,12)

하느님이신 성자는 "하느님의 모습을 지니셨지만 하느님과 같음을 당연한 것으로 여기지 않으시고 오히려 당신 자신을 비우시어 종의 모습을 취하시고 사람들과 같이 되셨습니다."(필리 2,6-7) 그것도 세상의 왕이나 권력자 또는 힘센 장사로서가 아닌 다른 사람에게 모든 것을 철저히 의존해야 하는 '갓난아기'의 존재로 오셨습니다. 우리에게 '선물'로 오셨습니다. 오 헨리의 단편소설 '크리스마스 선물(원제: The Gift of the Magi-동방 박사의 선물)'에서 부부는 성탄을 맞아 최고의 선물을 서로 준비하지요. 남편은 부인의 아름다운 금발 머리를 위한 '빗'을 사기 위해 자신이 가진 가장 소중한 '시계'를 팔고, 부인은 남편의 '시계줄'을 사기 위해 자신의 '머리카락'을 잘라 팔지요. 이제 서로에게 소용이 없어진 선물이지만 서로의 진실한 사랑을 확인하게 해 주는 성탄 선물이 됩니다. 하느님께서도 우리에게 최고의 선물을 준비하셨는데 그것이 바로 강생하신 '아기 예수님'이십니다. 이분은 바로 하느님이시기에 하느님 당신 자신을 우리에게 선물하신 것이지요. 하느님의 이 감격스러운 선물을 받고 여러분은 어떤 선물로 보답하려 하고 있습니까?

◆ 숙고하기

나는 매 순간 하느님의 말씀에 얼마나 "예"라고 대답하고 있습니까?
'이성(理性)'이 '신앙(信仰)'과 갈등을 일으킬 때 나는 주로 '이성'을 따라갑니까? '신앙'을 따라갑니까?
사랑 때문에 나 자신을 내어 주었습니까? 나 자신을 포기하였습니까?

◆ 기도하기

우리를 위해 인간이 되기를 마다하지 않으신 하느님! 당신의 사랑에 깊이 감사드립니다. 우리도 성모님의 '피앗(Fiat, 그대로 이루어지소서)'을 본받아 당신 말씀에 "예"라고 응답할 수 있도록 도와주소서. 가난하게 우리에게 오신 우리 주 예수님을 통하여 기도합니다. 아멘.

 ## 수업을 이렇게

◆ 수업 줄거리

1. **성탄(크리스마스)이란** : 하느님이 사람이 되어 오신 날, 즉 예수님께서 태어나신 거룩한 날이다. 성탄은 선물을 가져다주는 '산타클로스'나 즐거운 성탄 놀이보다 더 본질적으로 중요한 의미가 있다.

2. **마리아의 응답** : 구세주를 우리에게 보내 주시겠다는 하느님의 약속이 마리아의 "예"로 이루어지게 되었다. 마리아는 '겸손'과 '순명'으로 신앙의 모범을 보여 주셨다. 우리는 마리아께 감사하며 마리아의 겸손과 순명을 본받도록 노력한다.

3. **예수님의 탄생(성탄)** : 하느님은 마리아를 통해 성자 예수님을 우리에게 보내 주셨다. 하느님은 이 지상에 가난한 자의 모습으로 오셨고, 말구유에서 태어나셨으며, 가난한 목동들의 경배를 가장 먼저 받으셨다. 이를 통해 예수님의 '겸손'에 대해 알고, '겸손'의 덕을 배운다.

4. **성탄의 의미** : 하느님께서 인간으로 자신을 낮추신 가장 큰 이유는 바로 우리에 대한 '사랑' 때문이다. 하느님께서 자신을 우리에게 선물하신 것처럼 우리도 이 사랑을 이웃과 나누는 것이 성탄의 진정한 의미이다.

수업 계획표 (총 60분)

단계	내용	진행	준비물
도입 (5분)	성탄(크리스마스)이란?	강아지 예화를 통해 신이 인간이 된다는 것이 무슨 의미인지 알기	
전개 (30분)	마리아와 성 요셉의 응답 "예"	성경(루카 1,26-38)을 통해 마리아가 겸손과 순명으로 예수님을 잉태하셨음을 알기 성 요셉 또한 같은 순명으로 구원 사업에 협조하심을 알기	
	예수님의 탄생	성경(루카 2,4-14)을 통해 예수님께서 가난하게 태어나셨음에 대해 듣기	
	예수님의 겸손	가난한 말구유에서 태어나신 예수님의 겸손에 대해 토론하기	
	성탄의 참된 뜻	하느님의 사랑을 이웃과 나누는 것이 성탄의 참된 뜻임을 알기	
깊이 들어가기 (15분)	선물 되어 주기 or 가난에 대한 생각	1. 수호천사 놀이 2. 가난에 대한 생각 나누기	마니또 종이, 바구니, 음악
마무리 (10분)	마음기도	기도	
과제제시	배운 내용 정리	요약하기	

이런 것을 뜻합니다

 삼위일체 교리　　 공동체

 기도　　생각나눔 숙고하고 나누기

 중요　　 사회교리

밑줄　수업목표에 해당함

▶ 출석 확인

열 기

1 시작기도 : 가톨릭 성가 99장

2 지난 시간 복습

◇ 성령께서 베푸시는 특별한 은혜를 무엇이라고 합니까?

◇ 이사야 예언자는 메시아께서 세우실 왕국이 어떠하다고 예언합니까?

◇ 이스라엘의 임금으로, 부하의 아내를 탐함으로써 죄를 짓고 하느님과 관계가 멀어졌지만 뉘우쳐 돌아와 선정을 펼쳐 위대한 임금으로 기록된 사람은 누구입니까?

3 성탄(크리스마스)이란?

- 여러분 중 강아지 좋아하는 분 계신가요? (그 사람을 지목하여 이야기를 끌어간다.) 어느 날 강아지가 인간의 말을 할 잠깐의 기회를 얻었습니다. 그래서 이렇게 말합니다. "주인님, 저를 좋아하시죠? 그럼 저와 같은 개가 되어 주실 수 있으세요?" 그러면 어떤 대답을 하시겠습니까?

- 모두들 불가하다고 말씀하실 것입니다. 왜 그럴까요? 그것은 바로 존재 등급의 문제 때문입니다. 우리는 신보다는 아래지만 세상의 다른 것들보다는 위에 있는 존재입니다. 그러므로 개가 되어준다는 것은 내 존재 위치를 낮춘다는 의미고, 그것은 내가 누리는 모든 것을 포기해야 한다는 것입니다. 그러므로 강아지의 요청에 응답할 수 없습니다.

- 예수님 탄생의 의미는 여기에 있습니다. 그분은 온전한 신이십니다. 그런 분께서 당신 존재 위치를 낮추어 인간이 되어 오신 사건이 바로 성탄입니다. 우선 성탄이라는 말부터 생각해 봅시다.

- ★ '성탄(聖誕)'이라는 말은 '거룩한 탄생'이라는 말입니다. 지금으로부터 약 이천 년 전에 하느님이신 예수님께서 우리와 똑같은 사람이 되어 태어나셨습니다. **성탄**은 하느님께서 우리를 사랑하셔서 **사람**이 되어 오신 날이며, 우리는 해마다 12월 25일 이것을 기념하고 있습니다.

- 성탄을 '크리스마스'라고 하는데 그 뜻은 **'그리스도(Christ)의 미사(Mass)'**입니다. '그리스도'는 '예수님'을 말하기에 '성탄'은 '예수님의 탄생을 축하하는 미사를 드리는 날'이라는 뜻이 됩니다.

펼치기

1 하느님의 약속

- 이스라엘 백성은 자신들을 구원해 줄 메시아, 즉 구원자를 기대하고 있었습니다. 하느님께서는 구세주를 보내 주시겠다고 약속하셨지요. 지난 시간에 배운 이사야 예언서에서 우리는 그 예언을 들을 수 있었습니다. 삼위일체 하느님 공동체에서 **누구를** 보내기로 하셨을까요? (대답을 들음)

- 🌐 하느님께서는 바로 '당신 아들'을 우리에게 보내시기로 계획하셨습니다. '성부' 하느님과 똑같으신 **'성자'**를 '성령'을 통하여 **우리에게 주시기로** 하셨습니다.

- 이 위대한 일을 하시기 위해 이스라엘 백성, 야곱의 후손 중에서 '요셉'이라는 사람과 약혼한 **'마리아'**라는 아가씨를 선택하셨지요.

- 하느님은 사람의 자유의사를 존중하셨기에, 마리아가 하느님 말씀을 따를 것인지 물어보기 위해 어느 날 천사 '가브리엘'을 보냈습니다.

> **도움말**
>
> 다음의 성경 이야기를 역할 분담을 하여 읽을 수 있다.

2 마리아와 요셉의 응답 (루카 1,26-38 ; 마태 1,18-25)

해설 : ²⁶(여섯째 달에) 하느님께서는 가브리엘 천사를 갈릴래아 지방 나자렛이라는 고을로 보내시어, ²⁷다윗 집안의 요셉이라는 사람과 약혼한 처녀를 찾아가게 하셨다. 그 처녀의 이름은 마리아였다. ²⁸천사가 마리아의 집으로 들어가 말하였다.

천사 : "은총이 가득한 이여, 기뻐하여라. 주님께서 너와 함께 계시다."

해설 : ²⁹이 말에 마리아는 **몹시 놀랐다**. 그리고 이 인사말이 무슨 뜻인가 하고 **곰곰이 생각하였다**. ³⁰천사가 다시 마리아에게 말하였다.

천사 : "두려워하지 마라, 마리아야. 너는 하느님의 총애를 받았다. ³¹보라, 이제 네가 잉태하여 아들을 낳을 터이니 그 이름을 예수라 하여라. ³²그분께서는 큰 인물이 되시고 지극히 높으신 분의 아드님이라 불리실 것이다. 주 하느님께서 그분의 조상 다윗의 왕좌를 그분께 주시어, ³³그분께서 야곱 집안을 영원히 다스리시리니 그분의 나라는 끝이 없을 것이다."

해설 : ³⁴마리아가 천사에게,

마리아 : "저는 남자를 알지 못하는데, 어떻게 그런 일이 있을 수 있겠습니까?"

해설 : 하고 말하자, ³⁵천사가 마리아에게 대답하였다.

천사 : "성령께서 너에게 내려오시고 지극히 높으신 분의 힘이 너를 덮을 것이다. 그러므로 태어날 아기는 거룩하신 분, 하느님의 아드님이라고 불릴 것이다. ³⁶네 친척 엘리사벳을 보아라. 그 늙은 나이에도 아들을 잉태하였다. 아이를 못낳는 여자라고 불리던 그가 임신한 지 여섯 달이 되었다. ³⁷하느님께는 불가능한 일이 없다."

해설 : ³⁸마리아가 말하였다.

마리아 : "보십시오, 저는 주님의 종입니다. 말씀하신 대로 저에게 이루어지기를 바랍니다."

해설 : 그러자 천사는 마리아에게서 떠나갔다.

- 교재 44쪽 빈칸에 천사와 마리아의 대화를 성경에서 찾아 적어 보십시오.

- **생각나눔** 마리아의 대답을 보고, 마리아가 어떤 사람이란 생각이 듭니까? (대답을 들음)

- 그 당시 법은 처녀가 아이를 낳으면 돌에 맞아 죽는 것이었습니다. 마리아는 그런 위험을 알면서도 하느님 말씀을 받아들였습니다. 즉 마리아의 대답은 목숨을 건 응답이었던 것입니다.

- 마리아는 하느님께서 모든 것을 가능하게 하신다는 것을 믿었기에 겸손하게 자신을 하느님의 종이라고 고백하면서 "예"라고 대답하였습니다.

- 구세주 예수님께서 이 지상에 태어날 수 있었던 것은 바로 이런 마리아의 '겸손'과 하느님 말씀을 따르는 '순명'이 있었기 때문입니다.

- ★ 마리아는 **겸손**과 **순명**으로 예수님을 잉태하셨기에 신앙인의 모범이 되십니다. 우리도 성모님의 이런 모습을 본받아야 하겠습니다.

- 마리아와 요셉은 갈릴래아 지방 '나자렛' 마을에 살았습니다. 이때 당시 이스라엘은 로마의 지배 아래 있었고, 아우구스투스 황제가 호적 등록령을 내려 각 호주는 자신이 태어난 곳으로 가서 호적 등록을 해야 했습니다. 그래서 만삭의 마리아는 요셉의 고향 베들레헴으로 떠나야 했습니다.

- 이 대목에서 요셉의 이야기를 하지 않을 수 없습니다. 여러분 중 혹시 자신의 약혼녀가 임신했는데 그것이 자신의 아이가 아닐 경우 어떻게 하시겠습니까? 아마 아내로 맞이할 분은 안 계실 것입니다. 사실 마리아의 약혼자 요셉도 같은 생각이었습니다. 그래서 남 몰래 파혼하려 했지요. 그런데 꿈에 가브리엘 천사가 나타나 마리아의 잉태 경위를 설명해 주면서 아내로 맞이하라는 명을 내렸습니다. 그러나 **요셉도 의로운 사람이었고, 구세주를 고대하던 이였기에 하늘의 뜻을 받아들이고 예수님의 양부**가 됩니다. 이 또한 **마리아의 순명과 같은 것**이었습니다. **순명은 말씀을 어기지 않고 그대로 행하는 것을** 말하며 마리아와 요셉은 순명의 모범이 되십니다.

3 예수님의 탄생 (루카 2,4-14)

- 예수님의 탄생 경위가 담긴 루카 복음 2장 4절에서 14절까지 찾아 읽어 보겠습니다.

⁴요셉도 갈릴래아 지방 나자렛 고을을 떠나 유다 지방 베들레헴이라고 불리는 다윗 고을로 올라갔다. 그가 다윗 집안의 자손이었기 때문이다. ⁵그는 자기와 약혼한 마리아와 함께 호적 등록을 하러 갔는데, 마리아는 임신

중이었다. ⁶그들이 거기에 머무르는 동안 마리아는 해산 날이 되어, ⁷첫아들을 낳았다. 그들은 아기를 포대기에 싸서 구유에 뉘었다. 여관에는 그들이 들어갈 자리가 없었던 것이다.

⁸그 고장에는 들에 살면서 밤에도 양 떼를 지키는 목자들이 있었다. ⁹그런데 주님의 천사가 다가오고 주님의 영광이 그 목자들의 둘레를 비추었다. 그들은 몹시 두려워하였다. ¹⁰그러자 천사가 그들에게 말하였다.

천사 : "두려워하지 마라. 보라, 나는 온 백성에게 큰 기쁨이 될 소식을 너희에게 전한다. ¹¹오늘 너희를 위하여 다윗 고을에서 구원자가 태어나셨으니, 주 그리스도이시다. ¹²너희는 포대기에 싸여 구유에 누워 있는 아기를 보게 될 터인데, 그것이 너희를 위한 표징이다."

¹³그때에 갑자기 그 천사 곁에 수많은 하늘의 군대가 나타나 하느님을 이렇게 찬미하였다.

천사들 : ¹⁴"지극히 높은 곳에서는 하느님께 영광 땅에서는 그분 마음에 드는 사람들에게 평화!'

- 성경의 장면 몇 군데를 짚어 보도록 하겠습니다. 여관에 방이 없어서 마리아가 예수님을 어디에 뉘었습니까? (구유)

- '구유'가 무엇인지요? (대답을 들음)

- '구유'는 소나 말 따위의 가축들에게 먹이를 담아 주는 그릇으로 흔히 큰 나무토막이나 큰 돌을 길쭉하게 파내어 만든 것을 말합니다.

- **생각나눔** 예수님께서 태어난 곳이 방도 아닌 누추한 '마구간'이었으며 동물들의 먹이통인 '구유'에 뉘어졌는데, 여러분은 어떤 느낌이 드십니까? (대답을 들음)

- **생각나눔** 하느님께서는 모든 것을 하실 수 있는데, 왜 동물들이 사는 '마구간'에서 태어나셨다고 생각합니까? (대답을 들음)

- ★ 하느님께서 왕궁이나 화려한 곳을 선택하지 않으시고 누추한 '마구간'을 선택하신 이유는 하느님께서 사람이 되신 이유처럼 **당신의 것을 모두 버리시고 자신을 낮추신 '겸손'** 때문입니다 (필리 2,5-11 참조). 신이신 분이 인간으로 이 세상에 오시는 그 자체가 충격인데 그 탄생도 인간의 정상적 범주를 벗어나 있습니다. 인간으로서 기초적으로 누릴 것까지도 모두 포기하시고 하늘의 뜻에 온전히 순종하겠다는 의미가 탄생 이야기에도 가득 담겼습니다.

- **생각나눔** 조금 전에 성모님도, 성 요셉도 겸손하신 분이라고 했는데, '겸손'이란 무엇입니까? (대답을 들음)

- ★ '겸손'은 자신을 낮추면서, 있는 그대로의 자신을 보여 주는 것입니다. 아는 척, 잘난 척, 가진 척하지 않고, 모르면 모른다고, 부족하면 부족한 대로, 없으면 없는 대로 솔직하게 자신을 보여 주는 것입니다.

- 🐾 '겸손'은 감사의 마음에서 나옵니다. 함께 살아가는 가족이나 이웃 공동체에 대해 불만을 털어놓고 불평하기보다는 고마움과 감사하는 마음을 가질 때 겸손이 비로소 꽃핍니다. 마치 주어진 상황을 하느님의 뜻으로 받아들이는 성모님과 성 요셉처럼 말이지요.

- 천사가 예수님이 태어날 것이라고 누구에게 알렸습니까? (양 치는 목자)

- **생각나눔** 천사가 왕궁의 왕이나 높은 자리에 있는 사람에게 알리지 않고 왜 양 치는 목자들에게 알렸을까요? (대답을 들음)

- ★ 가난하고 순박한 이들을 상징하는 목자들이 예수님 탄생의 첫 증인이 된 것은 예수님의 가난한 탄생과 맥을 같이합니다. 이 가난함에서 하늘의 영광이 드러납니다. 뭔가 가득 찬 사람은 공간이 없어 하늘의 뜻엔 관심조차 없습니다. **가난은 빈 공간이며, 바로 이곳에서 구원이 시작됨**을 보여 줍니다.

- **생각나눔** 가장 중요한 질문을 하겠습니다. 하느님께서 사람으로 태어난 이유가 무엇일까요? (대답을 들음)

- ★ **우리를 사랑하시어** 우리에게 오시기 위해 우리를 구원하시기 위해서 하느님께서 사람으로 태어나신 것입니다. **하느님의 이 사랑을 알고 이 사랑을 이웃과 나누는 것**이 성탄을 지내는 이유입니다. 우리게 선물이 되어 주신 예수님처럼 우리도 누군가에게 선물이 되어 주겠다는 의미로 성탄에 선물을 나눕니다.

- ★ 여러분들은 성탄의 의미를 알게 되었으니 이제부터 성탄의 <u>참된 뜻</u>을 알고 이웃과 <u>사랑</u>을 나누는 성탄절을 맞이하실 수 있을 것입니다.

- 이제 교재 43쪽을 펴세요. 예수님께서 태어난 장면을 그림으로 볼 수 있습니다. 하늘에 큰 별이 구유를 비추고 있다고 성경은 전합니다. 이 큰 별을 따라 동방 박사 세 사람이 황금과 유향과 몰약을 가지고 구세주를 조배하러 왔습니다.

- 이들은 천문학자였기에 큰 별이 무엇을 의미하는지 알 수 있었습니다. 황금은 임금으로 오신 예수님을 찬미하는 예물이고, 유

향은 참사제이신 주님께 드리는 예물이며, 몰약은 인류를 위해 십자가에 못 박히신 예수님의 고통을 기억하는 예물입니다.

- 그리스도인이 되려는 여러분은 이제 동방 박사들처럼 일상의 작은 일들 안에서도 예수님께로 이끄는 별을 볼 수 있게 될 것입니다. 이 작용을 우리는 은총이라고 말합니다. 하느님께 대한 마음이 커질수록 이 은총도 우리 안에서 작용하는 범위가 커집니다.

- 이제 우리에게 오신 하느님, 그렇지만 아주 작은 아기로 오신 예수님을 만난 오늘 그분에 대한 더 큰 기대로 다음 이야기를 만날 수 있습니다.

깊이 들어가기

활동 1   서로 기도해 주기 – 수호천사 놀이

수호천사 놀이(마니또 게임)를 통해 기도의 선물 보내기

[의미] 서로 남몰래 기도해 줌으로써 이웃을 위해 사랑을 나누는 성탄의 의미를 깨달을 수 있다.

준비물: 모든 예비신자들과 교사의 이름이 들어간 쪽지, 바구니, 조용한 성탄 음악

진행

1) 놀이의 의미 및 방법을 설명한다.
   – 이 바구니 안의 쪽지에는 여기 있는 모든 사람들의 이름이 각각 적혀 있습니다. 한 사람씩 나와서 바구니에서 쪽지를 한 장씩 뽑게 됩니다. 거기에 이름이 적힌 사람이 나의 '어린 양'이 되고 나는 그 사람을 위해 기도해 주는 '수호천사'가 되는 거지요.
   – 만약 내 이름을 뽑았다면 다시 뽑아야 합니다. 그리고 내가 누구를 뽑았는지 말하지 않은 채 나의 '어린 양'을 위해 매일 기도해 줍니다.
   – 그렇게 계속 기도해 주다가 세례받고 난 후 후속 교리 때 서로를 밝히고 선물을 나누겠습니다.
2) 바구니 안의 쪽지 뽑기(그동안 음악)

활동 2   가난에 대한 토의

예수님께서 취하신 가난의 의미 되새기기

[의미] 토의를 통해 가난의 다양한 의미와 가치를 깨닫는다.

진행

1) 여러분에게 가난은 어떤 의미로 다가옵니까? 교재에 한 번 적어 보겠습니다. (나눔)
   신이신 예수님께서 인간의 육신을 취하신 그 자체가 가난입니다. 그런데 여기에 덧붙여 실질적 가난(마구간 탄생, 가난한 부모, 가난한 목자들을 첫 증인으로 삼으심)을 취하심으로 가난의 의미를 새롭게 하셨습니다.
2) 예수님께서 기꺼이 취하신 가난이 내게 어떤 의미로 다가옵니까? (나눔)
3) 나도 이제 가난을 하느님께서 거쳐하시는 빈 공간으로 받아들일 수 있습니까? (나눔)
4) 어떤 가난을 기쁘게 받아들일 것인지 적어 봅시다.

마음기도

* 🙏 예수님 안에 머무르기

- 모두 마음을 모으기 위해 바른 자세를 해 보겠습니다. 몸은 곧게 펴고, 고개는 턱을 앞으로 당겨 약간 숙입니다. 발은 어깨 넓이로 벌리고 앉습니다. 두 손은 주님 앞에 빈손임을 드러내는 표지로 하늘을 향하게 펴서 무릎에 살포시 얹습니다. 이제 눈을 감고 깊게 호흡을 합니다. 들숨을 쉬며 "사랑의 성령님" 날숨을 내쉬며는 "저에게 오소서"라고 기도합니다. 이렇게 10번 반복합니다.

- 예수님께서 탄생하신 마구간의 구유에 나도 가만히 가서 앉아 봅니다. 그리고 구유에 누워 평온히 잠드신 아기 예수님의 모습을 바라봅니다. 그 아기 예수님을 고요한 눈빛으로 바라보시는 성모 마리아와 성 요셉도 함께 바라봅니다. 이분들을 바라보는 내 마음은 어떻습니까? 어떤 느낌이 듭니까? (3분)

- 가난을 기꺼이 취하심으로써 이 세상의 가난을 복으로 만드신 예수님께 깊은 감사를 드립시다. 또한 인류 구원을 위해 신이신 분이 사람이 되어 오신 그 지극한 사랑에 대해 감사드립니다. (4분)

- 아기 예수님께 드리고 싶은 이야기를 조용히 건네 보십시오.(3분)

과제제시

1 복습

- 오늘 우리가 무엇을 배웠는지 '복습'의 칸을 채워 보세요.
  - ✎ 오늘 배운 내용 중 가장 기억에 남는 내용을 적어 보세요.
  - ✎ 다음 단어의 의미를 찾아 연결하세요.
    1) 성탄
    2) 크리스마스
    3) 겸손
    4) 순명

2 실천

- 한 주간 동안 아기 예수님을 닮아 겸손하게 살기 위한 나의 노력을 적고 실천해 봅시다.

3 알아봅시다

- 부록의 내용을 살펴보겠습니다. 교재 119쪽에 더 알아야 할 질문과 답이 '궁금합니다'에 수록되어 있습니다. 125쪽에서 예수님 성탄과 관련 있는 분들인 성 요셉, 성 니콜라오와 동방 박사들을 만날 수 있습니다.

용어 풀이

성탄 : 예수님이 태어나신 날, 12월 25일

'크리스마스(Christmas)'의 말 뜻 : 그리스도(Christ)의 미사(Mass)

순명 : 말씀을 어기지 않고 그대로 행하는 것

겸손 : 자신을 낮추면서 있는 그대로의 자신을 보여 주는 것

교사 자기 점검표 ☑

내 용	확인
• 오늘 수업 준비에 성실하였습니까?	☐
• 예비신자들이 오늘 수업목표에 각각 도달하였습니까?	☐
• 나를 통해 예비신자들이 하느님이 사람이 되어 오신 사랑을 느낄 수 있었습니까?	☐

교사 마침 기도

좋으신 하느님, 오늘 수업에 대해 감사드리며, 저의 모든 노고를 이 세상 사람들이 '성탄'의 의미와 기쁨을 아는 데 바쳐 드립니다. 저의 부족한 수업을 당신 친히 채워 주시고 제가 보다 나은 수업을 준비하도록 도와주소서. 우리 주 그리스도를 통하여 비나이다. 아멘.

추천합니다

* **가톨릭 도서**

  「50가지 성탄 축제 이야기」
    안셀름 그륀 지음, 서명옥 역 │ 분도출판사

  「성탄」 (교황 베네딕토 16세의 성탄 이야기)
    요제프 라칭거 지음 │ 바오로딸

  「넷째 왕의 전설」
    에카르트 샤퍼 지음, 김윤주 역 │ 분도출판사

  「예수 – 탄생과 어린 시절」
    송봉모 지음 │ 바오로딸

* **노래**
  - 가톨릭 성가 99 고요한 밤 거룩한 밤
  - 가톨릭 성가 100 동방의 별
  - 가톨릭 성가 103 오늘 아기 예수
  - 가톨릭 성가 110 경사롭다

제10과 예수님께서 보여 주신 하느님 나라

주제어 : 행복

학습목표
1. 예수님께서는 말씀과 행동으로 **하느님 나라**를 보여 주셨음을 알 수 있다.
2. 하느님 나라는 **사랑**과 **정의**가 넘치는 행복한 나라임을 알 수 있다.
3. 나도 예수님을 따라 하느님 나라가 **이 땅**에 오도록 노력할 수 있다.

나의 신앙을 돌아보며

◆ 말씀과 함께

"하늘나라는 밭에 숨겨진 보물과 같다.
그 보물을 발견한 사람은 그것을 다시 숨겨 두고서는 기뻐하며 돌아가서
가진 것을 다 팔아 그 밭을 산다." (마태 14,44)

우리는 하느님 나라의 맛을 아는 사람들입니다. 보이지 않는 것들, 이 세상을 초월하는 어떤 것들에 눈이 뜨인 사람들, 지상에서 이미 하느님 나라를 맛볼 수 있도록 초대받은 사람들입니다. 이천여 년 전 중동에 살았던 한 역동적인 인물에 매료된 사람들입니다. 그분의 짧은 생애가 오늘날까지 지구 상의 이렇게 많은 사람들에게 영향을 미칠지는 어느 누구도 상상하지 못했을 것입니다. 그분은 평범한 사람이었지만 그 생각과 행동은 분명 일반인과는 달랐습니다. 세상 안에서 살면서도 세상의 가치와 다르게 사셨습니다. 세상에 살면서도 '세상의 왕국'이 아닌 '하느님의 왕국'을 선포하며 그것을 위해 목숨을 바쳤기 때문입니다. 그것은 가난한 자가 차지하게 되고, 슬퍼하는 자가 웃게 되고, 배고픈 자가 만족하게 되는 나라입니다. 내가 부유해지는 것, 편안해지는 것, 내가 높아지는 것을 포기할 때 차지할 수 있는 나라입니다. 그분의 친구들은 남들이 꺼려하는 세리와 창녀, 죄인들, 약한 부녀자와 어린이였습니다. 세상의 지혜와 하느님의 지혜는 다릅니다.

"어떠한 눈도 본 적이 없고 어떠한 귀도 들은 적이 없으며 사람의 마음에도 떠오른 적이 없는 것들을
하느님께서는 당신을 사랑하는 이들을 위하여 마련해 두셨다." (1코린 2,9)

하느님의 제2위격인 예수 그리스도께서 우리 가운데 생활하시면서 어떻게 우리가 행복해질 수 있는지 보여 주셨습니다. 그것은 하느님 삼위일체 위격 사이의 관계를 우리의 관계 안에서 가지는 것입니다. 그분들이 나누는 친교-자기 증여, 자기 나눔, 자기희생-를 우리 안에서 살아 내는 것입니다. 그럴 때 삼위일체 하느님 사이에서 누리는 영원한 생명, 사랑, 행복을 바로 우리가 누리게 될 것입니다. 그것이 우리 삶의 목표이자 하느님께서 우리에게 주시고자 하는 선물입니다. 이는 하느님의 사명(mission)으로 바로 성자를 우리에게 보내신 동기이며, 예수 그리스도가 이 지상에 와서 자신의 삶을 아낌없이 투신한 이유입니다. 우리는 이 사명을 계속하기 위해 부름 받은 사람들입니다.

◆ 숙고하기

나는 언제 '하느님 나라'의 맛을 보았는가?
나는 어떻게 이 지상에서 '하느님 나라'의 건설을 위해 일하고 있는가?
세속주의, 이기주의, 자기중심주의에서 벗어나 복음적으로 살아갈 때 어떤 선물을 받았는가?

◆ 기도하기

삼위일체 하느님! 예수 그리스도를 통해 보여 주신 '하느님 나라'의 가치를 알아, '하느님 나라'의 영원한 생명과 행복을 누릴 수 있도록 도와주소서. 우리 주 예수 그리스도를 통하여 비나이다. 아멘.

 **수업을 이렇게**

◆ 수업 줄거리

1. **예수님 유년 시절** : 예수님은 겸손과 순종의 모범을 보여 주신 성모 마리아와 성 요셉의 손에서 유년 시절과 청년 시절을 보내셨다. 그분들의 품성을 본받고, 사람이시면서 동시에 하느님이신 분이 부모에게 순종을 보이며 공적인 생활을 준비하셨다. 이는 성부 하느님의 '의로움'을 이루기 위한 준비였다.

2. **예수님의 공생활** : 예수님은 세례를 받으신 후 지상에서 공적인 활동을 시작하셨는데, 성령 안에서 성부 하느님과 일치하여 모든 일을 해 나가셨다. 예수님은 제자들을 부르시고, 병자들을 고쳐 주시며, 기적을 행하시고, 죄인들을 용서하시면서 하느님의 사랑과 말씀을 전하셨다.

3. **예수님께서 보여 주신 하느님 나라** : 예수님의 설교와 행적은 모두 '하느님 나라'를 우리에게 보여 주시기 위해서이다. '하느님 나라'는 사랑과 정의가 넘치는 행복한 나라이며, 사랑하는 사람만이 들어가는 곳, 미움과 질투를 버려야만 들어가는 곳이다.

4. **하느님 나라로 초대받은 우리** : 예수님은 특히 어려운 이들, 가난한 이들, 죄인들과 친구가 되시고, 또 자신이 의롭다고 생각하는 이들의 잘못을 지적해 주시면서 하느님의 사랑과 정의가 다스리는 '하느님 나라'에 대해 보여 주셨다. 우리 모두는 '하느님 나라'의 행복을 얻도록 초대받았다.

수업 계획표 (총 60분)

단계	내용	진행	준비물
도입 (5분)	예수님의 유년 시절	예수님의 유년 시절 사화를 통해 소년 예수님의 비범함을 알기	
전개 (30분)	예수님의 공생활	성경(마르코와 마태오)에 나오는 예수님의 공생활에 대해 듣고 이야기하기	예수님 행적이 담긴 복음서 장절이 적힌 종이(4개), 이스라엘 지도
	예수님께서 보여 주신 '하느님 나라'	하느님 나라, 정의, 행복에 대해 토론하기	
	하느님 나라 행복에로 초대받은 우리들	우리 각자가 예수님을 따라 하느님 나라에 들어가기 위해 어떤 노력이 필요한지 생각해 보고 실천하기	
깊이 들어가기 (15분)	하느님 나라로의 초대 예수님의 프로필(약력)	1. 하느님 나라의 구체화 2. 예수님의 프로필 작성	활동2-교사용 첨부3
마무리 (10분)	마음기도	기도	
과제제시	배운 내용 정리	요약하기	

이런 것을 뜻합니다

 삼위일체 교리　　 공동체

 기도　　생각나눔 숙고하고 나누기

 중요　　 사회교리

밑줄　수업목표에 해당함

▶ 출석 확인

열 기

1 **시작기도** : 가톨릭 성가 434장

2 **지난 시간 복습**

◇ 성탄이 무엇입니까?

◇ 마리아와 요셉은 어떤 덕으로 하느님의 말씀을 받아들였습니까?

◇ 동방 박사들이 선물한 것은 무엇이며, 선물의 의미는 무엇입니까?

3 **예수님의 유년 시절**

- 예수의 부모는 가난한 사람들이었습니다. 그래서 모세의 율법에 따라 첫 아들을 성전에 봉헌하러 갔을 때 가난한 이들의 예물인 비둘기 한 쌍을 예물로 드렸습니다. 이를 통해 예수님의 유년 시절은 그리 풍족하지 않았음을 알 수 있습니다.

- 겸손으로 예수님을 받아 안으신 마리아와 요셉은 인간이시면서 동시에 신이신 아들 예수를 자신들의 품성대로 잘 양육했습니다. 루카 복음사가는 '아기는 튼튼해지고 지혜가 충만했으며 하느님의 총애를 받았다'(2,40)고 전하고 있습니다.

- 파스카 축제 때마다 예수님의 부모는 예루살렘으로 축제를 지내러 갔습니다. 예수님이 열두 살 때 일이었습니다. 축제를 마치고 나자렛으로 돌아가는 길에 마리아와 요셉은 예수를 잃어버렸습니다. 친척들 사이에서 함께 오려니 생각하고 하룻길을 갔던 것입니다. 그들은 사흘 동안 예수를 찾아 헤맨 뒤 성전에서 학자들과 토론하고 있는 예수님을 찾았습니다. 예수님의 어머니가 "얘야, 우리에게 왜 이렇게 하였느냐? 네 아버지와 내가 너를 애타게 찾았단다."(루카 2,48)라고 말했습니다. 어머니의 애끓었던 마음이 담긴 말이지요. 그런데 예수님의 대답은 의아했습니다. "왜 저를 찾으셨습니까? 저는 제 아버지의 집에 있어야 하는 줄을 모르셨습니까?"(루카 2,49) 예수님의 대답을 알아들을 수 없었던 부모는 여느 부모와 달리 야단하지 않고, 이 모든 일을 마음에 간직합니다. 신성과 인성을 동시에 갖춘 평범하지 않은 아들을 키운다는 것이 쉬운 일은 아니었겠지요.

- 이 일이 있은 후의 일을 루카 복음사가는 이렇게 전합니다. "예수님은 부모와 함께 나자렛으로 내려가, 그들에게 순종하며 지냈다."(2,51) 부모의 겸덕을 본받으며 자신의 모습을 특별히 드러내지 않고 지내시던 예수님은 30세에 드디어 공생활을 시작하십니다.

- 예수님의 유년 시절의 모습을 보여 주는 성경 구절을 찾아 교재에 적어 보세요. (루카 2,51)

펼치기

1 **예수님의 공생활**

- 교재 47쪽의 그림이 '**예수님께서 세례받는 장면**'(마르 1,9-11)입니다. 예수님께서 세례를 받는 것으로 공생활을 시작하십니다. 장면을 함께 볼까요? 예수님보다 6개월 앞서 태어난 세례자 요한이라는 인물이 있었습니다. 그는 구약의 마지막 예언자로서 예수님의 사촌입니다. 아이를 낳을 수 없었던 나이든 여인에게서 기적으로 태어난 인물이기도 합니다. 요한은 자기 자신을 이렇게 표현했습니다. "나는 광야에서 외치는 소리. 그분의 길을 내는 사람이다. 나는 그분의 신발 끈을 풀어드릴 자격조차 없는 사람이다." 그렇게 예수님보다 앞서와 그분의 길을 준비하는 사람으로 자신을 인식하고 있는데 예수님께서 그에게 세례를 받으러 오셨습니다. 그가 얼마나 놀랐을까요?

- 예수님은 놀란 세례자 요한에게 이렇게 말합니다. "지금은 이대로 하십시오. 우리는 이렇게 해서 마땅히 모든 의로움을 이루어야 합니다." 여기서 의로움이란 하느님 뜻에 대한 충실성을 말합니다. 하느님의 뜻에 오롯이 순명하고자 하는 예수님의 의지를 볼 수 있습니다. 이 대목은 주님의 기도에서도 드러나지요. "아버지의 뜻이 하늘에서와 같이 땅에서도 이루어지소서." 예수님께서 세례를 받으시고 물에서 올라오실 때 하늘이 갈라지며

성령이 비둘기처럼 내려오셨습니다. 그리고 하늘이 열리며 이런 소리가 들려왔습니다. "**너는 내가 사랑하는 아들, 내 마음에 드는 아들이다.**"

- 예수님께서는 세례를 받으시고 나서 공적으로 하느님의 일을 시작하셨습니다. 이 시작을 삼위일체 하느님께서 함께하신 거지요. 그 후 **예수님께서는 성령 안에서 성부 하느님 아버지와 일치하여 모든 일을 해** 나가셨습니다. **성부, 성자, 성령은 항상 함께 계시며** 인류 구원의 역사를 이루어 가십니다. 예수님께서는 세례를 받으심으로써 세례자 요한이 속죄와 회개의 의미로 베풀던 단순한 세례, 곧 사람의 일을 하느님의 일로 만드셨습니다. 예수님께서는 복음을 이루기 위해 어떻게 해야 하는지 우리에게 몸소 보여 주십니다. 하느님의 뜻을 언제나 찾고, 그 뜻에 순종하는 모습이 바로 그것입니다.

- 예수님께서는 당신의 **말씀과 행적으로 하느님 나라를 선포**하십니다. 우리는 이를 기쁜 소식, 복음이라고 말합니다. 우선 예수님께서 어떤 말씀으로 하느님 나라를 선포하시는지 들어 보겠습니다. 루카 복음 6,20-23을 함께 읽겠습니다.

- 여기에서 하느님의 나라에 들어갈 사람은 누구입니까? 가난한 사람, 지금 굶주리는 사람, 지금 우는 사람 그리고 예수님 때문에 모욕을 당하는 사람이라고 말합니다. 이런 사람들이 이천 년 전 예수님 시대에만 있었을까요?

- 예수님 시대에는 아나빔이라 불리는 가난한 사람들이 있었습니다. 이들은 실질적으로 가난한 사람들이기도 했지만 메시아를 고대하고, 하느님 나라를 기다리는 사람들이었습니다. 여러분! 예수님 탄생의 장면으로 다시 돌아가 봅시다. 예수님께서 택하신 가난의 의미가 무엇이었습니까? 바로 하느님께서 활동하실 수 있는 공간이었습니다. 이런 맥락이 여기 예수님 공생활에서도 그대로 드러나고 있습니다. 마음에 빈 공간이 있는 이들, 이들만이 하느님의 말씀에 귀 기울일 수 있고, 가난하기에 풍요를 기대할 수 있습니다. 이런 의미에서 산상 수훈에서 예수님께서 '가난한 이가 행복하다.'라고 하신 뜻을 이해할 수 있습니다. 또한 물리적 가난은 그 시대의 구조적 모순에 있음을 예수님께서는 너무도 잘 아셨습니다. 그래서 그런 가난은 타파의 대상이기도 했습니다. 이는 오늘날에도 마찬가지입니다.

- 또 하느님의 뜻대로 살아가는 것은 이익만을 추구하는 세상의 이치와 다른 가치의 삶을 사는 것입니다. 하느님 뜻에 맞지 않은 일과 부당한 일에 과감히 나설 수 있는 용기와 실천을 필요로 하기에 당연히 어려움을 감수해야 할 때도 있습니다. 하지만 이런 어려움을 하느님께서 다 아시고 천상 행복으로 초대해 주신다는 의미입니다.

- 우리는 잠시 오늘날 이렇게 살아가고 있는 사람들을 생각해 보려고 합니다. (눈을 감고 잠시 생각해 본다.)

- 이제 예수님의 행적들을 살펴볼까요? 지금부터는 여러분의 활약이 필요합니다. 이제 여러분은 조별 활동을 하시게 될 것인데, 여기 바구니에서 성경 장절이 적힌 종이 하나씩을 뽑으실 것입니다. 그 내용을 숙지하고, 그 내용을 상징할 수 있는 상징물을 교재의 빈칸에 그립니다. 그리고 필기구를 이용해 교재에 나온 지도에서 지역을 찾아 연결합니다. 그리고 한 조씩 발표를 하면서 책의 빈칸을 채우겠습니다.

도움말

교사는 칠판 또는 전지에 이스라엘 지도를 그려 준비한다. 조별 활동 후 포스트잇을 준비해 두었다가 조별로 나눠 주고 성경 내용의 상징을 그려 큰 지도에 붙이거나 교재의 지도를 이용해 발표한다. 그리고 다른 조들은 그 상징물을 책에 그대로 그리고, 지역을 찾아 연결한다.

- 예수님 행적이 담긴 성경 장절
    - 요한 2, 1-12 카나의 혼인잔치 (카나)
    - 마르 2, 1-12 중풍 병자를 고치심 (카파르나움)
    - 마태 8, 28-34 마귀들과 돼지 떼 (가다라)
    - 루카 19, 1-10 자캐오 이야기 (예리코)

도움말

교사는 발표에 대해 적절히 대응해 준다.

- 우리가 함께 나눈 이야기 중 중풍 병자 이야기에 조금 주목해 보겠습니다. 이 병자를 누가 데려왔습니까? (대답을 들음) 이는 공동체의 힘을 보여 줍니다. 나는 내가 속한 공동체에서 고통받는 이, 위로가 필요한 이의 벗이 되어 주고 있습니까? 하느님의 자녀로서의 삶은 이런 공동체성을 요청합니다. 우리는 받아들이는 예식에서 공동체 생활을 배우기를 원한다고 대답했습니다. 예비신자 이전의 삶과 지금의 삶에서 여러분의 공동체에 대한 인식이 얼마나 발전했는지 생각해 보는 시간도 필요할 것입니다. 가톨릭의 구원은 개인의 구원만이 아니라 공동체의 구원을 지향하고 있기 때문입니다. 이런 의미에서 중풍 병자 사화는 우리에게 많은 이야기를 건네 옵니다.

- 예수님께서는 그 시대의 가난한 자, 병자들, 과부와 고아들, 죄인이라고 불리는 세리들과 창녀들, 이들과는 절대로 어울릴 수 없는 율법 학자들과 바리사이들과도 관계를 맺으셨습니다. 예

수님께서 복음을 선포하시려는 대상에서 벗어난 이는 아무도 없었습니다. 다만 빈 마음으로 예수님의 복음을 받아들였느냐 그렇지 못했느냐는 전적으로 개개인의 몫이었습니다. 이는 오늘날에도 마찬가지이고요.

- 예수님께서도 이 모든 일을 홀로 하지 않으셨습니다. 예수님은 특별히 12명의 제자들을 뽑아서 '사도'라 부르시고, 당신과 함께 지내게 하셨습니다. 이들에게 당신의 모든 가르침과 행적을 보여 주십니다. 당신의 일을 함께할 사람들을 뽑으신 것이죠. 사도란 (예수님으로부터) '보내진 사람' 또는 '파견된 사람'이라는 뜻입니다. 12사도는 베드로, 안드레아, (대)야고보, 요한, 필립보, 바르톨로메오, 마태오, 토마스, (소)야고보, 타대오, 시몬, 예수님을 팔아넘긴 유다입니다. 이들은 예수님께 모든 권한을 받아 여러 마을을 두루 다니며 '하느님 나라가 다가왔다'는 '기쁜 소식(복음)'을 전하고 마귀들을 쫓아내고 병든 이를 고쳐 주었습니다. (마르 6,7-13 참조)

2 예수님께서 보여 주신 하느님 나라

- 생각나눔 지금까지 예수님의 행적과 가르침을 살펴보았습니다. 예수님께서 우리에게 가르치려고 하신 것이 무엇이며, 행동으로 보여 주신 것은 무엇이었을까요? (대답을 들음)

- ★ 맞습니다. 하느님 나라입니다. 예수님께서는 말씀과 행동으로 **하느님 나라**를 보여 주셨습니다.

- 생각나눔 '하느님 나라' 또는 '하늘나라'는 어떤 나라일까요? (대답을 들음)

- ★ '하느님 나라'는 '하느님께서 다스리는 나라', '천국'을 말합니다. **'사랑'과 '정의'가 넘치는 삼위일체 하느님 공동체의 나라, 영원한 생명과 행복이 있는 나라**입니다.

- 생각나눔 '정의'란 무엇인가요? (대답을 들음)

- ★ **'정의'는 참되고 올바른 것**을 말합니다. 즉 하느님 뜻을 찾고, 사는 것을 말하지요. 율법 학자들의 잘못을 나무라시는 예수님의 모습 안에서 '정의'를 볼 수 있습니다.

- '행복'이란 충분한 만족과 기쁨을 느끼는 것으로, 우리 모두가 바라는 것입니다. 철학자 아리스토텔레스는 그의 윤리학 1장 1절에서 "모든 인간은 행복하기를 원한다."라고 쓰고 있습니다. 동서고금을 막론하고 모든 인류는 행복을 바라왔습니다. 여러분이 공부하는 이유, 일하는 이유, 살아가는 이유도 바로 행복하기 위해서입니다. 이 세상에서는 돈이 많은 사람이 행복하고, 웃는 사람이 행복하고, 사랑을 받은 사람이 행복하겠지만, '하느님 나라'에서는 어떤 사람이 행복하다고 합니까?

- ★ '하느님 나라'에서는 **가난한 사람**이 행복하고 **의로움에 굶주린 이들**이 행복하고 **자비를 베푸는 사람**이 행복하다고 합니다. 여기서 '가난한 사람'은 마음이 하느님으로 가득 차서 세상 욕심이 없는 사람을 말합니다. 우리 마음이 하느님으로 가득 차면 우리가 참행복을 누릴 수 있습니다. 성녀 대 데레사도 "하느님을 소유한 사람은 모든 것을 소유한 것이니 하느님만으로 만족하도다."라고 말했습니다.

- 생각나눔 종합해서, 하느님 나라는 어떤 나라이며 어떤 사람이 들어갈 수 있는지 이야기해 봅시다. (몇 사람에게서 대답을 들음)

- ★ '하느님 나라'는 **사랑과 정의가 넘치는 행복한 나라**임을 알 수 있습니다. **사랑하는 사람만이 들어가는 곳, 미움과 질투를 버려야 들어가는 곳**입니다.

- 예수님께서는 "하느님의 나라는 너희 가운데 있다."(루카 17,21)라고 하셨는데 **내가 남을 사랑하고, 겸손하게 나의 잘못에 대해 용서를 청하고, 자신보다 이웃과 공동체를 생각한다면** 내 안에 하느님 나라가 이미 와 있는 것입니다.

- 교재 49쪽의 사진에서처럼 먼지만큼 작은 겨자씨가 하느님 나라에 비유되기도 합니다. 겨자씨는 먼지처럼 작지만 다 자라면 매우 커서 모든 새가 깃들일 만큼 큰 나무가 됩니다. 이렇듯 **세상 마지막 날에는 하느님 나라로 이 세상이 가득 차게 될 것**이라는 의미를 가집니다.

3 하느님 나라 행복으로 초대받음

- 예수님께서는 '하느님 나라'가 어떤 나라인지 말씀으로 가르쳐 주셨으며, 또 행동과 삶으로 직접 보여 주셨습니다.

- 가난하고 어렵게 살아가며 고통받는 이들과 함께하시고 죄인들을 용서하시며, 병자들을 고쳐 주시며 하느님의 '사랑'을 보여 주셨습니다.

- 자신이 옳다고 믿는 이들, 남을 억압하는 이들, 남을 속여 먹는 이들의 잘못을 지적하시며 하느님의 '정의'를 보여 주셨습니다.

- 예수님께서는 '주님의 기도'를 제자들에게 직접 가르쳐 주시며 "아버지의 나라가 오시며…"(마태 6,10)라고 하셨는데, 예수님께서 이 세상에 오신 이유가 바로 '아버지의 나라' 즉 '하느님 나라'를 이 땅에 오도록 하시기 위해서입니다.

- ★ **'하느님 나라'는 예수님과 함께 시작되었고, 지금 우리 안에**

있으며, 세상 마지막 날에 완성될 것입니다. (Already but not yet!) 우리도 예수님의 사명을 이어받아, 하느님의 나라가 이 땅에 오도록 노력해야 합니다. 사랑의 삼위일체 공동체를 본받아 사는 공동체적 삶으로 말이지요.

깊이 들어가기

활동 1 하느님 나라로의 초대

하느님 나라가 이 땅에 이루어지도록 어떤 노력을 해야 할지 구체적으로 생각해 보기

> [의미] 하느님의 나라가 이 땅에서 우리의 선행으로 펼쳐질 수 있음을 알 수 있다.

- 교재 50쪽을 펴 보세요. 우리 모두는 '하느님 나라'의 '행복'을 얻도록 초대받았습니다. 하느님의 나라가 이 땅에 오도록 우리는 어떤 노력을 할 수 있을까요? 하느님 나라를 보여 주신 예수님의 모습을 보면서 오늘날 그것을 따라 사는 사람들을 떠올려 보겠습니다. 그리고 옆 사람과 상의하여 적어 보십시오.(몇 사람의 발표를 들은 후) 우리도 어떻게 '하느님 나라'를 위해 살아갈 것인지 알 수 있을 것입니다.

- 우리 각자가 숙고해서 적은 내용들을 한 주간 동안 잘 실천해 보시기 바랍니다. 그 실천이 나에게 어떤 의미를 주는지 다음 시간에 함께 나눠 보도록 하겠습니다.

활동 2 예수님의 프로필 - 교사용 첨부3

- 나누어 드린 '**예수님 프로필**'을 보십시오. 예수님 프로필(약력)에 대해 묻고 있습니다. 각자 작업을 해 보시면서 대답하기 어려운 부분은 옆의 분과 함께 상의하실 수 있습니다. (각자 답함)

- 그럼 답을 맞춰 보겠습니다.
  - 예수님 생년월일? (서기 0년 12월 25일/ 정확한 연도는 알 수 없고, 학자에 따라 기원전 4년-3년)
    - 태어난 나라? (이스라엘)
    - 어머니 이름? (마리아)
    - 아버지 이름? (성부 하느님)
    - 양 아버지 이름? (요셉)
    - 직업? (목수/ 참조: 마르 6,3; 마태 13,55; 성 요셉에게서 목수 일을 배움)
  - 예수님의 벗들? (어린이, 세리, 창녀, 죄인/ 참조: 마태 19,14; 21,31; 마르 2,15; 루카 19,7)
  - 돌아가신 나이? (33세)

☞ 아래 질문들은 다양한 답이 나올 수 있음
  - 특기? 또는 좋아하는 것? (사랑하기, 물 위를 걷기, 병을 고쳐 주기 등)
  - 싫어하는 것? (악을 행하는 것, 거짓을 행하는 것, 진실하지 않은 것 등)

- 이 활동을 통해 예수님에 대한 대략적 정보를 우리는 알게 되었습니다. 이 정보는 우리에게 예수님께서 싫어하시는 내용과 좋아하시는 내용을 알려 주고 있습니다. 내 삶에서 무의식적으로 행해진 것들, 혹은 의식적으로 선택한 것들 중 예수님께서 싫어하시는 것이 있다면 그것이 무엇인지 살피고 어떻게 피할 것인지 살피고, 좋아하시는 것은 무엇인지 생각해 보겠습니다. 그리고 좋은 것은 키우고, 나쁜 것은 고치면서 한 주간 동안 살아 보겠습니다. 하느님 나라가 이 땅에 오도록 한 주간 동안 노력할 내용들을 적고 실천해 보겠습니다.

마음기도

* 🙏 예수님 안에 머무르기

- 모두 마음을 모으기 위해 바른 자세를 해 보겠습니다. 몸은 곧게 펴고, 고개는 턱을 앞으로 당겨 약간 숙입니다. 발은 어깨 넓이로 벌리고 앉습니다. 두 손은 주님 앞에 빈손임을 드러내는 표지로 하늘을 향하게 펴서 무릎에 살포시 얹습니다. 이제 눈을 감고 깊게 호흡을 합니다. 들숨을 쉬며 "사랑의 성령님" 날숨을 내쉬며 "저에게 오소서"라고 기도합니다. 이렇게 10번 반복합니다.

- 성령께서 우리를 이스라엘로 인도하십니다. 북부 갈릴래아 호숫가로 가고 있습니다. 그곳에서 공생활을 하고 계신 예수님을 만났습니다. 예수님께서 어떤 모습으로 우리를 맞으시는지 자세히 바라봅니다. (2분)

- 오늘 우리가 만났던 예수님의 이야기 중에서 가장 기억에 남는 이야기가 무엇인지 예수님께 말씀드리십니다. 왜 가장 기억에 남았는지도 함께 말씀드립니다.(3분) '하느님 나라'를 우리에게 보여 주시고 '하느님 나라'의 행복으로 우리를 초대하신 예수님께 감사의 인사를 드립니다. (1분)

- '하느님 나라'를 위해 내가 실천하고자 다짐한 바를 예수님께 말

씀드리며 실천할 수 있는 힘을 주시라고 청합니다.(2분) 그밖에 하고 싶은 말씀을 드리고, 예수님께서 말씀하시는 것을 잘 듣습니다. (2분)

도움말

기도 후 몇 명을 지명하여 예수님께 어떤 말을 하고 어떤 말을 들었는지 물어볼 수 있다.

과제제시

1 복습

- 오늘 우리가 무엇을 배웠는지 '복습'의 칸을 채워 보세요.
  - 오늘 배운 내용 중 가장 기억에 남는 내용을 적어 보세요.
  - 다음의 단어를 읽고 설명을 교재에서 찾아 쓰세요.
    1) 하느님 나라
    2) 사도
    3) 복음

2 실천

- 사랑과 정의가 넘치는 주님의 나라를 지금 여기에서 이루기 위해 내가 할 수 있는 것을 생각하고 실천해 봅시다.

3 알아봅시다

- 부록의 내용을 살펴보겠습니다. 교재 119쪽에 더 알아야 할 질문과 답이 '궁금합니다'에 수록되어 있습니다. 126쪽에서 예수님의 열두 사도들을 (마태오와 요한은 4과 복음사가에 수록됨) 만날 수 있습니다.

용어 풀이

하느님 나라 : 하느님의 사랑과 정의로 다스려지는 행복한 나라

'사도'의 말 뜻 : 보내진 사람, 파견된 사람

복음 : 하느님 나라에 대한 기쁜 소식

교사 자기 점검표 ☑

내 용	확인
• 오늘 수업 준비에 성실하였습니까?	☐
• 예비신자들이 오늘 수업목표에 각각 도달하였습니까?	☐
• 나를 통해 예비신자들이 '하느님 나라'에 대해 알고 느낄 수 있었습니까?	☐

교사 마침 기도

좋으신 하느님, 오늘 수업에 대해 감사드리며, 저의 모든 노고를 '하느님 나라' 건설을 위해 바쳐 드립니다. 저의 부족한 수업을 당신 친히 채워 주시고 제가 보다 나은 수업을 준비하도록 도와주소서. 우리 주 그리스도를 통하여 비나이다. 아멘.

추천합니다

* 가톨릭 도서

「주님의 기도」
　　안셀름 그륀 지음, 이종한 역 │ 분도출판사

「예수-새 시대를 여심」
　　송봉모 지음 │ 바오로딸

「예수 여기에 그가 있다」
　　제임스 마틴 지음, 오영민 역 │ 가톨릭출판사

* 노래

- 가톨릭 성가 35 나는 포도나무요
- 가톨릭 성가 37 행복한 사람들
- 가톨릭 성가 41 형제에게 베푼 것
- 가톨릭 성가 50 주님은 나의 목자

제11과 우리를 구원한 예수님의 십자가

주제어 : **사랑**

학습목표
1. 예수님께서는 우리에게 **하느님 나라**를 선물하시기 위해 **고난**을 받으셨음을 알 수 있다.
2. 성부와 성령께서는 십자가 위에서 고통받으시는 예수님과 함께하셨음을 알 수 있다.
3. 나의 고통과 어려움을 예수님의 **수난**과 **하나** 되어 바칠 수 있다.

 **나의 신앙을 돌아보며**

◆ 말씀과 함께

"친구들을 위하여 목숨을 내놓는 것보다 더 큰 사랑은 없다." (요한 15,13)

이 '지상 나라'가 아닌 '하느님 나라'를 선포하는 예수님의 독특한 생활 방식, 혁명적인 태도와 행동은 결국 예수님을 죽음으로 몰고 갑니다. 예수님은 하느님 나라의 영원한 생명과 행복을 우리에게 주시고자, 즉 우리를 구원하시고자 기꺼이 자신의 목숨을 내어놓습니다. 예수님은 억울한 사형 선고(반란죄)를 받고 억울한 죄목(유다인의 왕)으로 모두에게 버림받은 채 비참하게 죽어 갔습니다. 아무도 그것을 의로운 죽음으로 보지 않았습니다. 예수님의 십자가 죽음은 자신이 사랑하는 사람만을 위한 것이 아닌, 자신의 원수까지도 사랑하기 위한 것이었고, 자신의 민족만을 위한 것이 아닌, 모든 인류를 위한 더할 수 없는 고귀한 죽음이었습니다. 그것은 오늘날까지 나에게 영향을 미치며 나에게 삶의 의미를 가져다주고, 나에게 영원한 생명을 선사해 주십니다. 예수님의 죽음과 함께 떠오르는 사람이 있습니다. 2001년 일본 유학 중 술 취한 일본인을 구하기 위해 전차 철로에서 목숨을 잃은 한국 대학생 이수현! 전혀 알지도 못하는 사람, 민족적으로 적대적인 감정이 있는 일본인을 위해 장래가 유망한 젊은이가 자신의 목숨을 바친 그 용기와 정의감은 과연 예수님을 닮았다고 하겠습니다.

"저의 하느님, 저의 하느님, 어찌하여 저를 버리셨습니까?" (마르 15,34)

우리는 십자가의 예수님을 바라보며, 우리를 위해 비참하게 돌아가신 예수님의 고통과 죽음만 떠올립니다. 예수님 십자가 고통에 함께하시는 성부와 성령은 보지 못하지요. 체코 단편 영화 '모스트'의 아버지의 마음을 통해 우리는 성부 하느님의 마음을 묵상할 수 있습니다. 철도원인 아버지의 직장으로 놀러온 아들은 기차가 예정 시간보다 빨리 들어옴을 발견하고 아버지를 부릅니다. 급한 나머지 자신이 직접 개폐식 다리의 스위치를 누르려고 하다가 다리 밑으로 빠지지요. 나중에 아버지는 아들이 위험한 것을 알게 되었지만 기차의 승객들을 희생시킬 수 없어 어쩔 수 없이 다리의 스위치를 눌러 아들을 죽게 하고 맙니다. 아들을 죽게 한 그 고통으로 울부짖는 아버지의 모습에서 우리를 위해 아들 예수의 죽음을 바라보아야 했던 성부의 고통을 느끼게 됩니다. 성부와 성령께서는 우리를 구원하시기 위한 예수님의 십자가 고통에 함께하셨습니다. 성자는 성자로서, 성부는 성부로서, 또 성령은 이 둘을 엮어 주면서 함께 고통을 받으셨습니다. 삼위일체 하느님의 사랑은 나의 고통에 의미를 주고, 나를 이웃의 고통에 동참하게 만듭니다. 고통은 피할 것만이 아닌, '구원'으로 데려다주는 힘입니다.

◆ 숙고하기

나를 위해 예수님께서 목숨을 내어놓으셨다는 것을 마음으로 느껴 본 적이 있습니까?
십자가를 바라보면서 삼위일체 하느님을 바라봅니까?
나의 고통에 의미를 두고 있습니까? 지상에서 고통받는 이들과 연대감을 느낍니까?

◆ 기도하기

십자가의 고통 안에 하나 되신 삼위일체 하느님! 저의 고통도 그 안에 일치시켜 주소서. 아멘.

 수업을 이렇게

◆ 수업 줄거리

1. **구원의 십자가** : 십자 나무(십자가)는 단순한 나무가 아니라 우리의 구원을 상징한다. 예수님께서 우리를 구원하시려고 십자 나무에서 돌아가셨기 때문이다.

2. **예수님의 수난과 죽음** : 예수님은 하느님 나라를 전하시다가 사람들의 미움을 받아 잡히시어 사형 선고를 받으셨다. 예수님은 매를 맞으시고 가시관을 쓰셨으며 십자가를 지고 가시다가 많이 넘어지셨다. 결국 십자가에 못 박혀 돌아가시고 무덤에 묻히셨다.(묵주기도 고통의 신비와 십자가의 길 14장면 중에서 8장면 중심으로 이야기가 펼쳐짐)

3. **십자가 위에서의 삼위일체** : 우리를 위하여 삼위일체이신 하느님 공동체가 사랑 안에 하나로 결속되어 십자가 고통에 함께하셨다. 그러므로 십자가는 우리를 구원하시는 삼위일체 하느님 사랑의 표지이다.

4. **예수님의 고통에 동참** : 십자가를 지신 예수님의 고통과 하나 되기 위해 나도 나의 십자가를 기쁘게 짊어지도록 한다. 내가 짊어져야 할 십자가 중 한 가지는 꼭 지키도록 결심한다.

수업 계획표 (총 60분)			
단계	내용	진행	준비물
도입 (5분)	고통에 대한 생각	십자가가 나타내는 고통의 의미 알기	십자가(십자고상)
전개 (30분)	예수님의 수난과 죽음의 원인	사진첩을 보면서 예수님이 수난당하시고 십자가 위에서 돌아가신 이야기 듣기	
	삼위일체 사랑의 표지인 십자가	성부와 성령께서는 십자가 위에서 고통받으시는 예수님과 함께하셨음을 알기	
	예수님 고통과 하나 되기	나의 고통과 어려움을 예수님의 고통과 하나 되어 바치기로 결심하기	
깊이 들어가기 (15분)	예수님 고통 위로하기	1. 삼위일체 십자가 만들기 2. 십자가의 길 기도 바치기	활동1—교사용 첨부 4
마무리 (10분)	마음기도	기도	
과제제시	배운 내용 정리	요약하기	

이런 것을 뜻합니다

 삼위일체 교리　　 공동체

 기도　　생각나눔 숙고하고 나누기

 중요　　 사회교리

밑줄　수업목표에 해당함

▶ 출석 확인

열 기

1 시작기도 : 가톨릭 성가 115장

2 지난 시간 복습

◇ 하느님 나라는 무엇이고, 어떤 특징을 가집니까?

◇ 사도의 뜻은 무엇이며, 예수님은 몇 명의 사도를 두었습니까?

◇ 복음이란 무엇입니까?

3 고통에 대한 생각

- 캄캄한 도심 속에서 가장 많이 보이는 빨간 불빛이 있는데 그것이 무엇인지 아십니까? 바로 예수님을 믿는 이들이 밝힌 십자가 불빛입니다. 여러분이 성당에 들어와서 가장 눈에 뜨인 것도 제대 중앙에 모셔진 십자고상일 것입니다.

- 생각나눔 '십자가'는 무엇을 의미할까요. 십자가가 주는 느낌은 무엇입니까?(고통)

- 그렇다면 여러분은 고통을 무엇이라 생각합니까? 고통은 과연 의미가 없는 것일까요? 고통에 대한 여러분의 생각을 교재 52쪽에 적어 보시기 바랍니다.

- 정채봉 씨 동화에 이런 짧은 글귀가 있습니다. "생선이 소금에 절임을 당하고, 얼음에 냉장을 당하는 고통이 없다면 썩는 길밖에 없다." 또한 한센병을 앓는 한하운 시인은 자신의 체험을 통해 고통의 의미를 우리게 알려 줍니다. 어느 추운 날 시인은 난로에 손을 쬐고 있었습니다. 병으로 인해 손에 고통을 느끼지 못하는 그는 난로에 너무 가까이 손을 대어 손이 타는 것을 냄새로 알게 되었습니다. 이렇듯 고통은 우리에게 위험을 감지하게 하고, 조심하게 하는 장치로써의 역할도 합니다.

- '십자가'는 단순한 나무가 아니라, 우리의 **'구원'을 상징**하는 큰 의미가 있습니다. 그 큰 고통은 모든 이의 영혼을 구원하는 희생 제물이 됩니다. 이 세상의 모든 의로움은 어떤 희생들로 이뤄집니다. 희생 없이 이뤄지는 것은 사실 없지요. 더욱이 영혼을 구하는 일이라면 그 희생의 크기가 어떤 것일까요? 그래서 **신이시면서 동시에 온전한 인간이신 예수님**께서 우리를 구원하시려고 십자 나무에서 돌아가셨습니다.

- 오늘은 예수님께서 십자가 희생을 어떻게 받아들였는지, 그 희생이 오늘을 살아가는 나에게 어떤 영향을 주었는지 살펴보겠습니다.

펼치기

1 예수님의 수난과 죽음의 원인

- 지난 수업 시간 때 예수님께서는 말씀과 행동으로 '하느님 나라'를 보여 주셨다는 것을 배웠습니다. 많은 사람들이 '하느님 나라'에 대해 알게 되어 기뻤지만, 어떤 사람들은 '하느님 나라'를 받아들이지 못했습니다. 사실 율법 학자들과 바리사이들은 율법을 준수함으로써 하느님 나라에 들어갈 수 있다고 믿었습니다. 그런데 예수님께서는 당신 스스로 율법의 완성자라고 말씀하셨지만 그들 눈에는 율법을 지키지 않는 사람처럼 보였지요. 안식일에 노동을 하고, 병자들을 고치고, 율법대로 손을 씻지 않고 음식을 드시는 등 이들이 보기에 못마땅한 행동들이 많았습니다. 이들은 예수님의 말씀과 행적을 늘 문제 삼고, 예수님을 죽일 기회만 엿보고 있었습니다.

- 또한 그들이 기다려 온 메시아는 군사적, 정치적 힘을 가져 로마의 속박에서 이스라엘을 구원해 줄 것이라고 믿었습니다. 그러나 메시아라 불리는 예수님은 그들이 원하는 모습을 전혀 갖추지 못하고 있었습니다. 이런 모습에 실망한 사람 중 하나가 예수님의 12제자에 속하는 '유다'였습니다.

- 유다는 예수님을 은전 서른 냥에 팔아넘깁니다. 예수님께서는 제자의 배반, 그리고 곧 자신이 받아 내야 할 십자가 고통, 이 모든 것들을 견뎌 낼 힘을 얻기 위해 제자 몇 명을 데리고 '겟세마니'라는 동산으로 성부께 기도하러 가셨습니다. 여러분 교재 53쪽의 그림들을 보면서 이야기를 이어 가겠습니다.

- **[그림 1]** 첫 번째 그림은 **'예수님이 겟세마니에서 기도하시는 장면'**(마르 14,32-42)입니다. 예수님께서 제자들에게 "내 마음이 괴로워 죽을 지경이니 너희는 여기에 남아서 깨어 있어라." 하시고 앞으로 나아가 땅에 엎드려 기도하셨습니다. 하지만 제자들은 슬픈 분위기가 너무 견디기 힘들어 잠이 들고 맙니다. 예수님께서는 괴로운 마음을 이렇게 표현하십니다. "아버지, 아버지께서는 무엇이든 하실 수 있으시니, 이 잔을 저에게서 거두어 주십시오." 그러나 바로 다른 내용으로 말씀드립니다. 그것이 무엇인지 여러분이 루카 22,42절을 찾아 예수님의 다음 기도를 적어 보십시오. (그러나 제 뜻이 아니라 아버지의 뜻이 이루어지게 하십시오.)

- ★ 예수님의 기도에서 어떤 기도가 연상됩니까? 네, 바로 주님의 기도가 떠오르지요? 이렇게 예수님께서는 모든 것을 아버지께서 원하시는 대로 행하셨습니다. **예수님께서는 아버지 하느님께서 원하는 것을 할 수 있도록 기도하셨는데, 이것은 우리가 본받아야 할 기도 자세**입니다.

- 그때 예수님의 12제자 중 하나인 유다가 예수님을 팔아넘기려고 사람들을 데리고 예수님을 잡으러 왔습니다. 제자들은 모두 예수님을 버리고 달아났고, 예수님은 대사제에게 끌려와 신문(訊問)을 받게 됩니다. 이스라엘의 정치 지도자들의 최종 목적은 예수님의 죽음이었기 때문에 형법의 권한을 가진 로마의 총독인 빌라도에게 넘깁니다.

- **[그림 2]** 두 번째 그림은 예수님께서 **'사형 선고를 받으시는 장면'**(루카 23,13-25)입니다. 빌라도는 축제 때마다 사람들이 요구하는 죄수 하나를 풀어 주곤 했는데 군중에게 누구를 풀어 줄 것인지를 물었습니다. 빌라도는 '수석 사제'들이 예수님을 시기하여 자기에게 넘겨졌음을 알고 있었기 때문에 예수님을 사형에 처하고 싶지는 않았습니다. 그러나 수석 사제들은 군중을 선동했고, 군중은 '바라빠'라는 살인자를 놓아주고 예수님을 십자가에 못 박으라고 소리 지르기 시작했습니다. '십자가형'은 그 당시 가장 잔인한 형벌이었습니다. 빌라도는 군중을 만족시키려고 바라빠를 풀어 주고 예수님께는 사형 선고를 내렸습니다.

- **[그림 3]** 세 번째 그림은 예수님께서 첫 번째 넘어지시는 장면입니다. 예수님께서는 심신이 지치셨습니다. 이미 알고는 계셨으나 예수님께서 고통받으시는 그 순간에 사랑하시던 제자들은 모두 달아났습니다. 원망이 아니라 고독함에 지치셨습니다. 또한 밤새 신문을 받으시고, 조롱과 매를 견디신 후 당신을 매달 십자가를 지셨기에 그 무게를 견딜 힘도 없으셨습니다. 그래서 예수님께서는 십자가를 지고 가시다가 넘어지셨습니다.

- **[그림 4]** 예수님께서는 너무 지쳐 더 이상 십자가를 질 수 없게 되었습니다. 그러자 군사들은 마침 시골에서 올라오는 길이었던 키레네 사람 시몬에게 강제로 예수님의 십자가를 지게 하였습니다. 네 번째 그림은 예수님께서 **'시몬의 도움을 받으시는 장면'**(마르 15,21)입니다. 예수님께서는 시몬이 당신의 십자가를 강제로나마 대신 진 것에 대해 고마워하셨습니다. 로마서 16장 13절에 이런 대목이 나옵니다. "주님 안에서 선택을 받은 루포스, 그리고 나에게도 어머니와 같은 그의 어머니에게 안부를 전해 주십시오." 마르코 복음사가는 키레네 사람 시몬을 알렉산드로스와 루포스의 아버지라고 소개하고 있습니다. **시몬의 흔쾌하지 않은 선행**에도 불구하고 **예수님께서 그 집안에 복을 내리시어** 사도 바오로의 입을 통해 **주님 안에 선택받은 이로 그 아들을 불리게 하셨습니다.**

- 우리도 공동체에서 남의 어려움을 대신 져 줄 때가 있습니다. 그것이 흔쾌히든 억지로든 말입니다. 하지만 행하는 자체에 의미를 두면 좋겠습니다. 만일 억지로 하는 것이라면 여러분 스스로 예수님의 십자가를 대신 져 준 '시몬'이 되었다고 생각하면 되겠지요? 이 또한 자비로우신 하느님께서는 축복해 주신다는 것을 우리는 시몬의 이야기를 통해 알게 되었기 때문입니다.

- **[그림 5]** 예수님의 제자들은 예수님께서 고통받으시는 순간에 모두 도망갔지만 오히려 예수님을 따르던 여인들은 커다란 용기로 그분 곁을 지켰습니다. 전승에 의하면 그들 중 베로니카라는 여인이 있었습니다. 이 여인은 십자가를 지고 가시는 예수님 곁에 용감히 다가가 자신의 수건으로 그분 얼굴의 피땀을 닦아드렸습니다. 예수님께서는 이 여인의 위로에 고마운 마음을 가지셨겠지요? 그래서 그분은 그 수건에 당신의 얼굴을 새겨 주셨습니다. 우리는 이 장면을 '십자가의 길' 기도에서 만날 수 있습니다.

- 우리도 나의 어려움과 고통만 보지 말고 공동체의 다른 사람의 어려움을 바라보고, 그 사람들을 위로해 줄 수 있어야 합니다. 그리고 누군가를 위로하고, 누군가를 지지할 때 거기에 따르는 위험도 감수할 수 있는 용기가 필요합니다. 성녀 베로니카가 사형수의 얼굴을 씻어 준다는 것은 큰 용기를 필요로 하는 것이었습니다. 이 용기는 예수님께서 우리에게 내리시는 은총으로 받을 수 있습니다.

- **[그림 6]** 군사들은 예수님을 '골고타'(해골 터)라는 곳으로 데리고 가서 예수님을 십자가에 못 박았습니다. 여섯 번째 그림은 예수님께서 **'십자가에 못 박히시는 장면'**(루카 23,33-43)입니다. 예수님은 양손과 양발에 못이 박히는 고통을 겪으셨습니다. 너무나 고통이 크셨지만 우리를 사랑하시기에, 모든 인류를 구원하시고자 이 모든 고통을 다 참으셨습니다.

- 교재의 그림을 보고, 예수님께서 하신 말씀을 성경에서 찾아 그

림 아래 빈칸에 적어 보겠습니다. (아버지, 저들을 용서해 주십시오. 저들은 자기들이 무슨 일을 하는지 모릅니다.)

- 예수님께서는 당신을 못 박는 자들을 용서해 주시고 그들을 위해서 기도해 주셨습니다. 여러분은 예수님처럼 자신을 괴롭힌 사람들을 용서해 줄 수 있을까요? (잠시 묵상)

- 그들은 예수님과 함께 두 죄수(죄인)도 십자가에 못 박았는데, 하나는 오른쪽에 다른 하나는 왼쪽에 못 박았습니다. 한 죄수는 예수님을 모독하였지만, 다른 하나는 그를 꾸짖고 나서, 예수님께 말했습니다. "예수님, 선생님의 나라에 들어가실 때 저를 기억해 주십시오." 그러자 예수님께서는 "너는 오늘 나와 함께 낙원에 있을 것이다." 하고 말씀하셨습니다.

- 두 번째 죄수는 비록 죄를 지었지만 예수님을 믿고 겸손한 마음으로 예수님께 청을 드렸기에, 예수님과 함께 최초로 하늘나라(천국)에 들어간 사람이 되었습니다. 교회는 이 분을 성인 반열에 올려 성 디스마로 부릅니다. 이 장면은 **예수님의 구원의 대상은 제외가 없음**을 보여 주는 내용이기도 합니다.

- **[그림 7]** 일곱 번째 그림은 예수님께서 '**숨을 거두시는 장면**'(마르 15,33-41)입니다.

- 예수님께서는 십자가 위에서 숨이 막히는 고통을 견디시다가 큰소리로 "아버지, 제 영을 아버지 손에 맡깁니다." 하시고 숨을 거두셨습니다. 이때 천지가 어두워지고 성전 휘장 한가운데가 두 갈래로 찢어졌습니다. 성전 휘장은 성전의 가장 안쪽 지성소를 가리던 막이었습니다. 이것이 찢어졌다는 것의 의미는 여럿이지만 특히 성전의 역할이 끝났다는 것입니다. 바로 예수님 자신이 성전이라고 말씀하신 것과 맥을 같이합니다.

- 이 광경을 보고 있던 백인대장(군대에서 백 명의 부하를 거느리는 대장)은 이렇게 말했습니다. "**참으로 이분은 하느님의 아드님이셨다**"(마르 15,39). 아무도 예수님께서 하느님의 아드님이심을 믿지 않았기에 예수님께서는 십자가에 달려 처형되셨는데 이방인인 백인대장이 이를 고백합니다. 그곳에는 예수님의 어머니 마리아와 예수님께서 마귀를 쫓아내어 준 마리아 막달레나 또 예수님을 따르던 여자들이 이 광경을 지켜보고 있었습니다.

- **[그림 8]** 여덟 번째 그림은 예수님께서 '**무덤에 묻히시는 장면**'(루카 23,50-56)입니다. 아리마태아 출신 요셉이라는 사람이 빌라도에게 당당히 들어가 예수님의 시신을 내 달라고 청해 허락을 받습니다. 그는 사람들이 신임하던 의회 의원으로 하느님 나라를 열심히 기다리던 사람으로 드러나지는 않았지만 예수님을 따르던 사람들 중 하나였습니다. 요셉은 예수님의 시신을 고운 천으로 싼 다음 바위를 깎아 만든 무덤에 모시고, 무덤 입구에 돌을 굴려 막아 놓았습니다.

- 생각나눔 예수님께서 우리를 위하여 십자가 위에서 돌아가셨는데, 우리에게 무엇을 선물하시기 위해서일까요? (대답을 들음)

- ★ 예수님께서 우리에게 **하느님 나라**를 선물하시기 위하여 **고난**을 받으셨습니다. 아담과 하와의 원죄로 인해 하늘과 땅은 닫혔습니다. 한 사람의 불순종이 많은 이를 죄인이 되게 하였습니다. 모든 인간은 아담과 하와 아래 원죄 아래 놓이게 되었으니까 말입니다. 하지만 한 사람의 순종은 모든 이에게 구원을 가져다주었습니다. 예수님 자신이 바로 구약의 파스카 사건에서 이스라엘을 죽음에서 구한 어린양이 되어, 많은 이의 죄를 메고 감으로써 인류를 의롭게 하셨습니다. 예수님께서는 우리에게 하느님 나라의 영원한 생명과 행복을 주시기 위해 십자가의 죽음을 겪으셨습니다. 그래서 십자가는 인류 구원의 표지가 됩니다.

2 삼위일체 사랑의 표지인 십자가

- 생각나눔 교재 52쪽, '십자가 위의 삼위일체 하느님' 사진을 보십시오. 우리가 흔히 보는 십자가와 다르지요. 무엇이 다른가요? (대답을 들음)

- 대개 십자고상엔 예수님만이 매달려 계십니다. 그렇다면 사랑의 공동체라고 불리는 하느님 공동체의 성부, 성령께서는 안 계셨다는 것입니까? 이것은 말이 안 되겠지요.

- ★ 우리 눈에는 십자가 위에 예수님밖에 보이지 않지만 삼위일체 하느님은 '사랑의 공동체'로 항상 함께 계십니다. **성부와 성령께서는 십자가** 위에서 고통 받으시는 예수님과 **함께하셨습니다**.

- 이제 여러분이 십자가를 바라볼 때 **십자가 위에 예수님만이 아니라 늘 함께하시는 삼위일체 하느님**을 뵐 수 있었으면 좋겠습니다.

- ★ '**십자가**'는 우리를 위하여 돌아가신 예수님을 상징하는 '**구원의 표지**'입니다. 우리가 성호경을 그을 때도 내 몸에 십자가를 그으며 삼위일체 하느님께 대한 신앙을 고백하기에, 십자가는 우리의 '**신앙의 표지**'이기도 합니다.

3 예수님의 고통과 하나 되기

- 모든 사람은 각자 자신이 짊어져야 할 십자가가 있습니다. 예수님께서 우리를 위하여 자신의 십자가를 지셨듯이 우리도 각자 자신의 십자가를 짊어짐으로써 예수님과 하나 될 수 있지요.

- **생각나눔** 고통을 받으신 예수님과 하나 되기 위하여 우리가 짊어져야 할 십자가는 어떤 것들이 있을까요? (대답을 들음)

- 제시되는 단어들로 나를 반성해 봄으로써 예수 그리스도께서 인류를 위해 지신 십자가를 나의 작은 변화를 통해 더불어 질 수 있도록 다짐해 보겠습니다.

- 제시어 (숙고해서 내 고통의 기억을 떠올려 보게 시간을 줌. 적은 다음 내용을 풀이해 줌.)
  - 원망
  - 자신에 대한 지나친 기대와 실망
  - 희생하기 싫은 이기적인 마음
  - 병고와 고통

- 인간에게 고통은 아주 단순히 생각해 정의해 보면 '자신의 마음대로 되지 않음'이라고 할 수 있습니다. 위에 제시된 내용들을 숙고하고, 내 삶에서 이것들을 어떻게 수용하는지 생각해 보겠습니다. (숙고의 시간을 충분히 줌.)

- 어떤 일에 결과가 좋지 않거나, 과도한 책임을 지게 되었을 때 그것에 대해 남을 원망하는 마음을 갖는 것이 보통 사람들의 태도입니다. 하지만 예수 그리스도께서 사형 선고 앞에서 그 어떤 변명도 안 하신 것처럼 우리도 원망보다는 받아들임을 선택해야 할 것입니다.

- 내 자신에 대한 지나친 기대가 충족되지 않았거나, 혹은 자존감이 낮음에서 오는 실망으로 고통스러울 수 있습니다. 사실 고통은 외부에서 오는 것과 나의 선택에 의한 것이 있는데 이는 후자에 해당합니다. 나를 사랑하시어 당신 모습대로 지으신 하느님 사랑과 자비를 생각하면서 이것에서 벗어나도록 노력할 수 있습니다.

- 우리는 그리스도인이기 때문에 세상이 거는 기대가 있습니다. 세상의 사람들과는 달리 희생하고 봉사하는 마음이 당연히 있다고 생각하기도 합니다. 그러나 내 본성의 이기적 마음과 이 기대는 늘 충돌하며 다툽니다. 우리는 무엇을 선택해야 하는지 알면서도 망설입니다. 주님의 은총을 청하며, 그분 십자가의 고통에 동참하는 마음으로 희생을 선택할 수 있습니다.

- 인간은 아픔 없이 성장하지 않습니다. 아이들은 아프고 나면 키가 쑥 자라기도 합니다. 하지만 큰 병에 걸리고 나면, 먼저 드는 생각이 "왜 하필 나인가? 내가 무슨 죄를 지었기에…" 하면서 신을 원망합니다. 하지만 신앙인에게는 이조차도 의미가 있습니다. 내 육신의 고통을 세상을 위한 보속으로 생각한 수녀님이 있습니다. 그 수녀님은 결국 돌아가셨지만 그 죽음은 참으로 아름다웠습니다.

- 이처럼 신앙인에게는 커다란 힘이 있습니다. 바로 하느님의 은총입니다. "우리는 그 은총의 힘으로 모든 것을 이겨 내고도 남습니다."라고 사도 바오로는 고백하고 있습니다.

- 🌿★ 나에게 힘들고 어려운 것들을 예수 그리스도 십자가 고통에 함께 참여하는 마음으로 인내한다면, 우리의 작은 희생이 죄 없이 고통받는 세상의 누군가에게 복이 되어 돌아갈 것입니다. 마치 아무 죄도 없으신 예수님께서 우리를 위해 십자가를 지셨듯이 말입니다. 우리도 예수님을 위해, 인류 공동체를 위해 나의 고통과 어려움을 예수님의 **수난과 하나** 되어 바칠 수 있습니다.

깊이 들어가기

활동 1 | 삼위일체 십자가 만들기

삼위일체 십자가를 만들어 우리의 사랑 드리기

> [의미] 삼위일체 십자가를 만들어 봄으로써 십자가 위에서 삼위일체 하느님께서 사랑의 공동체로 계심을 마음에 새길 수 있다.

준비물
각자 준비 : 색연필, 풀
교사 준비 : (예비신자 수만큼)
고리를 단 십자가(나무색 골판지로 만듦) '삼위일체 도안'(교사용 첨부 4)을 두꺼운 종이에 복사해 오려 냄
네모난 작은 쪽지

진행

1) '삼위일체 도안'(예수님, 손 모양, 비둘기 모양)을 받아 각자 색칠한다.
2) 색칠한 본을 골판지 십자가 위에 각각 붙인다. 예수님을 십자가 중앙에, 손을 예수님 머리 위에, 비둘기는 예수님과 손 사이에 오도록 한다.
3) 네모난 쪽지에 자신이 예수님과 함께 짊어져야 할 한 가지 희생의 내용을 적고 자기 이름을 적는다.
4) '적은 쪽지를 십자가 예수님 발밑에 붙인다.
5) 자기가 만든 십자가를 자기 방에 걸어 두어 우리를 위하여 돌아가신 삼위일체 하느님께 사랑의 마음을 드리고, 자신의 결심을 자주 들여다봄으로써 실천하도록 노력한다.

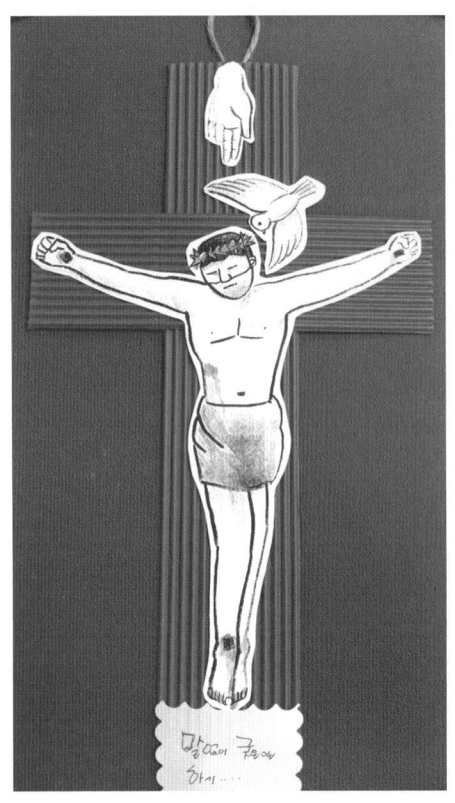

활동 2   십자가 길 기도

성전에 가서 십자가의 길을 묵상한다.

[의미] 예수 그리스도의 고난의 길을 기도로 함께 걸어 본다.

진행

1) 가톨릭 기도서(64쪽)를 준비한다.
2) 두 명의 예비신자에게 초를 들게 하여 각 처마다 안내할 수 있도록 미리 부탁한다.
3) 십사처를 돌며 기도한다.

도움말

'십자가의 길' 기도를 바쳤다면 마음기도는 생략한다.

마음기도

- 모두 마음을 모으기 위해 바른 자세를 해 보겠습니다. 몸은 곧게 펴고, 고개는 턱을 앞으로 당겨 약간 숙입니다. 발은 어깨 넓이로 벌리고 앉습니다. 두 손은 주님 앞에 빈손임을 드러내는 표지로 하늘을 향하게 펴서 무릎에 살포시 얹습니다. 이제 눈을 감고 깊게 호흡을 합니다. 들숨을 쉬며 "사랑의 성령님" 날숨을 내쉬며 "저에게 오소서"라고 기도합니다. 이렇게 10번 반복합니다.

- 아무런 잘못이 없으신 예수님께서는 어떤 변명도 없이 그저 묵묵히 사형 선고를 받아들이십니다. 이 고통의 순간에 사랑하시던 제자들은 모두 도망가고 아무도 그 곁에 남아 있지 않습니다. 그 장면 속에 머물며 내가 느끼는 바를 이야기해 봅니다. (2분) 이제 예수님께서 무거운 십자가를 메시고 골고타 언덕을 오르십니다. 그 십자가의 길에 어머니 마리아께서 조용히 따르십니다. 그러다 두 분이 서로 만납니다. 그 만남 가운데 나도 함께 있어 봅니다. (2분)

- 고통의 길에서 예수님께서는 작은 위로를 받습니다. 억지로지만 예수님의 십자가를 대신 져 준 고마운 시몬, 피와 땀으로 범벅이 된 예수님의 얼굴을 씻어 준 베로니카. 이들 속에서 나는 어떤 위로를 예수님께 건넬 수 있을까요? (2분)

- 골고타 언덕에 다다른 예수님께서는 하느님의 뜻이 온전히 이뤄지길 바라는 간절한 마음 하나로 십자가에 못 박히십니다. 그 장면을 가만히 바라보며 우리를 위한 사랑으로 목숨조차 아끼지 않으시는 예수님의 마음을 느껴 봅시다.(2분)

- 이제 나의 십자가를 예수님처럼 기쁘게 질 수 있도록 결심하고 내가 잘 실천할 수 있도록 삼위일체 하느님께 도움을 청해 봅니다. (2분)

과제제시

1 복습

- 오늘 우리가 무엇을 배웠는지 '복습'의 칸을 채워 보세요.
  - ✎ 오늘 배운 내용 중 가장 기억에 남는 내용을 적어 보세요.
  - ✎ 다음 내용을 읽고 O, X를 표시하고 만약 답이 X라면 틀린 내용에 밑줄을 긋고 올바르게 고쳐 보세요. — 정답 용어 풀이 참조

2 실천

- 내가 겪는 모든 어려움과 고통을 십자가 앞에서 예수님께 말씀 드리고 다른 이를 위해 봉헌할 수 있는 은총을 청해 봅시다.

3 알아봅시다

- 부록의 내용을 살펴보겠습니다. 교재 119쪽에 더 알아야 할 질문과 답이 '궁금합니다'에 수록되어 있습니다. 126쪽에서 십자가에서 고통받으신 예수님을 도운 성녀 베로니카, 성 라트로, 아리마태아의 성 요셉을 만날 수 있습니다.

정답: 용어 풀이

십자가 : 구원의 표지

십자고상 : 십자가에 매달린 예수님의 고통이 담긴 형상

겟세마니 동산 : 예수님께서 잡히시기 전 밤새워 기도하신 곳

교사 자기 점검표 ☑

내 용	확인
• 오늘 수업 준비에 성실하였습니까?	☐
• 예비신자들이 오늘 수업목표에 각각 도달하였습니까?	☐
• 나를 통해 예비신자들이 '예수님의 수난과 죽음'에 대해 알고 느낄 수 있었습니까?	☐

교사 마침 기도

좋으신 하느님, 오늘 수업에 대해 감사드리며, 저의 모든 노고를 예수님의 수난과 죽음에 일치하여 바쳐 드립니다. 저의 부족한 수업을 당신 친히 채워 주시고 제가 보다 나은 수업을 준비하도록 도와주소서. 우리 주 그리스도를 통하여 비나이다. 아멘.

추천합니다

* 가톨릭 도서

「예수의 마지막 날」
 게르하르트로핑크 지음, 이경우 역 | 분도출판사

「예수의 길」
 장익 지음 | 분도출판사

「마태오가 전하는 예수의 고난」
 도널드 시니어 지음, 박태원 역 | 분도출판사

* 노래

- 가톨릭 성가 115 수난 기약 다다르니
- 가톨릭 성가 125 거룩한 주의 십자가
- 가톨릭 성가 118 골고타 언덕

제12과 우리는 믿습니다, 예수님의 부활

주제어 : 믿음

학습목표
1. 예수님께서는 돌아가신 지 사흘 만에 말씀대로 **부활**하셨음을 알 수 있다.
2. 예수님의 **부활**은 우리 **믿음**의 **핵심**임을 알 수 있다.
3. 우리의 **부활**을 믿으며, 매일 **희망**으로 살아갈 수 있다.

나의 신앙을 돌아보며

◆ 말씀과 함께

"그리스도께서 되살아나지 않으셨다면, 여러분의 믿음은 덧없고…" (1코린 15,17)

예수님의 부활로 예수님께서 하느님의 아드님이고 그분이 하신 모든 말씀이 진리임이 밝혀지면서 삼위일체이신 하느님의 최종적인 계시가 이루어졌습니다. 예수님의 부활이 없었다면 예수님은 그저 한 사람의 위대한 성인, 또는 억울한 누명을 쓰고 사형 선고를 받고 죽은 한 사람의 의인 또는 예언자로 남았을 것입니다. 예수님을 부활시키신 하느님은 성령을 통하여 예수님의 부활을 믿게 하셨고, 이렇게 시작된 믿음이 전 세계로 퍼져 나가, 2000여 년이 지난 오늘날 20억의 인구가 예수 그리스도를 주님으로 믿으며 고백하고 있습니다. 예수님의 '부활'은 우리 신앙의 원천이며 핵심입니다.

"너는 나를 보고서야 믿느냐? 보지 않고도 믿는 사람은 행복하다." (요한 20,29)

예수님의 '부활'은 우리 인간의 '지성'으로는 깨달을 수 없고 우리의 또 다른 정신 작용인 '믿음'으로만 알아들을 수 있는 사건입니다. 토마스 사도는 다른 제자들의 말을 듣고서도 예수님의 부활을 믿지 못하였다가 부활하신 예수님을 만나고 나서야 예수님을 믿게 됩니다. 토마스 사도가 그러하거늘 오늘날 예수님을 직접 눈으로 볼 수 없고 지성이 발달되어 있는 현대인들이 예수님의 부활을 믿지 못하고, 신자들조차도 마음으로 믿지 못함은 당연하다는 생각이 듭니다. 하지만 예수님께서 예언하신 것처럼 그동안 예수님을 보지 않고서도 예수님의 '부활'을 믿고 또 자신의 부활을 믿으며 죽어 간 많은 사람들이 있었기에 그들은 참으로 행복합니다. 그런 믿음으로 살다간 레지나 마리 수녀님(Sister Regina Marie, 미국 샤든, 노틀담 수녀회)을 소개하고 싶습니다. 2007년 수녀님이 70세 되시는 해 수녀님은 암 선고를 받았는데, 수녀님은 세 가지 선택 - 화학 요법, 방사선 치료, 자연 병사 - 중 마지막 것을 택하셨습니다. 수녀님은 6개월 투병 생활을 하셨는데, 돌아가시기 전까지 병에 지배당하지 않으시고, 모든 방문객을 웃음으로 맞으시며 죽음이 가까워질수록 더 행복해하셨습니다. 수녀님께서는 자신이 부활하리라는 것을 아는 것, 이것은 얼마나 전율을 느끼는 기쁨인지를 말씀하시며 육신의 고통에 짓눌리지 않는 놀랄 만한 신앙을 보여 주셨습니다. 수녀님을 지켜본 우리 모두는 수녀님이 돌아가시고 난 후 수녀님이 바로 천국에 드셨음을 이구동성으로 말했는데, 이는 수녀님의 부활 신앙에 대해 하느님께서 보상해 주시리라 믿었기 때문입니다. 우리가 부활을 굳게 믿는다면 반드시 다른 방식으로 세상을 살아갈 것입니다. '부활'에 대한 신앙은 인간의 생사 문제, 영원과 시간, 하느님과 인간의 만남의 차원에서 이해될 뿐만 아니라 현재 우리가 살아가는 일상적인 태도와도 관계가 있기 때문입니다.

◆ 숙고하기

나는 예수님의 부활을 믿고 있습니까? 또 나의 부활을 믿습니까?
나는 부활 신앙으로 살아가고 있습니까? 내가 비신자들과 다르게 살아가고 있다면 그것은 어떤 점입니까?

◆ 기도하기

부활하신 예수님, 제가 당신의 부활을 보지 않고서도 믿을 수 있도록 도와주시며, 부활 신앙으로 현세의 고통 속에서도 희망을 가지고 기쁘게 살아가도록 은총을 주소서. 아멘.

# 수업을 이렇게

◆ 수업 줄거리

1. **부활의 뜻** : '부활'이란 다시 태어나는 것이다. 죽었던 몸이 그 전의 몸으로 다시 살아나는 것이 아닌, 영원히 죽지 않을 새로운 존재로 태어나는 것이다. 애벌레가 고치가 되어 나중에 화려한 나비로 변모하는 것처럼 부활은 새로운 형태의 삶으로 다시 태어나는 것에 비길 수 있다.

2. **부활하신 예수님** : 예수님이 돌아가시고 난 안식일 다음 날 이른 아침에 세 여인이 예수님 무덤을 찾아가 예수님이 돌아가신 지 사흘 만에 부활하신 것을 알게 되었다.

3. **부활에 대한 신앙** : 예수님의 부활로 우리의 믿음이 시작되었기에 부활 신앙은 우리 신앙의 핵심이다. 예수님의 부활을 믿고, 또 우리 육신의 부활과 영원한 삶에 대한 믿음을 미사 때 신경을 통해 고백한다. 부활을 믿기에 우리는 부활에 대한 희망을 가지고 살아갈 수 있다.

4. **일상에서의 부활 체험** : 예수님의 사랑의 계명은 우리가 부활을 체험하는 통로이기도 하다. 누군가를 조건 없이 사랑하고, 조건 없이 용서하는 마음의 내어 줌으로 누군가에게 새로운 생명을 선사하게 된다. 이것이 바로 예수님의 은총을 힘입어 사는 일상에서의 부활 체험임을 알고 살 수 있다.

수업 계획표 (총 60분)

단계	내용	진 행	준비물
도입 (5분)	부활이란?	부활의 뜻과 부활을 애벌레가 나비가 되는 과정을 통해 설명한다.	애벌레가 나비가 되는 사진
전개 (30분)	무덤에서 부활하신 예수님	성경(마르 16,1-8)을 통해 예수님이 부활하셨음을 듣기 & 경축하기	가톨릭 성가
	부활에 대한 믿음	토마스 이야기(요한 20,24-29)를 통해 부활 신앙의 중요성에 대해 토론하기	
	일상의 삶 속에서 부활하신 예수님 만나기	우리가 사는 일상의 삶에서 부활을 만나기	
깊이 들어가기 (15분)	세상에 빛이 되어 주기	1. 나의 부활 체험 나누기 2. 나는 세상의 빛입니다.	초, 음악, 예쁜 종이, 필기구
마무리 (10분)	마음기도	기도	
과제제시	배운 내용 정리	요약하기	

이런 것을 뜻합니다

 삼위일체 교리   공동체

 기도   생각나눔 숙고하고 나누기

 중요   사회교리

밑줄   수업목표에 해당함

▶ 출석 확인

열 기

1 시작기도 : 가톨릭 성가 130장

2 지난 시간 복습

◇ 예수님께서 십자가를 받아들이기 위해 피땀 흘리며 기도하셨던 곳은 어디였습니까?

◇ 십자가에 매달린 예수님의 고통이 담긴 형상(形象)을 무엇이라 합니까?

◇ 십자가는 무엇을 상징합니까?

3 부활이란?

- 부활이라는 말을 들어보셨나요? 그것은 무엇을 의미합니까? (대답을 들음)

- 복음사가들이 전하는 다시 살아난 사람이 셋 있습니다. 한 사람은 예수님께서 사랑하시던 라자로(요한 11,38-44)이고, 한 사람은 회당장 야이로의 딸(마태 9,18-26)이며, 나머지 한 사람은 나인 과부의 외아들(루카 7,11-17)입니다. 이들은 예수님께서 다시 살리신 사람들이죠. 이들의 다시 살아남이 부활일까요? (대답을 들음) 그렇다면 예수님의 부활과 어떻게 다를까요? (대답을 들음) 부활은 단순히 죽었다가 다시 살아나는 것을 말하지 않습니다. **부활은 영혼과 육신이 다시 살아나 영원히 사는 것을 말합니다.** 여러분 교재에 적어 보시기 바랍니다. **예수님께서는 부활한 첫 사람이며, 우리들의 부활의 근원**이 되십니다.

- 생각나눔 부활을 어떻게 설명할 수 있을까요?

- 부활을 애벌레가 나비가 되는 것에 비유하기도 합니다. 잎을 먹고 사는 '애벌레'가 때가 되면 '고치' 안에 들어가서 죽음과 같은 어두움을 견디고 나서 아름다운 '나비'가 됩니다. 그때 나비의 몸체는 단순히 기어 다닐 때의 애벌레의 몸이 아니라 날 수 있는 날개를 단 찬란한 몸체로 바뀝니다. '부활'은 이처럼 죽음의 과정을 겪은 후 전과는 다른 찬란한 존재로 다시 태어나는 것을 의미합니다. 또 이렇게 태어난 존재는 다시는 **죽지 않고 영원한 생명**을 가지게 됩니다.

펼치기

1 무덤에서 부활하신 예수님 (마르 16,1-7)

- 예수님 부활의 이야기를 **마르코 복음 16장 1절에서 7절까지**를 통해 읽겠습니다.

- (마르 16,1-7) ¹안식일이 지나자, 마리아 막달레나와 야고보의 어머니 마리아와 살로메는 무덤에 가서 예수님께 발라 드리려고 향료를 샀다. ²그리고 주간 첫날 매우 이른 아침, 해가 떠오를 무렵에 무덤으로 갔다. ³그들은 "누가 그 돌을 무덤 입구에서 굴려 내 줄까요?" 하고 서로 말하였다. 그러고는 눈을 들어 바라보니 그 돌이 이미 굴려져 있었다. 그것은 매우 큰 돌이었다. 그들이 무덤에 들어가 보니, 웬 젊은이가 하얗고 긴 겉옷을 입고 오른쪽에 앉아 있었다. 그들은 깜짝 놀랐다. ⁶젊은이가 그들에게 말하였다. **"놀라지 마라. 너희가 십자가에 못 박히신 나자렛 사람 예수님을 찾고 있지만 그분께서는 되살아나셨다.** 그래서 여기에 계시지 않는다. 보아라, 여기가 그분을 모셨던 곳이다. ⁷그러니 가서 제자들과 베드로에게 이렇게 일러라. '예수님께서는 전에 여러분에게 말씀하신 대로 여러분보다 먼저 갈릴래아로 가실 터이니, 여러분은 그분을 거기에서 뵙게 될 것입니다.'"

- 교재 57쪽 원 안의 그림은 빈 무덤을 나타냅니다. 빈 무덤은 예수님 부활의 징표가 됩니다. 새벽녘 예수님의 시신에 향유를 발라 드리러 무덤에 갔던 여인들의 증언으로 제자들도 빈 무덤을 확인하게 됩니다. 빈 무덤을 통해 제자들은 예수님의 부활 사건을 인정하는 첫 걸음을 내딛습니다. 요한 복음 20, 8에서 '그리고 보고 믿었다.'라는 말로 예수님 부활을 감지한 제자들의 모습을 그리고 있습니다.

- 무덤 안의 젊은이가 여인과 이야기를 나누고 있습니다. 여기 앉아 있는 흰옷을 입은 젊은이가 누구일까요? (천사)

- 6절 천사의 말을 다시 한 번 같이 읽어 보겠습니다. **"놀라지 마라. 너희가 십자가에 못 박히신 나자렛 사람 예수님을 찾고 있지만 그분께서는 되살아나셨다. 보아라, 여기가 그분을 모셨던 곳이다."**

- '되살아나셨다'라는 말은 무슨 말인가요? (부활하셨다, 영원히 살아계시다)

- 예수님께서는 몇 일 만에 부활하셨나요? (3일)

- ★ 예수님께서는 금요일에 돌아가시고 주간 첫날에 부활하셨기에 예수님은 돌아가신 지 사흘 만에 말씀대로 **부활**하셨습니다. 그래서 그리스도인들은 일요일을 주님의 날, 곧 '주일'이라고 부릅니다. 신약은 구약을 완성하는데 구약에서 안식일로 불리던 일곱째 날이 바로 예수님께서 부활하시어 '주님의 날'이 되는 것입니다. 그러므로 매 주일은 예수님의 부활을 기념하는 날이 됩니다.

- 🌀 '하느님 아버지'께서 '성령'을 통해 '아들 예수님'을 죽은 이들 가운데서 일으키셨습니다.

2 부활을 축하하기

- 그 후 예수님은 이 세 여인 중 마리아 막달레나에게 처음으로 나타나셨습니다. 그리고 베드로와 제자들에게도 나타나셨습니다.

- 그토록 안타까운 죽음을 맞으신 예수님의 부활을 목격한 사람들의 마음은 어땠을까요? (대답을 들음) 우리도 그들과 같은 마음으로 노래를 부르겠습니다. 가톨릭 성가 130장을 펴 주십시오.

- 성가 가사에 부활의 효과가 제시되고 있습니다. 원죄로 인해 인류에게 죽음이 왔으나 영원한 죽음을 원치 않으신 하느님께서는 예수 그리스도를 보내시어 죽음의 세력을 물리치셨습니다. 그리고 다시 하늘과 땅이 회복되어 천국의 문이 열렸습니다. **우리는 예수님 부활로 인해 영원한 생명을 선사받게 되었습니다.**

- 성가 131, 132장을 봐 주십시오. 반복되어 나오는 단어가 있습니다. 무엇입니까? (대답을 들음) 네. 맞습니다. 알렐루야입니다. 이 말은 '하느님을 찬미하라'라는 뜻입니다. 교재 58쪽 밑줄에 적어 봅시다.

3 예수님의 부활을 믿습니다. (요한 20,24-29)

- 예수님의 부활 사화 하나를 더 읽겠습니다. **요한 복음 20장 24절에서 29절까지** 역할을 정해서 읽도록 해 보겠습니다.

> **도움말**
>
> 성경 말씀을 역할을 정해 읽어 나감 (예수님, 토마스, 다른 제자들, 해설 – 나머지 사람)

해설 : ²⁴열두 제자 가운데 하나로서 '쌍둥이'라고 불리는 토마스는 예수님께서 부활하여 오셨을 때에 함께 있지 않았다. ²⁵그래서 다른 제자들이 그에게

다른 제자들 : "우리는 주님을 뵈었소."

해설 : 하고 말하였다. 그러나 토마스는 그들에게

토마스 : **"나는 그분의 손에 있는 못 자국을 직접 보고 또 그 못 자국에 내 손가락을 넣어보고 또 그분 옆구리에 내 손을 넣어 보지 않고는 결코 믿지 못하겠소."**

해설 : 하고 말하였다. ²⁶여드레 뒤에 제자들이 다시 집 안에 모여 있었는데 토마스도 그들과 함께 있었다. 문이 다 잠겨 있었는데도 예수님께서 오시어 가운데에 서시며,

예수님 : "평화가 너희와 함께!"

해설 : 하고 말씀하셨다. ²⁷그리고 나서 토마스에게 이르셨다.

예수님 : "네 손가락을 여기 대 보고 내 손을 보아라. 네 손을 뻗어 옆구리에 넣어 보아라. 그리고 의심을 버리고 믿어라."

해설 : ²⁸토마스가 예수님께 대답하였다.

토마스 : "저의 주님, 저의 하느님!"

해설 : ²⁹그러자 예수님께서 토마스에게 말씀하셨다.

예수님 : **"너는 나를 보고서야 믿느냐? 보지 않고서도 믿는 사람은 행복하다."**

- 교재 57쪽 그림을 보겠습니다. 예수님께서 옆구리를 보여 주

시고 그 밑에 무릎을 꿇은 사람이 보이지요. 그는 누굴까요? (토마스) 예수님께서 토마스에게 무엇이라고 말씀하셨습니까? (너는 나를 보고서야 믿느냐? 보지 않고서도 믿는 사람은 행복하다.)

- 여러분은 예수님의 부활을 직접 목격하지는 않았지만 성경의 증언대로 예수님의 부활을 믿습니까? (대답함)

- ★ 예수님께서 부활하셨다는 사실은 아주 중요합니다. 왜냐하면 예수님께서 부활하심으로써 예수님이 하느님이라는 것과 예수님께서 하신 모든 말씀이 참되다는 것이 드러났기 때문입니다. 그래서 우리는 예수님을 **메시아**(히브리어), **그리스도**(그리스어)라고 부릅니다. 이 말은 '기름부음 받은 자'라는 뜻으로 구세주라는 뜻을 가집니다. 또 예수님의 부활은 우리 부활의 근거가 되고, 영원한 생명에 대한 희망이 되기에 예수님의 부활은 우리가 믿는 가장 중요한 내용입니다. 그래서 **예수님의 부활**은 <u>그리스도교 신앙의 핵심</u>이라고 말할 수 있습니다.

- 교회는 매 주일 미사와 큰 축일 미사 때마다 이 내용을 우리의 믿을 바로 고백합니다. 교재 59쪽에 '사도신경'의 내용이 나옵니다. 빈 곳에 들어가는 말을 각자 적어 보세요.
답) (육신의 부활)을 믿으며 (영원한 삶)을 믿나이다.

- ★ 우리가 믿고 고백한 대로 예수님의 부활을 믿고, 또 우리의 <u>부활을 믿으며</u>, 매일 희망을 가지고 살아갑시다.

4 현재의 삶 속에서 부활하신 예수님 만나기

- **생각나눔** 오늘날 우리들은 부활하신 예수님을 직접 볼 수 없습니다. 하지만 부활의 상황을 체험할 수 있습니다.

- ★ 오늘 수업을 통해서도 알 수 있듯이 **성경**은 예수님 부활의 이야기를 자세히 우리에게 알려 주고 있습니다. 그러므로 성경을 읽음으로써 우리는 부활을 체험합니다.

- **용서**는 서로에게 새로운 생명을 부여합니다. 용서할 때 나는 누군가에게 부활을 선사하고, 내가 용서받을 때 나는 누군가로부터 부활을 선사받습니다. 너그러운 마음으로 서로를 받아들이고 보듬어 주는 것이 일상 안에서 새로운 생명을 체험하게 합니다.

- 예수 그리스도께서 우리에게 주신 계명이 바로 이웃 사랑입니다. 이 **사랑**은 예수 그리스도를 살게 합니다. 그리스도를 사는 자체가 부활의 체험이 되는 것이지요. 이는 공동체적 삶으로 우리를 초대합니다.

- 여러분 교재 59쪽의 빈칸을 채워 보세요. (성경, 용서, 사랑)

깊이 들어가기

활동 1 나의 부활 체험 나누기 — 조별 나눔

용서와 사랑의 체험을 나눔으로써 부활을 경험한다.

[의미] 예수 그리스도의 사랑을 나눔이 얼마나 큰 행복인지를 깨닫는다.

진행

1) 교재에 누군가를 용서했을 때, 혹은 나를 내어 주는 사랑의 체험을 적어 본다.
2) 적은 내용을 나눈다.
3) 용서와 사랑의 실천 앞에서 망설임은 없었나요? (대답을 들음)

- 우리는 마음 안에 하느님의 소리를 들을 수 있는 기관을 하나 가지고 있습니다. 그것을 양심이라고 하지요. 양심은 개인에 따라 부드럽기도 혹은 딱딱하기도 합니다. 그것을 어떻게 관리하느냐에 달렸습니다. 그리스도인이 되기를 원하는 여러분의 양심은 하느님의 말씀을 잘 들을 수 있도록 최적화되어 있을 것이라 생각됩니다. 사실 누군가를 조건 없이 사랑하고, 용서한다는 것이 쉬운 일은 아닙니다. 하지만 우리 마음속에서 하느님의 소리를 듣게 하는 양심은 우리가 선택의 기로에 놓여 있을 때 지혜로운 판단을 하게 합니다. 이를 은총이라고 합니다. 하느님은 당신의 무한하신 사랑과 자비로 우리에게 넘치는 은총을 주십니다. 우리는 그 은총에 힘입어 우리가 할 수 없는 일을 하게 됩니다. 그것이 바로 우리가 새로운 차원으로 넘어가는 체험, 부활의 체험입니다.

활동 2 나는 세상의 빛입니다 — 촛불 예식

촛불 예식을 통해 부활의 의미 새기기

[의미] 부활초의 의미를 알고, 빛이신 예수님을 닮아 나도 세상의 빛이 되고자 결심할 수 있다.

준비물	부활초, 작은 초(인원수만큼), 심지, 예쁜 종이, 필기구, 성당에서 하면 좋다.

진행

1) 부활초에 대해 설명한다.

- 이 초는 부활하신 예수님을 상징하는 '부활초'입니다. 십자가 위, 아래에 그리스 문자의 첫 글자인 A(알파=시작이요)와 끝 글자인 Ω(오메가=마침)가 새겨져 있고 올해의 숫자도 새겨져 있습니다. 이것은 모든 시간은 예수님께서 다스리고 있음을 뜻하지요. 십자가 끝에 꽂혀 있는 다섯 개의 향 덩이는 예수님의 다섯 상처로 수난과 고통을 통해 이 세상을 구원하셨음을 말해 주고 있습니다.

- 예수님께서 부활하시어 어두운 세상에 빛을 주신 것처럼, 우리들도 세상을 밝히는 빛이 될 수 있습니다.

2) 작은 초를 나누어 준다.

- 이제 이 부활초에서 빛을 받아 여러분에게 초를 하나씩 나누어 드리겠습니다. 제가 "예수님께서 부활하셨도다. 알렐루야"라고 하면 여러분은 "세상의 빛이 되겠습니다. 알렐루야" 라고 답하시면서 초를 받아 가십시오.

(한 명씩 초를 받아 가는 동안 조용히 지켜봄.)

3) (초를 다 받으면)이제 내가 사랑의 빛을 비추어 주고 싶은 사람을 생각합니다. 그 사람을 위해 마음속으로 기도하고, 그를 위해 내가 빛으로서 할 실천 사항 하나를 생각합니다. 나누어 드린 종이에 실천 사항을 적어 초와 함께 제대 앞에 봉헌하겠습니다. 이는 하느님의 은총으로 우리가 이를 실천할 수 있도록 도와 달라는 의미를 갖습니다.

마음기도

- 모두 마음을 모으기 위해 바른 자세를 해 보겠습니다. 몸은 곧게 펴고, 고개는 턱을 앞으로 당겨 약간 숙입니다. 발은 어깨 넓이로 벌리고 앉습니다. 두 손은 주님 앞에 빈손임을 드러내는 표지로 하늘을 향하게 펴서 무릎에 살포시 얹습니다. 이제 눈을 감고 깊게 호흡을 합니다. 들숨을 쉬며 "사랑의 성령님" 날숨을 내쉬며는 "저에게 오소서"라고 기도합니다. 이렇게 10번 반복합니다.

- 어둠을 뚫고 내려오는 찬란한 빛 한줄기가 보입니다. 그 빛을 한껏 받아 빛 안에 머무릅니다. (1분)

- 그 빛 속에 부활하신 예수님께서 계십니다. 그분은 여전히 상처를 그대로 지니고 계십니다. 그 고통의 흔적을 없애지 않으셨습니다. 그것은 인류 구원의 표징이기 때문입니다. 그 거룩한 상처를 바라보며 나의 느낌을 말씀드립니다.(2분)

- 부활하신 예수님께서는 당신의 고통 앞에서 달아난 제자들에게 나타나셨습니다. 그들을 꾸짖거나 원망하지 않으시고 당신과 함께 있는 일상을 회복하게 하십니다. 어쩌면 부활은 예수님과 함께 있는 일상을 회복하는 것입니다. 우리가 예수님과 함께 있고 싶지 않은 순간이 있습니다. 그 순간이 언제인지 잠시 생각해 봅니다. (2분)

- 이제 그 순간에도 절대로 예수님을 외면하지 않고 그분 은총의 도움을 받겠다는 다짐을 예수님께 말씀드리십시오.(2분)

- 예수님의 부활로 우리를 영원한 생명에로 들게 하심에 감사드리며, 하고 싶은 이야기를 하십시오. 그리고 그분 말씀에 가만히 귀 기울이십시오.(3분)

과제제시

1 복습

- 오늘 우리가 무엇을 배웠는지 '복습'의 칸을 채워 보세요.
  ✎ 오늘 배운 내용 중 가장 기억에 남는 내용을 적어 보세요.
  ✎ 십자퍼즐의 빈칸을 채우세요

2 실천

- 나와 관계를 맺고 있는 이들에게 자비와 용서를 거저 베풀어 줌으로써 부활을 체험하도록 해 봅시다.

3 알아봅시다

- 부록의 내용을 살펴보겠습니다. 교재 119쪽에 더 알아야 할 질문과 답이 '궁금합니다'에 수록되어 있습니다. 127쪽에서 부활하신 예수님을 만난 성녀 마리아 막달레나, 성 클레오파스, 성 바르나바를 만날 수 있습니다.

정답: 용어 풀이

부활 : 죽었다가 영원한 생명으로 다시 살아남
알렐루야 : '하느님을 찬미하라'는 뜻
그리스도 : 기름부음 받은 자. 구세주. 메시아
주일 : 주님의 날. 예수님께서 부활하신 날을 기념하는 날

교사 자기 점검표 ☑

내 용	확인
• 오늘 수업 준비에 성실하였습니까?	☐
• 예비신자들이 오늘 수업목표에 각각 도달하였습니까?	☐
• 나를 통해 예비신자들이 '부활하신 예수님'에 대해 알고 느낄 수 있었습니까?	☐

교사 마침 기도

좋으신 하느님, 오늘 수업에 대해 감사드리며, 저의 모든 노고를 마지막 날 우리들의 부활을 희망하며 바쳐 드립니다. 저의 부족한 수업을 당신 친히 채워 주시고 제가 보다 나은 수업을 준비하도록 도와주소서. 우리 주 그리스도를 통하여 비나이다. 아멘.

추천합니다

* **가톨릭 도서**

「부활의 기쁨 100배 맛보기」
　　안셀름 그륀 지음, 정하돈 역 │ 분도출판사
「예수는 정말 부활했을까?」
　　이제민 지음 │ 바오로딸
「육신의 부활을」
　　다니엘 J.피누케인 지음, 이건 역 │ 가톨릭출판사
「부활하신 그리스도」
　　R.E.브라운 지음, 이재수 역 │ 성바오로

* **노래**

- 가톨릭 성가 130 예수 부활하셨네
- 가톨릭 성가 134 거룩하다 부활이여
- 가톨릭 성가 138 만왕의 왕

제13과 성령의 강림으로 드러난 교회(敎會)

주제어 : **일치**

학습목표
1. **성령** 안에서 **예수님**을 통하여 **하느님 아버지**께 나아갈 수 있다.
2. **성령의 강림**으로 교회가 드러나 지상에 **사랑의 공동체**가 이뤄졌음을 알 수 있다.
3. 사도들이 목숨을 걸고 복음을 전한 **순교 정신**을 본받아 일상에서 작은 희생들로 복음을 선포할 수 있다.

나의 신앙을 돌아보며

◆ 말씀과 함께

"내가 떠나는 것이 너희에게 이롭다.… 내가 가면 그분을 너희에게 보내겠다." (요한 16,7)

예수님께서는 당신이 떠나는 것이 우리에게 더 유익하다고 하십니다. 당신이 떠나지 않으면 보호자께서 우리에게 오시지 않기에 당신이 떠나면서 그분을 우리에게 보내 주시겠다고 약속하셨습니다. 예수님께서 성부께로 돌아가심(승천)은 물리적인 자리바꿈 이상입니다. '성령'께서 오시어 예수님을 하느님의 아들인 '성자'로 알아보도록 해 주며, 성자 예수님을 통해 '성부' 하느님께로 가도록 우리를 이끌어 주십니다. 성령이 오시지 않으셨다면 예수님을 오늘날 우리의 주님으로 알아볼 수도 없고 우리 마음을 하느님께로 거룩하게 이끌어줄 수도 없었을 것입니다. 십자가 위에서 고통의 성부와 성자를 사랑으로 이어 주신 성령께서 하늘과 우리를 이어 주고 또 지상의 우리들을 하나의 교회로 인도하십니다. 우리는 성령에 힘입어 하느님을 아빠, 아버지로 부르고(로마 8,15), 우리가 세례 때 받은 성령을 통하여 하느님의 사랑이 우리 마음에 부어진 것입니다. (로마 5,5)

"신자들의 공동체는 한마음 한뜻이 되어…" (사도 4,32)

'교회'란 단순히 외적인 건물만을 말하지 않습니다. '교회(敎會)'란 한자의 뜻 그대로 '모임' 또는 '공동체'의 개념입니다. 즉 '믿는 이들의 공동체', '하느님 백성의 모임'을 말합니다. 초대 교회는 성령을 받고 마음이 열리어 아무도 자기 것을 자기 것으로 소유하지 않고 모든 것을 공동으로 소유하였습니다. 그래서 그들 가운데에 궁핍한 사람이 한 사람도 없었다고 합니다. 오늘날 우리는 모든 것을 공동으로 내놓고 살 수는 없지만 초대 교회가 소유한 근본정신, '한마음 한 뜻'이 되어 살 수는 있습니다. 성부와 성자를 사랑으로 엮어 주시고 사도들이 사랑으로 한마음 한뜻이 되게 해 주신 성령께서 지금 우리를 움직이시는 바로 그 성령이시기에 우리는 사랑으로 하나 될 수 있습니다. 우리가 성령께 마음을 열고 초대 교회의 근본정신인 나눔의 정신을 본받으려고 노력한다면 지구 상에 굶주리는 이웃이 줄어들 것입니다. '사랑의 공동체' 즉 '사랑의 교회'를 이 지상에 이루는 것이 바로 하느님께서 인간이 되어 오신 이유이며, 예수님께서 돌아가시고 부활하셨으며 다시 이 세상에 오시고자 하는 이유입니다. 우리의 이상이신 '삼위일체 공동체'를 바라봅시다. 그리고 서로에게 자신을 온전히 내어 주는 그 사랑의 정신을 본받읍시다. 그리고 삼위일체 하느님께 기도하십시오. '성령 안에서 성자 예수님을 통하여 성부 하느님께 기도하십시오.'

◆ 숙고하기

나는 일상에서 성령의 현존을 감지합니까? 언제 성령께서 나를 움직이고 있음을 느낍니까?
나는 우리 공동체(교회)가 '사랑의 공동체'(교회)가 되도록 얼마나 노력하고 있습니까?

◆ 기도하기

하느님, 일치의 끈이신 성령 안에서 교회가 사랑으로 하나 되게 하소서. 우리 주 예수님을 통하여 비나이다. 아멘.

수업을 이렇게

◆ 수업 줄거리

1. **예수님의 승천** : 예수님께서 부활하신 후 40일 동안 제자들에게 나타나시어 하느님 나라에 관해 가르치신 후 하늘나라로 승천하시어 성부 하느님의 오른편에 앉으셨다. 승천하시기 전에 협조자이신 성령을 보내 주시겠다고 약속하셨다.

2. **성령의 역할** : '성령'께서는 우리 마음을 거룩하게 이끌어 주시어 하느님을 알도록 해 준다. 우리는 성령 안에서 성자 예수님을 통하여 성부 하느님께 갈 수 있다. 성령은 '일치의 끈'으로서 우리를 하느님과 이어 주며, 또 우리들을 사랑으로 하나가 되게 해 준다.

3. **성령 강림 & 교회의 드러남** : 예수님께서 승천하시고 10일(부활하신 후 50일) 후 오순절에 제자들이 기도하고 있을 때 성령이 불 혀 모양으로 각 사람들에게 내려왔다. 이로써 예수님을 따르는 사람들의 공동체인 교회가 드러나게 되었다. '교회'란 어떤 건물을 이야기하는 것이 아니라, '신자들의 공동체', '하느님 백성의 모임'을 말한다. 또 교회는 삼위일체 공동체의 모습에 따라 사랑의 공동체를 이루었다.

4. **복음을 전한 사도들** : 성령을 받고 용감해진 사도들은 예수님에 관한 기쁜 소식을 전하다가 순교하였다. 특히 베드로 사도는 교회의 반석으로 첫 교황이 되어 유다인들에게 복음을 전하다가, 또 바오로 사도는 이방인의 사도로 전 세계를 돌아다니며 복음을 전하다가 순교하였다. 우리도 사도들이 목숨을 걸고 복음을 전한 순교 정신을 본받도록 한다.

수업 계획표 (총 60분)

단계	내용	진행	준비물
도입 (5분)	승천하신 예수님	성경(사도 1,6-11)을 통해 승천하신 예수님에 대해 듣고 알기	
전개 (30분)	성령 강림과 교회의 드러남	성경(사도 2,1-13)을 통해 성령 강림과 교회의 드러남에 대해 알기	
	성령께서 하시는 일	성령께서 하시는 역할에 대해 알기	
	초대 교회의 모습	성경(사도 2,42-46)을 통해 초대 교회가 사랑의 공동체를 이루었음을 알기	
	복음을 전한 사도들	목숨을 걸고 복음을 전한 사도들에 대해 알고, 그들의 순교 정신을 본받기	
깊이 들어가기 (15분)	성령의 은혜와 열매	1. 성령의 은혜와 열매 2. 성령을 받으시오	
마무리 (10분)	마음기도	기도	
과제제시	배운 내용 정리	요약하기	

이런 것을 뜻합니다

 삼위일체 교리　　 공동체

 기도　　 숙고하고 나누기

 중요　　🌿 사회교리

<u>밑줄</u> 수업목표에 해당함

▶ 출석 확인

열 기

1 시작기도 : 가톨릭 성가 142장

2 지난 시간 복습

◇ 예수님께서 사흘 만에 다시 살아나신 것을 무엇이라 합니까?

◇ 예수님의 부활로 우리는 무엇을 받았습니까?

◇ 예수님께서 죽음으로부터 부활하신 사흘째 날을 우리는 주일, 즉 주님의 날이라고 부릅니다. 그래서 그리스도인들은 주일을 거룩히 지냅니다.

3 승천하신 예수님 (사도 1,6-11)

- 예수님께서 부활하신 뒤 어떻게 되셨을까요? (대답을 들음)

- 예수님께서는 돌아가신 지 3일 만에 부활하신 뒤 **40일** 동안 제자들에게 나타나시어 하느님 나라에 관한 말씀을 해 주셨습니다.(사도 1,3) 그리고 그들이 보는 앞에서 하늘로 오르셨는데, 구름에 감싸여 안 보이게 되었습니다. 예수님께서 올라가시는 동안 그들이 하늘을 바라보는데, 갑자기 흰 옷을 입은 두 사람이 나타나서 한 말이 교재에 나옵니다. 빈 곳에 각각 들어가는 말이 무엇일까요? 사도행전 1장 6절에서 11절의 내용을 읽어 보고 답을 찾아 적어 보세요.

답) "너희를 떠나 (승천)하신 저 예수님께서는 너희가 보는 앞에서 하늘로 올라가신 모습 그대로 다시 (오실) 것이다."

- 천사가 예수님께서 하늘로 올라가신 모습 그대로 오실 것이라고 했는데 이는 예수님의 재림을 예고하는 말입니다. 예수님께서 거룩한 왕좌에 앉으시어 세상 종말에 심판하러 오심을 우리는 믿는다고 사도신경에서 고백하고 있습니다. 그래서 예수님 승천은 우리에게 윤리적 생활을 요구합니다. 이것이 바로 성령께서 오시어 우리와 함께하시면서 지상에 이룩한 사랑의 공동체 생활을 말합니다.

- 그리고 예수님께서는 성령 강림의 예고를 지속적으로 하십니다. 성령께서 예수님의 말씀과 행적을 모두 제대로 알아듣게 해 주실 거라는 예고입니다. 성령 강림으로 말미암아 세상에 '사랑의 공동체'가 형성됩니다. 오늘은 성령에 대해 공부해 보겠습니다.

펼치기

1 성령 강림 (사도 2,1-13)

- 예수님께서 부활하시고 **50일째 되는 날**, 또는 승천하시고 **10일째 되는 날**인 오순절에 성령께서 오셨습니다. 사도행전에서 이 이야기를 자세히 다루고 있습니다. 사도행전 2장 1절에서 13절까지 함께 읽으면서 우리도 성령 강림의 장면 속에 들어가 볼까요?

> **도움말**
>
> 모두 같이 읽거나 각 사람이 한 절씩 읽음
>
> 오순절 : 밀 추수 만료기에 거행되는 추수절 (탈출 23,16)

- ¹오순절이 되었을 때 그들은 모두 한자리에 모여 있었다. ²그런데 갑자기 하늘에서 거센 **바람**이 부는 듯한 소리가 나더니, 그들이 앉아 있는 온 집 안을 가득 채웠다. ³그리고 **불꽃** 모양의 **혀**들이 나타나 갈라지면서 각 사람 위에 내려앉았다. ⁴그러자 그들은 모두 성령으로 가득 차, 성령께서 표현의 능력을 주시는 대로 다른 언어들로 말하기 시작하였다. ⁵그때에 예루살렘에는 세계 모든 나라에서 온 독실한 유다인들이 살고 있었는데, ⁶그 말소리가 나자 무리를 지어 몰려왔다. 그리고 제자들이 말하는 것을 저마다 자기 지방 말로 듣고 어리둥절해하였다. ⁷그들은 놀라워하고 신기하게 여기며 말하였다. "지금 말하고 있는 저들은 모두 갈릴래아 사람들이 아닌가? ⁸그런데 우리가 저마다 자기가 태어난 지방 말로 듣고 있으니 어찌 된 일인가? ⁹파르티아 사람, 메디아 사람, 엘람 사람, 또 메소포타미아와 유다와 카파도키아

와 폰토스와 아시아 주민, ¹⁰프리기아와 팜필리아와 이집트 주민, 키레네 부근 리비아의 여러 지방 주민, 여기에 머무르는 로마인, ¹¹유다인과 유다교로 개종한 이들, 그리고 크레타 사람과 아라비아 사람인 우리가 저들이 하느님의 위업을 말하는 것을 저마다 자기 언어로 듣고 있지 않는가?" ¹²그들은 모두 놀라워하고 어쩔 줄 몰라 하며, "도대체 어찌 된 영문인가?" 하고 서로 말하였다. ¹³그러나 더러는 "새 포도주에 취했군." 하며 비웃었다. ¹⁴그때에 베드로가 열한 사도와 함께 일어나 목소리를 높여 그들에게 말하였다. "유다인들과 모든 예루살렘 주민 여러분, 여러분은 이 사실을 알아야 합니다. 내 말을 귀담아들으십시오. 지금은 아침 아홉 시입니다. 그러니 이 사람들은 여러분이 생각하듯이 취하지 않았습니다. 이 일은 요엘 예언자를 통하여 하신 말씀대로 된 것입니다.

- 교재 61쪽의 그림은 성령 강림의 장면입니다. 이 일이 언제 일어났습니까? (오순절)

- 누구에게 일어났습니까? (사도들) 성모님도 그들과 함께 있었다고 합니다. 중앙에 성모님 모습도 보이십니까?

- 성령이 어떤 모습으로 내려왔습니까? (거센 바람, 불꽃 모양의 혀) 성령은 '바람'처럼 자유롭게 불고 '불꽃'처럼 마음을 환하게 타오르게 해 줍니다.

- 성령을 받고 어떤 일이 일어났습니까? (다른 언어들로 말하기 시작함)

- 사람들은 그 말을 알아들었습니까? (알아들었음. 왜냐하면 저마다 자기가 태어난 지방말로 듣고 있었음)

- 사도 베드로가 변화되었음을 어떻게 알 수 있습니까? (용감히 자신의 체험을 이야기함)

- 우리는 이 성경의 내용 속에서 성령의 역할을 유추할 수 있습니다.

2 성령께서 하시는 일

- **생각나눔** 성령을 받은 제자들은 성령께서 주시는 능력대로 어떻게 말했다고 했습니까? (대답을 들음) 사람들은 모두 제자들의 말을 자기네 지방말로 알아들었다고 했습니다. 이 이야기는 구약의 바벨탑 이야기를 완성합니다. 구약의 바벨탑 이야기는 하느님께 반역한 원죄로 인해 더욱 교만해진 인간들의 이야기를 담고 있습니다. 이들은 자신들의 이름을 드높이기 위해 하늘까지 닿는 탑을 세우려 합니다. 이를 본 하느님께서는 그들의 말을 섞어 놓아 그 일을 마치지 못하게 하십니다. 성령 강림은 다른 언어로 말하지만 모두가 알아듣게 되는 일이 일어나면서 바벨탑의 이야기를 완성합니다. 이 장면은 **성령의 역할 중 일치를** 나타냅니다.

- 성령은 성부와 성자를 일치시켜 준다고 했습니다. 그 성령이 내려오시어 바로 그들을 하나가 되게 해 주었기에 비록 다른 언어를 사용하였지만 알아들을 수 있었습니다.

- **생각나눔** 예수님과 3년을 함께 보낸 제자들은 예수님의 말씀과 행적의 의미를 다 알아들었나요? (대답을 들음) 맞습니다. 못 알아듣습니다. 그런데 **예수님과 함께한 체험들을 한 번에 다 알아듣게 해 주신 분이 계십니다.** 바로 성령이시죠. 그래서 예수님께서는 성령이 오심을 이렇게 예고하셨습니다. "보호자, 곧 아버지께서 내 이름으로 보내실 성령께서 너희에게 **모든 것을 가르치시고 내가 너희에게 말한 모든 것을 기억하게 해 주실 것이다.**"(요한14,26)

- **생각나눔** 성령께서는 또한 마음에 용기를 불어넣어 주십니다. 베드로와 제자들은 모두 예수님께서 부활하신 후에도 두려움에 가득 차 있었습니다. 하지만 성령을 받고 나서 베드로의 모습이 달라졌습니다. 어떻게 달라졌나요? (대답을 들음) '베드로의 오순절 설교'의 장면에서 베드로는 성령을 받고 성령으로 가득 차서 예수님께서 하느님의 아들이시며 구세주이심을 용감히 설교를 합니다.

- ★ 성령께서는 **우리에게 일치, 깨달음, 용기를 선사하십니다. 성령은 '일치의 끈'으로서 성부와 성자 사이를 이어 줄 뿐만 아니라 우리와 하느님을 일치시키고 또 우리 서로를 사랑으로 하나가 되게 해 주시는 분**입니다. 우리가 삼위일체 하느님께 가는 방법은 바로 이것입니다. **성령** 안에서 **예수님**을 통하여 **하느님 아버지**께 나아갈 수 있습니다.

3 가시화된 교회와 초대 교회의 모습 (사도 2,42-47)

- 이제 베드로의 설교 결과 어떤 일이 일어났는지 마지막 구절(사도 2,41)을 함께 읽어 볼까요?

⁴¹베드로의 말을 받아들인 이들은 세례를 받았다. 그리하여 그날에 신자 수가 삼천 명가량 늘었다.

- 이 '신자들의 공동체'를 우리는 교회라고 부릅니다. '교회'라고 하면 건물을 생각하는데, 교회는 모인 '사람들' 즉 '공동체'를 의미합니다.

- ★ '교회'의 뜻은 '신자들의 공동체', '하느님을 믿는 사람들의 모임', '하느님 백성의 모임'을 말합니다.

- ★ 그러므로 삼위일체 하느님 공동체로부터 그 기원을 두고 있는 교회는 그리스도께서 세우셨고 성령 강림을 통하여 세상에 드러난 것입니다. 교회의 예를 작은 것부터 들면 '가정 교회', '구역 교회', '본당 교회', '국가 교회', '세계 교회'가 있습니다. 이 교회는 구세주가 다시 오시는 세상 마지막 날에 영광스럽게 완성될 것입니다.

- 사도행전의 그 다음 부분(2,42-47)을 계속 읽어 볼까요?

> ⁴²그들은 **사도들의 가르침을 받고 친교를 이루며 빵을 떼어 나누고 기도하는 일에 전념**하였다. ⁴³그리고 사도들을 통하여 많은 이적과 표징이 일어나므로 사람들은 저마다 두려움에 사로잡혔다. ⁴⁴신자들은 **모두 함께 지내며 모든 것을 공동으로 소유**하였다. ⁴⁵그리고 재산과 재물을 팔아 모든 사람에게 저마다 필요한 대로 나누어 주곤 하였다. ⁴⁶그들은 날마다 한마음으로 성전에 열심히 모이고 이 집 저 집에서 빵을 떼어 나누었으며, 즐겁고 순박한 마음으로 음식을 함께 먹고, ⁴⁷하느님을 찬미하며 **온 백성에게서 호감**을 얻었다. 주님께서는 날마다 그들의 모임에 구원받을 이들을 보태어 주셨다

- 42절에 '교회'의 모습이 네 가지 특징으로 나오는데 무엇인가요? (1. 사도들의 가르침을 받고 2. 친교를 이루며 3. 빵을 떼어 나누고 4. 기도하는 일에 전념)

- 여기서 '빵을 떼어 나누는 것'은 오늘날 미사 때 이루어지는 성체성사를 말합니다.

- 또 44절에 그 특징이 나오는데 무엇일까요? (모두 함께 지내며 모든 것을 공동으로 소유)

- '초대 교회'는 바로 삼위가 서로 동등하고 서로 사랑하며 서로 나누는 '삼위일체 하느님 공동체'의 모습을 닮아 있습니다. 우리도 이런 '사랑의 공동체'의 모습을 닮아 가야 합니다.

- ★ 이와 같이 **성령의 강림**으로 **교회**가 세상에 드러나게 되어, **사랑의 공동체**를 이루었음을 알 수 있습니다.

4 용감하게 복음을 전한 사도들

- 생각나눔 이렇게 시작된 교회가 어떻게 늘어났을까요? (대답을 들음)

- 사도들이 목숨을 걸고 예수님을 전하였기 때문에 예수님을 믿는 이들의 공동체(교회)가 늘어났습니다. 누가 교회의 최고 지도자였나요? (대답 들음)

- 예수님께서는 베드로의 믿음을 보시고 베드로를 사도들의 으뜸으로 삼으시고 베드로(반석이라는 뜻)에게 "내가 이 반석 위에 내 교회를 세우겠다."(마태 16,18)라고 하셨습니다.

- **베드로 사도**는 그 당시 세계의 중심지인 로마로 가서 교회의 첫 교황이 되었습니다. 그곳에서 교회의 지도자로서 용감하게 예수님의 기쁜 소식을 전하다가 순교하였습니다. **'순교'(殉敎)란 신앙을 지키다가 목숨을 바친 것**을 말합니다.

- 로마 사람들은 그리스의 다신을 숭배했습니다. 그래서 유일신인 그리스도교 신자들을 박해했고, 죽이기까지 했습니다. 교수형에 처하기도 하고, 배고픈 사자들의 우리에 가두어서 잡아먹히게도 했습니다.

- 사도들은 대부분 이스라엘 사람(유다인)이어서 유다인들에게 복음을 전했습니다. 하지만 **바오로 사도**는 예수님의 12제자는 아니었지만 부활하신 예수님을 체험하고 유다인이 아닌 '이방인'들에게 복음을 전하여 '사도'가 되신 분이십니다. 바오로 사도도 로마에 가서 복음을 전하다가 베드로 사도처럼 순교하였습니다.

- ★ 예수님의 제자인 다른 사도들도 모두 나가서 복음을 전하다가 순교하였습니다. 이분들의 순교 정신이 없었다면 오늘날 우리에게 복음이 전해지지 않았을 것입니다. 우리들도 **사도들이 목숨을 걸고 복음을 전한 순교 정신**을 본받아 비록 피는 흘리지 않지만 일상의 작은 희생들로 그리스도의 복음을 선포할 수 있었으면 합니다.

- 초기의 많은 신자들도 자신의 믿음을 보여 주기 위해 목숨을 잃었습니다. 250여 년 후에 313년 콘스탄티누스 황제의 밀라노 칙령에 의해 마침내 박해가 끝나면서 예수님을 자유롭게 믿게 되었습니다. 순교자들의 용감한 신앙이 없었더라면 오늘날 우리는 예수님을 알지 못하고, 자유롭게 예수님을 믿을 수 없었을 것입니다.

- 교재 63쪽의 지도를 보십시오. 사도들의 복음 선교 행적이 지도에 표시되어 있습니다. 대부분의 사도들은 복음을 전하다 순교하게 되었습니다.

- 특히 바오로 사도는 세 차례의 선교 여행을 하면서 예루살렘에서 소아시아(오늘날 터키 지역), 그리스, 로마에 이르기까지 복음을 전하였습니다. 성경 뒤의 부록에 나오는 '**바오로 사도의 선교**

여행 지도를 보면 그가 어떻게 여행하였는지를 더 잘 알 수 있습니다.

[참고 : 12사도와 바오로 사도의 순교]

베드로 : 로마에서 전도하다가 십자가에 거꾸로 매달려 순교함

바오로 : 로마에서 칼에 목이 베여서 순교함. 이때 목이 세 번 튀었는데 그곳에 샘이 솟았다 함.

야고보 : 예루살렘에서 가장 먼저 목 베임을 당하심

요한 : 도미티안 황제의 박해 때 가마솥에 던져졌다가 기적적으로 목숨을 건진 후 에페소로 돌아와 수명을 다한 뒤 세상을 떠남 (유일하게 선종)

안드레아 : 그리스의 파트레에스 안드레아 십자가라고 불리는 십자가에 달려 순교함

필립보 : 소아시아 부르기아에서 돌에 맞아 (또는 기둥에 매달려) 순교함

바르톨로메오 : 아르메니아에서 산 채로 살을 벗겨 교수형에 처해짐

마태오 : 에티오피아에서 칼에 찔려 순교함

토마스 : 인도에서 창에 찔려 순교함

작은 야고보 : 예루살렘의 성전 꼭대기에서 떨어뜨림을 당해 순교함 (또는 거기서 회복되어 후에는 결국 몸에 톱으로 베임을 당하심)

유다(타대오) : 메소포타미아(바사)에서 화살에 맞아 순교함

시몬(열심당원) : 페르시아만 근처에서 폭도들의 공격으로 치명상을 입고 (또는 이집트와 유대에서 전도하다가 활에 맞아) 순교함

마티아 : 유다 지방에서 복음을 전하다가 에티오피아에 가서 돌에 맞아 순교함

깊이 들어가기

7과에서 우리는 카리스마에 대해 배웠습니다. 그것은 바로 성령의 특별한 은혜를 말합니다. 지금부터 성령의 은혜와 열매에 대해 알아보는 시간을 갖겠습니다.

활동 1 성령의 은혜와 열매

성령의 7가지 은혜와 9가지 열매를 알기

[의미] 성령의 은혜와 열매의 이름을 게임을 통하여 재미있게 외울 수 있다.

진행

1) '성령의 7가지 은혜'(슬기, 통달, 의견, 지식, 용기, 경외심, 효경)의 이름을 알고 외운다.

- 성령은 우리에게 특별한 은혜 7가지를 베풀어주십니다. 이것을 '성령칠은'이라고 합니다. 여러분 교재에 7가지가 나옵니다. 함께 읽어볼까요? 이 은사를 통해 우리는 사랑으로 일치하는 공동체를 만들 수 있습니다. 이것이 무슨 의미인지 설명해 드리겠습니다.
- 슬기 - 인간이 하느님의 사랑을 세상 사랑보다 귀하게 아는 지혜.
- 통달 - 구원의 진리를 인간 지력의 한계 내에서라도 이해하도록 도와주는 것.
- 의견 - 선·악에 대한 올바른 판단을 도와줌
- 지식 - 믿을 것과 믿지 말아야 할 것을 식별하게 함
- 용기 - 신앙생활을 방해하는 장애를 극복할 힘
- 경외심 - 하느님의 마음을 상하게 할까 염려하는 마음
- 효경 - 하느님께 대한 자녀로서의 사랑 증진

2) 성령의 은사를 통해서 열매를 맺을 수 있다. 교재의 성령열매나무의 빈칸에 들어갈 열매를 갈라디아서 5,22-23을 찾아 적어 본다.

3) 2조로 나누어 '조별 대항' 이름 외우기를 한다.

4) 각 조에 이름 외우는 시간을 좀 준 뒤, 가위바위보로 어느 조가 먼저 외울 것인지 순서를 정한다.

5) 첫 번째 조의 조원이 '성령의 7가지 은혜' 이름을 한 사람씩 돌아가며 외운다. 틀리거나 막히면 다른 조에게 기회를 준다.

6) '성령의 9가지 열매'도 그런 방법으로 이름 외우기 게임을 한다.

활동 2 성령을 받으시오 - 만들기

성령의 은혜와 열매를 만들어 서로에게 전하기

[의미] 성령의 은혜와 열매를 알고, 서로 전함으로써 성령의 은혜와 열매에 대해 익히고 실제로 성령의 은사 (기쁨, 사랑, 일치 등)를 체험한다.

준비물

'비둘기'
(빨강 색지에 아래 도안을 이용하여 인원만큼 만듦)

진행

1) '성령의 7가지 은혜'와 '성령의 9가지 열매'에 대해 설명을 듣는다.

2) 각자 받은 '비둘기'에 성령의 은혜와 열매 한가지씩을 각각 적는다.

3) 각자 자기가 주고 싶은 사람에게 주면서, "성령을 받으시오."라고 말한다. (만일 성탄을 공부할 때 마니또를 뽑았다면 여기서 밝히면서 성령의 불꽃을 선물할 수 있다.)

4) 다 같이 앉아서 어떤 은혜와 열매를 받았는지 이야기 나눈다.

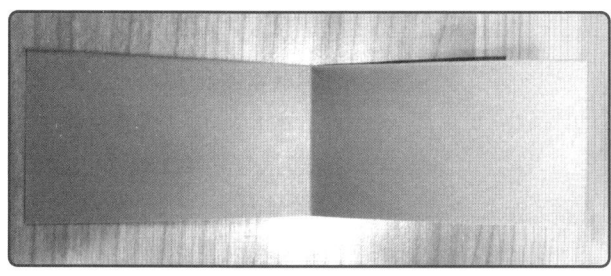

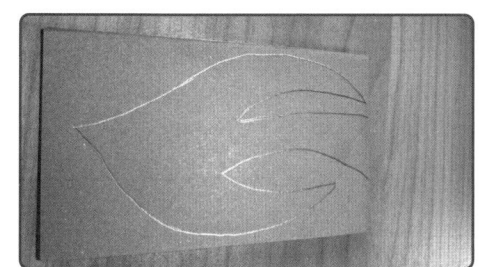

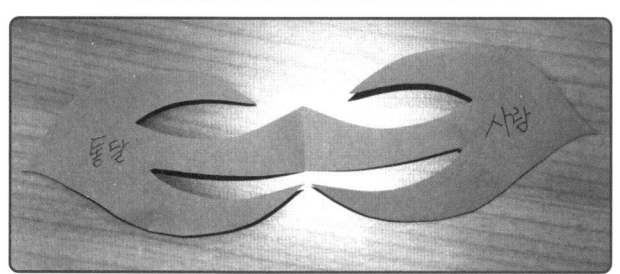

마음기도

- 모두 마음을 모으기 위해 바른 자세를 해 보겠습니다. 몸은 곧게 펴고, 고개는 턱을 앞으로 당겨 약간 숙입니다. 발은 어깨 넓이로 벌리고 앉습니다. 두 손은 주님 앞에 빈손임을 드러내는 표지로 하늘을 향하게 펴서 무릎에 살포시 얹습니다. 이제 눈을 감고 깊게 호흡을 합니다. 들숨을 쉬며 "사랑의 성령님" 날숨을 내쉬며는 "저에게 오소서"라고 기도합니다. 이렇게 10번 반복합니다.

- 주님을 더 잘 알고 싶은 내 마음에 사도들에게 내렸던 불혀 모양의 성령이 오십니다. 그 따스한 기운 속에 깊이 머무릅니다. (2분)

- 내 마음도 주님에 대한 사랑으로 뜨겁게 달아오름을 느낍니다. 그 사랑으로 세상 속에서 예수 그리스도의 선한 삶을 따라 살고자 하는 원의가 솟아남을 느낍니다. (2분)

- 주님의 성령께서 그동안의 내 모습을 비춰 주시면서 어떤 카리스마로 이 세상에서 복음을 선포하길 바라시는지 말씀해 주십니다. 마음의 귀를 기울여 잘 들어 보겠습니다. (3분)

- 성령께서 주시는 모든 은혜에 감사드리면서 내가 하고 싶은 이야기를 모두 말씀드리고, 성령의 열매를 맺을 수 있는 은총을 청합니다. (3분)

과제제시

1 복습

- 오늘 우리가 무엇을 배웠는지 '복습'의 칸을 채워 보세요.
  ✎ 오늘 배운 내용 중 가장 기억에 남는 내용을 적어 보세요.
  ✎ 다음 그림과 설명에 해당하는 단어를 적어 보세요.
    - 정답 용어 풀이 참조

2 실천

- 성령의 은혜와 열매 중에서 지금 나에게 가장 필요한 은총을 성령께 청해 봅시다.

3 알아봅시다

- 부록의 내용을 살펴보겠습니다. 교재 119쪽에 더 알아야 할 질문과 답이 '궁금합니다'에 수록되어 있습니다. 127쪽에서 교회를 확장시키고 굳건히 한 성 바오로, 성녀 헬레나, 성녀 가타리나를 만날 수 있습니다.

정답: 용어 풀이
승천: 땅에서 하늘로 오름
성령 강림일: 예수님 부활 50일째 성령이 하늘에서 내려오신 날, 교회 생일
교회: 하느님 백성의 모임
순교: 신앙을 지키다가 목숨을 바치는 것

교사 자기 점검표 ☑	
내 용	확인
• 오늘 수업 준비에 성실하였습니까?	☐
• 예비신자들이 오늘 수업목표에 각각 도달하였습니까?	☐
• 나를 통해 예비신자들이 '일치의 성령님'에 대해 알고 느낄 수 있었습니까?	☐

교사 마침 기도

좋으신 하느님, 오늘 수업에 대해 감사드리며, 저의 모든 노고를 '교회의 일치'를 위해 바쳐 드립니다. 저의 부족한 수업을 당신 친히 채워 주시고 제가 보다 나은 수업을 준비하도록 도와주소서. 우리 주 그리스도를 통하여 비나이다. 아멘.

추천합니다

* **가톨릭 도서**

「성령의 열매와 은사」
　　토마스 키팅 지음, 차덕희 역 ｜ 가톨릭출판사

「성령론」
　　　　　　　　박준양 지음 ｜ 생활성서사

「내 안에 살아계신 성령」
　　　　　　　　차동엽 지음 ｜ 미래사목연구소

「성령이 활동하시는 공동체」
　　파올로 질리오니 지음, 양해룡 역 ｜ 가톨릭출판사

* **노래**

- 가톨릭 성가 142 오소서 성령이여
- 가톨릭 성가 143 진리의 성령
- 가톨릭 성가 147 임하소서 성령이여

제14과 교회 가족과 어머니이신 마리아

주제어 : 친교

학습목표
1. 가톨릭교회는 **하나**이고 **거룩**하고 **보편**되며, **사도**로부터 이어 옴을 알 수 있다.
2. 예수님을 머리로 **하나**의 **몸**을 이루는 교회 가족은 서로 **친교**를 이루고 있음을 알 수 있다.
3. **신앙의 모범**을 보이신 **마리아**를 교회와 우리의 **어머니**로 공경할 수 있다.

나의 신앙을 돌아보며

◆ 말씀과 함께

"교회는 그리스도의 몸으로서…" (에페 1,23)

'그리스도교 교회'는 그리스도를 따르고자 모여든 백성의 모임을 말합니다. 예수님께서 말씀하셨듯이 당신은 포도나무요, 우리는 그 가지로서(요한 15,5) 세례를 받은 그리스도인 한 사람 한 사람은 머리이신 그리스도의 지체가 되어 한 몸을 이룹니다. 생손을 앓아서 고통을 받은 적이 있습니까? 미소한 손가락도 나의 지체이기 때문에 아픔을 느낍니다. 치통 때문에 잠을 못 이룬 적이 있습니까? 작은 이 하나도 내 몸에 속하기 때문에 나는 아파합니다. 그러므로 우리가 교회의 일원으로서 다른 일원에 대해 같은 지체로서의 마음을 가져야 할 것입니다. 예수님께서는 성 바오로가 개종하기 전 교회를 박해하였을 때 그에게 나타나, "나는 네가 박해하는 예수다."(사도 9,5) 라고 말씀하시며 교회와 자신을 동일시하십니다. 또 최후의 심판 비유에서는 이 세상에서 가장 작은 이에게 베풀어 준 것이 바로 당신에게 베푼 것이라고 가장 보잘것없는 자와 당신을 하나라고 설명하십니다. 예수님의 지체가 된 우리 그리스도인은 사랑으로 하나가 되어야 합니다. 성부와 성자를 일치시킨 성령께서 우리 교회에 함께하시기에 우리는 사랑 안에 하나가 될 수 있습니다. "그리스도의 몸도 하나, 성령도 한 분이십니다. 주님도 한 분이시고 믿음도 하나이며 세례도 하나이고, 만물의 아버지이신 하느님도 한 분이십니다." (에페 4,4-6)

"성인의 통공을 믿으며…" [사도신경 중에서]

세례를 통하여 우리가 얼마나 거대한 가족의 일원이 되었는지 아십니까? 가톨릭교회가 교황님을 중심으로 하나의 가족을 이루기에, 우리 가족은 세계적으로 약 11억 명이 됩니다. 그것은 보이는 지상의 교회를 말하며 보이지 않는 천상의 교회까지 포함한다면 우리의 가족 수는 헤아릴 수도 없습니다. 공식적인 성인, 성녀 수가 1~2만 명이며 이름 없는 성인 성녀들, 연옥 영혼들까지 합하면 그 수는 기하학적인 수라고 생각합니다. 우리는 이런 대가족으로 서로 친교를 나눌 수 있기에, 우리가 누릴 수 있는 은총은 얼마나 크겠습니까? 만약 어떤 재벌이나 능력가가 나의 가족이라면 나의 힘으로는 안 되는 것을 그 가족에게 부탁하듯이, 내 힘으로 되지 않는 일을 성인, 성녀들에게 기도해서 도움을 받을 수 있을 것입니다. 우리는 '성인의 통공'을 믿기에 이 특혜를 누릴 수 있습니다. 천상에서 가장 영향력 있는 사람은 누구일까요? 바로 '성모님'일 것입니다. '천상 모후'의 영예와 힘을 지닌 성모님께 부탁하면 그 아들 예수님께 전구(轉求;우리가 바라는 것을 하느님께 전달하는 기도)해 줄 것입니다. 성모님을 통하여 예수님께 드리는 '묵주기도'에 많은 은총이 있음도 그 이유일 것입니다. 천상의 어머니와 천상의 형제(성인, 성녀)들을 가진 것이 얼마나 큰 힘이며, 자랑이며 기쁨인지 느낄 수 있습니다.

◆ 숙고하기

그리스도의 몸의 지체로서 나는 얼마나 교회의 다른 지체와 한 몸을 이루려고 노력합니까?
나는 얼마나 성인, 성녀 또 성모님과 친밀히 지내며 기도하고 있습니까?

◆ 기도하기

하느님, 저를 교회로 불러 주심에 감사드리며, 천상 가족과도 항상 친교를 누리며 살아가게 하소서. 아멘.

 수업을 이렇게

◆ 수업 줄거리

1. **교회 가족의 특징** : 세례를 받고 우리는 교회 가족에 속하게 된다. 교회 가족은 함께 '성당'에 모여 기도하고 미사 참례하고 예수님의 몸을 나누어 먹고 예수님 사랑을 서로 나눈다.

2. **가톨릭교회의 특징** : '가톨릭'이란 말은 '보편적'이란 뜻이다. 가톨릭교회는 베드로 사도를 으뜸으로 예수님께서 세우신 교회로, 베드로와 사도들의 후계자들인 교황과 주교들로 이어져 오늘에까지 이르고 있다. 가톨릭교회는 4가지 특징을 가지는데 하나이고 거룩하고 보편되며 사도로부터 이어 오는 교회라는 것이다.

3. **교회 가족의 친교** : 예수님을 머리로 교회는 한 몸(교회)을 이루며 서로 연결되어 있다. 교회는 '땅'에서뿐만 아니라 '하늘'과 '연옥'에도 있는데, 서로 친교를 이룬다. 우리는 '성인의 통공'을 믿기에 하늘의 천사와 성인 성녀들에게 기도하며 도움을 청할 수 있고, 연옥의 영혼들을 위해서 기도해 주며 우리의 공로를 나누어 줄 수 있다.

4. **교회의 어머니이신 마리아** : 예수님께서 세상을 떠나시기 전에 십자가 밑에서 당신의 어머니 마리아를 우리에게 어머니로 주셨기에 우리는 마리아를 교회와 우리의 어머니로 모신다. 무엇보다도 마리아가 가장 뛰어난 신앙의 모범을 보여 주셨기에 우리는 마리아께 사랑과 최고의 공경을 드린다.

수업 계획표 (총 60분)

* 준비물: 가족사진

단계	내용	진행	준비물
도입 (5분)	가족의 특징	가족의 특징을 찾아봄으로써 교회 가족의 특징을 생각해 보기	가족사진(각자 지참)
전개 (30분)	가톨릭교회의 특징	가톨릭교회의 네 가지 특징에 대해 이야기하기	
	교회 가족의 친교	하늘과 땅에 있는 교회 가족은 서로 친교를 누리고 있음을 설명하기	
	교회의 어머니이신 마리아	마리아를 교회와 우리의 어머니로 공경하는 이유를 알고 공경하기	
깊이 들어가기 (15분)	묵주기도 or 교회	1. 묵주기도 2. 교회(빙고 게임)	묵주, A4종이
마무리 (10분)	마음기도	기도	
과제제시	배운 내용 정리	요약하기	

이런 것을 뜻합니다

 삼위일체 교리   공동체

 기도   숙고하고 나누기

 중요    사회교리

밑줄   수업목표에 해당함

▶ 출석 확인

열 기

1 시작기도 : 가톨릭 성가 237장

2 지난 시간 복습

◇ 우리는 하느님께 나아가는 방법으로 OO 안에서 **예수님을 통하여 하느님 아버지**께 나아갈 수 있습니다. OO은 무엇입니까?

◇ **교회가 세상에 드러난 날로** 하느님 **사랑의 공동체가 지상에도** 이루어진 날을 무엇이라 합니까?

◇ **사도들처럼** 신앙을 지키다가 목숨을 바친 것을 무엇이라 합니까?

3 가족의 특징

- 여러분 각자 가지고 온 가족사진을 내어 보십시오. 먼저 가족 구성원의 특징을 교재에 적어 봅시다.(적은 후) 옆 사람과 마주 앉아 사진을 보여 주며 자기 가족에 대해 소개해 봅시다. (시간을 줌)

- 생각나눔 가족의 '특징'이 무엇일까요? (대답을 들음)

- 생각나눔 우리가 세례를 받으면 또 다른 가족에 속합니다. 어떤 가족일까요? (대답을 들음)

- 생각나눔 우리는 세례를 받으면 교회 가족에 속합니다. 교회 가족이 함께 공통으로 하는 것이 무엇일까요? (대답을 들음)

- 교회 가족은 함께 '성당'에 모여 기도하고 미사 참례하고 예수님의 몸을 나누어 먹습니다. 함께 교리를 배우고 함께 예수님의 사랑을 실천합니다. 오늘은 교회 가족에 대해 공부해 봅시다.

펼치기

1 가톨릭교회의 특징

- 지난 시간에 교회가 세워진 것에 대해 배웠는데, 오늘은 우리 교회의 특징에 대해 이야기해 보겠습니다. 먼저, 우리 교회의 이름이 무엇일까요? (대답 들음)

- 맞습니다. '가톨릭'교회라 하며, 한자어로는 '천주교'(天主教)라고 합니다.

- '가톨릭'이라는 말은 '**보편적**'이라는 말입니다. **모든 사람**이 믿을 수 있고 **모든 사람**에게 열려 있다는 뜻입니다.

- ★ '가톨릭교회'는 **하나**이고 **거룩**하고 **보편**되며 **사도로부터 이어 오는** 교회로 네 가지 특징을 가집니다.

- **첫째**, 가톨릭 신자가 전 세계에 흩어져 있지만 우리는 예수님을 중심으로 하나인 교회를 이룹니다.(에페 4,4-6 참조) 하느님도 하나, 우리의 신앙도 하나, 가톨릭교회도 전 세계적으로 하나입니다.

- **둘째**, 교회는 거룩하신 하느님께로부터 탄생하였기에 **거룩합니다**. 또 거룩한 하느님을 닮으려고 하기에 거룩하고, 성령을 받아 거룩합니다. 거룩한 사람들을 '성인'(聖人)이라고 하며, 우리 모두는 '성인'이 되도록 하느님께 초대를 받았습니다.

- **셋째**, 예수님께서는 세상 모든 사람을 구원하시러 오셨고, 우리 교회는 모든 사람이 들어올 수 있기에 **보편적**이라고 합니다. '가톨릭'이라는 말이 '보편적'이듯이 우리 가톨릭교회는 어느 한 사람도 빼놓지 않고 세상 모든 이에게 복음을 전하고 있습니다.

- **넷째**, 우리 교회는 예수님의 제자인 12사도로부터 현재까지 이어져 내려오는, **사도로부터 이어 오는** 교회입니다. 이는 전통성을 지닌 교회라는 의미를 가집니다.

- 생각나눔 예수님께서는 누구를 반석으로 삼아 교회를 세우셨습니까? (베드로 사도) 예수님께서는 베드로 사도를 12사도의 으뜸으로 세워 주셨습니다. 그런데 베드로는 예수님께서 잡혀가는 것을 보고 겁이 나서 예수님을 세 번이나 모른다고 했다가,

나중에 자신의 잘못에 대해 뉘우쳤습니다.(마르 14,66-72) 부활하신 예수님께서는 베드로에게 나타나 "나를 사랑하느냐?"고 세 번 물어보시면서 "내 양들을 돌보아라."라고 세 번이나 베드로에게 당부하며 교회를 맡기셨습니다.(요한 21,15-19)

- 12사도의 으뜸인 '베드로' 사도의 후계자가 오늘날 누구인가요? (교황님) 교황님은 교회의 으뜸으로 교회 전체를 이끌어가는 분이십니다. 현재 교황님은 누구신가요? (프란치스코, 266대)

- 예수님의 '12 사도'들의 후계자를 주교라고 합니다. 주교님은 각 지역 교회의 수장이지요. 주교님들의 역할을 도와주시는 분들이 신부님들이며, 지역의 가장 작은 단위의 교회를 맡아 사목합니다. **주교님은 '교구'를 돌보시며, 신부님들은 교구의 '본당'을 돌보십니다.**

- 우리 가톨릭교회는 베드로와 사도들의 후계자들인 교황과 주교들로 이어져 오늘에까지 이르고 있습니다. 사도들이 목숨을 바쳐 복음을 전한 덕분으로 오늘날 전 세계 가톨릭교회의 가족 수는 11억가량 됩니다. 우리는 세례를 통해 이 큰 가족의 일원이 됩니다.

2 교회 가족의 친교

- ★ 교회는 **예수님을 머리로 하여 한 몸**을 이루는 신앙 가족입니다. 교회의 머리는 예수님이시고 우리들은 예수님의 각 지체(몸의 한 부분)로 서로 한 몸을 이룹니다.(1코린 12,12-31)

- 예수님을 머리로 하는 교회는 '땅' 위에만 있는 것이 아니라 '하늘'에도 있습니다. 또 '연옥'이라는 곳도 있는데 대부분 사람들은 죽으면 바로 '하늘나라' 즉 '천국'에 가는 것이 아니라 '연옥'이라는 곳을 거쳐 먼저 자신을 깨끗하게 합니다. 하느님께서는 "내가 완전하니 너희도 완전한 자 되어라." 하시며 우리를 당신과 같은 완전에 초대합니다. 하지만 인간의 유한성으로 인한 나약함은 불완전 속에 죽어 정화를 필요로 하게 됩니다. 그 정화의 장소가 연옥입니다. **'연옥'은 천국에 들어가기 위해 단련을 받는 곳**이지요.

- 그래서 가톨릭교회는 크게 세 공동체로 이뤄집니다. 하느님을 직접 뵙는 복을 누리는 (지복직관) 천상 교회, 영혼을 정화하는 단련 교회, 지상 순례의 삶을 살아가는 지상 교회입니다.

- 천상 교회에 속하는 이들은 누구일까요?
  — 성모님
  — 성인 성녀: 성녀 소화 데레사,
  　　　　　성 김대건 안드레아 신부
  — 천사: 미카엘 대천사
  — 의인: 김수환 추기경

- '지상 교회'에 속하는 사람들은 누구인가요?
  — 프란치스코 교황
  — 추기경, 주교, 신부
  — 수도자
  — 평신도
  — 단 두세 사람이라도 주님의 이름으로 모인 공동체

- '단련 교회'에 속하는 이들은 누구인가요?
  — 연옥 영혼들

- 🌿 우리 몸의 한 부분이 아프면 돌보아 주어야 하듯이 교회 가족 중 누군가가 아프면 우리는 돌보아 주어야 합니다. 특히 가장 보잘것없는 이들을 사랑으로 돌보아 주어야 하죠. 그들도 우리의 한 지체이며 가족이기 때문입니다.

- ★ 하늘에 있든 땅에 있든 연옥에 있든, **예수님을 머리로 하나의 몸**을 이루는 교회 가족은 서로 **친교**를 이루고 있습니다.

- 사도신경에 '성령을 믿으며 거룩하고 보편된 교회와'에서 그 다음이 무엇인지 한 번 외워 보세요. 무엇인가요? (모든 성인의 통공을 믿으며)

- 생각나눔 '모든 성인의 통공을 믿으며'인데, '통공'이 무슨 뜻일까요? (대답을 들음)

- ★ '**통공**'이라는 말은 '**공로(노력과 수고)가 서로 통함**'이라는 말로 천사, 성인 성녀들과 또 '연옥'의 영혼들과 우리가 서로 기도와 도움을 주고받을 수 있음을 말합니다.

- 👥 이제 어떻게 공로가 통하는지 좀 살펴보겠습니다. 여러분은 세례를 받기 위해 세례명을 받게 됩니다. 그 이유도 통공에 해당합니다. 바로 그 성인을 내가 본받아 살도록 노력하며, 그 성인의 전구를 힘입게 되기 때문입니다. 이렇게 지상교회는 천국 교회의 공로를 나누어 받습니다. 그렇다면 지상교회는 어느 교회에 공로를 나눠 줄 수 있을까요? 바로 단련 교회인 연옥 영혼을 위해 우리의 공로를 나눠 줄 수 있습니다. 여러분이 식사 후 기도 때 죽은 이를 위해 기도하는 것도 이런 이유에서입니다. 또한 교회는 11월을 특별히 위령 성월로 정하고 1일에서 8일까지의 기간을 전대사 기간으로 합니다.

- **전대사**란 **잠벌**을 모두 없애 주는 것을 말합니다. 잠벌이란 고해성사로 죄를 용서받은 다음에라도 죄에 대한 벌이 남은 것을 말합니다. 잠벌은 우리가 온전히 뉘우치고, 죄에 대한 속죄를 다

하지 못하는 우리의 유한성에서 온 것입니다. 연옥은 이 잠벌을 씻어 내는 곳입니다. 남은 잠벌을 모두 없애 주는 특별한 은혜인 대사를 지상의 우리는 연옥 영혼을 위해 양도합니다.

- 우리가 양도한 전대사로 천국에 간 영혼은 다시 우리를 위해 전구해 주는 천상의 친구가 되는 것이죠. 이렇게 천국 교회와 지상 교회는 서로를 위해 공로를 나누어 줍니다.

- 이렇게 **가톨릭교회는 지상 교회와 천상 교회가 친교와 일치를 이루는 사랑의 공동체**를 이룹니다.

3 교회의 어머니이신 마리아 (요한 19,25-27)

- 생각나눔 교회의 중심이며 아버지이신 분이 하느님이시지요? 그렇다면 교회에 어머니가 계십니다. 그분이 누구신지 혹시 아십니까?

- 네. 맞습니다. 성모 마리아입니다. '성모'는 '거룩한 어머니'라는 뜻입니다. '마리아'는 예수님의 어머니뿐만 아니라, 우리 모두의 어머니시며, 교회의 어머니이시기에 누구보다 우리를 위해 기도를 많이 해 주십니다.

- 그럼 '마리아'가 어떻게 우리의 어머니, 교회의 어머니가 되었는지 알아볼까요? 요한 복음 19장 25절에서 27절까지 같이 읽어보겠습니다.

> ²⁵예수님의 십자가 곁에는 그분의 어머니와 이모, 클로파스의 아내 마리아와 마리아 막달레나가 서 있었다. ²⁶예수님께서는 당신의 **어머니**와 그 곁에 선 **사랑하시는 제자**를 보시고, 어머니에게 말씀하셨다. "여인이시여, 이 사람이 어머니의 아들입니다." ²⁷이어서 그 제자에게 "이분이 네 어머니시다." 하고 말씀하셨다. 그때부터 그 제자가 그분을 자기 집에 모셨다.

- 예수님의 어머니 마리아 곁에 있는, 예수님께서 사랑하시는 제자는 누구인가요? (요한)

- 예수님께서는 어머니에게 무엇이라고 하셨습니까? (여인이시여, 이 사람이 어머니의 아들입니다)

- 또 요한에게 무엇이라고 말씀하셨습니까? (이분이 네 어머니시다)

- 생각나눔 그 말들은 무슨 뜻일까요? (대답을 들음)
- 예수님께서 세상을 떠나시면서 당신의 어머니에게 요한을 아들로 주셨고, 요한에게는 당신의 어머니를 요한의 어머니로 주셨는데, 이때 요한은 제자들의 대표였기에, 결국 마리아를 교회의 어머니, 우리들의 어머니가 되게 해 주신 것입니다.

- ★ 예수님께서는 우리에게 많은 것을 선물하셨는데, 그중에 **마리아를 우리의 어머니로 선물**하셨습니다. 그래서 우리가 **마리아를 '교회의 어머니', '우리들의 어머니'**로 공경합니다.

- ★ 마리아를 공경하는 것은 무엇보다도 마리아가 누구보다도 모범적인 신앙을 보였기 때문입니다. 하느님의 뜻을 온전히 받아들여 깊은 순명으로 처녀의 몸으로 하느님의 아들을 잉태하셨고, 인성과 신성을 동시에 지니신 예수님을 키우시면서 다 알아들을 수 없는 신비를 보이실 때는 조용히 마음속에 간직하셨습니다. 모든 성인 성녀들 중 마리아는 가장 뛰어난 신앙의 모범을 보여 주셨기에 최고의 공경을 드리며 이를 상경지례라고 합니다. 그러니 일부 개신교 신자들이 말하는 것처럼 가톨릭은 마리아교가 아닙니다. 하느님께만 드리는 공경을 흠숭지례라고 합니다. 성모님께 드리는 공경과는 구별되지요. 성모님도 우리와 똑같은 인간이셨기 때문에 흠숭의 대상이 아닙니다. 단지 **신앙의 모범**을 보이신 **마리아**를 교회와 우리의 **어머니**로 공경하는 것입니다.

- 마리아께서 돌아가셨을 때 예수님께서는 마리아를 하늘나라로 불러올리시어 여왕의 관을 씌워 주셨습니다. 마리아는 하늘나라 여왕이 되셨지요. **8월 15일**은 마리아가 하늘나라에 올림을 받으시고 하늘나라 여왕이 되신 것을 기념하는 **'성모 승천 대축일'**입니다. 이날은 주일이 아니더라도 미사 참례 의무가 있는 날입니다.

- 생각나눔 예수님의 승천과는 어떤 차이가 있을까요? 성모님의 승천은 몽소승천(蒙召昇天), 하늘의 부르심을 입어 한 피승천을 말합니다. 성모님께서는 예수님께서 불러올리셔서 하늘로 오르셨습니다.

- 지금 마리아는 하늘나라에서 교회를 위해 우리를 위해 어머니로서 기도하고 계십니다. 우리가 어려울 때나 급할 때 가장 먼저 엄마를 부르는 것처럼 여러분들께서 도움이 필요할 때 하늘 어머니께 기도하실 수 있습니다. 그러면 우리보다 더 우리를 잘 아시는 마리아께서는 우리에게 필요한 은총을 알맞은 방법으로 내려주시도록 예수님께 전구해 주실 것입니다.

- 교재 68쪽에 우리의 어머니이신 마리아를 공경하며 바치는 묵주기도라는 내용이 있습니다. 중앙에 묵주가 있고 바깥으로 네 가지 신비의 내용이 그림과 함께 나옵니다. 묵주기도(로사리오 기도)는 성모님과 함께 예수님의 탄생에서 부활에 이르기까지 나타나는 신비(환희, 빛, 고통, 영광)를 묵상하며 바치는 기도입니다.

> **도움말**
>
> 그림과 함께 네 가지 신비의 내용과 묵주기도 바치는 방법을 간단히 설명함. 또는 따로 시간을 내어 가르치고 함께 묵주기도 5단을 바침

- '묵주기도'는 성모님을 통해 예수님께 드리는 기도로 '묵주'라는 도구를 이용합니다. 그러므로 묵주는 거룩한 물건, 즉 성물입니다. 그러니 반지, 혹은 팔찌 등의 장식물이 아닙니다. 예수 그리스도의 생애를 묵상하는 묵주기도는 소리기도로 아주 훌륭한 기도입니다. 자주 바치시면서 구원의 협력자로 함께 일하신 마리아의 전구를 힘입으시기 바랍니다.

깊이 들어가기

활동 1 묵주기도 함께 바치기

묵주기도를 함께 바쳐 본다.

> **[의미]** 묵주기도의 방법을 실천을 통해 정확히 익힌다.

준비물 묵주

진행

1) 성모님의 역할이 드러나는 환희의 신비를 함께 바친다.

> **도움말**
>
> **묵주기도 바치는 방법**
>
> 1) 어떤 신비의 몇째 단을 바칠 것인지 정한다.
> 2) 묵주기도 하는 방법을 잠깐 설명한다.
> 3) 입으로 주님의 기도, 성모송, 영광송을 바치지만 신비의 내용을 묵상하도록 지도한다.
> 4) 기도의 지향을 먼저 말한다. (교회 가족이 하나 되도록 또는 앞으로의 세례를 잘 준비하도록 등)
> 5) 앉은 위치에서 두 조로 나누어 선·후창으로 바친다.

활동 2 교회 - 빙고게임

교회 내의 다양한 용어와 의미 알기

> **[의미]** 교회와 그와 관련된 용어들의 의미를 게임을 통해 이해할 수 있다.

준비물 A4용지-개별(혹은 조별)

진행

1) 받은 용지에 16칸의 빙고 판을 만든다.
2) 오늘 배운 내용 안에서 새로운 단어들을 골라 적는다.
3) 빙고 게임의 룰과 동일하지만, 일반 빙고 게임처럼 순서대로 돌아가며 공격하는 것이 아니라 공격권을 가져오려면 그 단어에 대해 설명할 수 있어야 한다. 예를 들어 가위바위보로 공격권을 가진 조가 '마리아'라는 단어를 말하면, 이 단어를 설명할 수 있는 다른 조가 자신의 조 이름을 외친 후 단어에 대해 설명한다. 설명이 맞으면 공격권을 가져올 수 있다.
4) 빙고 수는 교사가 조절한다.

마음기도

- 모두 마음을 모으기 위해 바른 자세를 해 보겠습니다. 몸은 곧게 펴고, 고개는 턱을 앞으로 당겨 약간 숙입니다. 발은 어깨 넓이로 벌리고 앉습니다. 두 손은 주님 앞에 빈손임을 드러내는 표지로 하늘을 향하게 펴서 무릎에 살포시 얹습니다. 이제 눈을 감고 깊게 호흡을 합니다. 들숨을 쉬며 "사랑의 성령님" 날숨을 내쉬며는 "저에게 오소서"라고 기도합니다. 이렇게 10번 반복합니다.

- 예수님에게서 하늘나라 열쇠를 받은 베드로 사도께서 나를 위해 그 문을 열어 주십니다. 하늘나라에 있는 많은 성인 성녀들을 바라보세요. (2분)

- 모든 성인 성녀 가운데에서 반가이 나를 맞아 주시는 성모님을 만납니다. 그리고 하고 싶은 이야기를 합니다. (2분)

- 하늘나라 교회에 웃음소리가 넘쳐납니다. 얼마나 행복한 곳인지 바라보세요. (1분) 서로서로에게 어떻게 하고 있는지 바라보세요. (1분)

- 이제 내가 그 삶을 본받고 싶어 세례명으로 받고 싶은 성인성

녀를 만나 봅시다. 성인 성녀께 드리고 싶은 이야기를 하고 가만히 그분들 이야기도 들어 봅니다. (2분)

- 하늘나라 주인이신 예수님을 만나, 하고 싶은 말씀을 드리고, 예수님께서 말씀하시는 것을 들어 봅니다. (2분)

과제제시

1 복습

- 오늘 우리가 무엇을 배웠는지 '복습'의 칸을 채워 보세요.
  ✎ 오늘 배운 내용 중 가장 기억에 남는 내용을 적어 보세요.
  ✎ 다음의 설명이 뜻하는 단어를 적어 보세요.
    1) 천국에 들어가기 위해 단련을 받는 곳
    2) 사도 베드로의 후계자, 교회의 으뜸
    3) '보편적'이라는 뜻, 모든 사람에게 열려 있음
    4) 공로가 서로 통함

2 실천

- 성모님처럼 지금 당장 드러나지 않는 주님의 뜻을 마음에 새기며 기다릴 수 있는 지혜를 청하며 묵주기도 1단을 바칩시다.

3 알아봅시다

- 부록의 내용을 살펴보겠습니다. 교재 120쪽에 더 알아야 할 질문과 답이 '궁금합니다'에 수록되어 있습니다. 128쪽에서 하느님의 사신 대천사들을 만날 수 있습니다.

정답: 용어 풀이
가톨릭 : '보편적'이라는 뜻, 모든 사람에게 열려 있음
교황 : 사도 베드로의 후계자, 교회의 으뜸
연옥 : 천국에 들어가기 위해 단련을 받는 곳
통공(通功) : 공로(노력과 수고)가 서로 통함

교사 자기 점검표 ☑

내 용	확인
• 오늘 수업 준비에 성실하였습니까?	☐
• 예비신자들이 오늘 수업목표에 각각 도달하였습니까?	☐
• 나를 통해 예비신자들이 '교회 가족과 마리아'에 대해 알고 느낄 수 있었습니까?	☐

교사 마침 기도

좋으신 하느님, 오늘 수업에 대해 감사드리며, 저의 모든 노고를 '냉담 중에 있는 교회 가족'과 '연옥 영혼'들을 위해 바쳐 드립니다. 저의 부족한 수업을 당신 친히 채워 주시고 제가 보다 나은 수업을 준비하도록 도와주소서. 우리 주 그리스도를 통하여 비나이다. 아멘.

추천합니다

* 가톨릭 도서

「내 마음의 거울 마리아」
　　　안셀름 그륀 지음, 윤선아 역 │ 분도출판사
「주님의 어머니, 신앙인의 어머니」
　　　손희송 지음 │ 생활성서사
「마리아」
　　　독일 프라이부르크 지음, 전헌호 역 │ 성바오로
「연옥 영혼들에 관한 놀라운 비밀」
　　　엠마뉘엘 마이야르 지음, 박아가다 역 │ 아베마리아출판사

* 노래
- 가톨릭 성가 1　　나는 믿나이다
- 가톨릭 성가 21　　지극히 전능하신 주여
- 가톨릭 성가 237　　주 예수 어머니
- 가톨릭 성가 238　　자모신 마리아

제15과 우리를 지켜 주는 십계명(十誡命)

주제어 : 생명

학습목표
1. **모세**를 통해 받은 **십계명**은 **생명**으로 이끌어 주는 법임을 알 수 있다.
2. 십계명은 **하느님 사랑**과 **이웃 사랑** 두 가지 계명으로 요약됨을 알 수 있다.
3. 오늘날 십계명의 각 계명을 **어떻게 지켜야 하는지**를 알 수 있다.

 나의 신앙을 돌아보며

◆ 말씀과 함께

"스승님, 율법에서 가장 큰 계명은 무엇입니까?" 예수님께서 그에게 말씀하셨다.
"'네 마음을 다하고 네 목숨을 다하고 네 정신을 다하여 주 너의 하느님을 사랑해야 한다.' 이것이 가장 크고 첫째가는 계명이다. 둘째도 이와 같다. '네 이웃을 너 자신처럼 사랑해야 한다.' 온 율법과 예언서의 정신이 이 두 계명에 달려 있다." (마태 22,36-40)

예수님께서는 다른 이스라엘 백성들처럼 '십계명'을 하느님의 말씀으로 받아들이며 지키셨을 뿐만 아니라, 율법(십계명)을 사랑의 단일한 이중 계명-하느님 사랑, 이웃 사랑-으로 요약해 주십니다. 십계명은 하느님께서 당신 손가락으로 손수 적어 주신 것으로(탈출 31,18; 신명 5,22), 이스라엘 백성의 이집트 탈출 사건과 연결하여 이해해야 합니다. 십계명은 그들이 종살이에서 해방되어 자유로운 백성으로 살아가도록 '생명의 길'을 제시하고 있습니다. 하느님은 이스라엘 백성들을 물리적으로 이집트에서 해방시키셨을 뿐만 아니라 '십계명'을 통해 정신적으로 자유롭게 살아가는 길을 제시하신 것입니다.

모리타니(Mauritania, 서아프리카, 1960년 프랑스에서 독립)는 1981년 지구 상에서 가장 마지막으로 노예 제도를 법적으로 폐지한 국가입니다. 대다수 노예들이 육적으로 자유로워졌으나, 정신적으로 자유롭게 살아가는 방법을 몰라 본인 스스로 노예로 돌아가 현대판 노예로 살아가고 있습니다. 그들에겐 인간으로서 어떻게 살아가야 하는지를 말해 주는 '십계명'이 없기에 해방의 자유를 주었지만 그것을 누리지 못하고 다시 노예가 되어 살아가고 있는 것입니다. 바로 이런 점에서 하느님께서 이스라엘 백성과 우리에게 주신 '십계명'은 우리를 구속하는 멍에가 아니라 해방과 자유를 주는 '하느님의 선물'임이 틀림없습니다.

예수님께서 요약해 주신 것처럼 십계명의 첫 세 계명은 '하느님' 사랑과 관련되고, 나중의 일곱 계명은 '이웃' 사랑과 관련되어 있습니다. 십계명 자체도 이렇게 두 개의 돌판에 나뉘어 담겨서 있었다고 합니다. 하지만 '십계명'은 분리되지 않는 하나의 총체를 이루며, 모든 계명이 서로 긴밀하게 연결되어 있습니다. 하느님을 사랑하지 않고서는 인간을 사랑할 수 없고, 인간 사랑을 통해서 하느님께로 가는 것이기에, 하느님 사랑과 이웃 사랑은 떨어질 수 없습니다. 교회는 이 '십계명'을 우리가 의무적으로 지켜야 한다고 가르칩니다. 사실 '십계명'은 '자연법'을 포함하고 있음으로 모든 인간의 마음 안에 새겨진 법이며, 하느님의 모습을 닮은 우리들의 본성에 심어진 법입니다. 그러므로 어느 누구도 이 법을 면제받을 수는 없습니다. 어느 민족이든지 시대가 변해도 이 법의 본질적인 내용은 지켜야 합니다. 이 법은 생명으로, '영원한 생명'으로 우리를 인도해 주기 때문입니다. (마태 19,16-17)

◆ 숙고하기

'십계명'에 대해 감사한 마음을 지니며, 그것을 지키려고 노력하고 있습니까?
'십계명' 중 가장 지키기 어려운 계명은 무엇입니까? 또 그 이유는 무엇입니까?

◆ 기도하기

하느님, 제가 십계명을 사랑하고 지킴으로써 구원에 이르게 하소서. 예수님의 이름으로 비나이다. 아멘.

 수업을 이렇게

◆ 수업 줄거리

1. **십계명의 역할** : 십계명은 우리를 구속하거나 우리의 자유를 속박하기 위해서가 아니라, 우리를 하느님께로 안전하게 가도록 길을 안내해 주는 '지도'와 '나침반' 같은 것이다.

2. **십계명의 배경** : 이집트를 탈출한 이스라엘 백성은 모세를 통해 십계명을 받는다. '십계명'은 이집트에서 탈출한 이스라엘 백성들이 어떻게 하느님을 섬겨야 할 것인지를 가르쳐 주는 법으로서, 이스라엘 백성들을 생명으로 이끌어 주는 법이다.

3. **십계명의 내용** : 십계명 중 앞의 세 계명은 하느님 사랑으로, 뒤의 일곱 계명은 이웃 사랑으로 요약된다. 이들은 서로 구분되면서도 서로 연결되어 있다.

4. **십계명 살기** : 오늘날 우리가 십계명의 각 계명을 어떻게 살아야 하는지 또 어떤 경우에 어기게 되는지 구체적으로 알아보고, 이를 지키기로 마음을 먹고 생활 중에서 실천하도록 노력한다.

수업 계획표 (총 60분)

단계	내용	진행	준비물
도입 (5분)	십계명이 필요한 이유	비유 이야기를 통해 십계명의 역할 알기	
전개 (30분)	모세를 통해 받은 십계명	성경(탈출 19장)을 통해 이스라엘 백성이 십계명을 받게 된 배경에 대해 알기	
	십계명의 내용과 삶으로 살아가기	십계명의 각 계명의 내용(탈출 20장)에 대해 이야기하기, 오늘날 어떻게 십계명을 살아야 하는지 토론하기	
	십계명으로 자신의 삶 돌아보기	자신을 돌아보기	
깊이 들어가기 (15분)	나의 십계명	1. 나의 십계명 만들기 2. 1~3계명으로 토론하기	교사용 첨부5 - 십계명 판
마무리 (10분)	마음기도	기도	
과제제시	배운 내용 정리	요약하기	

이런 것을 뜻합니다

 삼위일체 교리   공동체

 기도   생각나눔 숙고하고 나누기

 중요   사회교리

밑줄 수업목표에 해당함

▶ 출석 확인

열 기

1 시작기도 : 가톨릭 성가 26장

2 지난 시간 복습

◇ '보편적'이라는 뜻을 가진 단어로 모든 사람에게 열려 있음을 뜻하는 것은 무엇입니까?

◇ 사도 베드로의 후계자로, 가톨릭교회의 수장을 무엇이라 합니까?

◇ 천국에 들어가기 위해 단련을 받는 곳은?

◇ 천국 교회와 지상 교회가 서로의 공로를 나누어 통교를 이룬다는 것을 무엇이라 합니까?

3 십계명의 역할 (지도와 나침반)

- 생각나눔 나침반이 어떤 역할을 하나요? (대답 들음)

- 나침반이 있기에 항해와 항공이 가능할 수 있습니다. 더구나 우주 비행에도 나침반은 필수 요소라고 합니다. 방향을 가리키는 나침반은 항해, 항공, 우주 비행에서뿐만 아니라 내 삶에도 적용될 수 있습니다.

- 생각나눔 여러분에게는 삶에 나침반이 되는 사람이나, 명언이 있나요? 교재에 적어 보도록 하겠습니다.(시간 줌) 이제 몇 분의 이야기를 들어 볼까요? (이야기 들음)

- 나눔 감사합니다. 오늘 우리가 배울 '십계명'은 바로 우리가 하느님 나라에 안전하게 도달하도록 해 주는 '나침반' 같은 것입니다.

펼치기

1 십계명의 배경 (탈출 19장)

- 우리는 제7과에서 하느님께서 모세를 통하여 이스라엘 백성을 이집트 종살이에서 구해 내셨음을 배웠습니다. 하느님께서는 모세를 시나이산으로 불러 당신 손가락으로 쓰신 돌로 된 두 증언판을 주셨습니다. 증언판에 쓰인 내용이 '계명(誡命)'입니다.

- ★ '계명'이란 '우리가 마땅히 지켜야 할 것'을 말하며, 이것이 '10' 가지이기에 '십계명'이라고 합니다. 이는 '열 마디 말'이라는 뜻을 가집니다. 이스라엘 백성들은 이집트 종살이에서 벗어나 몸은 자유로웠지만, 하느님 백성으로 어떻게 살아야 할지를 몰랐기에 하느님께서 '십계명'으로 가르쳐 주신 것입니다.

- 모세는 하느님께서 적어 주신 이 돌판을 가지고 산에서 내려와 이스라엘 백성들에게 '십계명'을 전해 주었습니다. 모세를 통해 십계명을 받은 이스라엘 백성들은 무엇이라고 대답했는지 성경을 찾아보겠습니다. 탈출 19,8입니다.

- 십계명은 하느님과 이스라엘이 맺은 계약의 핵심입니다. 그들이 이것을 잘 지켰을 때는 하느님께 많은 복을 받았고, 이것을 지키지 않았을 때는 벌을 받기도 했습니다. 이는 하느님의 정의가 드러내는 대목이기도 하며, 부모들이 자녀들을 훈육하는 내용과 같이 보시면 되겠습니다.

- ★ 모세를 통해 받은 **십계명은 생명으로 이끌어 주는 법입니다**. 이스라엘 백성들을 안전하게 낙원의 행복으로 이끌어 주는 '생명 안내서' 같은 것입니다.

2 십계명의 내용과 삶으로 살아가기 (탈출 20장)

- 교재 70쪽 그림은 탈출기 20장의 모세가 하느님께로부터 십계판을 받는 장면입니다. 돌판이 두 개로 되어 있듯이, 십계명은 두 가지 내용으로 나눌 수 있습니다. 각 계명을 한 번 볼까요?

- **제1계명 : 한 분이신 하느님을 흠숭하여라. '흠숭'은 하느님께만 드리는 최고의 공경**을 말합니다. 성모 마리아와 모든 성인들에게는 공경이라는 말을 쓰지요. 하느님께서는 이스라엘 백성에게 우상을 섬기지 말고 오직 당신만을 섬기라고 하셨습니다.

- **생각나눔** 제1계명을 우리가 어떻게 살아야 할까요? 또 어떤 경우에 어기게 됩니까? (대답을 들음)

- 어려운 일이 있을 때 하느님께 매달리며 기도해야 합니다. 다른 것을 믿고 의지하면 그것이 우상이 될 수 있지요. 손금이나 점, 미신에 마음이 움직여도 안 됩니다. 오락을 너무 좋아하다가 그것에 중독이 되는 것, 돈을 너무 좋아해서 돈만 찾는 것도 제1계명을 어기는 것이 됩니다.

- **제2계명 : 하느님의 이름을 함부로 부르지 마라** 이는 하느님의 이름으로 맹세하거나 서원하는 것을 말합니다. 맹세란 하느님을 증거자로 부르는 것을 말합니다. 서원은 하느님께 드리는 자의적인 약속을 말하며, 반드시 지켜야 하는 것을 말합니다.

- **생각나눔** 제2계명을 우리가 어떻게 살아야 할까요? 또 어떤 경우에 어기게 됩니까? (대답을 들음)

- 거룩하신 하느님의 이름으로 남을 모욕하거나 저주하는 일이 없어야 합니다. 어떤 일이 내 생각과 반대로 되어 갈 때 하느님 이름을 부르며 원망하는 것, 하느님께서 자신의 기도를 들어주지 않았다고 불평하는 것 등이 제2계명을 어기는 것입니다. 거짓 맹세로 남에게 사기 치는 일에 하느님의 이름을 부르거나, 섣부른 서약을 하고 지키지 않는 것을 말합니다. 또한 하느님의 이름으로 저주하거나 참된 종교를 비난하는 것도 여기에 해당합니다.

- **제3계명 : 주일을 거룩히 지내라** 구약에서 안식일의 의미를 가지는 이날은 하느님께서 세상 창조 때 제7일째에 쉬셨던 날을 기념합니다. 신약에 와서는 구원을 완성하신 그리스도의 부활을 기념하는 날이 되었습니다. 그러므로 거룩한 이날 과중한 일은 피하고 주님의 말씀 속에 머물며 경건히 지내라는 의미를 지닌 주일, 곧 주님의 날이 되었습니다.

- **생각나눔** 제3계명을 우리가 어떻게 살아야 할까요? 또 어떤 경우에 어기게 됩니까? (대답을 들음)

- 주일은 미사 참례하면서 하느님을 생각하는 거룩한 날이 되어야 합니다. 또 선을 행하며 하느님께 감사드리는 날이 되어야 합니다. 주일 미사와 의무 대축일 미사에 빠지지 않도록 해야 합니다. 주일에 가족끼리 여행을 가더라도 주일 미사는 그 전날 가든지 여행지에서 가든지 빠지지 않도록 마음을 쓰는 것이 하느님 자녀로서의 도리입니다.

- **제4계명 : 부모에게 효도하여라.** 하느님께서는 아버지와 어머니를 공경하여야 그들이 오래 살 것이라고 하셨습니다.

- **생각나눔** 제4계명을 우리가 어떻게 살아야 할까요? 어떤 경우에 어기게 됩니까? (대답을 들음)

- 하느님께서는 부모님을 통해서 우리를 태어나게 하시고 돌보도록 하셨기에 우리는 부모님을 사랑하고 공경해야 합니다. 언젠가 이런 말을 농담 삼아 하는 것을 들었습니다. "부모가 편찮으시면 머리가 아프고, 자식이 아프면 마음이 아프다." 마음이 씁쓸했습니다. 우리도 그분들께서 마음 아파하며 키우신 이들임을 잊지 말아야 하겠습니다. 또 형제자매 간의 우애를 지키는 것도 이 계명에 해당됩니다.

- **제5계명 : 사람을 죽이지 마라** 인간은 하느님의 모상을 닮아 세상에 존재함으로 존엄성을 지닙니다. 그러므로 나뿐만 아니라 다른 이들도 존중하고 함부로 대하면 안 된다는 내용을 담고 있습니다.

- **생각나눔** 제5계명을 우리가 어떻게 살아야 할까요? 어떤 경우에 어기게 됩니까? (대답을 들음)

- 🍃 남을 때리거나 해치는 것, 어떤 사람을 고의적으로 따돌리거나 못살게 구는 것, 화가 난다고 상대방에게 욕설을 퍼붓는 것 등이 여기에 해당됩니다. 인터넷을 이용한 악성 댓글도 여기에 해당됩니다. 모든 생명은 하느님의 것이기에 모든 생명체(동물, 식물 등)를 소중히 지켜 주어야 하며, 나 자신의 생명도 소중히 돌보아야 합니다. 나 자신의 몸에 해를 끼치거나 자살을 하는 것도 이 계명을 어기는 것입니다. 왜냐하면 생명의 주인은 하느님이시기 때문입니다.

- **제6계명 : 간음하지 마라** 결혼한 사람이 자신의 배우자가 아닌 사람과 성관계를 맺는 것을 말합니다. 남자와 여자가 서로의 몸을 존중해 주지 않는 것도 포함됩니다.

- **생각나눔** 제6계명을 우리가 어떻게 살아야 할까요? 어떤 경우에 어기게 됩니까? (대답을 들음)

- 우리는 마음을 순결하게 간직하고 남녀는 서로의 몸을 존중해 주어야 합니다. 하느님 앞에서 결혼을 하여야 하고, 이 혼인은 불가해소성을 지녀 죽음 말고는 갈라놓을 수 없게 됩니다. 이 내용은 혼인성사 부분에서 자세히 다루겠습니다. 자신의 몸을 소중하게 대하며, 음란한 놀이나 만화, 또 영상 등을 보지 않도록, 특히 인터넷의 음란 사이트에 빠지지 않도록 해야 합니다.

- 🍃 요즘 우리나라의 대중문화 전반에서 성을 소중하고 귀한 것이 아니라 자극적인 돈벌이 수단으로 사용하고 있어 걱정이 매우 큽니다. 십 대 아이돌 가수들의 뮤직비디오나 공연 등을 보면 사랑을 노래하면서도 성을 상품화한 내용이 대다수를 차지하

- 고, 대중 매체에서도 가치 판단 없이 그대로 보여 주고 있습니다.

- 이뿐 아니라 유튜브를 통해 여과 없이 유통되는 내용들이 성에 대한 왜곡을 불러오기에 충분합니다. 이런 현실에서 이 계명은 역설적으로 더 가치가 있습니다.

- **제7계명 : 도둑질을 하지 마라** 이웃의 재산을 가로채거나 내 것인 듯 사용하면 안 된다는 내용입니다.

- **생각나눔** 제7계명을 우리가 어떻게 살아야 할까요? 어떤 경우에 어기게 됩니까? (대답을 들음)

- 남의 물건을 내 것처럼 주인의 허락 없이 사용하거나, 빌려 놓고 고의적으로 돌려주지 않는 것도 여기 해당합니다. 또한 내 것을 잘 챙기지 못해 다른 사람들이 탐내게 해서도 안 됩니다.

- **제8계명 : 거짓 증언을 하지 마라** 하느님께서는 남을 중상모략하고, 타인에 대해 나쁜 소문을 퍼뜨려서도 안된다고 하십니다.

- **생각나눔** 제8계명을 우리가 어떻게 살아야 할까요? 어떤 경우에 어기게 됩니까? (대답을 들음)

- 🍃 정직해야 할 때 거짓말을 해서는 안됩니다. 고의로 타인을 해하기 위해 위증하는 것, 타인을 험담하여 그가 곤궁에 빠지도록 소문을 내는 것도 여기 해당합니다. 또 인터넷에서 남의 아이디를 이용하고, 거짓 댓글을 다는 것도 마찬가지입니다.

- **제9계명 : 남의 아내를 탐내지 마라** 하느님께서는 다른 사람의 아내를 탐하여 유혹하고 빼앗아서는 안된다고 말씀하셨습니다.

- **생각나눔** 제9계명은 어느 계명과 비슷한가요? 어떻게 지켜야 할까요? (대답을 들음)

- 이것은 6계명과 비슷하며, 그것을 마음으로부터 지키는 것입니다.

- **제10계명 : 남의 재물을 탐내지 마라** 하느님께서는 이웃의 재산은 무엇이든지 욕심내서는 안 된다고 하십니다.

- **생각나눔** 제10계명은 어느 계명과 비슷한가요? 어떻게 지켜야 할까요? (대답을 들음)

- 이것은 7계명과 비슷하며, 그것을 마음으로부터 지키는 것입니다.

- ★ 제1,2,3계명은 우리가 어떻게 하느님을 사랑해야 하는지를 말해 주고, 나머지 계명은 우리가 어떻게 이웃을 사랑해야 하는지를 말해 주고 있습니다. 이렇게 십계명은 <u>**하느님 사랑과 이웃 사랑** 두 가지</u> 계명으로 요약됩니다.

- 여러분 교재 71쪽 그림의 빈칸에 적어 보시기 바랍니다.

- 예수님께서도 첫째 계명은 하느님을 사랑하는 것이고 둘째 계명은 이웃을 사랑하는 것이라고 십계명의 내용을 요약하십니다. 성경을 찾아 읽도록 하겠습니다. 마태 22,36-49 입니다. 이 두 계명은 서로 구분되지만 또 서로 연결되어 있습니다. 즉 하느님을 사랑하면 이웃을 사랑하게 되고, 이웃을 사랑하면 그것을 통해 하느님을 사랑하는 것입니다.

3 십계명으로 자신의 삶 돌아보기

- 지금까지 십계명에 대한 자세한 이야기를 생각하고 나누었습니다. 이제 하느님의 자녀로서 어떻게 살아야 하는지 지난 시간을 돌아보겠습니다.

- 교재 72쪽 표를 참조하시어 각자 내용을 읽어 보고 확인란에 체크하십시오.

- (답하는 동안 조용한 음악을 틀어 줌)

- **자신이 체크한 것들은** 그동안 여러분이 십계명을 잘 지키지 못한 것들인데, 하느님의 자녀로 살아가야 할 내가 버려야 할 것들입니다.

- ★ <u>오늘날 십계명의 각 계명을 **어떻게 지켜야 하는지**를 알았으니</u>, 이것들을 잘 기억하고 지킬 수 있기를 바랍니다.

깊이 들어가기

활동 1 나의 십계명 만들기 — 교사용 첨부5

[의미] 모세의 십계명과 같이 '나의 십계명'을 만들어 봄으로써 스스로 계명을 지켜 나갈 수 있다.

* 십계명 판 만들기

진행

1) 색지에 '나의 십계명'을(교사용 첨부 5) 복사한 종이를 나누어 준다.
2) 나의 십계명을 생각해서 적는다. 자신이 지키고 싶은 10개의 계명을 적어 나가되, 꼭 지켜야 할 것부터 먼저 적는다.
3) 자신이 적은 십계명을 전체 또는 조별로 발표한다.
4) 집에 가지고 가서 늘 기억하며 지키도록 한다.

활동 2   1 ~ 3계명으로 토론하기

하느님 사랑에 대한 실천 토론하기

[의미] 하느님은 관계의 하느님이시다. 그러므로 인간과의 관계 속에서 사랑을 주고받음을 기뻐하심을 안다.

진행

1) 1~3계명을 함께 읽어 본다.
2) 일상에서 어떻게 이 계명들을 실천하여 하느님을 잘 섬길 수 있는지 토론한다.
3) 조별로 결정한 구체적 사항들을 발표하고 잘 실천한다.

마음기도

* 🙏 예수님 안에 머무르기

- 모두 마음을 모으기 위해 바른 자세를 해 보겠습니다. 몸은 곧게 펴고, 고개는 턱을 앞으로 당겨 약간 숙입니다. 발은 어깨 넓이로 벌리고 앉습니다. 두 손은 주님 앞에 빈손임을 드러내는 표지로 하늘을 향하게 펴서 무릎에 살포시 얹습니다. 이제 눈을 감고 깊게 호흡을 합니다. 들숨을 쉬며 "사랑의 성령님" 날숨을 내쉬며 "저에게 오소서"라고 기도합니다. 이렇게 10번 반복합니다.

- 탈출기 20장 1절에서 17절의 말씀을 듣겠습니다.(2분)

- 하느님께 우리를 생명에로 이끌어 주는 '십계명'을 주셨습니다. 십계명 중 내가 지금도 잘 지키고 있는 내용을 주님께 말씀드립니다. 그리고 그분의 기꺼운 칭찬을 가만히 듣습니다. (3분)

- 이제 내가 가장 지키기 어려운 계명이 어떤 계명인지 말씀드립니다. 그 이유에 대해서도 자세히 말씀드립니다. 그리고 잘 지킬 수 있는 은총을 주시라고 간절히 기도합니다. (3분)

- 우리 인생의 나침반이 있듯이 신앙인으로 살아갈 우리에게 십계명이라는 나침반을 주신 것에 대해 감사드리며, 우리가 잘해 낼 것이라고 격려해 주시는 주님 말씀에 귀 기울입시다. (2분)

과제제시

1 복습

- 오늘 우리가 무엇을 배웠는지 '복습'의 칸을 채워 보세요.
  ✎ 오늘 배운 내용 중 가장 기억에 남는 내용을 적어 보세요.
  ✎ 단어를 읽고 맞는 설명과 연결하세요.

2 실천

✎ **십계명 외우고, 나에게 습관이 된 죄를 깨닫고 고치도록 노력합시다.**

3 알아봅시다

- 부록의 내용을 살펴보겠습니다. 교재 120쪽에 더 알아야 할 질문과 답이 '궁금합니다'에 수록되어 있습니다. 128쪽에서 하느님의 계명을 지키려 목숨을 바친 성 유대철 베드로, 성 정하상 바오로, 성 토마스 모어를 만날 수 있습니다.

정답: 용어 풀이

계명 : 우리가 살면서 지켜야 할 것

십계명 : 모세를 통해 이스라엘 백성에게 내려 준 10가지 계명

우상 : 나무, 돌, 쇠 등으로 만들어 사람이 숭배하는 상

간음 : 결혼한 사람이 자신의 배우자가 아닌 사람과 성관계를 맺음.

흠숭 : 하느님께만 드리는 최고의 공경

교사 자기 점검표 ☑	
내 용	확인
• 오늘 수업 준비에 성실하였습니까?	☐
• 예비신자들이 오늘 수업목표에 각각 도달하였습니까?	☐
• 나를 통해 예비신자들이 '십계명'을 사랑하며 지켜야 된다고 느꼈습니까??	☐

교사 마침 기도

좋으신 하느님, 오늘 수업에 대해 감사드리며, 저의 모든 노고를 우리 각자의 '성화'를 위해 바쳐 드립니다. 저의 부족한 수업을 당신 친히 채워 주시고 제가 보다 나은 수업을 준비하도록 도와주소서. 우리 주 그리스도를 통하여 비나이다. 아멘.

추천합니다

* **가톨릭 도서**

「십계명 마음의 법」
　　조안 키티스터 지음, 성찬성 역 ｜ 성바오로

「그러니 십계명은 자유의 계명이다」
　　노트커 볼프 지음, 윤선아 역 ｜ 분도출판사

「십계명」
　　요하네스 그룬델 지음, 김윤주 역 ｜ 분도출판사

* **노래**
- 가톨릭 성가 26　　이끌어 주소서
- 가톨릭 성가 68　　기쁨과 평화 넘치는 곳
- 가톨릭 성가 517　내가 절망 속에서

제16과 예수님께서 주신 사랑의 계명

주제어 : 함께함

학습목표
1. 예수님께서 우리에게 **사랑의 계명**을 주셨음을 알 수 있다.
2. 우리가 사랑하지 않아서 **전쟁, 굶주림, 폭력, 환경 파괴** 등이 일어남을 알 수 있다.
3. 어렵고 힘들게 살아가는 세상의 이웃들에게 **관심**을 가지고 **함께할** 수 있다.

나의 신앙을 돌아보며

◆ **말씀과 함께**

"내가 너희를 사랑한 것처럼 너희도 서로 사랑하여라"(요한 15,12).

그리스도교를 한마디로 정의하면 '사랑'입니다. 하느님의 이름은 '사랑'이시고, 예수님께서 이 사랑을 보여 주시고 나누시려 이 세상에 오셨습니다. 예수님 아니었으면 우리는 '사랑'이 무엇인지도 알지 못했을 것입니다. 벗을 위하여 자기 목숨을 바치는 사랑을 우리에게 보여 주신 그분은 우리가 당신처럼 다른 이들을 사랑하기를 부탁하셨습니다. 이것은 또한 예수님을 따르는 제자가 되기 위해 우리가 지켜야 할 '계명'입니다. '사랑'이 지배하는 천국에 들어가기 위해서는 다른 자격증은 필요 없지만 단 하나 '사랑'의 자격 요건은 갖추어야 하지요. 삼위일체 하느님 공동체에 속하기 위해서는 이웃(공동체)을 내 몸같이 사랑해야 하지요. 공동체를 통해서만 천국 문을 통과할 수 있습니다. 천국 문의 비밀번호는 나 혼자서는 절대 알 수 없으며, 이웃과 공동체를 통해서만 알 수 있습니다.

"가장 작은 이들 가운데 한 사람에게 해 준 것이 바로 나에게 해 준 것이다."(마태 25,40)

부활하신 예수님께서 변장을 하고서 우리에게 나타나십니다. 특히 가장 작은 이들의 모습 안에서… 우리가 우리 이웃 안에서 예수님의 모습을 알아볼 수 있다면 얼마나 큰 축복을 받은 것입니까? 우리의 기도와 노력으로 영적인 시야가 넓혀져 우리 주위와 세상의 모든 사람들과 사건들 안에서 예수님을 알아볼 수 있기를 바랍니다. 아베 피에르 신부님(프랑스, 1912~2007)은 '신자'와 '비신자'를 다름이 아닌 '홀로 족한 자'와 '공감하는 자' 곧 '타인의 고통 앞에서 등을 돌리는 자'와 '타인의 고통을 함께 나누기를 바라는 자'로 구분하고 있습니다. 이 지구 상에 일어나는 모든 정의롭지 못한 일들은 혼자서만 잘 살면 된다는 '이기주의'로 인한 것입니다. 타인을 생각하지 않고 나만 생각하는 '개인주의'가 계몽주의 이후로 지구 상에 점점 빠르게 번져 가면서 얼마나 많은 부정적인 영향을 끼치고 있는지요? 이웃 공동체를 생각하지 않고 나만 또는 자기 공동체만 생각하기에 얼마나 많은 비참한 일들이 일어나고 있습니까? 전쟁, 가난, 현대판 노예, 환경 문제들의 뿌리는 바로 자신만을 생각하는 사고에서 일어나는 것입니다. 굶주림과 영양실조로 죽는 사람이 하루에 3,600만 명이라고 하며, 20억이 넘는 인구가 하루에 1달러도 안 되는 돈으로 살아가고 있다고 합니다. 마더 데레사 수녀님(1910~1997)은 지구 상에 굶어 죽어 가는 이가 많은 것은 음식이 모자라서가 아니라 우리가 나눠 주지 않기 때문이라고 하십니다. 우리 모두가 하느님 안에 한 형제자매인 이들을 외면한다면 마지막 날 예수님께서 우리를 심판하시며 말씀하실 것입니다. "너희가 이 가장 작은 이들 가운데 한 사람에게 해 주지 않은 것이 바로 나에게 해 주지 않은 것이다."(마태 25,45)

◆ **숙고하기**

나에게 '이웃'은 어떤 의미가 있습니까? 나에게 '이웃'은 얼마나 소중한 존재입니까?
지구 상에 일어나는 '불의'에 대해 얼마나 관심을 가지며 행동하고 있습니까?

◆ **기도하기**

사랑의 하느님, 예수님 따라 이웃을 제 몸처럼 사랑하도록 도와주소서. 우리 주 예수 그리스도를 통하여 비나이다. 아멘.

수업을 이렇게

◆ 수업 줄거리

1. **예수님께서 주신 사랑의 계명** : 가난하고 불쌍한 이들을 돌보아 준 대표적인 분들(다미안 신부님, 마더 데레사 수녀님, 오드리 헵번, 이태석 신부님)은 사랑의 계명을 지키셨다. 예수님께서 우리에게 '새 계명'을 주셨는데 이는 '서로 사랑하라'는 '사랑의 계명'으로, 십계명을 하나로 요약하는 것이다.

2. **착한 사마리아인의 비유 이야기** : "누가 나의 이웃이냐?"라는 율법 교사의 질문에 예수님께서 사마리아인의 비유를 들어 말씀하신다. 사마리아인의 비유 이야기를 통해 어려운 일을 당한 이웃에게 사랑(자비)을 베풀어 주는 사람이 참된 이웃임을 안다.

3. **지구 상에 일어나는 좋지 않은 문제들** : 지구 상에 좋지 않은 일들(전쟁, 굶주림, 폭력, 환경 파괴 등)이 일어남을 하나하나 알아보고, 그 원인에 대해 생각한다. 주된 원인은 사람들이 자기 욕심만 부리고 이웃을 사랑하지 않아서, 즉 예수님께서 주신 '사랑의 계명'을 지키지 않아서이다.

4. **세상 모든 이는 우리의 형제요 자매** : 세상에서 우리들은 서로 떨어져 있어도 모두 하나로 연결되어 있고, 우리 모두는 하느님의 자녀로서 한 가족이며 세상 모든 이는 우리의 형제요 자매이다. 그러므로 특히 어렵고 힘들게 살아가는 세상의 이웃들에게 관심을 가지고 그들과 함께할 수 있도록 노력한다.

수업 계획표 (총 60분)

단계	내 용	진 행	준비물
도입 (5분)	사랑을 실천한 사람	가난하고 불쌍한 이들을 도와준 대표적인 분들의 공통점 알기	
전개 (30분)	사랑의 계명	성경(요한 13,34-35)을 통해 예수님께서 주신 '사랑의 계명'에 대해 이야기 듣기	
	착한 사마리아인	착한 사마리아인의 비유(루카 10,29-37)를 듣고 '이웃'에 대해 토론하기	
	최후의 심판	가엾은 사람을 돌보아 주는 것이 곧 예수님께 해 드린 것과 같음을 알기	
	연민을 갖지 못하여 일어나는 불행	전쟁, 굶주림, 폭력, 환경 파괴 등이 일어나는 원인에 대해 알기	
깊이 들어가기 (15분)	공동체성 키우기	1. 우리는 하나 만들기 2. 유모차 공수작전(지식채널 e)	색종이, 가위 노트북, 빔,
마무리 (10분)	마음기도	기도	
과제제시	배운 내용 정리	요약하기	

이런 것을 뜻합니다

 삼위일체 교리　 공동체

 기도　 생각나눔 숙고하고 나누기

★ 중요　 사회교리

밑줄　수업목표에 해당함

▶ **출석 확인**

열 기

1 시작기도 : 가톨릭 성가 399장

2 지난 시간 복습

◇ 모세를 통해 이스라엘 백성에게 내려 준 10가지 계명으로 신앙인들의 나침반 역할을 하는 것은 무엇입니까?

◇ 하느님께만 드리는 최고의 공경을 무엇이라 합니까?

◇ 십계명은 크게 둘로 나뉘는데 어떻게 나뉩니까?

◇ 십계명을 함께 외워 보겠습니다.

3 사랑을 실천한 사람

- 교재 75쪽의 사진을 함께 보겠습니다. 혹시 이분들에 대해 알고 계신가요? (대답 들음)

- 첫 번째 사진은 몰로카이 섬의 다미안 신부님이십니다. **다미안 신부님**께서는 마리아의 성심수도회의 수사신부님으로, 하와이 선교를 소망하여 하와이에서 서품을 받습니다. 그 당시 하와이에는 전체 인구의 10~15%의 사람들이 한센 환자여서 국가 당국은 매우 당혹스러워하고 있는 상황이었습니다. 그래서 몰로카이 섬이란 곳에 한센인들을 강제 수용하였습니다. 아무도 찾지 않는 이 죽음의 섬에 33세의 젊은 사제가 들어가 그들과 동고동락하며 큰 위로가 되어 줍니다. 결국 신부님도 한센병에 걸리게 되었으나 그들을 더 잘 이해할 수 있게 되었다며 오히려 기뻐했습니다. 그리고 한센병으로 인해 젊은 나이로 생을 마감하셨습니다. 돌아가시고 나서 나병이 모두 사라지는 기적이 일어났다고 합니다.

- 두 번째 사진은 여러분이 잘 아는 인도의 **마더 데레사 수녀님**이시죠. 수녀님은 인도의 가난하고 죽어 가는 사람들을 위해 '사랑의 선교회' 수도회를 설립하여 가난하고 버림받은 이들을 위해 많은 일을 하셨습니다. 죽어 가는 사람들이 외롭지 않게 하늘나라에 가도록 돕는 것을 수녀님의 큰 사명으로 생각하셨습니다.

- 세 번째 사진은 영화배우 **오드리 헵번**입니다. 한때 화려한 배우였지만, 배우에서 물러난 후, 세계의 고통받는 어린이들을 도와주는 유니세프(UNICEF, 국제 연합 아동 기금)의 친선대사로 활동하며 많은 어린이들을 돌보아 주었습니다. 화려한 젊은 시절보다 나이가 든 시간이 훨씬 더 아름다운 여인입니다.

- 네 번째 사진은 한국의 슈바이처, **이태석** 신부님이십니다. 그의 안타까운 죽음으로 인해 오히려 그의 선행이 알려지게 되었습니다. 여러분은 이분에 대한 다큐멘터리를 보셨지요? 아프리카 수단에서 의사와 교사로 병든 이들과 그곳 주민들과 어린이들을 아낌없이 돌보다가 암에 걸려서 젊은 나이에 돌아가셨습니다. 오랜 내전으로 인해 눈물이 마른 그곳의 아이들조차도 본국으로 휴가 가서 돌아오지 않으신 그분의 영정사진을 보고는 큰 슬픔에 빠진 모습을 보였습니다.

- 생각나눔　이분들의 공통적인 특징이 무엇일까요? (대답을 들음)

- **이웃을 자신의 몸같이 사랑한 것**이 이분들의 공통적인 특징입니다. 특히 가난하고 소외당하고, 병으로 고통받는 이웃들을 돌보았습니다. 이분들이 이렇게 하신 이유가 무엇일까요? (사이) 바로 예수님께서 주신 '사랑의 계명'을 지키기 위해서입니다.

펼치기

1 예수님께서 주신 사랑의 계명

- 지난 시간에 예수님께서 십계명을 '하느님 사랑'과 '이웃 사랑' 두 가지 계명으로 모아 주셨다고 하였습니다. 예수님께서는 또 이것을 하나의 계명으로 요약하십니다. 어떤 단어가 공통으로 들어갑니까? 바로 그것이 답입니다. (대답을 들음)

- 예수님께서는 이 세상을 떠나시기 전에 제자들에게 '새 계명'을 주셨습니다. 이것은 '십계명'을 하나로 모은 것이며, 십계명을

완성하는 것입니다. 요한 복음 13장 34절에서 35절까지의 말씀을 함께 읽어 볼까요?

³⁴내가 너희에게 **새 계명**을 준다. **서로 사랑하여라.** 내가 너희를 사랑한 것처럼 너희도 서로 사랑하여라. ³⁵너희가 서로 사랑하면 모든 사람이 그것을 보고 너희가 내 제자라는 것을 알게 될 것이다.

- 🐾★ 예수님께서 주신 '새 계명'은 '서로 사랑하라'는 '사랑의 계명'입니다. 예수님께서 제자들을 사랑한 것처럼 제자들도 서로 사랑하라고 하셨습니다. 제자들이 서로 사랑하는 생활을 보고 사람들이 그들을 예수님의 제자로 알아볼 수 있다고 하셨습니다. 이처럼 예수님께서는 우리에게 **사랑의 계명**을 주셨습니다. 그리스도인이 '사랑'을 살아야 할 이유가 여기에 있습니다. 사랑을 사는 것이 그분의 사람임을 드러내는 것입니다.

2 착한 사마리아인의 비유 (루카 10, 29-37)

- 예수님께서 '네 이웃을 너 자신처럼 사랑해야 한다.'[루카 10, 27]고 하셨을 때 어느 율법교사가 "누가 저의 이웃입니까?"라고 질문을 하였습니다. 그때 예수님께서 대답하신 내용이 루카 복음 10장 30절에서 37절 '착한 사마리아인의 비유'에 나옵니다. 찾아서 같이 읽어 볼까요?

³⁰예수님께서 응답하셨다. "어떤 사람이 예루살렘에서 예리코로 내려가다가 강도들을 만났다. 강도들은 그의 옷을 벗기고 그를 때려 초주검으로 만들어 놓고 가 버렸다. ³¹마침 어떤 사제가 그 길로 내려가다가 그를 보고서는, 길 반대쪽으로 지나가 버렸다. ³²레위인도 마찬가지로 그곳에 이르러 그를 보고서는, 길 반대쪽으로 지나가 버렸다. ³³그런데 여행을 하던 어떤 사마리아인은 그가 있는 곳에 이르러 그를 보고서는, 가엾은 마음이 들었다. ³⁴그래서 그에게 다가가 상처에 기름과 포도주를 붓고 싸맨 다음, 자기 노새에 태워 여관으로 데리고 가서 돌보아 주었다. ³⁵이튿날 그는 두 데나리온을 꺼내 여관 주인에게 주면서, '저 사람을 돌보아 주십시오. 비용이 더 들면 제가 돌아올 때에 갚아 드리겠습니다.' 하고 말하였다. ³⁶너는 이 세 사람 가운데에서 누가 강도를 만난 사람에게 이웃이 되어 주었다고 생각하느냐?" ³⁷율법 교사가 "그에게 자비를 베푼 사람입니다." 하고 대답하자, 예수님께서 그에게 이르셨다. "가서 너도 그렇게 하여라."

- 교재 74쪽의 그림을 봐 주십시오. 우리가 읽은 내용이 담겨 있습니다.

- 강도를 만난 사람 곁으로 사제가 지나갑니다. '**사제**'는 하느님께 **제사를 지내는 사람**입니다. 사제는 어떻게 하였습니까? (대답함) 죽어 가는 사람을 보고서는 길 반대쪽으로 지나가 버렸습니다. 그다음에는 누가 지나갔습니까? (대답함)

- '레위인'이 지나갔습니다. '**레위인**'은 이스라엘 백성의 **12부족 중 사제가 될 수 있는 특별한 부족**이었습니다. 레위인은 어떻게 했습니까? (대답함) 그도 좀 전의 '사제'와 마찬가지로 길 반대쪽으로 지나가 버렸습니다.

- 사제도 레위인도 죽어 가는 사람을 못 본 척하고 지나갔습니다.

- 생각나눔 왜 이 두 사람이 똑같이 죽어 가는 사람을 보고 그냥 지나가 버렸을까요? (대답을 들음)

- 그들이 그냥 지나가 버린 데는 여러 가지 이유가 있었겠지요. 너무 바빠서, 또는 자신들이 범인으로 오해를 받을 것 같아서, 부정해져서 제사를 지내지 못하게 될까 봐, 아니면 자기 자신만 생각하는 마음에서 등의 이유가 있었을 것입니다. 그다음엔 누가 지나갔습니까? (대답함)

- 그 다음으로 여행을 하던 어떤 사마리아인이 지나갔습니다. 사마리아인은 이스라엘이 유배를 마치고 해방되었을 때 고국으로 돌아오지 않고 사마리아에 정착한 천민들을 말합니다. 그들은 다른 민족들과 결혼을 하였고, 유다의 혈통을 유지하지 않았다 하여 유다인들이 경멸하는 이들이었습니다. 그런데 그 사마리아인은 다친 사람을 보고 어떻게 하였습니까? (대답함)

- 사마리아인은 그에게 다가가 상처를 치료해 주고 자기 말에 태워 여관으로 데리고 가서 돌보아 주었습니다.

- 그다음 날 떠나면서 여관 주인에게 돈까지 주며 그를 돌보아 달라고 부탁하였습니다.

- 생각나눔 왜 사마리아인이 그렇게 하였을까요? (대답을 들음)

- 성경에는 **가엾은 마음이 들었다**고 합니다. 여러분이 사마리아인처럼 타인에게 가엾은 마음이 들었던 적이 있습니까? 교재에 적어 보겠습니다.

- 🐾 우리는 이를 연민이라고 합니다. 타인의 아픔에 공감할 수 있는 능력을 말합니다. 이 공감은 도덕성과 아주 밀접한 관계가 있는 능력입니다. 공동체로 함께 살아가야 하는 인간에게 반드시 필요한 능력입니다. 예수님께서는 "누가 강도를 만난 사람에게 이웃이 되어 주었느냐?"고 묻습니다. 그분의 날카로운 물음에 우리는 우리 자신이라고 말할 수 있습니다. 우리는 이미 이

를 경험하였고, 그 기억을 교재에 적었습니다.

❸ 최후의 심판 (마태 25,31-46)

- 예수님께서 착한 사마리아인처럼 **어려운 이웃을 돌보아 주는 사람**이 바로 예수님을 돌보아 주는 사람이기에 하느님 나라에 갈 수 있다고 마태오 복음 '최후의 심판' 이야기에서 말씀하고 계십니다.

- 마태오 복음 25장 31절에서 46절까지 함께 읽겠습니다.

- 이 세상 마지막 날 예수님께서는 세상에 오시어 세상 모든 사람들을 모아 놓고 심판을 하실 것이라고 하셨습니다. 우리는 이를 공심판이라고 합니다. **가장 작은 이들, 가난하고 어려운 이들에게 해 준 것이 바로 예수님에게 해 준 것**이라고 말씀하시며 이것을 실천한 사람들을 하느님나라로 부르십니다. 그래서 우리는 가족과 가까이 있는 이웃들만 생각하는 것이 아니라 이 세상 공동체, 지구 공동체 전체를 생각하는 넓은 안목을 지녀야 합니다.

- **연민을 갖지 못하여 일어나는 불행**
(교재 77쪽 그림과 함께 설명해 나간다.)

* 전쟁
- 현재 세계에는 많은 전쟁이 일어나고 있습니다. 세계화가 진행되면서 지구 한 지역에서 벌어지는 전쟁이 그들만의 아픔으로 끝나지 않습니다. 우리나라도 남북한이 서로 맞서고 있기 때문에 국제 정세에 이 분단 자체가 영향을 주고 있습니다. 또한 잘못된 신념이 되어 버린 종교가 전쟁의 원인이 되기도 합니다.

- 생각나눔 전쟁이 일어나는 이유가 무엇일까요? (대답을 들음)

- 오늘날 전쟁이 일어나는 이유는 다양한 듯 보이지만 어쩌면 단 하나입니다. 자기들의 이념 때문이든, 경제적 착취 때문이든 결국 이기심 때문입니다.

* 굶주림
- 여러분 이 지구상에 굶는 사람이 몇 퍼센트나 될까요? 지구를 100명의 마을로 축소해 본다면 100명 중 20명은 영양실조, 1명은 굶고, 15명은 비만이랍니다. 마을엔 모든 사람들이 먹고 남을 만큼 곡식이 있지만 곡물의 48%는 사람이 먹고, 나머지 35%는 가축이 먹고, 17%는 자동차의 연료로 쓰이기 때문이랍니다.

- 세상에는 굶어 죽어 가는 사람이 많습니다. 5초마다 한 명, 하루 약 18,000명이 죽어 가고 있고, 10억의 인구가 배고픔에 시달리고 있다고 합니다. 북한에서도 형편이 어려워 이미 백만 명의 사람들이 굶어 죽었다고 합니다.

- 생각나눔 굶어 죽는 사람이 많은 이유가 무엇일까요? (대답을 들음)

- 전 세계 사람들이 먹고 남을 만큼의 식량이 있지만 아사하는 사람이 이토록 많은 이유는 결국 과도한 부의 축적과 더 좋은 것을 먹고자 하여 곡식을 나누지 않고 동물의 사료로 쓰는 일 때문이겠지요. 또한 편리함을 위한 도구 사용에 필요하기 때문입니다. 또한 너무 풍족하여 음식을 함부로 버리는 우리도 지구 한켠에서 굶고 있는 이들에게 원인을 제공하고 있음도 잊지 말아야 하겠습니다. 이것도 결국 이기심 때문이라고 결론지을 수 있겠습니다.

* 폭력
- 세상에 많은 폭력이 일어나고 있습니다. 실제로 일어나는 폭력도 다양한 양태를 보이는데 사회에 불만이 많을수록 불특정다수를 노리는 폭력이 많아지고 있습니다. 이 폭력은 거의 테러 수준에 가까워 다수의 사람이 이유도 없이 고통 속에 놓이게 됩니다. 또한 학교 폭력의 사례도 너무나 다양하고, 그 피해의 규모가 상당합니다. 가족의 해체와 더불어 가족 간의 폭력도 크게 증가하는 추세입니다.

- 물질문명이 발달할수록 폭력의 현상도 다양해지고 있습니다. 사이버 폭력과 몰래카메라 같은 것으로 물리적 정신적 피해를 당하는 이들도 늘어나고 있습니다.

- 여성 혐오에 의한 폭행과 살인, 성폭력도 너무나 많습니다. 약한 여성을 납치하여 인신매매를 하는 경우도 허다합니다.

- 생각나눔 이런 폭력이 생기는 것은 무엇 때문일까요? (대답을 들음)

- 이 또한 자기만을 생각하는 이기심이 그 원인입니다. 누군가를 아프게 하면서 자기 존재를 확인하는 사람들은 모든 것이 자신에게만 향해 있습니다.

* 환경 파괴
- 하느님은 세상을 '보니시 좋다'라고 감탄하시면서 창조하시어 인간에게 돌보라고 선물로 주셨음을 우리는 배웠습니다. 그런데 오늘날 자연환경은 태초에 '하느님 보시니 좋은' 세상입니까?

- 남태평양에 한반도의 7배가 넘는 쓰레기 섬이 만들어졌습니다. 바다는 숨을 쉬지 못해 썩어 가고 있고, 바다 생물들도 죽어 가고 있으며, 악취가 진동한다고 합니다. 공동 해역인 그곳의 쓰레기를 아무도 책임지고 치우려 하지 않습니다. 그 쓰레기는 누가 만든 것일까요?

- 또한 파리 협약에 의해 메탄가스 배출의 양을 정하였으나 가장 대기 오염을 많이 일으키고 있는 미국이 자국민의 편리함 때문에 이를 어기고 있습니다.

- 결국 이 문제는 지구 온난화와 결부되고, 예상 못할 강력한 자연재해로 많은 이가 죗값을 치르게 되었습니다.

- **생각나눔** 이런 환경 문제가 생기는 것은 무엇 때문일까요? (대답을 들음)

- 그 이유는 자연도 우리의 '이웃'인데, 인간의 과욕으로 인해 자연을 함부로 대한 것 때문입니다. 이 또한 이기심의 발로이지요.

- ★ 이 모든 일들은 연민이 없음에서 비롯한 것입니다. '사랑'의 반대어는 '미움'이 아니라 '무관심'이라고 하지요. 미움도 관심이 있어야 갖는 감정이기 때문이랍니다. 무관심의 다른 이름은 '이기심'입니다. 결국 세상에서 연민의 감정이 제거되면 이런 안 좋은 일들이 곳곳에서 벌어지고 인류 전체에 불행을 가져다줍니다. 예수님께서 우리에게 주신 '사랑의 계명'이 인류 전체에 행복을 가져다줄 유일한 것임을 우리는 깨닫게 됩니다. 이 세상의 불행, **전쟁, 굶주림, 폭력, 환경 파괴 등은** 우리가 서로 사랑하지 않아서 일어나고 있는 것입니다.

- ★ 십자가를 바라봅시다. 누가 보이나요? (대답을 들음) 십자가 고통은 예수님 혼자만 받으신 것이 아니라 성부와 성령께서도 함께하셨음을 우리는 배웠습니다. 인류 구원을 위한 십자가 고통에 성부, 성자, 성령이 함께하였듯이, 우리도 병고에 시달리고, 소외당하고, 굶주리는 세상의 이웃들에게 **관심**을 가지고 **함께할** 수 있어야 합니다. 이것으로 우리는 하느님의 사랑의 공동체를 살게 됩니다.

깊이 들어가기

활동 1   우리는 하나 – 만들기

세상 모든 이는 하나로 연결되어 있음을 알기

[의미] 만들기를 통해 세상 모든 이는 하나로 연결되어 있으며 우리의 형제요 자매임을 깨달을 수 있다.

준비물 색종이 인원수만큼, 가위, 연필

진행

1) 색종이를 삼각으로 접는다.
2) 삼각을 반으로 접는다.
3) 또 반으로 접는다.
4) 그 위에 손을 벌리고 있는 나를 그린다.
5) 나의 그림 위에 내 이름을 적는다.
6) 그 그림을 가위로 오려 내어 펼친다.

 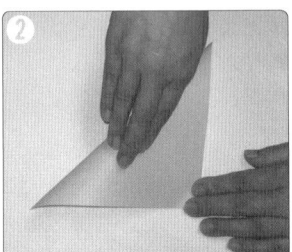
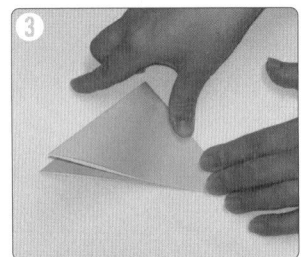 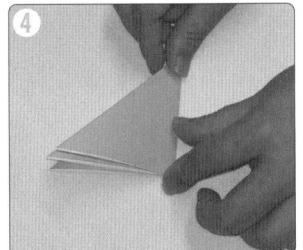
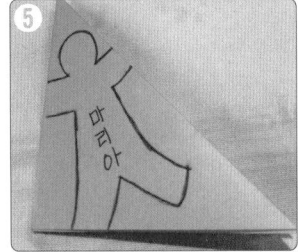 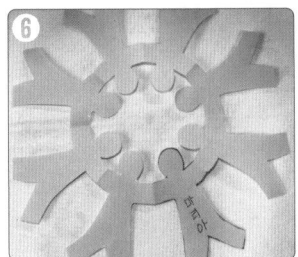

7) 펼쳐서 나온 그림에 대해 설명한다.

- 어떤 형태가 나옵니까? (8명의 사람이 손을 잡고 있으며 원으로 연결되어 있음)

- 분명 나는 나를 그렸고, 오렸습니다. 펼쳐 보니 다른 7명의 다른 이와 서로 연결되어 하나가 되어 있음을 알 수 있습니다.

- 우리 모두는 하느님의 자녀로서 한 가족이며, 세상 모든 이는 우리의 형제요 자매입니다. 내가 나를 예쁘게 그렸다면 다른 일곱 명도 예쁘게 나왔을 것입니다. 내 삶이 아름다울 때 나는 누군가의 삶도 아름답게 합니다. 마치 오늘 성경의 주인공 사마리아인처럼 말이지요. 나를 통해 세상을 복되게 하시려는 하느님의 음성에 늘 귀 기울이는 한 주간 되시길 바랍니다.

| 활동 2 | 오늘날의 착한 사마리아인 — 토론 |

오늘날 나는 어떻게 할 것인지 토론하기

[의미] 성경의 '착한 사마리아인'(루카 10,29-37)과 다큐의 내용을 비교해 토론해 본다.

준비물: '유모차 공수작전' 지식 채널e 감상, 빔, 노트북

진행

1) '유모차 공수작전'이라는 지식채널 e 감상
2) 이 내용을 사마리아인과 비교하여 조별로 토론한다.
3) 중령이 명령을 어긴 것과 자신들이 부정을 타 하느님을 섬기는 일을 못하게 될까 봐 피한 사제와 레위인을 비교해 토론해 본다.
4) 내가 만일 이 중령이었다면 어떤 행동을 취했을까 토론한다.
5) 이 토론을 통해 깨달은 바를 한 문장으로 요약한다. 더불어 오늘날의 사마리아인이 되기로 다짐하면서, 여기에 따른 조원들의 실천 사항을 활동 칸에 적어 발표한다.

마음기도

* 🙏 예수님 안에 머무르기

- 모두 마음을 모으기 위해 바른 자세를 해 보겠습니다. 몸은 곧게 펴고, 고개는 턱을 앞으로 당겨 약간 숙입니다. 발은 어깨 넓이로 벌리고 앉습니다. 두 손은 주님 앞에 빈손임을 드러내는 표지로 하늘을 향하게 펴서 무릎에 살포시 얹습니다. 이제 눈을 감고 깊게 호흡을 합니다. 들숨을 쉬며 "사랑의 성령님" 날숨을 내쉬며는 "저에게 오소서"라고 기도합니다. 이렇게 10번 반복합니다.

- 오늘 우리는 착한 사마리아인을 만났습니다. 그에게 여러분이 느낀 것을 이야기하세요.(2분) 또한 그렇게 용감하게 행동할 수 있었던 이유가 무엇이었는지도 물어보겠습니다. (2분)

- 이제 예수님께 내가 지금까지 살아오면서 연민을 가지고 사랑의 계명을 살지 못한 내용을 말씀드리겠습니다. 그리고 이것에 대해 무엇이라고 말씀하시는지 잘 듣겠습니다. (3분) 사랑의 계명을 지킴으로써 이 세상에 행복한 하느님 나라를 이룩할 수 있게 해 주심에 감사드리면서 실천할 수 있는 은총을 주시도록 기도하겠습니다. (2분)

과제제시

1 복습

- 오늘 우리가 무엇을 배웠는지 '복습'의 칸을 채워 보세요.
  ✎ 오늘 배운 내용 중 가장 기억에 남는 내용을 적어 보세요.
  ✎ 이번 과에서 배운 단어들의 초성입니다. 유추해서 적어 보세요.

2 실천

- 예수님께서 주신 사랑의 계명을 마음에 새길 수 있도록 "서로 사랑하여라"를 자주 화살기도로 바치며 생활 안에서 실천해 봅시다.

3 알아봅시다

- 부록의 내용을 살펴보겠습니다. 교재 120쪽에 더 알아야 할 질문과 답이 '궁금합니다'에 수록되어 있습니다. 129쪽에서 위대한 사랑을 실천한 성녀 마더 데레사, 이태석 요한 신부, 성 다미안을 만날 수 있습니다.

정답: 용어 풀이

예수님의 새 계명: '서로 사랑하라'는 '사랑의 계명'

사제: 제사를 지내는 사람으로 오늘날 신부님을 말함

레위인: 이스라엘 백성의 12부족 중 사제가 될 수 있는 특별한 부족

착한 사마리아인: 강도를 만난 이웃에게 사랑을 실천한 사람

교사 자기 점검표 ☑

내 용	확인
오늘 수업 준비에 성실하였습니까?	☐
예비신자들이 오늘 수업목표에 각각 도달하였습니까?	☐
나를 통해 예비신자들이 '사랑의 계명'을 지켜야 된다고 느꼈습니까?	☐

교사 마침 기도

좋으신 하느님, 오늘 수업에 대해 감사드리며, 저의 모든 노고를 '세상의 모든 어려운 이웃'을 위해 바쳐 드립니다. 저의 부족한 수업을 당신 친히 채워 주시고 제가 보다 나은 수업을 준비하도록 도와주소서. 우리 주 그리스도를 통하여 비나이다. 아멘.

추천합니다

* 가톨릭 도서

「마음에서 들려오는 사랑의 소리」
헨리 나웬 지음, 한정아 역 | 바오로딸

「마더 데레사의 말씀과 일화」
M. K. 폴 신부 지음, 장말희 역 | 성바오로

「몰로카이 섬의 다미안 신부」
손옥희 지음, 맹상수 그림 | 다솜

* 일반 도서

「나는 당신을 만나기 전부터 사랑했습니다」
우광호 지음 | 여백

「울지마 톤즈 그 후 선물」
구수환 지음 | 비아북

* 노래

- 가톨릭 성가 46   사랑의 송가
- 가톨릭 성가 48   주 우리에게 사랑과 자유를
- 가톨릭 성가 414   사랑하는 사람은 누구나
- 가톨릭 성가 415   사랑이 없으면
- 가톨릭 성가 399   주님 안에 하나

제17과 하느님 은총의 표지인 성사(聖事)

주제어 : 은총

학습목표
1. 성사는 **하느님의 은총**을 보여 주는 **표지**임을 알 수 있다.
2. **예수님께서** 우리의 삶 전체를 축복하는 **일곱 성사**를 만드셨음을 알 수 있다.
3. 일곱 성사의 은총을 알고, 성사를 받기 위한 **마음의 준비**와 **자세**를 갖출 수 있다.

나의 신앙을 돌아보며

◆ 말씀과 함께

"세상이 창조된 때부터, 하느님의 보이지 않는 본성 곧 그분의 영원한 힘과 신성을 조물을 통하여 알아보고 깨달을 수 있게 되었습니다." (로마 1,20)

인간의 유한성은 하느님께서 약속하신 은총과 축복을 어떤 가시적 사건이나 사물로 이해하고 싶어 합니다. 인간의 한계를 온전히 아시는 하느님께서는 인간에게 어떤 표징들로 당신의 은총을 드러내 주십니다. 우리가 일상에서 어떤 사물을 보고 누군가를 떠올린다면 그것은 단순한 사물이 아니라 표징입니다. 예를 들어 아버지와 함께했던 낚시대는 단순한 낚시대가 아니라 돌아가신 아버지를 떠올리게 하는 표징입니다. 우리의 매일이 얼마나 많은 '표징'들로 가득 차 있습니까? 아버지의 닳은 구두 뒤축, 어머니의 물에 젖은 손은 우리를 위한 부모님의 희생과 사랑이 담긴 표징입니다. 친구에게서 받은 천사 인형은 내 친구의 나에 대한 사랑의 표징이고, 거리에 피어난 작은 꽃, 맑고 아름다운 하늘은 인간의 일상에 베푸시는 하느님 사랑의 표징일 수 있습니다. 다만 이런 것들을 단순한 사물이나 현상으로 받아들이지 않는다면 말이지요. 이렇듯 사랑의 체험, 따뜻한 말, 기쁨의 나눔 등은 하느님을 느끼고 알아볼 수 있는 표징이며, 일상의 작은 표징들에서 하느님을 바라볼 수 있도록 우리 신앙인은 양육되어야 합니다.

예를 들어 「어린 왕자」라는 소설은 많은 표징을 담고 있습니다. 어린 왕자는 "네가 나를 길들인다면 나는 너에겐 이 세상에서 오직 하나밖에 없는 존재가 될 꺼야."라고 말한 여우의 말을 통해 깨닫게 되었습니다. 자신이 기르던 장미꽃에게 길들여져 그의 장미꽃은 이 세상에 오직 하나뿐이란 걸 말입니다. 가장 중요한 건 눈에 보이지 않는다는 걸 깨닫게 된 것이지요. '표징'이라는 것은 우리에게 다른 사람과는 다른 의미를 준다는 것입니다. 다른 사람에게 아무 의미 없는 십자 나무가 나에게 크나큰 구원을 가져오는 '표징'이 될 수 있습니다. 보이지 않는 하느님 은총을 볼 수 있게 해 주는 표징인 일곱 성사의 가치를 많은 사람들은 알지 못합니다. 그것의 가치를 알고 그것을 누리도록 초대받은 우리들은 얼마나 축복받은 사람들인지요?

"나를 본 사람은 곧 아버지를 뵌 것이다." (요한 14,9)

예수 그리스도께서는 하느님을 보여 주실 뿐 아니라 하느님 자체이시기에, 그리스도는 '하느님의 성사'이며 '원성사'(原聖事, 원천적 성사)라고 합니다. 그리스도는 교회 안에 살아 계시며 교회를 통해 체험되기에 교회는 '그리스도의 성사'라고 합니다. 교회가 그리스도를 보여 주는 것은 전례나 제도, 전승들이라기보다는 그리스도를 고백하는 사람들의 신앙입니다.

◆ 숙고하기

나에게 하느님을 떠올리게 하는 또는 느끼게 하는 표징은 무엇입니까?
교회의 일곱 성사의 중요성과 가치를 알고 있습니까? 나는 성사 생활을 어떻게 하고 있습니까?

◆ 기도하기

은총의 하느님, 제가 거룩한 것을 통해 당신께 가까이 갈 수 있도록 도와주소서. 우리 주 … 비나이다.

수업을 이렇게

◆ **수업 줄거리**

1. **상징 & 성사란 무엇인가** : 결혼반지가 결혼에 대한 약속을 생각나게 하듯이, 어떤 물건은 어떤 것을 생각나게 하는데 이것을 '상징'이라고 한다. '성사'(聖事)란 보이지 않는 하느님의 은총을 보여 주는 어떤 상징(표지)이다.

2. **일곱 성사란 무엇인가** : 예수님은 우리 인생의 여정 전체를 일곱 성사로 축복하신다. 우리가 하느님의 자녀로 태어나면서 받는 '세례성사', 영적 양식인 '성체성사', 어른으로 성장하는 '견진성사', 다툼과 불목으로 관계가 깨져서 영혼이 아플 때 받는 '고해성사', 결혼하면서 받는 '혼인성사', 교회에 봉사하는 '성품성사', 병이 들거나 죽을 위험이 있을 때 받는 '병자성사'가 그것이다.

3. **일곱 성사의 표지와 은총** : 일곱 성사의 '보이는 표지'와 '받는 은총'에 대해 알아본다.

4. **성사를 받을 준비** : 성사는 예수님께서 만드셨고 그분께서 주시는 은총이기에 성사 자체로 효과가 있다. 하지만 그것을 받아들이는 사람의 자세나 태도에 따라 받는 은총이 달라진다. 성사의 은총을 충만히 받기 위해 우리는 마음의 준비와 자세를 갖추어야 한다.

5. **준성사** : 성사를 풍요롭게 하고, 준비시키며, 성사의 은총을 보존하도록 도와주는 성사이다.

수업 계획표 (총 60분)

단계	내용	진행	준비물
도입 (5분)	우리 생활의 상징들	어떤 물건이 뜻하는 것(상징)을 알아보기	
펼치기 (35분)	성사란 무엇인가?	성경(마르 8,22-25)을 통해 성사가 어떤 것인지 토론하기	
	일곱 성사란 무엇인가?	일곱 성사가 우리 삶의 여정(과정)과 같음을 알아보기	
	일곱 성사의 표지와 은총	일곱 성사의 각각의 표지와 은총에 대해 알기	
	성사를 받기 위하여	성사를 받기 위한 마음의 준비와 자세 갖추기	
	준성사	성사를 풍요롭게 하는 준성사 알기	
깊이 들어가기 (15분)	성경에 드러난 일곱 성사 or 일곱 성사의 은총	1. 성경 구절을 찾아 성사를 유추하기 2. 주사위 게임을 통해 성사의 은총 알기	교사용 첨부6 주사위 게임, 주사위
마무리 (5분)	마음기도	기도	
과제제시	배운 내용 정리	요약하기	

이런 것을 뜻합니다

 삼위일체 교리   공동체

🙏 기도   생각나눔 숙고하고 나누기

 중요   사회교리

<u>밑줄</u> 수업목표에 해당함

▶ 출석 확인

열 기

1 시작기도 : 가톨릭 성가 25장

2 지난 시간 복습

◇ 예수님께서 주신 새로운 계명은 무엇이었습니까?

◇ 사랑의 계명에 따라 어떻게 한 주간을 지내셨는지 몇 분의 나눔을 듣고자 합니다. (들음)

3 우리 생활의 상징들

- 카네이션은 무엇을 상징하는 꽃입니까? (대답 들음)

- 생각나눔 이처럼 이것 하면, 이것이 떠오르는 상징적 물건들이 무엇이 있을까요? (대답을 들음)
예) 생일 케이크 - 축하/ 적십자 표시 - 병원/ 자전거 표지판 - 자전거 전용 도로/ 결혼반지 - 약속/ 노란 리본 - 세월호

- **보이지 않은 어떤 것을 생각나게 하는 물건을 '상징'**이라고 합니다. 우리가 사용하는 언어들 중 마음의 언어는 그 자체가 보이지 않습니다. 사랑, 감사, 축복 등이 여기에 해당합니다. 그래서 우리는 이를 표현하기 위해 상징(표지)을 사용합니다. 사랑을 표현하기 위해, 반지나 꽃을 상징으로 사용합니다. 또한 감사의 상징으로 카네이션이나 편지를 주기도 합니다. 또한 축복함을 상징하기 위해 두 팔을 펼치는 상징을 보이기도 합니다.

- 유한한 인간에게 하느님은 당신의 은총을 약속하십니다. 하지만 인간의 유한성은 온전히 신뢰할 수 없음을 알기에 하느님께서는 보이지 않는 '은총'을 가시화시키셨습니다. 이것이 바로 오늘 배울 성사입니다.

펼치기

1 성사란 무엇인가?

- 그러므로 성사란 하느님의 은총을 보여 주는 표지입니다. '표지'(標識)란 '다른 것과 구별하게 하는 표시나 특징'을 말합니다.

- 생각나눔 그렇다면 하느님을 우리에게 보여 주신 최초의 성사는 무엇이었을까요?

-  ★ 예수님께서는 하느님을 보여 주실 뿐 아니라 하느님 자체이시기에 **하느님의 성사** 또는 **'원성사'**(原聖事, 원천적인 성사)라고 합니다.

- 마르코 8장 22절에서 25절까지의 내용을 읽으면서 성사의 내용을 조금 더 살펴보겠습니다. (함께 찾아서 읽음)

²²그들은 벳사이다로 갔다. 그런데 사람들이 눈먼 이를 예수님께 데리고 와서는 그에게 손을 대어 주십사고 청하였다. ²³그분께서는 그 눈먼 이의 손을 잡아 마을 밖으로 데리고 나가셔서, 그의 두 눈에 침을 바르시고 그에게 손을 얹으신 다음, "무엇이 보이느냐?" 하고 물으셨다. ²⁴그는 앞을 쳐다보며, "사람들이 보입니다. 그런데 걸어다니는 나무처럼 보입니다." 하고 대답하였다. ²⁵그분께서 다시 그의 두 눈에 손을 얹으시니 그가 똑똑히 보게 되었다. 그는 시력이 회복되어 모든 것을 뚜렷이 보게 된 것이다.

- 생각나눔 예수님께서 말씀 한마디로도 눈먼 이를 고칠 수 있었는데 직접 침을 바르시고 손을 대신 이유가 무엇이었을까요? (대답을 들음)

- 눈먼 이는 **언제 자신의 눈이 뜨이는지 알아채는 순간**이 필요하였기에, 예수님께서 직접 그의 두 눈에 침을 바르시고 손을 얹어 주심으로써 그가 은총을 받은 순간을 알아챌 수 있었습니다.

- '은총'은 '**하느님께서 거저 주시는 선물**'을 일컫습니다. 우리가 어떤 공이 있어서 얻은 것이 아니라 아무 조건 없이 거저 받은 선물입니다.

2 일곱 성사란 무엇인가?

- ★ 예수님께서는 "내가 세상 끝 날까지 언제나 너희와 함께 있겠다."(마태 28,20)하시며, 교회 안에서 **일곱 가지 성사**를 마련하십니다. 이는 우리가 살아가면서 특히 중요한 순간에 하느님의 은총을 내려 주시기 위해서입니다. 교재 80쪽을 보겠습니다. 교회의 일곱 성사는 우리 삶의 여정과 같음이 잘 설명되어 있습니다. (표와 함께 다음을 설명해 나감)

- 사람들은 태어난 날을 특별히 기념합니다. 이는 존재하기 시작한 그날을 기념하고 축하하는 것이죠. '**세례성사**'로 교회 안에서 하느님의 자녀로 태어납니다. 사람은 음식을 섭취해야만 건강을 유지할 수 있고, 활동할 수 있습니다. '**성체성사**'를 통해 주님께서는 우리를 영육으로 양육하십니다. 우리는 일상을 살면서 서로를 이해하지 못해 마음을 다치고, 내 이기심을 채우기 위해 타인을 돌보지 않음으로써 그리스도인으로 사는 것을 게을리 할 때가 있습니다. 주님께서는 인간의 유한함에서 비롯된 실수, 상처, 아픔 등을 치유하고, 관계를 회복하게 하는 '**고해성사**'를 준비해 주셨습니다. 사회는 만 20세가 되면 성인식을 해주면서 사회의 어엿한 일원으로 받아들여 줍니다. '**견진성사**'를 통해 교회의 성인으로서 인정받고 성장합니다. 성인이 되면 결혼이나 교회의 봉사자로 살 결심을 할 수 있습니다. 남녀 간의 성실한 약속인 결혼을 축복하는 '**혼인성사**', 사제로 교회에 봉사하기 위해 받는 '**성품성사**'가 있습니다. 우리는 때로 병고에 시달리기도 하고, 결국 죽음을 맞이합니다. 이 시간을 주님께서는 함께하시고자 '**병자성사**'를 준비해 주셨습니다.

- ★ 이와 같이 <u>예수님께서는 우리 삶의 여정을 **일곱 성사**로 **축복**해 주십니다.</u>

- 일곱 가지 성사 중 일생에 한 번밖에 받을 수 없는 성사가 있습니다. ★ 인호가 새겨지는 성사를 말하는데 **인호(印號)란 영혼에 새겨지는 영적 표지**를 의미합니다. 하느님의 자녀라는 표식입니다. **세례·견진·성품 성사**가 여기에 해당됩니다.

- 교재 80쪽에 세 성사를 적어 봅시다.

* 일곱 성사의 분류

- 세례·성체·견진 성사는 다른 성사보다 앞서 받으며 이 성사를 받음으로써 교회로 들어온다고 해서 '**입문 성사**'라고 합니다. 현재 우리나라 교회는 세례를 받고 나중에 견진을 받지만, 초대 교회에서는 세례를 받으면서 견진성사와 성체성사를 동시에 받았습니다. 오늘날 다른 나라 일부 교회에서는 그렇게 하기도 합니다.

- 혼인·성품 성사는 자신을 위하여 받는다기보다는 상대방과 공동체를 위하여 받는다고 해서 '**봉사하는 성사**'라고 합니다. 우리 모두는 다른 사람과 공동체에 봉사하라고 불림을 받았습니다.

- **고해성사와 병자성사**는 마음의 병 또는 몸의 병을 고쳐 준다고 해서 '**치유 성사**'라고 합니다.

- 교재 80쪽에 세 빈칸을 채워 봅시다.

입문(교회로 들어오게 하는) 성사	세례, 성체, 견진
공동체에 봉사하는 성사	혼인, 성품
치유하는 성사	고해, 병자

3 일곱 성사의 표지와 은총

번호	성사	보여 주는 표지	받는 은총
1	세례	물로 씻음	모든 죄가 씻기고 하느님의 자녀로 새로 태어나게 함
2	견진	기름 바름, 안수 (손을 얹음)	성령의 특은(특별한 은혜)을 받아 어른으로 자라나게 함
3	성체	빵과 포도주	예수님의 몸과 피를 받아 모심
4	고해	죄를 사해 주시는 신부님의 말씀	죄를 용서받음
5	혼인	신랑 신부의 약속 말씀	남녀를 부부로 맺어 줌
6	성품	기름 바름, 안수 (손을 얹음)	교회에 봉사하는 사제가 되게 함
7	병자	기름 바름	병을 이기도록 또는 죽음을 평안히 맞이하도록 함

4 성사를 받기 위하여

- ★ 성사는 하느님의 일이기에 그 자체로 은총의 효과를 얻을

수 있습니다. 성사 그 자체의 실행이 가지는 성격을 사효성(事效性)이라고 합니다. 유아 세례를 예로 들 수 있습니다. 갓난아기는 자신의 의지와 전혀 상관없이 부모의 신앙과 동의로 세례를 받습니다. 이렇듯 **받는 이의 준비와 상관없이 일 자체가 갖는 효력**을 '사효성'이라고 합니다.

- 하지만 **성사를 받는 사람의 마음과 자세에 따라 성사의 은총이 달라지는데 이를 인효성(人效性)이라 합니다.** 그래서 우리는 성사를 받기 위해 미리 준비하고 마음의 자세를 갖추어야 합니다. 우리가 세례성사를 받기 위해 교리에 성실히 임하는 것도 여기에 해당됩니다.

- ★ 일곱 성사의 은총을 알고, 성사를 받기 위한 **마음의 준비와 자세**를 갖출 수 있다면 우리는 성사의 은총을 풍성히 받을 수 있을 것입니다.

깊이 들어가기

활동 1 성경에 예시된 일곱 성사

성경에 예시된 일곱 성사 알기

> [의미] 성경 구절을 통해 일곱 성사를 알 수 있다.

진행

1) 교재의 성경 구절을 짝과 함께 찾아 성사를 유추하여, 해당 성사와 핵심 구절을 교재에 적어 본다.
2) 성경 구절
   - 세례성사 : 마태 28,19 아버지와 아들과 성령의 이름으로 세례를 주고
   - 성체성사 : 마태 26,26 받아먹어라. 이는 내 몸이다.
   - 고해성사 : 요한 20,23 너희가 누구의 죄든지 용서해 주면 그가 용서를 받을 것이고, 그대로 두면 그대로 남아 있을 것이다.
   - 견진성사 : 요한 16,12-13 진리의 영께서 오시면 너희를 모든 진리 안으로 이끌어 주실 것이다.
   - 혼인성사 : 마태 19,1-7 그들은 이제 둘이 아니라 한 몸이다. 그러므로 하느님께서 맺어 주신 것을 사람이 갈라놓아서는 안 된다.
   - 성품성사 : 사도 13,1-3 내가 일을 맡으려고 바르나바와 사울을 불렀으니, 나를 위하여 그 일을 하게 그 사람들을 따로 세워라.
   - 병자성사 : 마르 6, 13 많은 마귀를 쫓아내고 많은 병자에게 기름을 부어 병을 고쳐 주었다.

- 예수님께서는 성사의 근원이시며, 성경 말씀 속에서 찾을 수 있듯이 성사를 직접 세우셨습니다. 일곱 성사들은 서로 유기적이며, 성체성사를 지향하고 있습니다. 그래서 성체성사는 '성사 중의 성사'입니다.

활동 2 은총으로 천국을 주사위 놀이 — 교사용 첨부6

천국 가는 주사위 놀이 하기

> [의미] 놀이를 통해 하느님의 은총을 얻는 가장 좋은 방법이 성사를 받는 것임을 알 수 있다.

준비물 '은총으로 천국을-주사위 놀이'(첨부 5): 팀 수만큼 복사, 주사위(팀당 1개), 말(팀당 1쌍), 상품(팀 수만큼)

진행

1) 두 사람이 한 팀이 된다.
2) 각 팀에서 순서를 정하여 주사위를 던진다.
3) 주사위를 던지며 말판에 적힌 대로 놀이를 하며, 제일 먼저 천국에 도달하는 사람이 이긴다.
* 놀이 방법
  주사위를 던져 다음의 내용이 나오면 그 점수만큼 건너뛴다 : 기도 1점/ 극기(참음) 2점/ 선행(착한 일) 3점/ 봉사 5점/ 일곱 성사 10점
4) 이긴 사람은 상품을 받는다.
5) 상품을 받은 사람은 놀이를 하면서 느낀 소감을 한마디씩 말한다. (예: 천국에 가기 위해 성사를 받는 것이 중요하다 등)

마음기도

* 예수님 안에 머무르기

- 모두 마음을 모으기 위해 바른 자세를 해 보겠습니다. 몸은 곧게 펴고, 고개는 턱을 앞으로 당겨 약간 숙입니다. 발은 어깨 넓이로 벌리고 앉습니다. 두 손은 주님 앞에 빈손임을 드러내는 표지로 하늘을 향하게 펴서 무릎에 살포시 얹습니다. 이제 눈

을 감고 깊게 호흡을 합니다. 들숨을 쉬며 "사랑의 성령님" 날숨을 내쉬며는 "저에게 오소서"라고 기도합니다. 이렇게 10번 반복합니다.

- 먼저 예수님께서 우리의 삶 전체를 '성사'를 통해 축복해 주신 것에 대해 감사를 드립니다. (1분)

- 내가 받을 수 있는 성사를 어떤 마음으로 기다리는지 자세히 말씀드립니다. (2분)

- 삼위일체 하느님의 무한한 은총의 힘이 나를 감싸는 느낌을 갖고, 그 사랑 안에 깊이 머뭅니다. (2분)

- 하느님께 드리고 싶은 말씀을 드리고 조용히 듣습니다.

과제제시

1 복습

- 오늘 우리가 무엇을 배웠는지 '복습'의 칸을 채워 보세요.
    - 오늘 배운 내용 중 가장 기억에 남는 내용을 적어 보세요.
    - 다음의 문제를 풀어 보세요.
        1) 성사 : 보이지 않는 하느님의 은총을 볼 수 있게 해 주는 표지
        2) 인호 : 영혼에 새겨지는 도장으로 하느님의 사람임이 영혼에 새겨지는 영적 표지
        3) 성사의 사효성과 인효성 : 성사를 통해 받는 은총의 효력
        4) 입문 성사 : 세례성사, 성체성사, 견진성사

2 실천

- 일곱 성사로 우리 삶 전체를 축복하시는 하느님 사랑에 감사드리며, 하느님처럼 오늘날까지 나를 위해 희생과 봉사를 아끼지 않았던 부모, 가족, 지인들에게 감사와 사랑의 마음을 표현해 봅시다.

3 알아봅시다

- 부록의 내용을 살펴보겠습니다. 교재 120쪽에 더 알아야 할 질문과 답이 '궁금합니다'에 수록되어 있습니다. 129쪽에서 우리 감각 기관으로 볼 수 없는 하느님을 볼 수 있게 해 준 성 크리스토포로, 성 아구스티노, 복자 샤를 드 푸코를 만날 수 있습니다.

정답: 용어 풀이

성사 : 보이지 않는 하느님의 은총을 볼 수 있게 하는 표지

인호(印號) : 한 번 받으면 지워지지 않는 영혼의 영적 표지

사효성, 인효성 : 성사를 통해 받는 은총의 두 가지 효력

입문 성사 : 세례성사, 견진성사, 성체성사

교사 자기 점검표 ☑

내 용	확인
• 오늘 수업 준비에 성실하였습니까?	☐
• 예비신자들이 오늘 수업목표에 각각 도달하였습니까?	☐
• 나를 통해 예비신자들이 '성사'와 '하느님의 은총'이 중요하다고 느꼈습니까?	☐

교사 마침 기도

좋으신 하느님, 오늘 수업에 대해 감사드리며, 저의 모든 노고를 성사를 합당하게 받기 위하여 바칩니다. 저의 부족한 수업을 당신 친히 채워 주시고 제가 보다 나은 수업을 준비하도록 도와주소서. 우리 주 그리스도를 통하여 비나이다. 아멘.

추천합니다

* 가톨릭 도서

「일곱 성사」
　　　　　손희송 지음 | 가톨릭출판사

「열려라 칠성사」
　　　　　손희송 지음 | 가톨릭출판사

「성사란 무엇인가?」
　　　레오나르도보프 지음, 정한교 역 | 분도출판사

「성사 안에 드러난 신앙」
　　　레이-메르메 지음, 김인영 역 | 분도출판사

* 노래

- 가톨릭 성가 25　　사랑의 하느님
- 가톨릭 성가 44　　평화를 주옵소서
- 가톨릭 성가 440　주님의 발자국 아는가
- 가톨릭 성가 444　나는 주를 의지하리라

제18과 세례성사와 견진성사

주제어 : 탄생, 성장

학습목표
1. **세례성사**로 모든 죄가 다 씻어지고 **하느님의 자녀**로 새로 태어남을 알 수 있다.
2. **견진성사**는 **성령의 특별한 은혜**를 받아 **굳건한 그리스도인으로 성장**하게 함을 알 수 있다.
3. 받을 세례성사에 대해 **감사**하고, 앞으로 어떻게 살아야 할지 **결심**할 수 있다.

나의 신앙을 돌아보며

◆ 말씀과 함께

"이제는 내가 사는 것이 아니라
그리스도께서 내 안에 사시는 것입니다." (갈라 2,20)

우리는 세례성사를 통해 새로운 차원의 삶을 살아가는 사람입니다. 유아 세례를 받은 사람은 자신이 깨닫지 못했어도 세례성사의 은총을 받아 이미 하느님의 자녀로서 영적으로 다른 차원에 들어선 것입니다. 나의 모든 죄가 씻어지고 성령께서 내 안에 오시어 그전의 나와는 다른 "나"가 됩니다. 하느님은 우리 마음의 '연금술사'이십니다. '연금술사'가 비금속(卑金屬)에서 황금을 제조하듯이, 하느님은 우리 내면을 당신 자녀가 되도록 바꾸어 주십니다. 우리의 본성인 이기심, 욕심, 교만을 자기 비움, 겸손, 사랑으로 바꿀 수 있는 은총을 주십니다. 세례 때 받은 '성화의 은총'으로 우리는 우리 아버지이신 '하느님의 모습'이 되어 가고 있습니다. 하느님의 자녀로 태어난 이 은총은 어떤 것입니까? 하느님께서는 어느 인간도 자기 자녀에게 주지 못하는 영원한 생명과 행복을 우리에게 선사해 주실 수 있습니다.

"너희가 나를 뽑은 것이 아니라 내가 너희를 뽑아 세웠다." (요한 15,16)

내가 나의 의지로 또는 부모의 의지로 세례성사를 받았다고 생각하지 마십시오. 내가 하느님을 선택한 것이 아니라 하느님께서 나를 선택하셨습니다. 세상 창조 이전에 하느님께서는 이미 나를 선택하시어, 내가 당신 앞에서 거룩하고 흠 없는 사람이 되게 해 주셨습니다.(에페 1,4) 내가 남보다 더 잘 나서, 더 가진 것이 많아서 하느님께 선택받았다고 생각하지 마십시오. 하느님께서 아무것도 아닌 나를 사랑하셔서 뽑아 주셨습니다. 우리가 하느님께 드릴 기도는 '감사'뿐입니다. 우리를 위해 당신 아들까지 내어 주신 하느님의 사랑에 감사하는 것만이 우리가 그분께 드릴 응답입니다. 어느 누가 나를 비하해도, 자존심을 건드려도, 마음의 상처를 주어도 내가 성자 예수 그리스도의 피로써 구원받은 하느님의 귀한 자녀의 신분임을 잊지 않는다면 나는 늘 기쁘고 감사하게 살아갈 것입니다. 그분이 나를 당신의 자녀로 선택하셨음을 마음으로 믿는다면 내 삶은 달라질 것입니다. 세례성사의 은총이 나를 변화시킬 것입니다. 그러므로 "언제나 기뻐하십시오. 끊임없이 기도하십시오. 모든 일에 감사하십시오. 이것이 그리스도 예수님 안에서 살아가는 여러분에게 바라시는 하느님의 뜻입니다." (1테살 5,16-18)

◆ 숙고하기

나는 얼마나 하느님 자녀로서의 자존감, 품위와 존엄과 영예를 지니며 살아가고 있습니까?
내가 받은 세례성사의 은총에 대해 얼마나 감사하고 있습니까?

◆ 기도하기

세례성사의 은총으로 저를 불러 주신 하느님 아버지, 감사합니다. 제가 당신의 영광스런 자녀임을 늘 잊지 않고, 그 은총에 합당한 삶을 살아가도록 저를 도우소서. 우리 주 그리스도를 통하여 비나이다.

 수업을 이렇게

◆ 수업 줄거리

1. **물의 상징 & 세례를 받으신 예수님** : '물'은 더러움을 씻어 버리고 깨끗하게 하며 생명을 주는 것을 상징한다. 예수님 세례를 통해 죄가 없으시기에 세례를 받으실 필요가 없지만 우리에게 세례의 모범을 보여 주시기 위해서 세례를 받으셨음을 알고, 우리 모두 예수님을 따라 세례성사를 받아야 함을 안다.

2. **세례성사란 무엇인가** : 세례성사의 보이는 표지인 '물'로 씻김 예식을 통해 보이지 않는 하느님의 은총을 받는다. 세례성사로 우리의 모든 죄(원죄, 본죄)가 씻어지고 하느님의 자녀로 태어나 교회의 일원이 된다. 세례성사를 받으면 다른 성사를 받을 수 있으며, 또 인호를 받아 하느님의 영원한 자녀가 된다.

3. **세례성사의 예식** : 세례성사의 예식을 순서대로 살펴보면서 그 예식의 의미를 알아본다. 가장 중요한 예식은 '물 씻김'으로 이때 모든 죄가 사하여지고 하느님의 자녀로 새롭게 태어나는 것이다. 이어 '기름 발라 주는' 예식과 '흰옷 입혀 주는' 예식과 '촛불을 켜 주는' 예식이 이어진다.

4. **세례성사의 다짐** : 세례성사를 받게 될 이는 하느님의 자녀로 태어나기 위해 필요한 마음의 준비와 자세를 갖춘다.

5. **견진성사의 의미와 효과** : 견진성사를 통해 성령의 특은을 받아 세례성사를 완성하고, 굳건한 신앙인으로 성장한다

수업 계획표 (총 60분)

단계	내 용	진 행	준비물
도입 (5분)	물의 상징	물의 역할에 대해 알아보기	
전개 (30분)	세례를 성사로 만드심	성경(마르 1,9-11)을 통해 예수님의 세례로 사람의 일이 하느님의 일이 됨을 알기	
	세례성사의 효과	세례성사의 보이는 '표지'와 보이지 않는 '하느님의 은총'에 대해 알기	
	세례성사의 예식	세례성사의 예식과 그 의미에 대해 알아보기	미사보, 초
	견진성사의 의미와 효과	성숙한 신앙인으로 성장하게 하는 견진성사에 대해 알기	
	우리의 결심 및 다짐	세례성사를 받을 것에 대해 감사와 예수 그리스도의 지체로서 살아가기	
깊이 들어가기 (15분)	교리 골든벨 or 세례성사의 은총 새김	1. 교리 골든벨 퀴즈 대회 2. 세례성사의 은총 되새기기	조별 화이트보드, 마카펜 또는 A4용지, 작은 선물
마무리 (10분)	마음기도	기도	
과제제시	배운 내용 정리	요약하기	

이런 것을 뜻합니다

 삼위일체 교리   공동체

 기도   생각나눔 숙고하고 나누기

 중요   🍃 사회교리

밑줄 수업목표에 해당함

▶ 출석 확인

열 기

1 시작기도 : 가톨릭 성가 25장

2 지난 시간 복습

◇ 보이지 않는 하느님의 은총을 볼 수 있게 해 주는 표지가 무엇입니까?

◇ 우리 영혼에 새겨지는 하느님 자녀라는 영적 표지를 무엇이라 합니까?

◇ 인호가 새겨지는 성사는 무엇입니까?

◇ 은총의 사효성과 인효성을 설명해 보세요.

3 물의 상징 : 열 고개 퀴즈

· 여러분 열 고개 퀴즈 아시죠? 오늘은 열 고개 퀴즈로 시작해 보겠습니다.

— 퀴즈 문제 —

❶ 이것은 어느 나라에는 흔하고 어느 나라에는 흔하지 않습니다.

❷ 이것을 좋아하는 사람도 있고 싫어하거나 무서워하는 사람도 있습니다.

❸ 이것은 부드럽기도 하고 돌을 뚫을 정도로 강하기도 합니다.

❹ 이것 때문에 전쟁이 나기도 합니다.

❺ 이것은 아주 뜨겁기도 하고 아주 차기도 합니다.

❻ 이것 없이는 하루도 살아갈 수 없습니다.

❼ 이것은 담는 용기에 따라 모양이 변합니다.

❽ 내 몸 안에도 이것이 있습니다.

❾ 이것은 산소와 수소로 되어 있습니다.

❿ 이것은 한 글자입니다.

· 이것은 무엇일까요? (답: 물, H_2O)

· 생각나눔 오늘은 물과 관련이 있는 '세례성사'에 대해 공부해 보겠습니다.

· 교재 83쪽에 물에 대한 그림들이 나와 있습니다. 물은 크게 두 가지 역할을 합니다. 위의 그림들은 물이 **정화하는** 역할을 하고 있음을 보여 줍니다. 노아의 홍수가 세상의 더러움을 씻어 주고, 세면대나 싱크대의 물이 몸이나 물건의 더러움을 씻어 줍니다.

· 생각나눔 아래 그림은 무엇입니까? 여기서는 물이 어떤 역할을 하고 있습니까? **'생명을 줌'**

펼치기

1 사람의 일을 하느님의 일로 만드신 예수님 (마르 1,9-11)

· 여러분 교재의 그림이 낯익지요? 언제 배웠던 내용인지 혹시 기억하십니까?(대답을 들음) 네. 맞습니다. 예수님께서 공생활 시작 직전에 있었던 일이지요.

· 다시 한 번 예수님의 세례 장면을 복음서를 통해 듣도록 하겠습니다. 마르코 복음 1장 9절에서 11절까지를 가장 먼저 찾으신 분이 큰 소리로 읽어 주시겠습니까?

⁹그 무렵에 예수님께서 갈릴래아 나자렛에서 오시어, 요르단에서 요한에게 세례를 받으셨다. ¹⁰그리고 물에서 올라오신 예수님께서는 곧 하늘이 갈라지며 성령께서 비둘기처럼 당신께 내려오시는 것을 보셨다. ¹¹이어 하늘에서 소리가 들려왔다. "너는 내가 사랑하는 아들, 내 마음에 드는 아들이다."

· ★ 예수님께서는 하느님의 일을 하시기 위해 집을 떠나 제일 먼저 요르단 강으로 가서 세례를 받으셨습니다. 이는 하느님의 의로움을 이루기 위한 행위였고, 예수님의 가난, 즉 '비우심'을 나타내는 것이었습니다. 그러므로 **우리도 세례를 통해 하느님**

의 의로움을 찾고, 의로움을 이루는 하느님의 자녀가 됩니다.

- 생각나눔 예수님은 누구에게 세례를 받으셨습니까? (세례자 요한)

- ★ 예수님께서 세례를 받으신 또 하나의 이유는 **사람의 일**(세례자 요한의 세례)을 **하느님의 일**(성사)로 만드시기 위함이었습니다.

- 예수님께서 세례를 받으실 때 어떤 일이 일어났는지 기억나는 대로 말씀해 주시겠습니까? (예수님께서 물에서 올라오실 때 하늘이 갈라지며 성령이 내려오시고, 하늘에서 "너는 내가 사랑하는 아들, 내 마음에 드는 아들이다"라는 소리가 들림)

- 예수님께서 세례를 받으실 때 삼위일체 하느님께서 함께하셨듯이, 우리의 세례 때도 삼위일체 하느님의 사랑이 함께하십니다. 우리들은 이것을 느끼거나 알아채지 못하지만, 세례 때 성령께서 우리와 함께해 주시며 성부 하느님께서 우리를 하느님의 사랑스러운 자녀로 맞이해 주십니다. 예수님 세례 장면과 동일한 일이 우리의 세례 때도 은총으로 주어져, 성령을 선물로 받게 됩니다.

2 세례성사의 효과

- 지난 시간 일곱 성사가 무엇인지 배웠고, 또 각 성사의 보이는 '표지'와 보이지 않은 '은총'에 대해 배웠습니다. 세례성사의 '표지'와 '은총'이 무엇이었습니까? (물로 씻음/ 모든 죄가 씻어지고 하느님의 자녀로 새로 태어나게 함)

- 교재 84쪽을 보십시오. 그림에 세례 받는 방법이 두 가지로 제시되고 있습니다. **이마에 물을 부어 주는** 방법과 **몸이 물에 들어가는** 방법입니다. 지금 대부분 교회에서는 이마를 물로 씻지만, 어떤 교회에서는 예수님께서 세례를 받으실 때 요르단 강에 들어가신 것처럼 물에 들어가서 세례를 받기도 합니다.

- 세례성사의 은총을 물의 두 가지 역할(씻어 버림, 생명 줌)과 연결해서 생각해 봅시다.

- **씻어 버림** : 물이 더러움을 씻어 버리고 깨끗하게 해 주는 것처럼, 세례로써 우리의 모든 죄가 씻어지고 깨끗하게 됩니다. 사람은 누구나 **원죄**를 가지고 태어납니다. 세례성사로 **원죄가 씻어지고**, 또 우리가 살아가면서 **자신의 의지로 지은 죄, 즉 본죄가 깨끗이 씻어집니다.**

- **생명을 부어 줌** : 물은 생명의 필수 요소입니다. 인간 몸의 70%가 물입니다. 또한 갓난아이들은 90%가 물이라고 합니다. 사람은 체내의 물이 2%만 부족해도 갈증을 느낀다고 합니다. 물

의 이 역할처럼 세례를 받음으로써 우리가 새로운 생명을 얻어 하느님의 자녀로 다시 태어납니다. 예수님께서도 "누구든지 물과 성령으로 태어나지 않으면, 하느님 나라에 들어갈 수 없다."(요한 3,5)고 말씀하셨습니다.

- ★ 그러므로 **세례성사**로 모든 죄(원죄, 본죄)가 다 씻어지고 <u>**하느님의 자녀**로 새로 태어납니다.</u>

- ★ 또 세례성사를 받음으로써 **교회의 가족이 되며**(그리스도의 지체), **다른 성사를 받을 수 있는 자격**을 갖추게 됩니다.

- ★ 그리고 지난 시간에 배웠듯이 세례성사를 받음으로써 **인호가 새겨져** 우리는 영원한 하느님의 자녀가 됩니다. 이로써 **하느님 나라의 상속자**가 됩니다.

- 세례식 그림 아래에 방금 말한 세례성사의 은총이 네 가지로 잘 나와 있습니다.

세례성사의 은총	
1	모든 죄(원죄, 본죄)가 다 **씻어짐**
2	하느님의 자녀로 **새로 태어남**
3	**교회의 일원이** 되어 나머지 성사도 받을 수 있음 (그리스도의 지체가 됨)
4	**인호**가 새겨져 영원한 **하느님의 자녀**가 되어 하느님 나라의 상속자가 됨

3 세례명의 의미

- 성경에서 이름이 바뀌는 것은 그 사람의 삶의 방식이 달라짐을 의미합니다. 성경에서 이름이 바뀐 인물들을 혹시 기억하십니까? (대답을 들음/ 아브람→아브라함, 시몬→베드로, 사울→바오로) 이런 의미로 하느님의 자녀로 새로 태어날 때 새로운 이름을 받습니다. 우리는 이를 **세례명**이라 합니다. 하느님 자녀로서의 이름이지요.

- '세례명'이란 세례 때 받는 이름으로, 천사나 성인성녀 이름이나 어떤 의미를 따서 짓습니다. 우리가 그분을 공경하고 본받으려 하기에 그분의 이름으로 '**세례명**'을 받습니다. 그분을 '**주보성인**'(수호성인)으로 모심으로써 특별한 친교를 이룰 수 있기 때문입니다. 또 그분의 축일을 자신의 주보축일로 지내며 기념합니다.

4 세례성사의 예식

- 교재 85쪽의 그림을 보면 세례성사 예식이 나와 있습니다. 중요한 내용만 살펴보도록 하겠습니다.

1) 먼저 신부님께서는 우리가 세례성사를 받을 마음의 자세가 되어 있는지 물어보십니다. 또한 마귀와 죄를 끊어 버리는지, 하느님을 믿는지 신앙 고백의 내용을 질문합니다. 세례 받는 사람은 그 질문에 대답합니다. 한 번 해 보실까요?
*예비신자용 교재에 나와 있음

2) 그 다음으로 물로 씻어 주는 예식이 있습니다. 이때 사용하는 물은 자연수(천연수, 깨끗한 물)입니다. 집전하는 사제는 이마에 물을 부으며 "나는 성부와 성자와 성령의 이름으로 (세례명)에게 세례를 줍니다."라고 말합니다.
세례식 : 이마에 물을 부어 줌. 가장 중요한 예식으로 이때 모든 죄가 사해지고 하느님의 자녀로 새롭게 태어납니다.

3) 신부님이 이어 이마에 축성 성유를 도유하십니다.
세례 후 기름 바름 : 새 영세자에게 성령을 준다는 것을 의미합니다.

4) 흰옷을 입는 예식으로, 사제께서 미사보를 머리에 씌워 주십니다.
☞ 미사보를 보여 줌
흰옷 입힘(미사보를 씌워 줌) : 흰옷은 세례자가 "그리스도를 입었다"는 것과 그리스도와 함께 부활하였음을 상징합니다. 이로써 "그리스도가 내 안에 사는 것입니다."라고 고백한 사도 바오로의 말씀이 실현됩니다.

5) 마지막으로 촛불 예식이 있습니다. ☞ 초를 보여 줌 신부님께서는 미리 켜진 부활초에서 불을 댕겨 대부모에게 주면, 대부모가 다시 세례자에게 초를 전해 줍니다. 대부모는 신앙생활의 선배로서 그리스도인으로 성장해 가는 데 도움을 줄 후견인들을 말하며, 견진성사를 받은 사람만이 자격을 갖습니다.
촛불 켜줌 : 촛불은 빛의 자녀로서 '세상의 빛'으로 살아갈 것을 나타냅니다.

- ★ 지금까지 세례성사의 예식에 대해 알아보았습니다. 세례성사의 제일 중요한 부분은 **물로 씻는** 예식입니다.

- 우리는 세례성사로 세 가지 직무를 은사로 받습니다. 사제직, 왕직, 예언직입니다. 사제직은 일반 사제직과 직무 사제직으로 나뉘는데 우리는 일반 사제직, 즉 미사에 능동적으로 참여하는 직무를 받습니다. 또한 왕직은 봉사하러 이 세상에 오신 예수 그리스도를 본받아 봉사의 삶을 사는 직무이고, 예언직은 말씀의 진리를 선포하는 직무입니다.

5 굳건한 신앙인으로 성장하는 견진(堅振)성사

- 사람은 태어날 때 온전한 사람으로 태어나지만 성숙을 전제로 하기에 성장의 과제를 지닙니다. 세례성사로 신앙생활이 시작되지만 성숙한 신앙인으로 성장해야 하는 이유도 사람의 성장 과정과 동일합니다. 신앙을 더 깊어지게 하고 굳건해지도록 도와주는 성사가 바로 견진성사입니다.

- ★ 세례성사의 핵심이 물로 씻는 예절이었다면, **견진성사의 핵심**은 **주교의 안수와 크리스마 성유 도유**입니다. 이로써 **성령의 은혜로 세례의 은총을 굳건히 하고, 완성**시켜 줍니다. 그래서 말과 행동으로 그리스도를 고백하고, 십자가를 자랑스럽게 여기게 되어 그리스도의 참증인으로 성장하게 합니다. 그러므로 견진성사를 받지 않으면 그리스도교 입문에 있어 미완성의 상태에 머물기 때문에 반드시 견진성사를 받아야 합니다.

- 견진성사의 대상은 만 12세 이상으로 자신의 행동에 책임질 수 있어야 하며, 교리교육을 충실히 받았어야 하고, 고해성사를 받아야 합니다. 견진성사를 받아야 대부모가 될 수 있습니다.

6 🐾 우리의 결심 및 다짐

- 사실 내가 하느님을 선택하여 이 자리에 와 있는 것처럼 생각되지만, 하느님께서 먼저 나를 당신의 자녀로 선택해 주셨습니다. 세례성사로 이제 나의 모든 죄를 다 씻어 주실 것이고, 하느님의 자녀가 되는 자격을 주셔서 영원히 하느님과 살아가도록 해 주실 것입니다. 이제 나 자신만을 위해 살아가는 것이 아니라 예수 그리스도의 지체로서 한몫을 해야 할 것입니다.

- ★ 세례를 준비하는 우리는 예수님의 지체로서 어떻게 살아야 할지 **결심**이 필요합니다. 이를 잘 실천하여 하느님의 자녀로 새로이 태어날 준비를 잘하시기 바랍니다.

깊이 들어가기

| 활동 1 | 교리 골든벨 |

그동안 배운 내용을 퀴즈 형식으로 정리해 본다.
— 조별 활동 또는 개인 활동

[의미] 퀴즈 게임을 통해 즐겁게 교리 내용을 익힌다.

진행

도움말

골든벨 형식으로 할 수도 있고, 두세 명씩 짝으로 하여, 문제에 대한 답을 A4용지에 적게 할 수도 있다. 작은 선물을 줄 수 있다.

문제

1) 하느님의 자녀로 새로 태어나는 성사는? (세례성사)
2) 예수님께서 주신 새 계명은? (사랑하여라)
3) 세례를 받을 때 하늘나라 성인이나 천사의 이름으로 새 이름을 받는 것은? (세례명)
4) 세례 예식 중 가장 중요한 예식으로 모든 죄가 사해지고 하느님 자녀로 새롭게 태어나는 의미를 가진다. (세례식 / 물로 씻는 예식)
5) 하느님의 은총을 눈으로 볼 수 있게 해 주는 표지는? (성사)
6) 신앙을 더 깊어지게 하고 굳건하게 하는 성사로 교회의 '성인식'이라 일컬어지는 성사는? (견진성사)
7) 세례성사를 통해 부여받는 세 가지 직무는? (사제직, 예언직, 왕직)
8) 인호를 받는 세 가지 성사는? (세례, 견진, 성품)
9) '공로가 서로 통함'이라는 뜻으로, 천국, 연옥, 지상 교회의 친교를 뜻하는 말은? (통공)
10) 신자들의 공동체, 하느님 백성의 모임을 일컫는 말은? (교회)
11) 하느님께서는 우리를 위해 OO으로 모든 것을 내어 주시는 좋은 분이시다. OO에 들어갈 말은? (사랑)
12) 이것은 하느님과의 대화로, 듣는 자세가 중요하다. (기도)
13) 성경은 구약 몇 권, 신약 몇 권인가? (구약 46권 / 신약 27권)
14) 이스라엘 백성을 이집트에서 탈출시킨 지도자의 이름은? (모세)
15) 예수님께서는 몇 일 만에 부활하셨나? (사흘)
16) '성부, 성자, 성령 삼위께서 한 하느님이시다'라는 말은? (삼위일체)
17) 가톨릭의 거룩한 제사로 잔치의 형식이며, '파견하다'라는 뜻을 가진 말은? (미사)
18) 아담과 하와가 교만으로 하느님의 뜻을 어기고 지은 죄를 무엇이라 하는가? (원죄)
19) '그리스도의 미사'라는 뜻으로 성탄절에 "메리 OOOOO"라고 인사한다. (크리스마스)
20) 죽었다가 영원한 생명으로 다시 살아났음을 의미하며, 예수님께서 OO하신 첫 사람이시다. (부활)

활동 2 세례성사의 은총 다시 새기기

세례의 은총을 다시 되짚어 본다.
—조별 활동

[의미] 세례 성사의 은총을 토의를 통해 더 깊이 한다.

진행

1) 오늘 배운 세례성사의 은총 4가지를 다시 기억해 본다.
2) 세례성사로 받을 수 있는 은총 중 내 마음을 가장 행복하게 만드는 것이 무엇이며, 이유는 무엇입니까?
3) 세례성사의 은총을 받기 위한 나의 다짐을 활동 칸에 적어 봅시다.

마음기도

* 예수님 안에 머무르기

- 모두 마음을 모으기 위해 바른 자세를 해 보겠습니다. 몸은 곧게 펴고, 고개는 턱을 앞으로 당겨 약간 숙입니다. 발은 어깨 넓이로 벌리고 앉습니다. 두 손은 주님 앞에 빈손임을 드러내는 표지로 하늘을 향하게 펴서 무릎에 살포시 얹습니다. 이제 눈을 감고 깊게 호흡을 합니다. 들숨을 쉬며 "사랑의 성령님" 날숨을 내쉬며 "저에게 오소서"라고 기도합니다. 이렇게 10번 반복합니다.

- 예수님의 세례 장면을 떠올려 봅시다. 그 장면 속에 나도 함께 있습니다. 예수님 세례 장면을 그림을 그리듯 상세히 그려 봅니다. (3분)

- 이제 나의 세례 장면을 상상으로 그려 봅시다. 그리고 하늘에서 들려오는 하느님의 음성을 들어 봅시다. (3분)

- 하느님의 자녀가 될 수 있도록 나를 이 자리에 불러 주신 하느님의 은혜에 감사드립시다. 그리고 그분의 따뜻한 품에 가만히 머물러 봅시다. (4분)

과제제시

1 복습

- 오늘 우리가 무엇을 배웠는지 '복습'의 칸을 채워 보세요.
  ✎ 오늘 배운 내용 중 가장 기억에 남는 내용을 적어 보세요.
  ✎ 다음을 읽고, 틀린 곳에 밑줄을 그은 뒤 올바른 답을 쓰세요.

2 실천

- 곧 하느님의 자녀가 된다는 것을 감사하며 앞으로 자신의 세례

명이 될 주보성인을 찾아보고 조사해 봅시다.(가톨릭 굿뉴스 참조 http://www.catholic.or.kr)

3 알아봅시다

• 부록의 내용을 살펴보겠습니다. 교재 120쪽에 더 알아야 할 질문과 답이 '궁금합니다'에 수록되어 있습니다. 130쪽에서 신앙의 선구자가 되어 주신 성 요한 세례자, 성 김대건 안드레아, 성 베네딕토를 만날 수 있습니다.

정답: 용어 풀이

본죄 : 우리가 살아가면서 각자 짓는 죄

세례명(본명) : 세례 때 받는 이름. 천사, 성인성녀 이름이나 어떤 의미를 따서 지음

흰옷 : '그리스도를 입음' 그리스도의 부활 상징

주보축일(영명축일) : 세례명의 성인 축일(주로 성인이 돌아가신 날)

교사 자기 점검표 ☑

내 용	확인
• 오늘 수업 준비에 성실하였습니까?	☐
• 예비신자들이 오늘 수업목표에 각각 도달하였습니까?	☐
• 나를 통해 예비신자들이 '세례성사'의 중요성을 느꼈습니까?	☐

교사 마침 기도

좋으신 하느님, 오늘 수업에 대해 감사드리며, 저의 모든 노고를 우리가 '세례성사' 의미를 생활 속에서 살아가기 위하여 바칩니다. 저의 부족한 수업을 당신 친히 채워 주시고 제가 보다 나은 수업을 준비하도록 도와주소서. 우리 주 그리스도를 통하여 비나이다. 아멘.

추천합니다

*** 가톨릭 도서**

「프란치스코 교황이 말하는 신앙생활의 핵심」
　　줄리아노 비지니 엮음, 김정훈 역 │ 바오로딸

「세례성사」
　　안셀름 그륀 지음, 정한교 역 │ 분도출판사

*** 노래**
- 가톨릭 성가 1 　나는 믿나이다
- 가톨릭 성가 4 　찬양하라
- 가톨릭 성가 9 　우리 모두 함께 모여
- 가톨릭 성가 21 　지극히 전능하신 주여

제19과 성체성사와 선교

주제어 : 하나 됨, 변화와 선포

학습목표
1. 성체는 **예수님의 몸**으로 우리를 영적으로 성장시키는 **생명의 빵**임을 알 수 있다.
2. 영성체로 **삼위일체 하느님**과 또 **교회 가족**과 **하나**가 될 수 있다.
3. 영성체를 위해 **올바른 몸과 마음**으로 준비하며, **삶의 변화**를 통해 **주님 나라가 선포**됨을 알 수 있다.

나의 신앙을 돌아보며

◆ 말씀과 함께

"나는 생명의 빵이다." (요한 6,48)

하느님께서 우리를 위해 남겨 주신 가장 큰 선물은 '성체'입니다. 예수님께서 떠나시면서 우리와 함께하시기 위해 당신 자신을 빵으로 내어 주신 이 초자연적인 신비는 우리 이성으로 알아들을 수 없습니다. 성령의 힘으로 그리스도의 말씀을 통해 우리 눈에 보이는 빵과 포도주가 바로 그리스도의 몸으로 '실체 변화'를 일으킵니다. 더 이상 빵은 빵이 아니요, 포도주는 포도주가 아닙니다. 그리스도께서 사람들을 성부께 데려가기 위한 가장 뛰어난 사업이 성체성사의 제정입니다. 성체는 성령의 힘으로 성자 그리스도를 통하여 성부께로 가는 길입니다. 성체는 우리를 그리스도를 통하여 성부께로 돌아가게 하는 성사이고, 구원 사업의 모든 요소를 포함하며 완전히 실현하는 성사입니다. 우리가 '성체'를 모실 때 예수님만을 모시거나 그분만 하나가 되는 것이 아니라, 삼위일체 하느님을 모시고 삼위일체 하느님과 하나가 되는 것입니다. 성체 안에서 삼위일체 하느님 공동체 사랑을 느껴야 합니다. 그 사랑은 교회 공동체로 우리를 데려다 줄 것이며, 삼위일체 하느님 안에 하나 되듯이 교회 공동체 안에 하나가 되게 할 것입니다. 그래서 '성체성사'는 '일치의 성사'입니다.

"누구든지 이 빵을 먹으면 영원히 살 것이다." (요한 6,51)

여러분의 식사 중 가장 비싼 가격을 치른 것은 얼마짜리였습니까? 여기 한 끼 식사를 위해 1억 원의 복권 당첨금을 모두 써 버린 여인이 있습니다. '바베트의 만찬'이라는 영화의 주인공 바베트는 한 끼의 만찬을 위해 거리낌 없이 자신의 전 재산을 바치며 온 몸과 마음으로 값비싼 요리들을 준비합니다. 그 음식은 육신을 배부르게 할 뿐만 아니라 영혼을 살리는 음식이었습니다. 그녀가 차린 한 끼의 만찬은 그 만찬에 초대받은 사람들의 얼어붙은 영혼을 녹여내어 서로 화해하도록 해 줍니다. 온갖 정성을 드린 음식이 영혼을 맑게 씻어 내는 영적인 기능을 가졌음을 보여 줍니다. 성체는 음식으로 오시는 하느님 자체로, 성체를 받아 모심으로써 우리 영혼은 양육되고 하느님을 닮아 갑니다. "우리가 받아먹는 것으로 우리가 바뀌어져 간다."라는 말이 있습니다. 우리가 성체를 받아먹고 성체의 삶, 바로 예수님 사랑의 삶을 살아가고자 노력할 때 우리는 변화될 수 있습니다. 나 중심의 삶에서 삼위일체 하느님의 사랑과 생명의 삶으로 바뀌어 나갈 수 있습니다. 그래서 성체는 영원한 생명을 가져다주는 빵입니다. 영원한 생명을 주는 빵이 있는데, 우리는 얼마나 자주 그 빵을 먹으려고 미사 참례를 하고 있습니까? 성체성사는 '성사 중의 성사'이며, 성찬례는 '그리스도교 생활 전체의 원천이며 정점'입니다.

◆ 숙고하기

나는 성체를 받아 모시면서 삼위일체 하느님과 일치하려고 하는가? 또 교회와 일치하려고 하는가?
나는 얼마나 성체를 영하기를 갈구하고 있는가?

◆ 기도하기

삼위일체 하느님, 성체를 통하여 당신의 삶과 생명에 참여하도록 도와주소서. 아멘.

 ## 수업을 이렇게

◆ 수업 줄거리

1. **음식 및 성체의 역할** : 음식을 먹음으로써 우리 몸이 성장해 나가듯이, 음식으로 성체(예수님의 몸)를 받아 모심으로써 우리는 영적으로 자라나며 예수님과 교회와 하나 되고 마침내 영원히 살게 된다.

2. **오천 명을 먹이신 기적** : 성체성사의 예표가 된 '오천 명을 먹이신 기적'에 대한 이야기를 듣는다. 아이가 자기가 가지고 온 보리빵 다섯 개와 물고기 두 마리를 내어놓았듯이, 우리도 우리의 것을 기꺼이 내어놓음으로써 나눔의 정신을 체험한다.

3. **최후의 만찬** : 최후의 만찬 이야기를 통해 예수님께서 성체성사를 직접 제정하셨으며, 예수님의 명을 따라 이 예식을 기념하는 것이 오늘날 '미사'임을 안다. 미사 때 사제가 예수님께서 하신 말씀을 되풀이할 때, 성령의 힘으로 빵과 포도주가 예수님의 몸과 피로 변화된다.

4. **성체성사의 은총 & 영성체를 위한 준비** : 성체를 영함으로써 우리는 삼위일체 하느님과 또 교회 가족과 하나가 된다. 성체를 모시기 위한 올바른 준비로 공복재를 지키며 고해성사를 받아 은총 지위를 회복해야 한다. 성체를 모신 후에는 내 안에 오신 예수님과 하나 되어 사랑의 삶을 살도록 노력해야 한다.

5. **성체성사의 삶과 선교** : 성체를 영함으로써 거룩한 삶으로 초대되었고, 그 변화의 삶을 통해 이 세상에 주님의 나라가 선포됨을 알게 된다. 이로써 우리게 주어진 사명인 '선교'를 실천할 수 있게 된다.

수업 계획표 (총 60분)

단계	내 용	진 행	준비물
열기 (5분)	음식의 역할	음식의 역할 & 음식으로서의 성체의 역할 알기	
펼치기 (30분)	오천 명을 먹이신 기적	'오천 명을 먹이신 기적'(요한 6,1-13)을 듣고 토론하기 & 나눔 정신 체험하기	
	성체성사의 제정: 최후의 만찬	'최후의 만찬'(1코린 11,23-25)을 통해 성체성사가 언제 어떻게 세워졌는지 알기	
	성체성사의 은총: 영성체의 의미	영성체로서 삼위일체 하느님과 또 교회 가족과 하나 됨을 알기	
	영성체를 위한 준비	영성체 전 몸과 마음의 준비	
	성체성사의 삶과 선교	성체성사로 거룩한 주님의 몸을 모신 이들에게 어떤 변화가 요청되는지 알고, 그 변화로 주님의 나라가 선포됨을 알기	
깊이 들어가기 (15분)	가시고기 애니메이션 or 영성체 연습	1. 가시고기 애니메이션을 보고 성체성사와 연결시켜 봄 2. 영성체 연습을 통해 첫영성체를 준비함	노트북, 빔 제병, 포도주 성합, 성작
마무리 (10분)	마음기도	기도	
과제제시	배운 내용 정리	요약하기	

이런 것을 뜻합니다

 삼위일체 교리   공동체

 기도   생각나눔 숙고하고 나누기

 중요   사회교리

밑줄   수업목표에 해당함

▶ **출석 확인**

열 기

1 시작기도 : 가톨릭 성가 174장

2 지난 시간 복습

◇ 세례를 받으면 우리는 ㅇㅇ와 ㅇㅇ를 용서받습니다. ㅇㅇ에 들어갈 말은 무엇입니까?

◇ 세례명은 무엇입니까?

◇ 자신이 받을 세례명에 대해 함께 이야기해 봅시다.

3 음식의 역할

- 생각나눔 여러분이 가장 좋아하는 음식은 무엇입니까? (몇 사람 이야기 들음) 음식은 우리에게 어떤 역할을 해 줍니까? (대답을 들음)

- 생각나눔 인간 육신의 건강을 책임지는 음식을 우리는 매일 섭취합니다. 인간은 육과 영으로 되어 있습니다. 그렇다면 여러분은 영혼을 위해 무엇을 섭취하십니까? (대답을 들음)

- 세례로 하느님의 자녀가 된 그리스도인을 하느님께서는 특별한 음식으로 양육하십니다. 예수 그리스도의 몸인 성체를 받아먹으면서 그리스도인들은 **영적으로 성장합니다**. 음식이 없으면 우리가 삶을 영위할 수 없듯이 성체를 받아먹지 않으면 우리는 영적으로 성장할 수 없습니다. 또 성체는 **우리를 영원히 살게** 해 주는 '생명의 빵'입니다.

- ★ 성체(예수님의 몸)를 영하면 예수님께서 우리 안에 오시어 우리가 **예수님과 하나 됩니다.** 또 성체를 영하는 **우리 교회 가족과 하나 됩니다.** 그래서 음식을 함께 나누어 먹는 이들을 '식구'라고 하지요. 우리도 예수님의 몸을 모심으로써 교회의 식구가 됩니다.

- 삼위일체 사랑의 공동체 하느님께서 성체성사에도 함께하시어 영성체를 통해 우리가 삼위일체 하느님과 하나 됩니다. 성체는 성령 안에서 예수님의 몸을 통해 성부 하느님께 우리를 인도해 줍니다.

펼치기

1 오천 명을 먹이신 기적 (요한 6,1-13)

- 생각나눔 교재 87쪽 그림을 함께 보겠습니다. 그림의 내용을 보이는 대로 말씀해 보시겠어요? (대답 들음)

- 이 내용은 요한 복음 6장 1절에서 13절까지의 내용으로 예수님께서 '빵의 기적'을 행하셔서 오천 명이 넘는 사람들을 먹이시는 이야기를 담고 있습니다. 성경을 찾아 함께 읽도록 하겠습니다.

> **도움말**
>
> '예수님', '필립보', '안드레아' 역할을 할 사람을 정한 다음 함께 읽어 나감. 해설은 나머지 사람들이 하면 좋다.

¹그 뒤에 예수님께서 갈릴래아 호수 곧 티베리아스 호수 건너편으로 가셨는데, ²많은 군중이 그분을 따라갔다. 그분께서 병자들에게 일으키신 표징들을 보았기 때문이다. ³예수님께서는 산에 오르시어 제자들과 함께 그곳에 앉으셨다. ⁴마침 유다인들의 축제인 파스카가 가까운 때였다. ⁵예수님께서는 눈을 드시어 많은 군중이 당신께 오는 것을 보시고 필립보에게,

예수님 : "저 사람들이 먹을 빵을 우리가 어디에서 살 수 있겠느냐?"

하고 물으셨다. ⁶이는 필립보를 시험해 보려고 하신 말씀이다. 그분께서는 당신이 하시려는 일을 이미 잘 알고 계셨다. ⁷필립보가 예수님께 대답하였다.

필립보 : "저마다 조금씩이라도 받아먹게 하자면 이백 데나리온어치 빵으로도 충분하지 않겠습니다."

⁸그때에 제자들 가운데 하나인 시몬 베드로의 동생 안

드레아가 예수님께 말하였다.

안드레아: ⁹"여기 보리 빵 다섯 개와 물고기 두 마리를 가진 아이가 있습니다만, 저렇게 많은 사람에게 이것이 무슨 소용이 있겠습니까?"

¹⁰그러자 예수님께서

예수님: 사람들을 자리 잡게 하여라."

하고 이르셨다. 그곳에는 풀이 많았다. 그리하여 사람들이 자리를 잡았는데, 장정만도 그 수가 오천 명쯤 되었다. ¹¹예수님께서는 빵을 손에 들고 감사를 드리신 다음, 자리를 잡은 이들에게 나누어 주셨다. 물고기도 그렇게 하시어 사람들이 원하는 대로 주셨다. ¹²그들이 배불리 먹은 다음에 예수님께서는 제자들에게,

예수님: "버려지는 것이 없도록 남은 조각을 모아라."

하고 말씀하셨다. ¹³그래서 그들이 모았더니, 사람들이 보리 빵 다섯 개를 먹고 남긴 조각으로 열두 광주리가 가득 찼다.

- **생각나눔** 예수님께서는 보리 빵 다섯 개와 물고기 두 마리로 오천 명을 먹이시는 기적을 행하셨습니다. 예수님께서 왜 이런 기적을 행하셨을까요? (대답을 들음)

- 이 이유가 요한 복음 6장 27절에 나와 있습니다. 찾아서 한 분이 큰 소리로 읽어 주시겠습니까?

- 영원한 생명을 누리는 양식을 찾도록 힘쓰라고 우리게 말씀하십니다. 사실 오천 명의 사람들은 예수님께서 일으키신 기적에 열광했습니다. 예수님께서는 그 이유에 집중하도록 제자들을 초대하십니다. 빵의 기적 이면의 이야기가 이제 최후의 만찬을 통해 우리에게 전해집니다.

- 먹고 남은 음식이 열두 광주리에 가득 찼다고 했습니다. 성경에 나오는 12라는 숫자는 '완전'을 뜻하는 상징입니다.

- **생각나눔** 보리 빵 다섯 개와 물고기 두 마리는 누가 내어놓았습니까? (어떤 아이)

- 🕯 예수님께서는 아무것도 없이 기적을 행하실 수 있었지만 아이가 내어놓은 음식을 가지고 기적을 행하셨습니다. 우리도 그 아이처럼 우리의 것을 나눌 때 주님께서는 우리를 통해 당신의 일을 하실 것입니다.

2 최후의 만찬 (1코린 11,23-25)

- 예수님께서 잡히시기 전날 제자들과 마지막 식사를 하시면서 당신의 몸과 피를 영혼의 음식으로 우리에게 주셨습니다. 이를 최후의 만찬이라고 하지요.

- 코린토 1서 11장 23절부터 25절까지의 말씀을 같이 읽겠습니다.

²³사실 나는 주님에게서 받은 것을 여러분에게도 전해 주었습니다. 곧 주 예수님께서는 잡히시던 날 밤에 빵을 들고 ²⁴감사를 드리신 다음, 그것을 떼어 주시며 말씀하셨습니다.

"이는 너희를 위한 내 몸이다. 너희는 나를 기억하여 이를 행하여라."

²⁵또 만찬을 드신 뒤에 같은 모양으로 잔을 들어 말씀하셨습니다.

"이 잔은 내 피로 맺는 새 계약이다. 너희는 이 잔을 마실 때마다 나를 기억하여 이를 행하여라."

- 예수님께서 하신 이 말씀을 많이 들어 보셨지요? 어디에서 들으셨습니까? (미사)

- 예수님께서 빵과 포도주를 주시며, 예수님의 몸과 피라고 말씀하셨고, **나를 기억하여 이를 행하라**고 하셨습니다. 이 말씀은 당신의 삶과 수난과 부활에 대한 기억을 지속하라는 의미입니다. 제자들은 예수님을 기억하여 이 예식을 하였으며, 오늘날까지 계속 이어 오고 있습니다. 이것이 바로 '미사'입니다.

- 이렇게 예수님께서 제자들과 마지막 식사를 하시면서 빵과 포도주를 당신의 몸과 피로 변화시키는 기적을 행하셨습니다. 교재의 빈칸에 성체성사를 세우신 예수님의 말씀을 적어 보겠습니다. 방금 읽은 성경의 내용을 참조하세요.

- 오늘날 예수님의 최후의 만찬 기적은 미사 안에서 사제들의 손을 통해 기억되고 현재화되어 계속 이어집니다. 예수님께서 제자들에게 그 권한을 주셨기 때문입니다.

- 📖 **거룩한 변화**는 **성령의 힘에 의해 하느님 아버지의 뜻에 일치하여 빵과 포도주가 예수님의 몸과 피로 변화**되는 것입니다.

- (성합에 담은 제병과 성작에 담긴 포도주를 보여 주며) 이것은 미사 때 사용하는 빵과 포도주입니다. 빵은 성합에, 포도주는 성작에 담아 '성령 청원' 기도 때 사제가 예수님께서 하신 이 말씀을 되풀이하면, 성령의 힘으로 빵과 포도주가 '예수님의 몸'인 '성체'와 '예수님의 피'인 '성혈'로 변화됩니다.

- ★ 예수님께서는 자신을 '생명의 빵'(요한 6,48)이라고 말씀하십니다. 성체는 **예수님의 몸**으로 우리를 영적으로 성장시키는 **생명의 빵**입니다.

> **도움말**
> 우리가 일반적으로 '성체'라고 하면 '성혈'까지 포함시켜서 말하는 것임

3 성체성사의 은총

- '성체(성혈을 포함)를 영하는 것' 즉 **예수님의 몸과 피를 받아 모시는 것을 '영성체'**라고 합니다. 우리 안에 예수님을 모시는 영성체를 통해 우리는 예수님과 하나 될 수 있습니다.

- ★ 영성체를 통해 예수님의 몸을 받아 모심으로써 교회 가족과 하나가 됩니다. 그래서 우리는 영성체로 **삼위일체 하느님**과 또 **교회 가족**과 **하나**가 될 수 있습니다.

- 교회 가족과 하나가 된다는 말이 무슨 뜻입니까? (대답을 들음)

- 생각나눔 교회 가족과 하나 된다는 말은 우리가 '사랑으로 일치'하는 것을 말합니다. 거룩한 예수님의 몸을 받아 모신 사람들은 변화로 그리스도를 증거합니다. 서로 관심을 갖고, 이해하고, 돕고 나누며, 용서하는 거룩함의 모범을 보여야 합니다.

4 영성체를 위한 준비

- 생각나눔 우리가 중요한 손님을 맞이하기 위해 어떤 준비를 하지요. 어떤 준비를 하십니까? (대답을 들음) 예수님을 모시기 위해 우리도 몸과 마음의 준비를 합니다.

* 몸의 준비

- ★ 예수님을 우리 몸에 모시기 위해 '공복재/공심재'를 지켜야 합니다. '공복재(空腹齋)/공심재(空腹齋)'란 **영성체 한 시간 전부터 음식을 먹지 않는 것입니다.** 다만 물과 약은 여기에 해당되지 않습니다.

* 마음의 준비

- ★ 예수님을 우리 마음에 모시기 위해 마음을 깨끗해야 합니다. 마음의 더러움은 죄에 의한 것이지요. 소죄는 미사 '시작 예식' 때 자기 죄를 뉘우치는 참회 예절로 용서를 받을 수 있지만, 하느님과 이웃의 마음을 크게 상하게 한 **대죄를 지었다면 고해성사를 받아서** 마음을 깨끗하게 해야 합니다. 대죄를 지었는데 고해성사를 받지 않고 영성체를 하면 **'모령성체'(冒領聖體)**란 죄를 더하게 됩니다. 이 말은 성체를 모독한다는 말입니다.

- 성경에 "올바른 마음가짐 없이 그 빵을 먹거나 주님의 잔을 마시는 사람은 주님의 몸과 피를 모독하는 것입니다."(1코린 11,27) 라고 했습니다.

- 세례의 은총으로 우리는 원죄와 본죄를 용서받는다고 했습니다. 그렇다면 세례 이후부터는 죄를 지었을 때 어떻게 회복할 수 있을까요? 다음 시간에 배우게 될 고해성사가 이를 도울 것입니다. 영성체를 위해 **올바른 몸과 마음으로** 준비해야 함을 잊지 마시기 바랍니다.

> **도움말**
> 예수님께서는 첫영성체 때 드리는 기도를 꼭 들어주신다고 한다. 처음으로 예수님을 받아 모시고 나서 예수님께 어떤 기도를 드릴 것인지 미리 생각해 보라고 일러둔다.

5 성체성사의 삶 — 선교

- 신부님께서 미사 중 사제용 성체를 **쪼갭**니다. 미사의 행위들은 많은 의미를 내포하고 있습니다. 이 행위는 **나눔**을 의미합니다. 빵이 나누어져야 여러 사람이 함께 먹을 수 있는 것처럼 하느님 사랑으로 채워진 성체성사를 받은 이들은 나눔의 삶을 살아야 합니다.

- 배우 OOO 씨의 부인은 천주교 신자가 된 후 삶의 큰 변화를 보였습니다. 그러자 그는 "도대체 성당에서 무슨 일이 일어난 거야?" 하면서 자신도 예비신자로 등록하였다고 말했습니다. 그리스도인은 그리스도로 변화되어야 합니다. 그분의 성체는 우리를 이 긍정적 변화로 인도합니다.

- 이 변화는 우리 자신을 행복하게 할 뿐 아니라 타인에게도 하느님 나라에 대한 기대를 갖게 합니다. **주님의 거룩한 몸을 모시고, 거룩한 변화를 일으킨 삶**은 타인에게 **깊은 감명을 주고 희망을 줍니다.** 이를 우리는 선교라고 합니다. **선교란 복음을 전하는 것을 말하는데 말로만 하는 것이 아니라 사랑을 실천하는 것입니다.**

- 이 선교는 그리스도인의 의무입니다. 예수님께서 승천하시면서 우리에게 내리신 지상 명령이기 때문입니다. 세상 모든 사람을 당신 제자로 삼아 삼위일체의 이름으로 세례를 주라고 하셨습니다.

- 아래의 표에 대륙별 신자 비율과 국가별 가톨릭 신자 수를 참조해 주십시오. 어떤 대륙의 가톨릭 신자 비율이 가장 낮습니까? (아시아)

- 교황 요한 바오로 2세께서는 1999년 '아시아 교회'라는 교황 권고 문헌에서 "제일천년기에는 십자가가 유럽 땅에 심어지고, 제이천년기에는 아메리카와 아프리카에 심어졌던 것처럼, 제삼천년기에는 광대하고 생동적인 아시아에서 신앙의 큰 수확을 얻을 수 있을 것"이라고 강조하셨습니다. 아시아는 아직 선교 지역이고, 성체를 모신 우리 삶의 변화를 통해 주님의 복음이 들불처럼 아시아 대륙에 번질 것입니다. 내 삶의 변화를 통해 주변에 복음을 전하는 것도 필요하고, 선교사로 활동하는 이들을 후원하는 것도 선교를 위한 한 방법이기도 합니다.

깊이 들어가기

활동 1 가시고기 애니메이션 감상

가시고기 이야기를 통해 성체성사 의미 알기

[의미] 가시고기 이야기를 통해 당신 자신을 내어 주시는 예수님의 마음을 헤아려본다.

준비물 노트북, 빔

진행

1) 가시고기를 본 느낌을 서로 나눈다.
2) 성체성사와 어떤 연관이 있는지 이야기를 나눈다.
3) 성체성사는 예수 그리스도의 인간을 향한 고결한 사랑의 희생 제사임을 설명해 준다.
4) 활동 칸에 느낀 점과 나눔의 결과를 적어 본다.

활동 2 영성체 연습

성체 영하는 연습하기

[의미] 실제로 성체를 영하는 연습을 함으로써 첫영성체 때 예수님을 잘 영할 수 있다.

준비물 성합, 제병, 성작, 포도주

진행

1) 교사가 신부님의 역할을 한다.
2) 연습할 때 쓰는 제병과 포도주는 축성되지 않은 것임을 반드시 설명한다.
3) 성체를 영하는 방법에 대해 설명한다.
   ① 봉헌 때처럼 두 줄로 나가 기도손을 하고 신부님 앞에 줄을 선다.
   ② 자기 차례 한두 사람 뒤에서 미리 성체께 대한 깊은 흠숭의 절을 바친다.
   ③ 두 손을 펴서(왼손 뒤에 오른손을 바쳐) 신부님이 주시기 좋도록 높이 올린다.
   ④ 신부님이 "그리스도의 몸" 할 때에 "아멘"이라고 응답한다.
   ⑤ 성체를 받아 옆으로 두세 보 정도 이동한다.
   ⑥ 성체를 오른손으로 집어 입으로 받아 모신다.
   ⑦ 기도손을 하고 자기 자리로 들어간다.
   ⑧ 성체를 혀로 천천히 녹여서 삼키면서, 삼위일체 하느님과 하나 되는 시간을 갖는다.
4) 첫영성체 때는 주로 양형 영성체(성체, 성혈 함께 영함)를 하기에 '양형 영성체' 방법도 가르쳐 준다.
   ① 봉헌 때처럼 두 줄로 나가 기도손을 하고 신부님 앞에 줄을 선다.
   ② 자기 차례 한두 사람 뒤에서 미리 성체께 대한 깊은 흠숭의 절을 바친다.
   ③ 신부님이 "그리스도의 몸과 피"라고 할 때에 "아멘"이라 응답한다.
   ④ 신부님 앞에서 혀를 내민다. 성혈을 찍은 성체를 받았을 때 떨어지지 않을 정도로 혀를 앞으로 쭉 내밀도록 한다.
   ⑤ 기도손을 하고 자기 자리로 들어간다.
   ⑥ 성체와 성혈을 혀로 천천히 녹여서 넘기면서, 삼위일체 하느님과 하나 되는 시간을 갖는다.

마음기도

* 예수님 안에 머무르기

- 모두 마음을 모으기 위해 바른 자세를 해 보겠습니다. 몸은 곧게 펴고, 고개는 턱을 앞으로 당겨 약간 숙입니다. 발은 어깨 넓이로 벌리고 앉습니다. 두 손은 주님 앞에 빈손임을 드러내는 표지로 하늘을 향하게 펴서 무릎에 살포시 얹습니다. 이제 눈을 감고 깊이 호흡을 합니다. 들숨을 쉬며 "사랑의 성령님" 날숨을 내쉬며 "저에게 오소서"라고 기도합니다. 이렇게 10번 반복합니다.

- 이제 눈을 뜨고, 루카 복음 22장 14절에서 20절까지 세 번 반복하여 조용히 읽습니다.

- 성경의 내용을 상상으로 재구성하면서 당신 자신을 내어 주시는 예수님의 마음을 헤아려 보십시오. 그리고 예수님과 나누고 싶은 모든 이야기를 나누십시오. (전체 10분)

과제제시

1 복습

- 오늘 우리가 무엇을 배웠는지 '복습'의 칸을 채워 보세요.
  - 오늘 배운 내용 중 가장 기억에 남는 내용을 적어 보세요.
  - 다음 구절을 성경에서 찾아 적어 보세요.

2 실천

- 세계 어느 곳보다 그리스도인이 적은 아시아 대륙의 복음화를 위해 기도해 봅시다.

3 알아봅시다

- 부록의 내용을 살펴보겠습니다. 교재 121쪽에 더 알아야 할 질문과 답이 '궁금합니다'에 수록되어 있습니다. 130쪽에서 성체성사의 삶을 사신 성 요한 바오로2세, 김수환 스테파노 추기경, 성 이냐시오를 만날 수 있습니다.

교사 자기 점검표 ☑	
내 용	확인
• 오늘 수업 준비에 성실하였습니까?	☐
• 예비신자들이 오늘 수업목표에 각각 도달하였습니까?	☐
• 나를 통해 예비신자들이 '성체성사'의 중요성을 느꼈습니까?	☐

교사 마침 기도

좋으신 하느님, 오늘 수업에 대해 감사드리며, 저의 모든 노고를 모든 사람들이 '성체성사'의 은총을 누리는 데 바칩니다. 저의 부족한 수업을 당신 친히 채워 주시고 제가 보다 나은 수업을 준비하도록 도와주소서. 우리 주 그리스도를 통하여 비나이다. 아멘.

추천합니다

* 가톨릭 도서

「성체성사에서 만나는 예수님 사랑」
스테파노 M. 마넬리 지음, 이상민 역 │ 가톨릭출판사

「성체성사 변화와 일치」
안셀름 그륀 지음, 윤선아 역 │ 분도출판사

「일치의 성사」
발터 카스퍼 지음, 조규만・조규홍 역 │ 분도출판사

「미사와 성체성사」
유영봉 지음 │ 불휘미디어

* 노래
- 가톨릭 성가 165   주의 찬치
- 가톨릭 성가 167   생명이신 천상 양식
- 가톨릭 성가 169   사랑의 성사
- 가톨릭 성가 174   사랑의 신비

제20과 서로 화해시켜 주는 고해성사

주제어 : **용서**

학습목표
1. 하느님께서는 **자비로운 아버지**로서 언제든지 우리를 용서해 주시는 분이심을 알 수 있다.
2. 고해성사를 받기 위한 5단계는 **성찰 — 통회 — 결심 — 고백 — 보속**임을 알 수 있다.
3. 고해성사를 **준비**할 수 있고, **자주** 고해성사를 받을 마음을 가질 수 있다.

나의 신앙을 돌아보며

◆ **말씀과 함께**

"너는 죄를 용서받았다." (루카 7,48)

'용서'라는 히브리 단어는 오직 하느님만을 주어로 할 수 있습니다. 용서한다는 것은 그만큼 어려워 오직 하느님만이 할 수 있는 것이란 의미입니다. 그래서 용서는 사랑의 완성입니다. 사람들은 상대방으로부터 상처를 받았을 때 보복하고 싶어 합니다. 하지만 보복은 보복을 낳는 법, 용서만이 우리를 하느님을 닮은 피조물, 즉 '사람'이게 합니다. '아미쉬 공동체'가 생각납니다. 아미쉬 공동체는 개신교의 한 분파로, 문명과 떨어져 자급자족하며 살아가는 신앙 공동체입니다. 2006년 미국 펜실베이니아주의 어느 아미쉬 학교에서 총격 사건이 벌어져 5명이 죽고 나머지 5명은 치명적인 중상을 입었습니다. 이 끔찍한 사건 앞에서 보인 이 공동체의 반응은 놀라운 것이었습니다. 범인에 대한 분노와 복수가 아닌, 그를 용서했고, 그의 가족을 위로하였습니다. 이 공동체야말로 바로 하느님이 살아 계심을, 하느님이 자비와 용서의 하느님임을 증거하고 있습니다. 이들은 자신들도 부족한 사람으로 하느님의 용서를 받았고, 용서를 받은 사람으로 용서를 해 주며 살아야 한다는 것을 알고 있습니다. 이것이 '고해성사'의 본질입니다.

우리는 용서 받은 사람들
용혜원

이 세상에서 용서받지 못할 잘못이 뭐가 있겠습니까?
우리는 모두 다 용서를 받은 사람들입니다.
남에게 용서받을 때 남을 용서할 때
우리의 마음은 순수해집니다.
우리의 마음은 한결 따뜻해집니다.
묶어 두었던 매듭을 모두 풀어 버립시다.
닫아 두었던 문을 활짝 열어 버립시다.
그럴 때 우리의 삶에 의문 부호가 사라지고
수많은 느낌표가 찾아옵니다.
용서받고 나면 용서하고 나면
눈과 같이 깨끗한 사랑을 나눌 수 있습니다.
우리의 삶은 한결 가볍고 새로워집니다.
삶에 의미가 생기고 행복해집니다.

◆ **숙고하기**

사랑과 자비와 용서의 하느님을 믿고 있는가? 나는 자주 '고해성사'를 받고 있는가?
나는 '용서받은 자'로서 얼마나 '용서의 삶'을 살아가고 있는가?

◆ **기도하기**

하느님, 제가 용서받은 자로서 용서의 삶을 살아가도록 도우소서. 우리 주 예수 그리스도를 통하여 비나이다. 아멘.

 ## 수업을 이렇게

◆ **수업 줄거리**

1. **용서 & 자비로운 아버지** : 우리는 모두 약한 인간으로 자신의 잘못에 대해 용서받아야 하고 또 자신에게 잘못한 사람에 대해서도 용서를 해 주어야 한다. 하느님께서는 우리가 죄를 짓더라도 뉘우치고 당신께 돌아오면 언제나 모든 죄를 용서해 주시는 자비로운 분이시다.

2. **고해성사란** : 고해성사는 하느님께 우리의 죄를 말씀드리고 죄의 용서를 받는 성사이다. 고해성사는 하느님과 이웃과 끊어진 관계를 이어 주고 연결시켜 주는 화해의 성사이다. 고해성사의 5단계는 죄를 알아내는 **성찰**(돌아봄), 죄를 뉘우치는 **통회**(뉘우침), 다시는 죄를 짓지 않겠다는 **결심**(다짐), 자신의 죄를 말씀드리는 **고백**(말씀 드림), 지은 죄에 대해 기워 갚는 **보속**(벌을 대신함)이다.

3. **성찰하기** : 마음의 거울을 들여다보는 성찰이 중요하며, '사랑의 계명'을 통해 하느님과 이웃을 얼마나 사랑하고 있는지 돌아보아야 한다. 하느님께 받은 것에 대해 얼마나 감사하고 있는지, 하느님의 마음을 기쁘게 해 드리고 있는지, 이웃과 공동체를 얼마나 생각하며 살아가고 있는지 자신을 살펴본다.

4. **고해성사 준비** : 세례 후 받게 될 고해성사를 준비한다. 대죄를 지었을 때만 아니라 하느님께 더 가까이 가기 위해 자주 고해성사를 보아야 하며, 일 년에 적어도 2번은 꼭 고해성사(판공성사)를 받아야 한다.

수업 계획표 (총 60분)

단계	내 용	진 행	준비물
도입 (5분)	용서받고 용서하는 사람들	우리 모두가 용서받아야 하고 용서해 주어야 함을 알기	
펼치기 (30분)	자비로운 아버지	'자비로운 아버지'(루카 15,11-24)의 이야기 듣고 토론하기	
	고해성사 & 고해성사 5단계	작업(화해의 끈)을 통해 고해성사의 의미와 고해성사의 5단계 알아보기	끈(2m 정도), 가위
	사제를 통한 용서와 고해의 비밀	사제를 통한 용서의 의미와 예화를 통해 고해성사의 비밀이 지켜짐을 알기	
	고해성사 준비 및 결심	고해성사의 준비를 갖추고, 마음의 결심 다지기	
깊이 들어가기 (15분)	고해성사 연습 or 간음한 여인에 대한 토의	1. 고해성사 연습 2. 간음한 여인 토의	가톨릭 기도서 교사용 첨부7
마무리 (10분)	마음기도	기도	
과제제시	배운 내용 정리	요약하기	

이런 것을 뜻합니다

 삼위일체 교리   공동체

 기도 생각나눔 숙고하고 나누기

 중요   사회교리

밑줄 수업목표에 해당함

▶ **출석 확인**

열 기

1 **시작기도** : 가톨릭 성가 518장

2 **지난 시간 복습**

◇ 성체가 무엇입니까?

◇ 영성체란 무엇입니까?

◇ 공복재(공심재)란 무엇입니까?

◇ 성체성사의 삶이란 무엇이며, 그 결과로 우리는 무엇을 할 수 있습니까?

3 **용서받고 용서하는 사람들**

- 생각나눔 내가 만일 무슨 잘못을 했는데 상대방이 절대로 용서해 주지 않는다면 어떤 마음이 들겠습니까? (대답을 들음)

- 생각나눔 용서받은 기억을 교재에 적어 보겠습니다. (시간을 줌) 어떤 느낌이 듭니까?(대답을 들음)

- 어떤 형제들이 시기심에서 이복동생을 지나가는 상인에게 팔아넘기고, 그의 옷에 짐승의 피를 묻혀 그가 맹수에게 잡아 먹혔다고 아버지께 거짓말을 합니다. 그러나 먼 훗날 그 동생이 이웃 나라의 재상이 되어 형들 앞에 섰습니다. 이 동생은 형들을 어떻게 하였을까요? (대답을 들음)

- 창세기에 보면 이스라엘의 열두 아들 중 요셉이라는 사람이 나옵니다. 위의 질문은 바로 이 요셉의 이야기였습니다. 하느님의 보살핌을 받는 요셉은 파라오의 눈에 들어 이집트의 재상이 되었습니다. 하느님께로부터 받은 지혜로 파라오의 꿈을 해석하여 극심한 가뭄으로 고통받던 시절에 주변 국을 모두 아우르는 벼슬을 하게 된 것입니다. 형들은 가뭄으로 곡식이 없자 이집트로 곡식을 사러 갔다가 요셉을 만납니다. 요셉은 첫눈에 그들을 알아보지만 너무도 변한 요셉을 형들은 알아보지 못하지요.

- 요셉 덕분에 이스라엘의 아들들은 모두 이집트의 비옥한 지역에 자리 잡고 살게 됩니다. 이스라엘이 죽었을 때 형들은 요셉이 복수할 것을 두려워합니다. 하지만 요셉은 형들의 잘못에 대해 보복한 것이 아니라, 하느님께 대한 신앙으로 진심으로 용서를 해 줍니다. 이 모든 일은 오늘을 위해 하느님께서 미리 마련하신 일이라며 하느님 섭리를 받아들이지요.

- 우리들 중에 잘못을 저지르지 않는 사람은 없습니다. 우리는 잘못을 했을 때 용서를 받아야 하고 또 우리에게 잘못한 사람을 용서해 주어야 합니다.

- 우리가 서로를 용서해 줄 수 있지만, 우리의 죄를 진정 없애 주실 수 있는 분은 하느님뿐이십니다. 우리가 세례성사를 받음으로써 우리의 모든 죄가 없어졌지만 그 이후로 저지르는 죄에 대해서는 '고해성사'를 통해 하느님께 죄를 용서받고, 죄로 인해 닫힌 관계를 회복할 수 있습니다.

펼치기

1 **자비로운 아버지** (루카 15,11-24)

- 성경 말씀으로 오늘의 이야기를 풀어 볼까요? 루카 복음 15장 11절에서 24절까지의 말씀을 읽겠습니다.

> **도움말**
>
> '작은아들'과 '아버지'의 역할을 할 사람을 정한 다음 함께 읽어 나감

¹¹예수님께서 또 말씀하셨다. "어떤 사람에게 아들이 둘 있었다. ¹²그런데 작은아들이,
작은아들: '아버지, 재산 가운데에서 저에게 돌아올 몫을 주십시오.'
하고 아버지에게 말하였다. 그래서 아버지는 아들들에게 가산을 나누어 주었다. ¹³며칠 뒤에 작은아들은 자기

것을 모두 챙겨서 먼 고장으로 떠났다. 그러고는 그곳에서 방종한 생활을 하며 자기 재산을 허비하였다. ¹⁴모든 것을 탕진하였을 즈음 그 고장에 심한 기근이 들어, 그가 곤궁에 허덕이기 시작하였다. ¹⁵그래서 그 고장 주민을 찾아가서 매달렸다. 그 주민은 그를 자기 소유의 들로 보내어 돼지를 치게 하였다. ¹⁶그는 돼지들이 먹는 열매 꼬투리로라도 배를 채우기를 간절히 바랐지만, 아무도 주지 않았다. ¹⁷그제야 제정신이 든 그는 이렇게 말하였다.

작은아들: '내 아버지의 그 많은 품팔이꾼들은 먹을 것이 남아도는데, 나는 여기에서 굶어 죽는구나. ¹⁸일어나 아버지께 가서 이렇게 말씀드려야지. '아버지, 제가 하늘과 아버지께 죄를 지었습니다. ¹⁹저는 아버지의 아들이라고 불릴 자격이 없습니다. 저를 아버지의 품팔이꾼 가운데 하나로 삼아 주십시오.''

²⁰그리하여 그는 일어나 아버지에게로 갔다. 그가 아직도 멀리 떨어져 있을 때에 아버지가 그를 보고 가엾은 마음이 들었다. 그리고 달려가 아들의 목을 껴안고 입을 맞추었다. ²¹아들이 아버지에게 말하였다.

작은아들: '아버지, 제가 하늘과 아버지께 죄를 지었습니다. 저는 아버지의 아들이라고 불릴 자격이 없습니다.'

²²그러나 아버지는 종들에게 일렀다.

아버지: '어서 가장 좋은 옷을 가져다 입히고 손에 반지를 끼우고 발에 신발을 신겨 주어라. ²³그리고 살진 송아지를 끌어다가 잡아라. 먹고 즐기자. ²⁴나의 이 아들은 죽었다가 다시 살아났고 내가 잃었다가 도로 찾았다.'

그리하여 그들은 즐거운 잔치를 벌이기 시작하였다.

- **생각나눔** 요즘 이런 자녀들이 많지요? 작은아들은 어떤 사람이었습니까? (대답 들음)

- 작은아들은 아버지께 유산을 달라고 하여 자신의 몫을 챙겨 집을 떠나 방탕한 생활을 하며 재산을 탕진합니다. 나중에 굶어 죽게 되었을 때 제정신이 들어 아버지께 돌아와 용서를 빌지요.

- 아들을 기다리던 아버지는 한걸음에 달려가 아들을 맞아 주었고, 좋은 옷을 입혀 주며 잔치까지 해 줍니다. 방탕한 생활로 재산을 탕진한 아들을 조건 없이 용서해 줍니다.

- **생각나눔** 이 이야기에 나오는 아버지는 누구를 염두에 두고 예수님께서 말씀하시는 것일까요? (대답 들음)

- ★ 여기 나오는 아버지는 하느님 아버지를 상징하고 있습니다. 이야기의 아버지가 아들을 용서해 주며 좋은 옷을 입혀 주고 잔치까지 벌여 주는 한없이 사랑이 많은 것처럼 성부 하느님은 **자비로운 아버지**로 언제든지 우리를 **용서**해 주는 분이시라는 것을 이야기해 줍니다.

2 죄와 고해성사

- **생각나눔** 작은아들이 아버지께 죄를 지었다고 했는데, '죄'가 무엇입니까? (대답을 들음)

- ★ '죄'란 **나와 하느님, 그리고 이웃과 멀어지게 하는 것**을 말합니다. 작은아들이 아버지께 재산을 받아 집을 떠나 재산을 탕진하며 아버지와 멀어지게 된 것에 비유할 수 있습니다.

- **생각나눔** 그럼 어떻게 우리는 하느님과 이웃과 가까워질 수 있을까요? (대답을 들음)

* 화해의 끈

- (끈을 보여 주며) 두 명이 나와 끈의 양 끝을 잡아 주시겠습니까?
  (두 명이 나와 끈의 양 끝을 잡음)

- 내가 죄를 지었다면 어떻게 될까요? 하느님과 나의 관계가 끊어집니다.
  (가위로 끈을 자름)

- 이렇게 끊어진 하느님과 나와의 관계를 어떻게 하면 회복할 수 있을까요? (대답함) 고해성사를 통해 나는 하느님과 다시 가까워질 수 있다고 말씀드렸습니다.
  (끊어진 끈을 묶음)

- 이제 하느님과 나와의 관계가 이어졌습니까? (대답함) 하느님과 나와의 관계가 이어졌을 뿐 아니라 끈이 짧아져서 하느님과 나와의 거리가 더 가까워졌습니다.

- 또 내가 죄를 짓는다면 어떻게 될까요?
  (가위로 끈을 또 자름)

- 하느님과의 끊어진 관계를 회복하기 위해 고해성사를 받아야지요?
  (끊어진 끈을 다시 묶음)

- 고해성사를 받으면 다시 하느님과의 관계가 이어지며, 끈이 더 짧아져서 하느님께 더 가까이 가게 됩니다. 이처럼 죄의 고백과 용서로 우리는 **하느님께 더 가까이 다가가게 되는데** 바로 고해성사를 통해 받게 되는 하느님의 무한한 **은총의 작용** 때문입니

다.

- 👥★ 이와 같이 고해성사는 **죄의 용서를 받음으로써 하느님과 화해하게 하고 하느님께 더 가까이 가도록** 도와줍니다. 또한 우리의 이웃과 화해하게 하고, 이웃에게 더 가까이 가도록 도와주지요.

3 고해성사 5단계

- 고해성사를 받기 위해서는 5단계를 거치게 됩니다. 이를 '고해성사의 5단계'라 합니다. 교재 92쪽을 함께 보겠습니다.

> **도움말**
> 각 단계의 의미만 설명하고 성경 내용에서 그 단계를 유추하게 해도 좋다.

1) **성찰(돌아봄)**이란 자신을 돌아보고 자신의 죄를 알아내는 것을 말합니다. 작은아들이 배가 고파 거의 죽게 되었을 때 제정신이 들어 자신에 대해 돌아보게 되었고, 자신이 아버지께 죄를 지었음을 알아차리게 된 것을 말합니다.

2) **통회(뉘우침)**란 자신이 저지른 죄를 뉘우치는 것입니다. 자신이 지은 죄에 대해 가슴 아파하는 것입니다. 작은아들이 아버지의 재산을 달라고 한 것과 재산을 낭비하여 다 없애 버린 것에 대해 아버지께 미안한 마음이 들어 진심으로 **뉘우치게** 된 것을 말합니다.

3) **결심(다짐)**은 다시는 그러한 죄를 저지르지 않겠다고 마음을 다지는 것을 말합니다. 작은아들이 다시는 그런 죄를 저지르지 않기로 굳게 마음을 가지게 되었기에 아버지께로 돌아갈 결심을 하지요.

4) **고백(말씀 드림)**은 직접 자신이 지은 죄를 신부님께 말씀드리는 것입니다. 작은아들이 아버지에게 가서 "아버지, 제가 하늘과 아버지께 죄를 지었습니다. 저는 아버지의 아들이라고 불릴 자격이 없습니다." 라고 자신의 죄를 **말하는** 것과 같습니다.

5) **보속(벌을 대신함)**은 자신이 지은 죄를 갚는 것는 것을 말합니다. 죄를 지으면 벌을 받아야 하는데, 이 벌을 대신해 신부님께서 주시는 기도나 선행을 **실천하는** 것입니다. 작은아들 이야기에서는 빠져 있지만, 보속까지 마쳐야 고해성사의 은총을 받아 우리의 죄가 씻어지는 것입니다. 보속은 병원을 찾은 환자가 진료를 받고 약을 처방받는 것에 비유할 수 있습니다. 약을 처방받은 대로 먹거나 발라야 그 아픔이 빨리 가시겠지요.

- ★ 지금까지 우리는 고해성사를 받기 위한 5단계는 **성찰—통회—결심—고백—보속**임을 알아보았습니다.

4 사제를 통한 죄의 용서와 고해의 비밀 준수

- 왜 하느님께 직접 고백하지 않고, 사제를 통해 고백하는지 많은 사람들이 의문을 제기합니다. 여기에서는 네 가지 이유로 이에 대해 설명하겠습니다.

- 가장 먼저 성경에서 이유를 찾을 수 있습니다. 성경에서 예수님께서는 죄를 용서하는 권한(사죄권)을 당신 제자들에게 위임하십니다. (요한 20,22-23 참조). 여기에 근거하여 교회는 그리스도를 대리하고, 제자들의 직분을 잇는 사제들에게 죄를 용서하는 권한을 줍니다.

- **생각나눔** 세례를 통해 우리는 교회 공동체의 일원이 되었습니다. 그렇다면 내 개인의 죄는 교회 공동체에 어떤 영향을 미칠까요? (대답을 들음)

- 만일 어떤 아이가 잘못을 했을 때 어른들이 아이를 야단치면서 이렇게 말합니다. "애 부모가 누구야? 애를 어떻게 가르치는 거야?" 이처럼 아이의 잘못은 그 부모에게도 영향을 줍니다. 이와 마찬가지로 교회 공동체의 일원으로서 나의 잘못은 교회 공동체의 신뢰성을 약화시킵니다. "성당 다니는 사람이 왜 저렇게 살지?"라는 말을 들을 수 있습니다. 그러므로 교회 공동체의 일원으로서 나의 죄는 개인적 차원에 머무는 것이 아니라 교회 공동체 전체에 악영향을 미칩니다. 그래서 그리스도를 공적으로 대리하며, 교회를 공적으로 대표하는 사제에게 고백하는 것입니다.

- 엘리자베스 퀴블러 로스라는 심리학자는 가톨릭의 고해성사가 심리적으로 큰 도움이 된다고 말했습니다. 마음의 무거운 짐을 고백이라는 과정을 통해서 벗어 내는 것이지요. 그리고 그 죄를 용서하고 보듬어 줄 하느님의 존재를 의식하는 것 자체가 큰 위로라는 것입니다.

- 마지막으로 사제에게 고백하는 그 부끄러운 과정을 거쳐야 하기에 죄를 예방하는 효과도 있습니다.

- 고해의 비밀은 가톨릭의 2,000년의 역사 동안 한 번도 문제가 된 적이 없는 신비이기도 합니다. 성령의 보호하심이 아니면 결코 일어날 수 없는 일이기도 합니다.

- 이를 지키기 위해 자신의 목숨을 내놓아 성인 반열에 오르신 분도 계십니다. 바로 네포무크의 성 요한(1340~1393)입니다. 성인은 여왕의 고해 사제였는데 왕은 왕비가 반란을 일으킬 것이

란 오해를 합니다. 왕비는 자주 성인을 모셔 고해성사를 했고, 왕은 고해 사제의 입을 통해 반란의 증거를 찾으려 했습니다. 하지만 성인은 절대로 고해의 비밀을 누설하지 않았고, 수장(돌을 몸에 매달고 바다에 빠뜨림)되었습니다. 이렇게 사제는 고해의 비밀을 지킬 의무가 있습니다.

5 고해성사 준비 및 마음 다지기

- 이제 실제로 고해성사를 받기 위한 준비를 해 보도록 하겠습니다. 고해성사의 첫 번째 단계인 성찰을 어떻게 하는지 말씀드리겠습니다.

- 성찰을 하기에 앞서 교재 93쪽의 '성령께 도움을 청하는 기도'(성령이여, 제 마음을 비추시어 저의 죄를 돌아보게 해 주소서)를 하면 성령께서 우리 마음을 비추시어 우리의 죄를 볼 수 있도록 도와주실 것입니다.

- 우선 예수님께서 주신 가장 큰 계명인 '사랑'의 계명으로 성찰할 수 있습니다. **하느님을 얼마나 사랑하고 하느님께 감사하고 있는지** 살펴보는 방법은 하느님과 얼마나 대화를 자주 하는지(기도), 그분의 뜻에 얼마나 나를 맞추려고 하는지, 하느님보다 다른 것에 가치를 두지 않았는지 살펴볼 수 있습니다.

- 🌱👥 다음은 **이웃과 공동체를 얼마나 생각하며 살아가고 있는지** 살펴봅니다. 내가 신앙인으로서 성실하지 못할 때 이웃과 공동체에게 피해를 입히게 됩니다. 이웃을 위해 양보하고 희생하는지, 그들을 하느님 모상을 닮은 사람들로 고귀하게 대하는지 그들의 아픔과 슬픔에 함께 연대했는지 면밀히 살필 수 있습니다. 또한 가족들에게 편하다는 이유로 함부로 하지는 않는지도 살펴야겠습니다.

- 또 '십계명'의 각 계명으로 자신이 하느님 사랑, 이웃 사랑을 하고 있는지를 돌아볼 수 있습니다. 이 내용은 십계명 배울 때 한 번 체크한 적이 있지요? 그 내용을 참조해서 성찰하셔도 좋습니다. 교재 72쪽입니다.

- ★ 자신이 하느님과 이웃을 크게 거슬리는 **대죄(큰 죄)**를 지었다고 생각이 되면 꼭 고해성사를 받아야 합니다. **소죄**는 가벼운 죄이지만 거듭되면 대죄가 될 수 있기에, 고치려고 노력해야 합니다.

- 이어서 통회(뉘우침)하고 결심(다짐)을 해서 정해진 날 고해소에 들어가서 신부님께 죄를 고백하는 것입니다. 여러분은 세례 한 달 후 고해성사를 함께 준비하시게 될 것입니다.

* **죄를 고백하는 방법**

- 신부님께 자기 죄를 고백할 때는 **간단하고 명확하게 큰 죄일 경우 횟수**까지 말씀드립니다.

- **실수는 죄가 아니기에 고백하지 않아도** 됩니다.

- '성찰 노트'를 한 권 마련해 매 달 자신의 영혼 상태를 확인하셔도 좋습니다. 고해의 비밀은 사제의 몫만이 아닙니다. 하느님과 여러분과의 비밀 이야기이기 때문에 잘 지키셔야 하고, 노트를 마련하셨다면 잘 간수하셔야 합니다.

- ★ 고해성사를 잘 **준비**할 수 있도록 기도로 양심을 부드럽게 하고, **자주** 고해성사를 받을 수 있기를 바랍니다. 깨끗한 방에 쓰레기를 버리기는 힘들지요. 하지만 지저분한 방에 쓰레기를 버리는 것은 쉽습니다. 마음의 방을 고해성사를 통해 자주 깨끗이 하는 것은 참 중요합니다. 고해성사는 성체성사와 짝을 이룹니다. 고해성사로 은총 지위를 회복해야 성체를 영할 수 있습니다. 그러므로 하느님께 더 가까이 가기 위해서 **한 달에 한 번**은 고해성사를 받으셨으면 합니다.

- ★ 일 년에 적어도 한번, 성탄과 부활 전에는 고해성사를 꼭 보아야 하는데, 이때 보는 고해성사를 '**판공성사**'(判功聖事 : 공로를 판단함)라고 합니다.

깊이 들어가기

| 활동 1 | 고해성사 예식 — 연습하기 |

[의미] 고해소에 들어가 실제 고해성사 예식을 연습함으로써 첫 고해성사를 잘 준비하도록 도와준다.

진행

1) 한 명씩 실제 고해소에 들어가 자신의 죄를 고백하도록 한다. 죄는 동일하게 하나를 정해 모두가 같은 내용을 이야기하게 한다. 교사가 신부님의 역할을 한다.
   ex) 휴가를 핑계로 주일 미사에 빠졌습니다.
2) '고해성사 예식'은 고해소에 적힌 순서대로 한다. 혹은 가톨릭 기도서 25쪽을 참조한다.
3) 훈화와 보속도 가상으로 해 준다.
4) 바깥에서 기다리는 이들이 조용히 하도록 하고, 혹시 고해소에서 말하는 소리가 들리면 현재 자리에서 좀 떨어져 나와 고백하는 소리를 듣지 않아야 함을 주의시킨다.

| 활동 2 | 👥 간음한 여인 이야기 — 토의 |

성경의 내용을 읽고 토의함 — 조별 활동

| 준비물 | 교사용 첨부 7 |

[의미] 예수님의 용서는 율법도 뛰어넘고, 죄에 따른 제한도 없음을 알 수 있다.

진행

1) 요한 8, 1-11 함께 읽음
2) 사람들이 간음한 여인을 데려와 중앙에 세웠을 때 그 여인의 심정은 어떠했겠습니까?
3) 그 여인을 잡아 온 사람들의 마음은 어떠했습니까?
4) 예수님의 답변에 나이 많은 이들부터 돌을 내려놓고 그 자리를 떠났다고 했는데 그들은 어떤 마음에서 그런 행동을 했을까요?
5) 예수님께서는 여인에게 죄를 묻지 않겠다고 했는데 이 말을 들은 여인의 마음은 어떠했을까요?

* 이 활동을 선택했을 경우 마음기도를 하지 않고, 교사 자유기도로 이 시간을 마무리한다.

마음기도

* 🙏 예수님 안에 머무르기

- 모두 마음을 모으기 위해 바른 자세를 해 보겠습니다. 몸은 곧게 펴고, 고개는 턱을 앞으로 당겨 약간 숙입니다. 발은 어깨 넓이로 벌리고 앉습니다. 두 손은 주님 앞에 빈손임을 드러내는 표지로 하늘을 향하게 펴서 무릎에 살포시 얹습니다. 이제 눈을 감고 깊게 호흡을 합니다. 들숨을 쉬며 "사랑의 성령님" 날숨을 내쉬며 "저에게 오소서"라고 기도합니다. 이렇게 10번 반복합니다.

- 요한 복음 8장 1절에서 11절까지를 정독합니다.

- 전체 장면을 자세히 그려 봅니다. (2분)

- 사람들에게 붙들려 온 간음한 여인의 마음을 읽어 봅니다. (1분)

- 여인을 잡아 온 사람들의 마음은 어떠한지 살펴봅니다. (1분)

- "죄 없는 사람이 먼저 저 여인을 돌로 쳐라"라는 예수님 말씀이 나에게 어떻게 다가오는지 들어 봅니다. 나도 나의 잣대로 누군가에게 돌을 던져야 한다고 하며, 성난 군중 중 하나가 되었던 적은 없었는지 생각해 봅니다. (3분)

- 나의 옹색한 마음 때문에 상처받은 사람들을 예수님 앞에 가만히 봉헌합니다. 그들의 상처를 치유해 달라고 간절히 청합시다. 그리고 죄를 지음으로써 나도 상처받았음을 기억하며, 치유자이신 예수님의 치유의 손길을 느껴 봅시다. (3분)

- 용서하고 치유해 주시는 예수님께 감사드리며 기도를 마칩니다.

과제제시

1 복습

- 오늘 우리가 무엇을 배웠는지 '복습'의 칸을 채워 보세요.
  ✏ 오늘 배운 내용 중 가장 기억에 남는 내용을 적어 보세요.
  ✏ 다음 고해성사에 관한 설명을 보고 사다리를 따라 단어를 적어 보세요.
  ✏ 정답: 용어 풀이 참조

2 실천

- 성체 앞에서 나에게 습관이 된 죄를 성찰해 보고, 나를 변화시키시는 주님의 은총을 청하며 끊어 버리도록 노력합시다.

3 알아봅시다

- 부록의 내용을 살펴보겠습니다. 교재 121쪽에 더 알아야 할 질문과 답이 '궁금합니다'에 수록되어 있습니다. 131쪽에서 고해성사를 삶으로 살아 내신 성 스테파노, 성 비안네, 성녀 파우스티나를 만날 수 있습니다.

정답: 용어 풀이

| **고백** : 자신의 죄를 솔직하게 말함 |
| **통회** : 자신이 저지른 죄를 뉘우침 |
| **보속** : 죄에 대한 벌을 대신함 |
| **성찰** : 자신을 돌아보고 자신의 죄를 알아냄 |
| **죄** : 나를 하느님과 이웃과 멀어지게 하는 것 |

교사 자기 점검표 ☑	
내 용	확인
• 오늘 수업 준비에 성실하였습니까?	☐
• 예비신자들이 오늘 수업목표에 각각 도달하였습니까?	☐
• 나를 통해 예비신자들이 '용서와 화해'의 중요성을 느꼈습니까?	☐

교사 마침 기도

좋으신 하느님, 오늘 수업에 대해 감사드리며, 저의 모든 노고를 모든 사람들이 '고해성사'의 은총을 누릴 수 있기를 바라며 바칩니다. 저의 부족한 수업을 당신 친히 채워 주시고 제가 보다 나은 수업을 준비하도록 도와주소서. 우리 주 그리스도를 통하여 비나이다. 아멘.

추천합니다

* 가톨릭 도서

「신부님, 어떻게 할까요?」
　　　　　성바오로 출판부 엮음 │ 성바오로

「고해성사 화해의 축제」
　　　　　안셀름 그륀 지음, 김주현 역 │ 분도출판사

「101가지 고해성사 이야기」
　　　　　파트리시아 프락터 지음, 장말희 역 │ 성바오로

「고해의 기쁨」
　　　　　B. 헤링 지음, 성염 역 │ 성바오로

* 노래
  - 가톨릭 성가 59 　　주께선 나의 피난처
  - 가톨릭 성가 515　 주여 자비를 베푸시어
  - 가톨릭 성가 517　 내가 절망 속에서
  - 가톨릭 성가 518　 선한 사람 아흔아홉

제21과 혼인성사, 성품성사, 병자성사

주제어 : **축복, 위로**

학습목표
1. 혼인성사는 **하느님께서 제정**하셨고 **하느님 창조 사업**을 이어 가게 해 주시는 것임을 알 수 있다.
2. 성품성사는 **그리스도의 사제직**을 이어받아 **하느님과 세상을 위한 봉사**로 불림 받은 것임을 알 수 있다.
3. **병자성사**는 병고로 인해 쇠약해진 심신을 **위로**하고, **평화와 용기**를 주는 **은총**임을 알 수 있다.

나의 신앙을 돌아보며

◆ 말씀과 함께

"자식을 많이 낳고 번성하여 땅을 가득 채우고 지배하여라." (창세1,28)

하느님께서 사람에게 복을 내리실 때 빠지지 않는 것이 바로 자손에 대한 축복입니다. 하느님께서 당신 모습대로 사람을 창조하신 그 복된 의미를 가장 근접하게 사는 것이 바로 혼인 축복에 의해 자손을 낳는 일입니다. 사람들은 아이를 낳고 기르면서, 기존의 자신을 초월하고 있습니다. 인간 본성에 의해 이기적으로 자신을 돌보는 일을 우위에 두었던 이들이 혼인을 통한 자녀의 출산을 경험하면서 온전히 타자를 위한 삶으로 전환됨을 봅니다. 이조차도 오늘날엔 보편적이지 않음이 참 안타깝습니다. 오늘날 부부들은 여러 가지 이유에서 아이들에게 자리를 내어 주지 않습니다. 사회 구조의 모순 때문이기도 하고, 자신의 일 때문이기도 하며, 경제적 곤궁 때문이기도 합니다. 하지만 하느님의 축복에 더 큰 기대를 할 수 있는 신뢰가 있다면 하느님 창조 사업을 직접적으로 지속되게 하는 자녀의 출산을 임의적으로 제한하지는 않을 것입니다. 자녀가 축복임을 다시금 일깨울 수 있었으면 좋겠습니다.

"그분은 우리의 병고를 떠맡고 우리의 질병을 짊어지셨다." (마태8,17)

부모들은 어린 자녀가 아플 때 똑같은 말을 합니다. "차라리 내가 아팠으면 좋겠어요." 어린아이들이 아플 때 부모는 가슴으로 함께 아파합니다. 예수 그리스도께서는 같은 연민으로 병중에 있는 이들을 돌볼 것을 교회에 권고하십니다. "제자들은 떠나가서, 회개하라고 선포하였다. 그리고 많은 마귀를 쫓아내고 많은 병자에게 기름을 부어 병을 고쳐 주었다."(마르 6,12-13) 몸이 약해지면 마음도 약해집니다. 그러므로 육체의 병을 치유하고, 병으로 약해진 마음을 위로하도록 주님께서는 당신 제자들에게 당신의 모든 능력을 주시어 파견하셨습니다. 제자들은 이 직무를 수행하면서 병자에 대한 새로운 이해를 갖게 됩니다. 최후의 심판 내용에서 예수님께서 직접 밝히시듯 병자와 가난한 자를 돌봄이 곧 예수님 자신에게 한 것이라는 것을 체득합니다. 그럼으로써 제자들은 예수님의 연민과 치유하시는 사랑에 참여하게 됩니다. 우리도 누군가의 아픔에 공감하고 함께해 줌으로써 예수 그리스도의 사랑에 참여할 수 있었으면 좋겠습니다.

◆ 숙고하기

나는 혼인을 성사로 받아들여, 배우자를 주님의 섭리 안에서 이해하려고 노력합니까?
나에게 병으로 인한 고통이 찾아왔을 때 치유하시는 하느님의 손길을 신뢰합니까?
나는 그리스도의 연민으로 병중에 있는 다른 이를 위로하고, 따뜻한 마음으로 돌보아 줍니까?

◆ 기도하기

일곱 성사를 통하여 우리의 삶 전체를 축복하시는 주님, 혼인의 거룩함을 일상에서 회복하고, 성품성사로 교회를 통한 구원 사업을 계속하시는 당신을 뵈오며, 병으로 나약해졌을 때 당신의 자비하심에 온전히 의탁하도록 저를 도와주소서. 아멘.

 ## 수업을 이렇게

◆ 수업 줄거리

1. **거룩한 부르심이란** : 그리스도교 신자들은 누구나 하느님께로부터 거룩한 부르심을 받아 소명을 받고 이 세상을 살아간다. 사제로서 부르심을 받는 것을 사제 성소, 수도자로 부르심을 받는 것을 수도 성소라 하며, 결혼 생활로 부르심을 받는 것을 결혼 성소라 한다.

2. **혼인성사** : 혼인성사는 하느님께서 제정하시고, 자손의 복을 주시어 하느님 창조 사업을 이어 가게 해 주시는 것임을 알고, 혼인성사의 의무와 내용을 안다.

3. **성품성사** : 그리스도의 대리자로서 성무를 집행하고, 교회를 돌보며 하느님과 세상을 위한 봉사로 특별한 소명을 받은 이들을 서품하고, 직무를 수여하는 것임을 안다.

4. **병자성사** : 병고로 인해 쇠약해진 심신을 위로하고, 평화와 용기를 주는 은총의 성사로, 병자가 있다면 망설이지 말고 사제께 병자성사를 청해야 함을 안다.

수업 계획표 (총 60분)

단계	내용	진행	준비물
도입 (5분)	거룩한 부르심 - 성소	성소란 사제와 수도자뿐만 아니라 혼인성사로 초대된 이들에게도 해당되는 것임을 앎	
펼치기 (30분)	혼인성사	창조주 하느님께서 제정하신 혼인성사의 내용 알기	
		혼인성사의 의무와 교회법 규정 알기	
	성품성사	직무 사제직의 의미와 내용 알기	
		성품성사의 세 품계와 직무 알기	
	병자성사	병자들을 위한 사도 시대의 예식이 병자성사의 기원임을 알기	
		병자성사의 대상을 알 수 있다	
깊이 들어가기 (15분)	성소에 대한 생각 나눔	1. 성소로서의 혼인성사에 대한 토론 2. 수도 성소 이야기를 읽고 느낀 점 나누기	교사용 첨부 8 조별로 복사
마무리 (10분)	마음기도	기도	
과제제시	배운 내용 정리	요약하기	

이런 것을 뜻합니다

 삼위일체 교리   공동체

 기도   생각나눔 숙고하고 나누기

 중요   사회교리

밑줄 수업목표에 해당함

▶ 출석 확인

열 기

1 시작기도 : 가톨릭 성가 62장

2 지난 시간 복습

◇ 자신이 저지른 죄를 뉘우치는 것을 무엇이라 합니까?

◇ 나를 하느님과 이웃과 멀어지게 하는 것은 무엇입니까?

◇ 죄에 대한 벌을 대신 하는 것으로 고해성사 중 신부님이 고해자에게 주는 것을 무엇이라 합니까?

3 거룩한 부르심 ― 성소(聖召)

- 여러분 혹시 성소라는 말을 들어 보셨습니까? 신부님, 수녀님들은 "성소 이야기 들려주세요."라고 하면 하실 이야기들이 많습니다. 왜냐하면 하느님의 부르심을 듣고, 하느님의 사람으로서 살아갈 마음을 가지고 응답을 드렸던 그 순간은 보석과도 같은 시간이기 때문입니다. 이는 부부들에게 서로를 처음 만난 이야기를 들려달라는 것과 동일한 의미를 지닙니다.

- 생각나눔 **성소란 거룩한 부르심이라는 뜻**을 지닙니다. 그렇다면 신부님, 수녀님만 성소를 받은 것일까요?(대답을 들음) 그렇지 않습니다. 결혼도 성소라고 합니다. 하느님께서 우리를 어떻게 부르시든 그 자체가 성소입니다.

- 오늘은 삶의 모습은 다르지만 거룩한 부르심을 통해 우리를 당신의 사람으로 만들어 가시는 하느님께서 세우신 혼인성사와 성품성사에 대해 배우겠습니다.

- 또한 인간 육체가 지니는 나약함으로 인해 발생하는 병고, 정신적 아픔 등을 위로하고 치유하시는 병자성사에 대해서도 함께 살펴보도록 하겠습니다.

- 여러분 교재의 그림을 봐 주십시오. 율법에 의하면 맏아들을 성전에 봉헌하면서 예물을 바치도록 되어 있습니다. 비둘기 두 마리는 가난한 이들의 예물이었지요. 이 그림은 가난한 부부였던 성 마리아와 성 요셉의 성전 봉헌 예물입니다. 오늘 배울 혼인성사와 성품성사를 아우르는 그림입니다. 혼인성사의 축복은 자녀입니다. 그러므로 첫 자녀를 하느님께 봉헌하는 이 그림은 혼인의 의미를 더욱 살려 줍니다. 더불어 하느님의 사람으로 자녀를 봉헌하는 것, 이것은 성품성사에 해당합니다.

펼치기

1 혼인성사

1. 창조주 하느님께서 제정하신 혼인성사

- 창세기 2장 21절에서 24절까지 같이 읽겠습니다.

- 하느님께서 혼인성사를 제정하신 근거를 이 성경 구절에서 찾습니다. "남자는 아버지와 어머니를 떠나 아내와 결합하여 둘이 한 몸이 된다." 이렇듯 혼인은 인간의 일만이 아닌 창조주 하느님께서 마련하신 일입니다.

- 예수님께서는 카나의 혼인 잔치의 기적을 통해, 하느님 나라를 혼인 잔치에 비유하십니다. 이로써 혼인의 품격을 높여 주셨습니다.

- 그러므로 둘이 한 몸을 이루었기에 **혼인성사는 불가해소성**을 갖습니다. 이 말은 죽음이 둘을 갈라놓기까지는 결혼의 약속은 깨질 수 없다는 말입니다. 가톨릭에서 이혼은 없습니다. 다만 결혼이 성립되지 않는 조건들이 있는데 만일 당사자의 자유의사가 아닌 어떤 강제에 의한 결혼이라면 '혼인 무효'가 됩니다. 또한 혼인성사는 **단일성**을 갖습니다. 반드시 한 배우자에게 성실해야 합니다.

- 혼인 성소의 지속은 무엇으로 가능할까요? 바로 교회의 가장 최소 단위인 가족 교회의 회복입니다. 미국 교회의 통계에 의하면, 매일 가정에서 가족 기도를 바치는 사람들의 이혼율은 1011명 중 한 명이었고, 성당에 열심히 다니는 사람의 경우 51명 중 한 명이었습니다. 가족이 함께 기도하면서 하느님 앞에서 자신의 부족을 먼저 헤아릴 때 네 탓이 아닌 내 탓으로 여길 수 있을 것이

고, 서로를 있는 그대로 받아들이는 데 큰 도움이 될 것입니다.

2. 혼인성사의 의무

- 가톨릭 신자들은 혼인을 준비하면서 몇 가지 절차를 거쳐야 합니다. 혼인 한 달 전 소속 본당 사제에게 혼인 면담을 받고, 혼인 문서를 작성해야 합니다. 이 문서는 영구 보존됩니다. 또한 그리스도교 정신에 따른 혼인에 대한 가르침을 받아야 합니다. 각 교구에서는 '카나 혼인 강좌'를 준비하고 있습니다. 또한 혼인성사 전 견진성사와 고해성사를 받을 것을 권고합니다.

- 혼인성사를 받을 수 없는 비신자와 결혼하게 된다면 **혼인 관면**을 받아야 합니다. 신앙을 지키고, 자녀들을 그리스도인으로 양육하겠다는 약속을 비신자 배우자에게 확인받는 것을 내용으로 하는 간략한 예식입니다.

- 만일 혼인 관면을 받지 않는다면 혼인 장애(조당)가 발생합니다. 미사 참례를 하는 것과 교회 내 다른 활동들을 하는 것은 가능하나 성사를 받을 수 없게 됩니다.

- 가톨릭의 혼인 절차가 복잡하다고 생각하실 수 있습니다. 그렇다면 세상의 절차와 비교해 보시기 바랍니다. 결혼식을 위한 기본적 절차들, 즉 웨딩 촬영, 신혼집과 살림 장만 등 이 모든 것을 까다롭다거나 복잡하다고 생각하시지 않고 당연하게 여깁니다. 같은 맥락에서 혼인을 초자연적 차원에서 축복하는 혼인성사 예절의 준비를 바라볼 수 있어야 합니다.

- ★ 하느님께서는 **당신 친히 제정하신 혼인성사를 통해 인간을 당신 창조 사업에 특별히 참여시키시려 자녀의 축복을 주십**니다. 그러므로 혼인 제도와 부부 사랑으로 이뤄지는 결혼은 자녀 출산을 지향합니다. 하느님의 선물로 자녀를 기꺼이 받아들이고, 부부애로 자녀를 훈육해야 합니다. 또한 영적인 생활 모범을 보임으로써 **신앙의 요람**으로 성가정을 이루어야 합니다.

2 성품성사

1. 직무 사제직

- 사제직은 두 가지로 나뉩니다. 우선 세례성사를 통해 그리스도인은 그리스도의 왕직, 사제직, 예언직을 받습니다. 여기에서 사제직은 보편 사제직으로, 교회 내의 모든 전례와 신심 행위에 능동적으로 참여하는 것으로 실행됩니다. 하지만 이 전례를 가능하게 하는 직분이 바로 직무 사제직입니다.

- 전례에는 미사, 성사, 성무일도가 해당됩니다. 그러므로 성무일도를 제외한 미사와 성사는 직무 사제직을 받은 이를 통해서만 실현됩니다. 예수님께서는 당신의 사명이 이어지도록 **하느님께 제사를 지내고**(너희는 나를 기억하여 이를 행하여라. [1코린 11,24]) **하느님 백성을 돌보며**(내 어린양들을 돌보아라. [요한 21,16]), **복음을 선포하는 일**(너희는 온 세상에 가서 모든 피조물에게 복음을 선포하여라. [마르 16,15])을 사도들에게 맡기셨습니다. 사도들은 이 직무가 교회 안에서 지속되도록 후계자들과 협력자들을 선발하였습니다. (사도 6,3-6)

- 사도 6,3-6을 찾아 함께 읽겠습니다.

2. 성품성사의 세 품계와 직무

- 사제직에는 세 품계가 있는데 주교, 신부, 부제입니다. 주교는 예수 그리스도의 사도들을 계승하는 직무로 한 교구의 수장이며, 교회 공동체를 세우고 성장시키는 몫을 받습니다. 신부는 주교의 권한을 나누어 받은 협력자로 교구 내의 단위 교회를 책임집니다. 부제는 초대 교회에서 봉사의 임무를 수행했으나 오늘날에는 사제직의 전 단계로 주교와 신부를 도와 세례, 혼인성사를 집전하고, 강론, 장례 예절, 성체 분배, 봉성체, 준성사를 거행할 수 있습니다.

- 주교는 주교단의 안수로 서품되고, 신부와 부제는 주교의 안수로 서품되며, 순명과 독신을 서약합니다.

- ★ 이처럼 **성품성사는 그리스도의 사제직을 이어받아 하느님과 세상을 위한 봉사로 특별히 불림 받은 사람들을 서품하고 직무를 수여하는 것입니다.** 그러므로 사제직은 사람들과 교회 공동체를 위해 제정된 것입니다.

3 병자성사

1. 병자들을 위한 사도 시대의 예식

- 병자성사의 기원은 모든 성사가 다 그렇듯이 성경 안에 있습니다. 지난 일곱 성사 때 언급했듯이 예수님께서는 당신의 능력을 제자들에게 주시어 병자들을 치유하고, 마귀들을 쫓아내게 하셨습니다. 같은 맥락의 이야기가 야고보서 5장 14-15절에 다시 언급되고 있습니다. 성경을 찾아서 같이 읽어 보겠습니다.

- "여러분 가운데 앓는 사람이 있습니까? 그런 사람은 교회의 원로들을 부르십시오. 원로들은 그를 위하여 기도하고, 주님의 이름으로 그에게 기름을 바르십시오. 그러면 믿음의 기도가 그 아픈 사람을 구원하고, 주님께서는 그를 일으켜 주실 것입니다. 또 그가 죄를 지었으면 용서를 받을 것입니다." (야고 5,14-15)

- 예수님께서는 공생활 중 많은 치유 사화들을 통해 사람들을 육체의 고통뿐만 아니라 정신적인 고통에서 해방시켜 주십니다.

예수님 시대에 병자들은 죄인으로 분류되었습니다. 죄의 결과가 병이라고 생각했기 때문이지요. 야고보서에도 구원과 죄의 용서를 같은 맥락에서 이야기하고 있습니다.

- 병자성사 예식 중 병자에게 병자 성유를 바르는 데 그 이유는 병자에게 이 모든 어려움을 이겨낼 힘을 전해 주는 표징이기 때문입니다.

2. 병자성사의 대상

- 병자성사의 대상은 중한 병으로 고통받는 사람들입니다. 이들은 병으로 인한 육체적 정신적 고통과 죽음에 대한 공포를 홀로 이겨 내야만 합니다. 주변의 위로가 그 고통을 완화시켜 주기 어렵습니다. 그러므로 심신으로 병약해 있는 이들에게 초자연적 은혜를 베풀면 대상자가 은총으로 회복되기도 하고, 영혼까지 나약해진 틈을 타서 공격해 오는 악의 세력에 맞서 싸울 용기를 지니게 합니다. 그래서 만일 삶이 다한 이라면 죽음을 공포가 아니라 새로운 삶으로 넘어가는 과정으로 받아들이게 합니다.

- 중한 병으로 인해 병자성사를 받았다가 회복했던 사람이 다시 중병에 걸리게 되면 병자성사를 다시 받을 수 있습니다. 또한 오늘날 의술의 발달로 다양한 수술을 받게 되는 경우도 많은데 중한 수술을 앞두고도 병자성사를 청할 수 있습니다.

- 또한 연로하여 별다른 병이 없어도 급격히 쇠약해지는 노인들의 경우에도 병자성사를 받을 수 있습니다.

- ★ **병자성사**는 병고로 인해 쇠약해진 심신을 **위로**하고, **평화와 용기를 주는 은총**입니다. 그러므로 병자가 있다면 망설이지 말고 사제에게 병자성사를 청해야 하며, 환자의 의식이 있을 경우 병자성사 전 고해성사를 베풀고, 성체성사를 줄 수 있습니다. 물론 이때 성체는 감실에 모셔진 성체를 모셔 가는 것입니다. 만일 환자의 병이 중해 죽음의 문턱에 있는 경우라면 이때의 영성체는 노자 성체가 됩니다. 바로 영원한 생명으로 건너가기 위한 순례를 위한 마지막 성사가 되는 것이지요.

깊이 들어가기

활동 1 🌱 👥 성소로서의 혼인 — 토의

결혼을 축복하는 성사로서의 혼인에 대한 토론 — 조별 활동

> **[의미]** 세상이 생각하는 사회혼과 성사로 축복되는 성사혼의 차이를 토론을 통해 일깨워 간다.

진행

1) 성사로 축성된 혼인은 사회혼과 어떻게 다를 수 있을까요?
2) 사람의 마음은 상황에 따라 변할 수도 있습니다. 혼인을 하느님 뜻에 따라 할 수 있는 구체적인 방법은 무엇일까요?
3) 자녀를 축복으로 받아들이고, 신앙으로 키워 내는 것에 대해 어떤 생각이 듭니까?

활동 2 수도 성소에 대한 글 읽고 느낌 나누기

교회 안에 존재하는 다양한 삶의 양태

> **[의미]** 성소의 다양성을 인식하고 이해할 수 있다.

준비물 성소 이야기 교사용 첨부 8

> **[의미]** 성소의 다양성을 인식하고 이해할 수 있다.

진행

1) 준비된 성소 이야기를 교사가 읽어 준다.
2) 이야기를 읽고 느낀 점을 서로 이야기한다.
3) 만일 내 아이에게 이런 특별한 소명이 내린다면 기꺼이 봉헌할 수 있는가?
4) (아직 미혼이라면) 만일 나에게 이런 특별한 부르심이 있다면 축복으로 받아들일 수 있겠는가?

마음기도

* 🙏 예수님 안에 머무르기

- 모두 마음을 모으기 위해 바른 자세를 해 보겠습니다. 몸은 곧게 펴고, 고개는 턱을 앞으로 당겨 약간 숙입니다. 발은 어깨 넓이로 벌리고 앉습니다. 두 손은 주님 앞에 빈손임을 드러내는 표지로 하늘을 향하게 펴서 무릎에 살포시 얹습니다. 이제 눈을 감고 깊게 호흡을 합니다. 들숨을 쉬며 "사랑의 성령님" 날숨을 내쉬며 "저에게 오소서"라고 기도합니다. 이렇게 10번 반복합니다.

- 인간의 삶 전체를 성사로 축복해 주시는 하느님의 사랑에 감사

드립시다. (2분)

- 나를 교회로 부르시고 당신의 사명을 함께할 사람으로 지목하시어 소명을 주시는 하느님을 바라봅시다. 그리고 그분의 말씀을 들어 봅시다. (3분)

- 하느님께서는 당신 소명을 위해 나에게 특별히 탈렌트를 주셨습니다. 그것이 무엇인지 살펴봅시다. (3분)

- 나를 당신 자녀로 부르시고, 세상 구원의 협력자로 불러 주신 하느님께 감사드리며, 나를 온전히 그분 뜻에 내어놓는 기도를 드립니다. (2분)

과제제시

1 복습

- 오늘 우리가 무엇을 배웠는지 '복습'의 칸을 채워 보세요.
  ✎ 오늘 배운 내용 중 가장 기억에 남는 내용을 적어 보세요.
  ✎ 십자 퍼즐의 빈칸을 채우세요.

2 실천

✎ 거룩한 부르심을 받은 나는 어떤 삶으로 세상에 하느님을 증거할 수 있는지 생각해 보고 실천하고 싶은 것을 적어 봅시다.

3 알아봅시다

- 부록의 내용을 살펴보겠습니다. 교재 121쪽에 더 알아야 할 질문과 답이 '궁금합니다'에 수록되어 있습니다. 131쪽에서 병자들을 돌보신 성 블라시오, 천주의 성 요한, 성 가밀로를 만날 수 있습니다.

정답: 용어 풀이

성소 : 거룩한 부르심. 하느님께서 그리스도인들을 사제, 수도 성소, 결혼 성소로 부르심

불가해소성 : 죽음이 둘을 갈라놓을 때까지 혼인의 서약은 깨질 수 없음

병자성사 : 중한 병으로 고통받는 사람이나 죽음을 앞둔 이들이 받는 성사

성품성사 : 하느님과 세상을 위한 봉사로 특별히 부르심을 받아 사제로 서품됨

혼인 관면 : 비신자와 결혼하면 받아야 하는 혼인법

혼인 장애 : 혼인 관면 없이 비신자와 결혼하면 생기는 장애로 성사를 받을 수 없음.

교사 자기 점검표 ☑

내 용	확인
• 오늘 수업 준비에 성실하였습니까?	☐
• 예비신자들이 오늘 수업목표에 각각 도달하였습니까?	☐
• 나를 통해 예비신자들이 혼인·성품·병자 성사의 중요성을 느꼈습니까?	☐

교사 마침 기도

좋으신 하느님, 오늘 수업에 대해 감사드리며, 저의 모든 노고를 하느님의 거룩한 부르심을 받은 이들이 그 직무에 맞게 살아갈 수 있는 은총을 청하며 바칩니다. 저의 부족한 수업을 당신 친히 채워 주시고 제가 보다 나은 수업을 준비하도록 도와주소서. 우리 주 그리스도를 통하여 비나이다. 아멘.

추천합니다

* 가톨릭 도서

「혼인성사 가정 공동체에 내리는 축복」
　　　　안셀름 그륀 지음, 이은희 역 | 분도출판사

「성품성사 사제의 삶」
　　　　안셀름 그륀 지음, 이은희 역 | 분도출판사

「병자성사 위로와 사랑의 손길」
　　　　안셀름 그륀 지음, 윤선아 역 | 분도출판사

「아름다운 혼인 행복한 가정」
　　　　이찬우 지음 | 성바오로

「알기 쉬운 교회 혼인법」
　　　　이찬우 지음 | 성바오로

* 노래

- 가톨릭 성가 62 　주님의 뜻을 이루소서
- 가톨릭 성가 421 　나는 세상의 빛입니다
- 가톨릭 성가 432 　주여 날 인도하소서
- 가톨릭 성가 467 　만민에게 전하자

제22과 한국 천주교회사

주제어 : 순교, 증거

학습목표
1. **한국 가톨릭교회는** 선교사들에 의해서 세워진 것이 아니라 **평신도들에 의해 세워졌음**을 알 수 있다.
2. 한국 가톨릭교회는 박해를 딛고 일어선 **순교자들의 피 위에 세워진** 교회임을 알 수 있다.
3. 우리도 한국 순교 성인들의 **순교 정신을 본받아** 일상에서 **희생과 봉사**로 순교를 실천할 수 있다.

나의 신앙을 돌아보며

◆ 말씀과 함께

"나는 훌륭히 싸웠고 달릴 길을 다 달렸으며 믿음을 지켰습니다." (2티모 4,7)

이 말씀은 사도 바오로가 수인 생활을 하면서 죽음을 목전에 두고 쓴 편지입니다. 그는 '나는 이미 하느님께 올리는 포도주로 바쳐지고 있습니다.'(4,6)라며 자신이 하느님을 위한 제물이 되리라고 이야기하고 있습니다. 결국 사도 바오로는 로마의 폭군 네로 황제 때 참수형을 당합니다. 열두 사도들 중 요한을 제외한 모든 이들도 순교를 당하지요. 이들은 모두 한결같이 훌륭히 싸웠고, 믿음을 끝까지 지켜냈습니다. 사실 목숨 앞에서 담대할 이는 없습니다. 살고자 하는 것이 인간의 본성이기 때문입니다. 하지만 하느님의 은총으로 새로 난 이들에게는 영원한 생명에 대한 희망이 있습니다. 그래서 이들에게서 자신의 목숨조차도 초개처럼 여길 수 있는 초자연적 힘이 나오는 것입니다. 한국의 순교자들은 어느 누구의 도움도 없이 자신들의 힘으로 교회를 일구어 냈으며, 순교의 피로 신앙을 증거했습니다. 이들은 누구보다도 달릴 길을 다 달렸으며, 믿음을 지킨 이들입니다. 우리는 그들의 피 위에 세워진 교회의 일원입니다. 이에 대해 자부심과 감사의 마음을 가지고 우리의 신앙을 지켜야 하겠습니다. 그리고 우리도 주님 앞에 서는 그날 사도 바오로가 한 말씀을 드릴 수 있어야 하겠습니다.

김대건 신부의 옥중 서신 내용 중 발췌

"사랑하는 교우들이여!
나도 천국에서 그대들과 같이 만나 영원한 복을 즐기게 될 것을 바라고 있소. 그대들을 정답게 껴안아 주겠소. 다시 한마디 하고자 하오. 이 세상의 일은 모두 천주의 명령에 말미암은 것이니, 어떻게 보면 상이냐 벌이냐 하는 것뿐이오. 박해라는 것도 천주의 허락하심이 없이는 일어나는 게 아니오. 마땅히 천주를 위하여 힘차게 참아 주시오. 오직 성교회에 평화를 주십사고 눈물로써 탄원하시오. 나의 죽음은 당신들에게 확실히 뼈아픈 일일 것이오. 당신들의 영혼은 슬픔에 잠길 것이오. 그러나 얼마 안 가서 주께서는 나보다도 훨씬 훌륭한 목자를 주실 것이 틀림없으니 그리 몹시 슬퍼 말고 큰 사랑을 가지고 천주를 섬기도록 힘쓰시오. 없음으로 한 몸 한마음이 됩시다. 그렇게 하면 죽은 후 영원히 주님 앞에서 서로 만나 끝없는 즐거움에 들어갈 수 있을 것이오. 나는 천 번이고 만 번이고 이를 바랍니다."

◆ 숙고하기

나는 순교 성인들의 피 위에 세워진 한국 교회의 일원으로서 자부심을 가지고 있습니까?
나는 일상에서 작은 순교로 주님을 증거하고 있습니까?

◆ 기도하기

삼위일체 하느님, 순교 성인들의 전구를 들으시어 우리도 그들의 당신께 대한 열정을 본받게 하소서. 아멘.

 ## 수업을 이렇게

◆ 수업 줄거리

1. **박해의 원인과 당파 싸움** : 남인이었던 실학자들의 연구로 시작되어 창립된 조선 천주교회는 노론 벽파의 정적 제거의 수단으로 박해를 받았다.

2. **조선 천주교회 창설** : 조선 천주교회는 세계사에 유래 없는 평신도들에 의해 세워진 유일한 교회이다. 천주학은 유교의 한계를 깨달은 실학자(남인)들이 연구하기 시작하였다가 보통 학문과는 다름을 알고 종교로 받아들이게 되었다. 1784년 이승훈의 세례로 시작되었고, 유교의 전통에 위배된다는 이유로 잦은 박해를 받았다.

3. **4대 박해** : 조선 천주교회는 정치적 이유와 유교의 전통과 다르다는 이유로 100년 동안 모진 박해를 받으며 3만 명의 순교자를 내었다. 신유, 기해, 병오, 병인 4대 박해로 교회가 초토화되는 듯했으나 순교자들의 피 위에 굳건히 세워진 교회는 큰 박해를 받으면서도 계속 발전하였다.

4. **오늘날의 순교** : 오늘날 순교는 박해 시대처럼 피 흘리는 순교가 아니다. 역사 속에서 사람들은 순교의 정신을 이어받고자 하느님께 순결을 서약했고, 절제와 봉사와 희생 등으로 순교자들의 삶을 본받으려했다. 이를 따라 오늘날 그리스도인으로 살아가는 우리는 '백색 순교'로 하느님의 좋으심을 증거해야 한다.

수업 계획표 (총 60분)

단계	내용	진행	준비물
도입 (5분)	역사의 의미	지나간 시간이 오늘을 볼 수 있게 해 줌	
펼치기 (30분)	박해의 정치적 원인 당파 싸움	남인의 천주교 도입 노론 벽파의 천주교 박해 원인을 알 수 있음	
	조선 천주교회 창설	이승훈의 세례와 을사 추조 적발 사건, 가성직 제도 등으로 교세의 확장을 배움	
	4대 박해	4대 박해를 통해 얼마나 많은 이들이 피로써 신앙을 지켜 냈는지 앎	
	오늘날의 순교	오늘날 순교는 희생과 봉사의 백색 순교임을 앎	
깊이 들어가기 (15분)	순교자의 삶을 공감하기	1. 황일광 시몬 순교자의 이야기를 읽고 토의함 2. 동정 부부의 삶을 듣고 느낀 점 적어 보기	교사용 첨부 9 조별
마무리 (10분)	마음기도	기도	
과제제시	배운 내용 정리	요약하기	

이런 것을 뜻합니다

 삼위일체 교리　　 공동체

 기도　　생각나눔 숙고하고 나누기

★ 중요　　 사회교리

밑줄　수업목표에 해당함

▶ 출석 확인

열 기

1 시작기도 : 가톨릭 성가 285장

2 지난 시간 복습

◇ 성소란 무엇입니까?

◇ 혼인의 불가해소성은 무엇입니까?

◇ 병자성사의 대상은 누구입니까?

3 역사의 의미

- 생각나눔 우리가 어떤 사람을 사귀게 될 때 그에 대해 자세히 알 수 있는 방법이 무엇이 있습니까? (대답) 그가 어떻게 살아왔는지 그 개인의 역사를 듣는다면 지금의 그를 이해하는 가장 좋은 방법이 될 것입니다.

- 회사에 입사할 때나 수도원에 입회하게 될 때에도 자기 소개서와 함께 개인의 역사를 기록한 글을 제출하게 됩니다. 이는 개인의 역사를 통해서 어떻게 한 인격이 성장하고, 지금의 그가 되었는가를 알아야 새로운 환경에 적응하도록 도울 수 있기 때문입니다. 또한 영성 지도를 받을 때도 개인 역사 기록을 제출합니다. 한 개인의 역사는 그가 어떻게 하느님을 체험해 왔는지를 조금이나마 알 수 있게 해 주기 때문입니다. 그래야 하느님과의 새로운 관계를 위해 그를 어떻게 도울 수 있는지를 알 수 있게 되기 때문이지요.

- 이렇듯 **역사는 지나간 시간이 어떻게 오늘을 있게 했는지 알** 수 있게 해 주며, 역사를 통해 새로운 내일을 어떻게 가꾸어 갈 지를 계획하게 합니다. 그래서 역사는 중요합니다.

- 오늘은 한국 교회가 어떻게 시작되었고, 교세 5백만으로 성장하게 된 오늘이 있기까지 어떤 이야기가 숨어 있는지 알아보겠습니다.

펼치기

1 박해의 정치적 원인인 당파 싸움의 시작

- 오늘날에도 여전한 당파 싸움의 시작은 인조(1595-1649, 16세에 왕위에 오름, 병자호란을 겪음) 때입니다. 그 당시 실세는 선조의 모친 인순대비의 오라버니인 심의겸이었지요. 그와 맞선 이가 김종직 학파의 계통을 이어받은 30대 수재인 김효원입니다. 이 두 사람이 세력 다툼을 시작할 때 김효원의 집이 동쪽에 있다하여 그 일파를 동인이라 불렀습니다. 심의겸의 집은 서쪽에 집이 있다 하여 그와 일파를 서인이라 불렀습니다. 이들로부터 시작한 당파 싸움은 결국 시대를 거듭하면서 동인은 북인과 남인으로, 서인은 노론과 소론, 노론은 시파와 벽파로 또 나뉘었습니다.

- 인조 이후에 정치 세력은 주로 노론이 차지하게 되었고, 동인의 북인은 조용히 자취를 감췄습니다. 남인은 초야에 묻혀 학문을 연구했습니다. 그러던 중에 남인들은 그동안 조선의 정신적 가치와 윤리적 척도였던 유교가 한계에 달했음을 알고 새로운 학문을 받아들여 연구하기 시작합니다. 그것이 바로 실학이지요. 실학자로 명성을 떨친 이는 우리가 잘 아는 정약용이 있습니다. 정약용의 형제들이 조선 교회 창설에 큰 역할을 하게 됩니다.

- 노론의 시파는 비교적 천주교에 온건한 편이었지만, 벽파는 천주교에 완강했으며 천주교인에 대한 박해를 정적 제거의 도구로 삼았습니다.

2 조선 천주교회 창설

1. 평신도들에 의해 세워진 한국 교회

- 중국을 대국으로 모신 조선은 해마다 여러 차례 사신을 보냅니다. 이 사신 일행이 북경에 머물며 반드시 구경했던 곳이 북경의 네 곳에 세워진 성당이었습니다. 사신들은 그곳에서 서양을 소개하는 책들과 천주실의를 선물로 받아 가지고 오게 됩니다. 또한 머리 좋은 수재들이 중국에서 유학하며 천주교를 서양 학문의 하나로 알게 되었습니다. 그들은 이를 천주학이라 불렀습

니다. 그러나 천주학은 일반 학문과 달리 이 세상 만물의 주인을 섬기고, 사람들의 삶과 죽음에 대한 새로운 가르침을 주며, 바른 삶을 살다가 마침내 하늘로 돌아가는 것이 인간 존재의 이유임을 가르쳤습니다.

- 이들은 공부를 마치고 돌아오면서 천주학 책을 몇 권씩 사 가지고 와서 공부했습니다. 당시 서양 학문을 한다는 것은 고학력자들만이 할 수 있는 것이었습니다. 이런 학자들이 점점 늘어나게 되자 연구 모임을 갖게 되었습니다. 이들은 주로 남인 계층의 사람들이었고 조정에서 다른 의심을 받을까 염려하여 한양에서 멀리 떨어진 천진암 주어사라는 곳에서 모였습니다.

- 이벽이 모임을 주도하였고 마침내 한 사람을 뽑아 중국에 보내어 보다 자세히 천주학을 배워 오게 하였습니다. 뽑힌 이가 바로 이승훈이었고 그는 북경에서 조선인으로는 처음으로 세례를 받은 사람이 되었습니다. 조선 교회의 초석이 되라는 의미로 베드로라는 세례명을 받았지요. 그때가 1784년이었습니다.

- 그 뒤로 많은 양반들과 중인들이 입교를 하는데, 권일신의 아우 권철신, 정약전, 약종, 약용 형제, 충청도 아산의 내포에 살던 이단원, 홍낙민, 최인길, 지황, 최창현, 김범우, 전라도의 유항검 등이었습니다.

- ★ 이렇듯 **한국 천주교회**는 선교사들이나 성직자들에 의해서 세워진 것이 아니라 **평신도들에 의해 세워진 유일한 교회**입니다. 이는 세계 교회사에서도 유래 없는 일이지요. 우리는 이를 자랑스러워해야 합니다.

2. 을사 추조 적발 사건(乙巳秋曹摘發事件, 1785)

- 실학자들은 사람들의 눈을 피하여 서울에서 모임을 갖게 됩니다. 이벽의 집에서 시작했으나 이벽의 집안 사람들의 반대에 부딪쳐 명례방에 사는 중인 김범우의 집에서 모임을 가지게 됩니다. 알음알음으로 모여든 이들이 수십 명에 달하자 이를 수상히 여긴 형조의 금리는 이 모임을 도박 모임으로 알고 덮쳐 형조로 연행하며, 성상 등을 압수합니다.

- 형조 판서가 심문하다 보니 대부분 명문대가 출신들의 학자임에 놀라서 그들을 타일러 훈방 조치하고, 중인인 김범우만 단양으로 귀향을 보냅니다. 그러나 김범우는 유배 생활 1년 만에 고문의 여독으로 숨지고 맙니다. 김범우는 조선 교회의 첫 희생자가 됩니다.

- 이승훈은 가족들의 박해를 견디지 못하고 천주교를 믿지 않을 것을 약속합니다. 이벽은 아버지가 스스로 목숨을 끊으려는 시도를 한 것에 흔들려 결국 천주교를 믿지 않겠다고 약속한 것입니다. 이벽은 명백한 배교는 할 수 없어 자기 신앙을 감추었고, 그 집안은 그가 천주교 신자와 접촉할 수 없도록 감금하였습니다. 이벽은 그 후 심한 자책감으로 말을 잃은 채 우울증과 불면증에 시달리다 33세의 나이로 귀천합니다.

- 뛰어난 학자들이 천주학을 받아들인 이 사건은 폐쇄적인 조선 시대 사상계에 큰 충격이었습니다. 보수적인 유학자들과 관리들은 암암리에 천주교를 박해했고, 성균관의 유생들은 통문을 돌려 천주교 신자들을 처단할 것을 촉구하였습니다.

3. 가성직 제도(假聖職制度)

- 지도자 없이 교회는 유지가 어렵다는 것을 깨우친 학자들은 덕망 있는 이들을 주교와 신부로 뽑아 세웠습니다. 이승훈이 북경에 있었을 때 중국 교회가 주교와 신부들에 의해 유지됨을 알았습니다. 이들에 의해 미사와 성사가 거행되는 것을 보았습니다. 그래서 그때의 기억과 교리서를 참고해 주교와 신부를 뽑았습니다. 지위와 학식, 덕망이 가장 뛰어났던 권일신이 주교로 추대되었고, 이승훈, 이존창, 유항검, 최창현 등이 신부로 뽑히게 되었습니다. 물론 서품식은 없었으며, 그것이 무엇인지도 그들은 알지 못했습니다.

- 이렇게 선출된 이들은 각자 자기 임지를 정해 교회를 운영하기 시작했습니다. 책을 보면서 세례도 주고, 고해성사도 주고, 미사도 드리고 신자들을 관리하는 행정도 시작했습니다.

- **생각나눔** 이들이 베푼 성사 중 유효한 성사가 무엇일까요? (대답을 들음-세례성사)

- 이들의 모든 행위는 교회법으로 불법이지요. 하지만 가성직 제도는 성직자가 없었던 조선 천주교인들의 열심을 불러일으키고, 신앙을 전국적으로 전하는 데 큰 영향을 주었습니다.

- 가성직 제도는 많은 성과 속에서 2년 동안 지속되었습니다. 그러나 교회 서적들을 자세히 연구하다 보니 이 제도가 유효한 것인지에 대한 의구심이 일었습니다. 그래서 전체 회의를 열어 일체의 성무 수행을 중지하고 북경 주교님께 문의 편지를 쓰게 되었습니다. 더불어 조상 제사 문제까지도 문의하였습니다. 이 임무를 맡았던 사람은 윤유일이었습니다.

- 북경에서 온 답장은 가성직 제도가 잘못된 것이며, 세례성사만 유효하다고 했습니다. 또한 제사는 우상 숭배이니 지낼 수 없다는 답장을 보내왔습니다. 이 답을 받은 교우들은 더욱더 성사에 대한 마음이 간절해졌습니다. 그래서 신자들은 북경 주교님께 성직자를 보내 달라고 간청하였습니다.

4. 조선의 첫 선교사 주문모 신부(1752~1801년)

- 북경 주교님은 조선 교우들의 신앙에 감탄하면서 신부님을 보내 주겠다는 약속을 합니다. 주교님은 신심과 학식에 출중한 주문모 신부님을 선발하여 1795년 한양으로 파견합니다. 이때 이미 4천 명이나 되는 교우들이 주 신부님을 따뜻이 맞이합니다. 그 가운데 한영익이라는 배교자가 관헌에 밀고하여 윤유일과 몇 명이 잡혀 순교하게 됩니다. 주문모 신부님은 아슬아슬하게 피하여 조선 교회 첫 여회장이 된 강완숙 골롬바의 집에 기거하게 됩니다.

- 강완숙 골롬바는 천주교에 입교하였다는 이유로 남편에게 쫓겨나 시어머니와 아들과 함께 살게 됩니다. 시어머니도 강완숙의 사람됨과 열심에 탄복하여 입교하게 됩니다.

- 조선 사회에서는 여자들의 거처에 절대 외부 사람을 들일 수 없는 것이 법도였습니다. 강완숙은 이 법도를 이용하여 지혜롭게 신부님을 오래도록 안전하게 모실 수 있었습니다.

- 주 신부님은 강완숙의 보호 아래 머물며 여러 번 지방 순회를 하고, 교리서를 조선말로 번역했습니다. 또한 오늘날 평신도 협의회와 비슷한 명도회를 조직하여 초대 회장으로 정약종을 임명합니다. 주 신부님이 조선에서 활동한 지 한두 해 만에 신자는 만 명으로 늘었습니다.

3 4대 박해

1. 신유박해(辛酉迫害, 1801)

- 박해의 조짐은 간헐적으로 있었으나 워낙 새로운 학문을 받아들이는 데 지혜로웠던 정조 덕분에 크게 일지 않았습니다. 그러나 1791년 마침내 심각한 문제가 발생합니다.

- 전라도 진산군에 사는 윤지충과 권상연은 양반 신분으로 천주교인이 되었습니다. 이들은 어머니를 여의자 천주교 의식에 따라 장례를 치렀기 때문에 빈소도 차리지 않고, 상복도 입지 않았습니다. 이 소문이 퍼지자 임금에게 상소가 빗발치듯 올라갔습니다. 천주학은 인륜에 어긋나는 종교라는 것이지요. 정조는 하는 수 없이 이승훈의 벼슬을 빼앗고, 제사를 지내지 않은 윤지충과 권상연에게 사형을 내립니다. (신해박해)

- 천주교에 대해 관대했던 정조가 승하하고, 어린 순조가 왕이 되자 정순왕후 김씨가 섭정을 합니다. 안동 김씨 세력은 보수 성향의 노론 벽파였습니다. 천주교에 관대한 노론 시파와 천주교인들이 많은 남인들을 색출해 낼 요량으로 박해를 일으키는데 이것이 신유박해입니다. 신유박해는 다분히 정치적 이유가 강합니다.

- 이 박해로 초창기 조선 교회의 중심인물들이 모두 다 순교합니다. 이승훈, 이가환, 정약종, 약전, 약용, 권철신, 강완숙 등이 잡혀가 대부분 순교하고, 정약전과 약용 형제는 유배를 갑니다.

- 숨어 다니면서 포교 활동을 하던 주문모 신부는 중국으로 피하였다가 다시 올 생각을 하지만 국경 근처까지 갔다가 다시 한양으로 돌아와 자수를 합니다. 이렇게 하여 조선 첫 사제였던 주 신부가 48세의 일기로 순교합니다.

- 황사영 백서 사건도 이때 일어납니다. 황사영은 주문모 신부 순교 사실과 조선 교회 박해를 중국에 알려 도움을 청하려다가 붙잡혀 처형됩니다. 흰 비단에 백반으로 글씨를 써서 물에 넣으면 그때 글씨가 나타나도록 작성했지만 연락책이었던 사람이 잡히면서 황사영을 밀고하여 잡히고 맙니다.

2. 기해박해(己亥迫害, 1838-1841)

- 신유박해로 조선 교회는 초토화되었습니다. 박해를 피해 살아남은 사람들은 재산을 몰수당하고 산간벽지로 숨어들어 화전을 일구며 생활하였습니다. 비참하게 파괴된 조선 교회는 15년 후 조금씩 다시 일어서기 시작합니다. 그 중심에 정약종의 아들 정하상 바오로가 있었습니다. 신유박해 당시 일곱 살이던 정하상은 그의 어머니 유소사 세실리아와 여동생 정정혜 엘리사벳과 친척 집에 더부살이를 하게 됩니다. 천주교를 믿어 집안을 망하게 했다며 친척들은 갖은 구박을 했지요. 그럼에도 어머니의 종교적 가르침을 충실히 따르던 정하상은 함경도로 귀양 가 있던 아버지의 친구 조동섬을 찾아가 교리를 배우고 조선 교회 재건을 위한 계획을 세웁니다.

- 가장 먼저 한 일이 동지사 일행에 끼어 중국 교회에 가서 신부님을 모셔 오는 것이었습니다. 하지만 북경 교구는 이미 박해에 접어들었고, 조선 교회를 돌볼 여력이 없었습니다. 별 소득 없이 발길을 돌려야 했으나 오랫동안 연락이 끊겼던 북경 교회와 연결된 것을 위안으로 삼았습니다.

- 북경 교회에 사제 요청은 불가능하다는 것을 인식한 이들은 1825년 로마의 교황님에게 편지를 보냅니다. 편지는 북경 주교 대리를 통해 마카오로 보내지고, 1826년 마카오에서 라틴말로 번역되어 1827년 교황님께 보내집니다. 교황님은 간절한 편지를 읽고 감동하여 포교성성 장관에게 즉시 적절한 조취를 취하라 명합니다. 포교성성 장관은 파리외방선교회에 협조를 요청했습니다. 이 포교성성 장관인 카펠라리 추기경이 다음 교황으로 선출되어 그레고리오 16세가 됩니다. 그레고리오 16세 교황은 조선 교회를 북경 교구에서 독립시켜 조선 대목구로 지

정하고, 브뤼기에르 주교님을 초대 교구장으로 파견합니다. 그러나 브뤼기에르(Brugiere) 주교님은 풍토병으로 만주에서 쓰러져 숨을 거둡니다.

- 정하상은 여의치 않은 상황에도 굴하지 않고 계속 아홉 번이나 북경을 오가며 신부를 모시려고 노력하였습니다. 이 노력은 결국 결실을 맺어 중국 유방제 신부, 프랑스 모방, 샤스탕 신부님을 입국시키는 데 성공하였습니다. 그리고 마침내 조선 교구 2대 교구장인 앵베르 주교님을 모셔 오는 데 성공하여 조선 교회는 최초로 주교님을 모시게 되었습니다.

- 모방 신부님은 전국을 다니면서 신학생들을 선발해 마카오로 보냅니다. 정하상은 신부님을 도와 최양업, 최방제, 김대건을 선발하고, 자신도 신부님들께 신학을 배우기 시작하여 최초의 신학생이 됩니다. 그의 나이 42세 때였습니다. 정하상은 신품을 2년 앞둔 1839년에 일어난 기해박해로 순교하게 되었습니다. 이 박해로 말미암아 앵베르 범 주교님과 모방, 샤스탕 신부님을 비롯한 교회의 중요 인물들이 모두 순교하게 됩니다. 앵베르 주교님은 박해가 일어나자 이들에 대한 기록을 남겼고, 당신이 순교하게 되자 현석문 가롤로에게 주어 계속 기록하게 합니다. 이 기록으로 기해박해 때 순교한 분들은 대부분 성인품에 오르게 됩니다.

3. 병오박해(丙午迫害, 1801-1846)

- 기해박해로 치명타를 입은 교회는 사라지는 듯했습니다. 하지만 살아남은 이들은 산 속으로 더 깊이 들어가 옹기를 굽고, 화전을 일궈 농사를 지으며 교우촌을 이룹니다. 작은 단위 교회는 전교 회장을 뽑아 성직자를 대신하는 신앙생활의 지도자로 모시고 신앙생활을 계속해 나갑니다. 이때 조선에서 벌어진 심각한 박해 사실을 전혀 모르는 파리외방선교회에서는 두 신부를 더 조선에 파견하기로 합니다.

- 1844년 조선 제3대 교구장 페레올 주교는 금가항 성당에서 김대건에게 신품성사를 줍니다. 그리고 이듬해인 1845년 상해를 떠나 다블뤼 안 신부님과 김대건 신부와 함께 귀국길에 오릅니다. 이 일을 현석문이 돕습니다.

- 김대건 신부님이 들어와 일 년 남짓 활동함으로써 교세는 최대로 확장됩니다. 페레올 주교는 김대건 신부에게 최양업 부제와 매스트로 신부를 맞아들일 준비를 서두르게 하였습니다. 이 일을 위해 연평도 근해로 가서 청나라 어부들과 연락을 취하던 중 김대건 신부는 포졸들에게 잡힙니다. 김대건의 기개와 지혜에 놀란 헌종 임금은 신부님을 회유하나 자신의 신앙을 끝까지 지키는 그를 어찌할 수 없었습니다. 온갖 악형을 당한 끝에 1846년 9월 16일 새남터에서 군문효수를 당합니다. 이 일을 계기로 병오박해가 시작됩니다.

- 최양업 부제는 네 차례나 입국을 시도하다 실패하고 1849년 청나라 강남 교구 마레스카 주교의 집전으로 서품을 받습니다. 그리고 고군분투 끝에 고국을 떠난 지 14년 만에 돌아와 김대건 신부의 못 다한 일을 하다 1862년 과로와 식중독으로 주님 품에 돌아갑니다.

4. 병인박해(丙午迫害, 1866-1873)

- 철종이 젊은 나이로 후사 없이 죽자 기해박해를 일으킨 조만영의 딸 신정왕후가 왕궁의 제일 권력자가 되었습니다. 신정왕후는 흥선군의 둘째 아들 이명복(12세)을 왕위에 오르게 하였습니다. 신정왕후와 풍양 조씨 세력은 다시 권력에 눈독을 들이나 고종의 아버지 흥선대원군이 그리 호락호락한 인물이 아닌지라 실권을 그에게 빼앗깁니다. 흥선대원군은 쇄국 정책과 천주교에 대한 혹독한 박해로 10년 동안 권력을 휘두르게 됩니다. 더욱이 풍양 조씨 일파가 모두 등용되면서 교회는 박해의 위험을 더 안게 되었습니다.

- 고종 즉위 당시 조선 교회는 조선 제4대 교구장 베르뇌 장 주교님과 8명의 성직자가 활동하고 있었고, 교우의 수는 2만 3천명을 헤아리고 있었습니다. 대원군은 처음에 통상을 요구하는 러시아 사람을 몰아내기 위해 베르뇌 주교에게 의뢰해 프랑스의 힘을 빌리도록 하자는 대신들의 의견에 솔깃해집니다. 그래서 장 주교님을 만나기로 했으나 러시아 배가 흐지부지 떠나 버리자 마음이 돌변해 박해의 칼을 뽑습니다. 대원군의 쇄국 정책과 박해 문제로 서양의 군함들이 들어와 약탈을 하고, 통상을 요구하였습니다. 하지만 이에 자극받은 흥선대원군은 통상을 거절하고 박해의 수위를 점점 높여만 갔습니다.

- 이렇게 1866년부터 1873년까지 순교한 이의 수를 정확히 알 수 없을 만큼 어마어마한 박해가 일어나 수많은 교우들이 순교합니다. 거의 만 명 이상이 되는 것으로 추산됩니다.

5. 4대 박해 이후

- ★ 대원군이 권좌에서 물러난 다음부터 천주교에 대한 박해가 자취를 감추었고 마침내 1886년 한불 조약으로 종교의 자유를 보장받습니다. 그러나 이 자유는 결코 쉽게 얻어진 것이 아니었습니다. **4대 박해**와 작은 박해들로 인해 **3만여 명의 순교자들**이 **피로써 지켜 낸 신앙**이었습니다. 한국 교회는 이렇게 많은 순교자들의 피 위에 세워진 교회입니다.

- 병인박해 후 약 10여 년 뒤 조선 교회는 다시 성직자를 갖게 되고, 당시 신자의 수는 만 명 정도였습니다. 종교 자유를 보장받

은 뒤 가장 먼저 한 일은 사제 양성을 위한 학교 마련이었습니다. 1887년 용산에 예수 성심 신학원을 개설하여 본격적으로 방인 사제 양성에 힘썼고, 1893년에 약현 성당을 세움으로써 조선에서 처음으로 서양식 성당을 건축합니다. 또한 1898년엔 김범우 토마스의 집터에 명동대성당을 축성합니다.

- 1984년 대한민국 교회 설립 200주년 기념으로 교황 요한 바오로 2세가 한국을 방문하여 103명의 순교 성인 시성식을 하게 됩니다. 그리고 여러분께서도 잘 아시듯 2014년 8월 프란치스코 교황님께서 방한하시어 서울 광화문 광장에서 124위의 순교자를 복자품에 올리십니다.

4 오늘날에 순교

- 순교는 아무에게나 주어지는 복은 아닙니다. 사실 순교의 덕을 살기 위해 수도 생활이 시작되었습니다. 초대 교회 박해 시대에 가장 큰 덕은 순교였습니다. 313년 콘스탄티누스 황제의 밀라노 칙령으로 인해 박해가 끝나자 신자들은 순교를 대신할 덕목을 찾게 되는데 그것이 바로 자신의 순결을 바치는 동정 생활이었습니다. 순교가 자신의 목숨을 지키려는 인간 본성을 거스르는 행위였다면, 정결 또한 같은 맥락에서 이해될 수 있습니다.

- 오늘날은 피 흘리는 순교를 요청하지 않습니다. 하지만 신앙을 스스로 택한 우리는 새로운 덕목으로 순교자들의 대열에 들도록 노력해야 합니다. 위에서 잠시 살펴본 정결의 덕목을 찾아낸 세계 교회사에서의 일화처럼 말이지요.

- 🍃 내 본성을 거슬러 살수 있다면 그것이야말로 순교라 하겠습니다. 내게 만일 인내가 부족하다면, 사랑이 부족하다면, 절제가 부족하다면 그것을 키워 나가도록 노력하는 그것으로 순교의 덕을 살 수 있습니다. 하지만 오늘날 우리에게 본성을 거스르라는 순교의 요청은 어느 때보다 큽니다. 하느님을 대신하는 우상들이 득세하기 때문입니다. 돈, 명예, 권력, 쾌락 등이 바로 그것이죠. 이것의 유혹에 넘어가지 않고 ★ **하느님을 위해 희생과 봉사, 절제의 덕을 키워 나가는 것이 오늘날 요청되는 백색 순교라 하겠습니다.** 이로써 우리는 순교자들을 본받을 수 있습니다.

- 🐾 이를 통해 없는 이를 도와주고, 부족한 이를 받아들여 함께 살아가려는 공동체성을 회복하게 될 것입니다. 이것이 우리의 희생을 통해 이 땅에 하느님 나라를 이루고자 하시는 하느님의 뜻입니다.

깊이 들어가기

활동 1 순교자의 이야기를 읽고 느낌 나누기

복자 황일광 시몬 이야기를 읽고 나의 신앙 돌아봄

[의미] 순교 성인의 이야기를 통해 지금 나는 어떤 희생으로 신앙생활을 하고 있는지 돌아볼 수 있다.

준비물 순교자 이야기 ― 교사용 첨부 9

진행

1) 준비된 순교 성인 이야기를 조별로 읽는다.
2) 이야기를 읽고 느낀 점을 서로 이야기한다.
3) 일상의 작은 순교를 어떻게 살 수 있는지 교재 활동란에 적어 본다.

활동 2 동정 부부 이야기 ― 토의

하느님께 드리는 정결 서약의 의미 알기

[의미] 성이 문란한 이 시대에 이들의 정결 서약은 어떤 메시지를 주는지 깊이 생각할 수 있게 한다.

- 들려드리는 이야기를 듣고 주인공들의 삶이 성이 문란한 오늘날에 어떤 메시지를 주는지 각자 생각해 봅시다.

- 한국 순교 역사의 꽃이라 할 수 있는 동정 부부 순교자가 있었는데 유항검의 아들 유중철 요한과 이순이 루갈다였습니다. 루갈다는 주문모 신부님께 세례를 받고 성체를 영하면서 동정을 바치기로 결심합니다. 이 결심을 아는 주문모 신부는 유항검의 아들과 루갈다의 중매를 섭니다. 유항검은 전주의 갑부였으나 신분이 그리 높지 않은 양반이었고, 루갈다의 집안은 왕족이었습니다. 그러니 신분의 차이로 집안의 반대가 대단하였습니다.

- 루갈다의 어머니는 '내가 과부의 처지라 생활이 곤궁하여 부잣집 사위를 얻어 덕을 보아야겠다.'는 구실을 내세워 결혼을 강행합니다. 한편 유요한의 아버지 유항검의 허락도 중요했습니다. 집안의 대를 이을 맏아들을 동정으로 살게 한다는 것은 참으로 대단한 결심이었습니다.

- 이 둘은 마침내 결혼을 하고 오누이처럼 살기로 주님 앞에 서약합니다. 이 둘은 4년 동안 오누이처럼 지내다가 신유박해 때에 순교합니다. 루갈다는 체포될 때 손가락에 있는 대로 금가락지를 끼고, 치마는 몇 겹을 겹쳐 입고 옥에 들어갑니다. 옥중에 있으면서 순교할 때까지 치마를 찢어 그간의 과정을 모두 써서 서울에 있는 어머니와 언니에게 편지로 보냅니다. 금가락지를 하나씩 빼어 포졸들에게 주고 편지를 전하게 했던 것이지요. 이 편지는 당시의 상황을 전해 주는 귀중한 자료가 되었습니다.

- "어머님, 제가 먼저 천주님의 명령을 따른 뒤에, 훗날 어머님이 이 세상을 떠나실 때에는, 제가 영원한 행복의 화관을 머리에 쓰고 어머님을 천국으로 모셔 드리겠나이다." "남편과 오누이로 살면서 10번의 동정 서약이 무너질 뻔한 유혹을 받았지만 공경하올 성혈 공로로 마귀의 유혹을 이겨 냈나이다."

- 이들의 공로가 우리에게 어떻게 나누어지기를 바라는지 교재 활동란에 적어 보시기 바랍니다.

마음기도

*  예수님 안에 머무르기

- 모두 마음을 모으기 위해 바른 자세를 해 보겠습니다. 몸은 곧게 펴고, 고개는 턱을 앞으로 당겨 약간 숙입니다. 발은 어깨 넓이로 벌리고 앉습니다. 두 손은 주님 앞에 빈손임을 드러내는 표지로 하늘을 향하게 펴서 무릎에 살포시 얹습니다. 이제 눈을 감고 깊게 호흡을 합니다. 들숨을 쉬며 "사랑의 성령님" 날숨을 내쉬며 "저에게 오소서"라고 기도합니다. 이렇게 10번 반복합니다.

- 자신의 생명을 바쳐 하느님을 증거한 신앙의 선조들을 기억합시다. 오늘 들은 이야기 중 가장 기억에 남는 이야기를 예수님께 말씀드리십시오. (2분)

- 하느님을 증거하는 삶으로 나를 불러 주신 주님께 감사드리면서, 순교 성인을 본받아 내 삶을 변화시켜야겠다고 결심한 내용을 다시 일깨워 봅시다. 그리고 그렇게 살 때 어떤 변화가 있을지 상상해 봅시다. (3분)

- 영광스러운 순교자들의 대열에 나도 함께 있을 수 있도록 순교 성인들의 전구를 청합시다. (2분)

- 순교 성인들이 하느님 은총으로 자신의 삶을 변화시키고, 죽음으로 주님을 증거하였듯이 우리도 주님의 자비와 은총을 청합시다. (3분)

과제제시

1 복습

- 오늘 우리가 무엇을 배웠는지 '복습'의 칸을 채워 보세요.
  - 오늘 배운 내용 중 가장 기억에 남는 내용을 적어 보세요.
  - 다음을 읽고 답을 쓰세요.
  - 정답: 용어 풀이 참조

2 실천

- 자신이 살고 있는 지역 근처의 성지를 방문하여 순교자의 신앙을 본받을 수 있도록 합시다. (가톨릭 굿뉴스 http://www.cathoilc.or.kr '가톨릭 정보' 참조)

3 알아봅시다

- 부록의 내용을 살펴보겠습니다. 교재 121쪽에 더 알아야 할 질문과 답이 '궁금합니다'에 수록되어 있습니다. 132쪽에서 순교로 신앙을 증거한 김범우 토마스, 브뤼기에르 주교, 최양업 토마스를 만날 수 있습니다.

정답: 용어 풀이
4대 박해 : 신유·기해·병인·병오 박해
이승훈 베드로 : 1784년 한국인 최초로 세례를 받은 사람
김대건 안드레아 : 최초의 한국인 사제
백색 순교 : 하느님을 위해 희생과 봉사, 절제의 덕을 사는 것

교사 자기 점검표 ☑	
내 용	확인
• 오늘 수업 준비에 성실하였습니까?	☐
• 예비신자들이 오늘 수업목표에 각각 도달하였습니까?	☐
• 나를 통해 예비신자들이 순교자들의 피 위에 세워진 한국 천주교회에 자부심을 느꼈습니까?	☐

교사 마침 기도

좋으신 하느님, 오늘 수업에 대해 감사드리며, 저의 모든 노고를 오늘의 순교자로 살아가는 많은 의인들을 위하여 바칩니다. 저의 부족한 수업을 당신 친히 채워 주시고 제가 보다 나은 수업을 준비하도록 도와주소서. 우리 주 그리스도를 통하여 비나이다. 아멘.

추천합니다

* **가톨릭 도서**

「이슬은 꿈이 되어」
　　　　　　　　　　유은희 지음 | 순교의맥

「한국 순교자 103위 성인전 상·하」
아드리앙 로네·폴 데통베 지음, 안응렬 역 | 가톨릭출판사

「한국 순교자의 영성」
　　　　　　　　　　안충석 지음 | 가톨릭출판사

「하늘로 가는 나그네 상·하」
　　　김길수 강의, 가톨릭다이제스트 엮음 | 흰물결

* **노래**
- 가톨릭 성가 283 순교자 찬가
- 가톨릭 성가 285 103위 순교 성인
- 가톨릭 성가 286 순교자의 믿음
- 가톨릭 성가 287 성 안드레아 김대건 신부

제23과 그리스도인의 권리와 의무

주제어 : 권리, 의무

학습목표
1. 그리스도인으로서의 **권리**는 **참된** 그리스도인으로 **양육되는 것**임을 알 수 있다.
2. 그리스도인으로서의 다섯 가지 **의무**를 알고 이를 **지킬 수** 있다.
3. 그리스도인으로서의 **의무를 알아** 경제 활동, 사회생활을 통해서 **그리스도인다운 모범**을 보일 수 있다.

나의 신앙을 돌아보며

◆ 말씀과 함께

"자, 네가 여러 해 동안 쓸 많은 재산을 쌓아 두었으니, 쉬면서 먹고 마시며 즐겨라." (루카 12,19)

이 성경 구절은 어리석은 부자의 비유에서 부자가 한 말입니다. 하지만 하느님께서는 이렇게 말씀하십니다. "어리석은 자야, 오늘 밤에 네 목숨을 되찾아 갈 것이다. 그러면 네가 마련해 둔 것은 누구 차지가 되겠느냐?" 오늘날 경제 활동의 목적이 '이윤 창출'에만 국한되다 보니 신성한 인간의 노동이 착취의 대상이 되었습니다. 이로 인한 양극화 현상이 사회 불안의 요소가 되고 있습니다. 피터 싱어라는 철학자는 효율적 이타주의라는 그의 저서에서 이렇게 말합니다. '밀레니엄 세대들은 그 부모들이 축적한 부와 앞 세대가 이뤄 놓은 발전의 덕을 충분히 만끽한 세대이다. 이 풍요로움이 이들의 마음에 여유를 주었고, 이들은 더불어 사는 삶의 가치를 숙고했다. 그리고 기부 문화를 선도하는 세대가 되었다.'라고 했습니다. 홀로 자신을 위해서만 쌓은 재물은 결국 불평등을 낳고, 그 불평등은 다수의 불만을 낳는다는 것을 이들은 알아차린 것입니다. 그럼에도 성경의 부자처럼 자신만을 위해 부를 축적하는 이들은 그 부를 이용해 정치권력을 사고, 언론을 흡수하면서 자기들에게 필요한 사회 구조를 만들어 버립니다. 그래서 이 세상의 다수가 기회의 불평등 때문에 상처를 입고, 좌절합니다. 긍정적 의미에서든 부정적 의미에서든 이제 우리는 '세계화'의 물결 속에서 지구 전체가 한 공동체로 살아가게 되었습니다. 그렇다면 더더욱 나를 위한 경제 활동, 나를 위한 사회 구조가 아니라 세상 모든 사람이 함께 공유할 수 있고, 공감할 수 있는 경제 활동이 되어야 하고, 사회 구조를 만들어 가야 할 것입니다. 이런 의미에서 피터 싱어가 언급하고 있는 밀레니엄 세대들의 행보에 주의를 기울여야 하고, 동참할 수 있어야 하겠습니다.

"너희가 내 형제들인 이 가장 작은이들 가운데 한 사람에게 해 준 것이 바로 나에게 해 준 것이다." (마태 25,40)

최후의 심판 때 우리는 하느님 사랑의 계명을 잘 살았는지 그렇지 못했는지를 가지고 그분 앞에 서게 될 것입니다. 영생을 얻겠다고 신앙생활을 하면서 사랑을 살지 못한다면 우리가 얻으려고 한 것은 과연 무엇일까요? 우리가 만들어 놓은 하느님을 찾지 말고, 우리에게 사랑으로 당신을 계시하시는 하느님을 잘 만나 뵐 때 우리는 진정한 의미에서 신앙인이 될 것입니다. 그리스도인으로서의 의무와 권리는 하느님 말씀을 잘 알아듣고 숙고할 때 참된 의미를 찾을 것입니다.

◆ 숙고하기

나는 내가 속한 사회의 불의에 어떤 태도를 취하고 있습니까?
나는 사회의 구조적 폭력에 놓여 있는 이들의 고통에 침묵하지는 않았습니까?

◆ 기도하기

사랑의 하느님, 제가 이 세상의 고통에 침묵하지 말게 하시고, 이 땅에 당신의 정의를 이루게 하소서. 아멘.

 수업을 이렇게

◆ 수업 줄거리

1. **그리스도인으로서의 권리** : 성경, 교리 공부를 지속함으로써 그리스도인으로서 양육될 권리가 있음을 알고 그 방법을 제시한다.

2. **교회법에 따른 그리스도인의 의무** : 한 나라가 유지될 수 있으려면, 기본적 법규들과 질서가 필요하듯이 교회도 법규들로 유지된다. 교회법에 따른 그리스도인의 의무를 알고 지킬 때 참된 그리스도인으로서의 삶을 살 수 있게 되고, 교회도 유지될 수 있다.

3. **경제 활동에서의 그리스도인의 의무** : 오늘날 경제 구조의 목적이 이윤 창출에만 집중되었기에 인간의 신성한 노동과 존엄성이 훼손되기도 한다. 그러나 그리스도인의 경제 활동의 목적은 사람이어야 하며, 인간 공동체 전체에 유익이 되는 것이어야 한다.

4. **사회생활에서의 그리스도인의 의무** : 오늘날 우리는 사회의 구조적 모순으로 인한 부의 양극화 현상 속에서 인간의 평등과 인권이 무시되는 현실에 놓여 있다. 인간이 사회를 구성하지만, 사회의 구조는 인간의 삶의 질을 좌우한다. 그리스도인으로서의 사회생활은 사회의 구조적 폭력과 불의 앞에서 하느님의 정의를 외칠 수 있어야 한다.

수업 계획표 (총 60분)

단계	내용	진행	준비물
도입 (5분)	질서와 법의 필요성	한 공동체를 이루려면 질서와 법이 필요함을 안다.	
펼치기 (30분)	그리스도인으로서의 권리	그리스도인으로서 양육될 권리를 앎	
	교회법에 따른 그리스도인의 의무	미사 참례, 고해성사와 성체성사의 의무, 단식·금육재, 교회 유지비 부담의 의무, 혼인법의 의무에 대한 설명	
	경제 활동에서의 그리스도인의 의무	경제 활동의 목적이 이윤이 아닌 인간이 되어야 함을 앎	
	사회생활에서의 그리스도인의 의무	무관심으로 인해 구조적 폭력이 자리매김 하였음을 알고, 이를 극복하기 위해 영적인 눈으로 세상을 봐야 함	
깊이 들어가기 (15분)	무관심의 결과 무지의 베일	1. '난 침묵했다' 웹툰 보고 토론하기 2. 존 롤즈의 '무지의 베일' 실험	빔, 노트북 1~4까지 적힌 종이 조별 Set
마무리 (10분)	마음기도	기도	
과제제시	배운 내용 정리	요약하기	

이런 것을 뜻합니다

 삼위일체 교리　　 공동체

 기도　　생각나눔 숙고하고 나누기

 중요　　 사회교리

밑줄　수업목표에 해당함

▶ 출석 확인

열 기

1 시작기도 : 가톨릭 성가 421장

2 지난 시간 복습

◇ 4대 박해는 무엇입니까?

◇ 1784년 한국인 최초로 세례를 받은 인물은 누구입니까?

◇ 하느님을 위해 희생과 봉사, 절제의 덕을 사는 것을 무엇이라 합니까?

◇ 한국인 최초의 사제와 두 번째 사제는 누구입니까?

3 질서와 법의 필요성

- 생각나눔 여러분 만일 여기 있는 우리가 한 나라를 이뤘다면 가장 필요한 게 무엇이 있을까요? 무엇을 가장 먼저 만들어야 할까요? 아무것도 갖춰지지 않은 나라임을 감안하여 두 분씩 가장 필요한 것 한 가지씩 만들어 전체와 나누도록 하겠습니다. (시간을 줌)

- 이야기 잘 들었습니다. 여러분 말씀처럼 법을 정하고, 질서를 정해야 평화를 유지할 수 있을 것입니다. 교회에도 법이 있습니다. 그 법을 지켜야만 교회가 유지되고 발전할 수 있습니다. 이것은 신앙인의 의무입니다.

- 또한 의무에 상응하는 그리스도인으로서의 권리도 있습니다. 오늘은 그리스도인의 권리와 의무에 대해 이야기를 나누어 보도록 하겠습니다.

- 교재의 그림을 보겠습니다. 마태오 복음 10장 9절에 '너희가 거저 받았으니 거저 주어라'는 말씀이 있습니다. 예수님께서는 당신의 자녀인 우리를 축복하시고 세상을 위한 예수의 손과 발이 되라고 요청하십니다. 이것이 그리스도인의 의무이고 권리입니다.

펼치기

1 그리스도인의 권리

- 그리스도인으로서의 권리가 무엇일까요? 바로 ★ <u>하느님의 말씀과 성사들로 영적인 도움을 받을 권리와 그리스도인으로 양육될 권리</u>입니다. 그러자면 예비신자 교리로는 많은 부분들이 부족합니다. 배우는 여러분은 어렵다고 생각하겠지만 2,000년의 역사 속에서 많은 박해와 이단의 위협들을 딛고 일어선 교회는 압축된 교리와 전통을 풍부히 가지고 있습니다. 그러므로 사랑의 삼위일체 하느님의 구원 역사를 기록하고 있는 성경에 대해 배워야 하며, 오랜 역사 동안 정리, 요약되어 온 교회의 교리 내용을 더 깊이 배워야 합니다. 언뜻 들으면 권리가 아니라 의무처럼 느껴지기도 하겠지만 이는 명백한 권리입니다.

- 성경은 어느 정도 이론적 지식을 갖출 때 내용을 풍부히 알아들을 수 있습니다. 성경이 쓰일 당시의 배경과 문화를 알아야 올바르게 읽을 수 있습니다. 구약 성경을 잘못 이해한 마르키온이라는 사람은 구약의 하느님을 복수하는 하느님이라며 참된 신이 아니라고 했습니다. 명백한 이단이지요. 구약 성경의 배경과 그들의 문화를 이해하지 못한 데에서 온 결과였습니다.

- 교회의 많은 영성 서적들과 교리서들을 통해 예비신자 기간 동안 익힌 내용을 바탕으로 가톨릭교회에 대한 더 넓은 지평을 가지실 수 있습니다. '아는 만큼 보인다.'는 말이 있지요. 오늘날에도 신흥 종교들의 도전들 앞에 우리 신앙인들은 서 있습니다. 우리의 것을 제대로 알 때 그들을 대응할 힘도 나옵니다.

- 각 본당의 성경 공부반, 가톨릭 교육 기관 내의 신학 공부, 교회 학문 연구소 등의 특강들을 접하여 이 권리를 누릴 수 있습니다.

2 교회법에 따른 그리스도인의 의무

1. 주일과 의무 대축일의 미사 참례 의무

- 십계명의 제3계명에 의한 의무로 주일 미사에 참례해야 할 의무가 있습니다. 여기에 덧붙여 교회가 정한 주일이 아닌 의무 대축일은 주님 성탄 대축일(12월 25일), 천주의 성모 마리아 대축일(1월 1일), 성모 승천 대축일(8월 15일)입니다.

2. 성체성사와 고해성사를 받아야 할 의무

- 적어도 1년에 한 번 부활 때 성체를 받아 모셔야 할 의무가 있습니다. 그리스도인은 부활을 희망하며 사는 이들입니다. 그 희망을 실현시키는 것이 바로 성체성사의 은총입니다. 다양한 이유로 신앙생활을 성실히 하지 못했더라도 교회의 가장 큰 미사인 부활과 성탄 미사에 참례해 영생을 주는 성체를 받아 모셔야 합니다. 또한 성체를 모시기 위해서는 은총 지위를 회복해야 하는데 그 방법을 이미 여러분은 아시지요? (대답을 들음) 네. 바로 고해성사를 받아야 할 의무가 함께 따라옵니다. 한국 교회에서는 판공성사(공로를 판단함)를 교회 전례의 두 축인 성탄과 부활에 볼 수 있도록 사목적 배려를 하고 있습니다. 그래서 적어도 두 번은 공적으로 판공성사 표를 배분하고, 교적에 그 결과를 기록합니다.

3. 단식재와 금육재의 의무

- 교회는 오랜 전통 속에서 단식과 금육재의 의무를 지내고 있습니다. 단식의 의무는 사순절이 시작되는 재의 수요일과 예수 그리스도의 수난이 절정에 이르는 성금요일에 지킵니다. 재의 수요일은 예수님께서 예루살렘에 입성하실 때 사람들이 흔들던 빨마가지를 1년 동안 십자가 아래 걸어 두었다가 다음 해 사순절의 시작인 재의 수요일에 태워 머리에 얹는 예식을 하게 됩니다. 이 전례의 의미는 사람이 먼지에서 왔으니 먼지로 돌아갈 것을 기억하며 회개하고 하느님 나라에 대한 희망을 가지라는 것입니다.

- 단식재를 지키는 방법은 한 끼는 굶고, 한 끼는 식사량의 반만 먹고, 한 끼는 온전한 식사를 하는 것입니다. 단식재의 의무는 만18세부터 60세까지입니다. 물론 노약자와 환자, 임산부, 힘든 노동을 하는 이들은 제외됩니다.

- 금육재는 단식재와 마찬가지로 재의 수요일과 성금요일을 포함하여 매주 금요일에 지키는 것입니다. 말 그대로 육식을 금하는 것을 말합니다. 금육재의 대상은 만 14세부터 평생토록입니다. 의무 면제 대상은 단식재와 동일합니다. 또한 여행, 외식할 때도 면제 됩니다. 대신 사랑과 희생을 권장합니다.

- 단식재와 금육재의 진정한 의미는 우리의 회개와 보속의 가시적 행위이기도 하지만 이로써 절약된 몫을 가난한 이들과 나누는 공동체성을 바탕으로 합니다.

4. 교회의 유지비(교무금) 부담의 의무

- 교회법1254조에 의거하여 가톨릭교회는 고유한 목적 달성을 위해 경제적 권한을 국가 권한에서 독립하여 단독으로 갖습니다. 고유한 목적이란 하느님께 공적인 예배를 드리는 것, 성직자들과 교회직원들의 생활비를 마련하는 것, 사도직 활동과 애덕 사업을 실천하는 것입니다. 그러므로 이에 따른 재정 확보를 위해 그리스도인들의 의무가 요청됩니다.

- 이제 세례를 받으시기 전 세례 문서를 작성하고, 신부님과 면담하시면서 이 부분에 대한 약속을 하시게 될 것입니다. 주님께서는 말라기 예언자를 통해 이 대목에 대해 이렇게 말씀하고 계십니다. 말라기 예언서 3,10을 함께 읽어 보겠습니다. "너희는 십일조를 모두 창고에 들여놓아 내 집에 양식이 넉넉하게 하여라. 그러고 나서 나를 시험해 보아라. 내가 하늘의 창문을 열어 너희에게 복을 넘치도록 쏟아 붓지 않나 보아라."(말라 3,10) 교무금은 우리가 받는 복에 대한 감사를 드리는 가시적 행위이며, 교회 조직을 유지하게 합니다. 그러므로 내 사정에 맞게, 주신 복에 감사하는 마음으로 기꺼이 이 의무를 할 수 있어야 합니다.

5. 혼인법을 지켜야 하는 의무

- 혼인법에 대해서는 이미 혼인성사에서 자세히 다뤘습니다. 여기서는 간략히 내용을 요약하겠습니다.

- 비신자와 결혼할 경우 혼인 관면을 받아야 합니다.

- 혼인성사 이전에 서류 작성과 면담, 교회에서 제공하는 혼인에 대한 교육을 받아야 합니다.

- 혼인의 본질적 특성인 단일성과 불가해소성을 이해하고 있어야 하며, 이를 지켜야 합니다.

- 자녀를 선물로 받아들이고, 신앙의 모범을 보임으로써 그리스도인으로 양육할 의무가 있습니다.

- ★ 이렇듯이 그리스도인이 지니는 의무는 다섯 가지가 있습니다.

  첫째, 주일과 의무 축일에 참례해야 하는 의무
  둘째, 성체성사와 고해성사를 받아야 할 의무
  셋째, 단식과 금육재의 의무
  넷째, 교회 유지비 부담의 의무

다섯째, 혼인법 준수의 의무

3 경제 활동에서의 그리스도인의 의무

- 이 내용을 이야기하기 위해 성경을 읽어 보겠습니다. 루카 복음 12장 16절에서 21절까지 다 함께 읽겠습니다.

- 복음에서 말하는 것처럼 자기 자신만을 위해 재화를 모으는 사람들 때문에 오늘날에도 문제가 발생합니다. 이 세상의 경제적 불평등은 기회의 불균등함에서 옵니다. 이는 사회 구조의 모순에서 비롯하고요. 하느님 나라에 대해 여러분이 배웠듯이 그 나라는 정의와 평화의 나라입니다. 그리스도인은 그 정의를 이 땅에 이루라는 소명을 받은 사람들입니다.

- 그러므로 그리스도인의 경제 활동은 비그리스도인들과는 달라야 합니다. **경제 활동의 목적이 인간이 되어야 합니다.** 사실 오늘날 경제활동의 목적은 이윤이고, 사람은 수단이 되기에 많은 문제가 발생합니다. 부당 해고, 임금 체불, 고의적 파산, 주가 조작, 탈세, 공금의 개인적 유용, 불법 정치 자금을 위한 비자금 조성, 수표나 계산서의 위조, 부패와 업무 태만 등을 그 예로 들 수 있습니다. **그리스도인의 경제 활동은 인간 공동체 전체에 유익이 되는 것**이어야 합니다. 불의를 저지르면서도 '다른 사람들도 다 그렇게 해'라는 일반화의 오류를 범하면서 자신을 합리화하는 일은 없어야 합니다.

- 경제 활동은 사람들의 노동에서 비롯합니다. 하지만 노동은 인간을 위한 수단이지 노동 자체가 목적이 될 수 없습니다. 그러므로 인간의 존엄성을 해치는 노동 행위나 경제 활동은 지양되어야 합니다. 기업가들과 노동자들은 인간의 공동선을 위해 자신들의 이기심을 놓아야 합니다. 이것으로 공동선에 어긋나는 폭력적 파업이나, 이를 부추기는 부당한 해고나 인권을 무시하는 노동력의 착취는 없어야 합니다. ★ **그리스도인들의 경제 활동은 정의와 평화의 나라를 이루는 삼위일체 하느님 뜻이 유일한 기준이 되어야 합니다.**

4 사회생활에서의 그리스도인의 의무

- 마태오 복음 25장 31절에서 40절까지 함께 읽도록 하겠습니다.

- 인간은 사랑의 공동체를 이루는 삼위일체 하느님의 모상을 닮아 이 세상에 존재합니다. 그래서 인간의 본성은 너를 필요로 하며, 나와 너로 인해 우리, 즉 공동체가 생겨납니다. 공동체 안에서 각자의 역할을 하면서 사회생활의 형태를 가지게 됩니다. 그래서 원만한 사회생활을 하고자 하면 공동체성을 전제해야 합니다. 예수님께서는 '최후의 심판'을 들려줌으로써 어떻게 공동체 생활을 해야 하는지 알려 주십니다.

- 사회는 인간에 의해 만들어졌지만, 사회는 인간의 삶의 질을 좌우합니다. 하느님 사랑을 쫓아 살아갈 때는 이웃이 형제자매가 됩니다. 하지만 그렇게 하지 못할 때 이웃은 내 경쟁의 대상으로 전락합니다. 가톨릭의 구원은 보편적입니다. 공동체의 구원을 지향합니다. 그러므로 공동체의 구성원들을 어떻게 인식하느냐가 중요합니다.

- 사회의 구조적 모순을 직시하고, 이로 인해 소외받고 고통 받는 사람들은 없는지 살펴야 하고, 그들과 연대하고, 위로할 수 있어야 합니다. 이로써 우리는 예수님께서 가난한 이들을 위해 베푼 선을 당신을 위해 한 것으로 아시고, 우리의 지상의 삶을 사랑의 봉헌으로 받으실 것입니다. 사실 세상의 소외와 가난과 공포와 고통의 근원은 무관심입니다. 그 무관심이 견고한 구조적 폭력을 자리매김하게 하고, 그 폭력 속에 불특정 다수가 놓이게 되며, 무관심했던 나까지도 포함합니다. ★ **영적인 눈으로 세상을 바라볼 수 있어야 하며, 정의로움으로 불의에 맞설 수 있어야 합니다.**

깊이 들어가기

활동 1   난 침묵했다 — 웹툰 보고 토론

무관심의 결과를 인식하기

> [의미] 침묵이 무관심과 동의어가 된다면 좋은 세상을 만들 수 없음을 알 수 있다.

진행

1) '난 침묵했다'라는 웹툰을 보기
2) 내가 침묵하고 있는 사회 현안들은 무엇입니까?
3) 웹툰을 통해 생각해 볼 수 있었던 것은 무엇입니까?
4) 웹툰의 내용처럼 침묵하다가 나도 피해자가 되었던 순간이 있었습니까? 그때 누가 나를 도와줬습니까?

- 내가 침묵해서 고통을 겪는 이들의 편에 서지 못했던 것을 반성하며, 느낀 점을 적어 봅시다.

활동 2   무지의 베일 — 실험

사회학자 존 롤즈의 무지의 베일 실험

[의미] 존 롤즈의 무지의 베일 실험을 통해 이기심이 없어야 합리적으로 판단할 수 있음을 배운다.

준비물 1~4번까지가 적힌 용지(조별로 Set)

진행

1) 번호가 적힌 종이(1부터 4까지)를 각 조별로 하나씩 뽑게 한다. 이 종이는 펴 보라고 할 때까지 절대 보면 안 된다.
2) 다음의 이야기를 들려준다.

- 한 어머니가 돌아가시면서 육백만 원의 빚을 남기고 돌아가십니다. 자녀는 모두 사 남매로 큰딸은 혼자 사는 의사, 둘째는 중소기업 과장이며, 전업주부인 아내와 딸 둘을 책임지는 가장입니다. 셋째는 공무원이고, 부인은 교사이며, 딸 하나를 두고 있습니다. 넷째는 막내딸로 무직인 남편과 어린 아들과 함께 살며 보험 외판원을 하면서 생계를 간신히 유지해 가고 있습니다. 이들은 어머니의 유언장을 놓고 서로 실랑이를 벌입니다.

- 큰딸은 엄마 유언이니까 4명이 사 등분해서 정리하자고 합니다. 그러나 큰아들이 자신은 혼자 벌어 네 식구 먹는다며, 너무 힘들다고 합니다. 그러면서 맞벌이하는 셋째와 혼자 사는 큰누나가 부담하면 어떻겠냐고 제안합니다. 셋째는 딸 유학 보내느라 자신도 여유가 없다고 합니다. 그러면서 의사인 큰누나가 다 책임져 주길 바랍니다. 그러자 큰누나는 부동산에 묶여 있어 현금이 없다고 하지요. 큰누나는 여전히 넷이 똑같이 부담하자고 주장합니다. 그러자 막내가 자신의 처지를 말하면서 어머니에게 가장 큰 혜택을 본 큰언니가 해결하라고 합니다. 이들의 논쟁은 끝이 보이지 않지요.

3) 이제 여러분이 이 문제를 해결해 주십시오. 네 분이 한 조로 이 상황을 정리해 주십시오.
4) 결과를 칠판에 적어 본다. 대부분 능력에 따른 차등 책임을 도출해 낸다.
5) 이제 아까 뽑은 종이를 펴게 한다. 거기에 적힌 번호가 내가 맡을 사 남매의 역할이다. 그 역할을 가지고 다시 토론하게 한다.
6) 이 토론이 결론이 잘 나지 않음을 체험한다.

- 처음에 제3자의 입장에서 내놓은 결론과 역할을 맡은 다음의 결론은 어떻습니까? 존 롤즈라는 사회학자는 '무지의 베일'이라는 법칙을 이야기합니다. 어떤 일 앞에서 무지의 베일을 쓰고 토론을 하면 합리적인 결과를 도출해 냅니다. 하지만 나와 관련이 되면 이기심 때문에 내 입장만을 고수합니다. 그래서 합리적 결과를 도출하기 어렵습니다.

- 이 실험을 통해 느낀 점을 활동에 적어 보겠습니다. 그리고 내가 무엇을 내려놓아야 그리스도인으로서 잘 살아갈 수 있는지 적겠습니다.

마음기도

* 🙏 **예수님 안에 머무르기**

- 모두 마음을 모으기 위해 바른 자세를 해 보겠습니다. 몸은 곧게 펴고, 고개는 턱을 앞으로 당겨 약간 숙입니다. 발은 어깨 넓이로 벌리고 앉습니다. 두 손은 주님 앞에 빈손임을 드러내는 표로 하늘을 향하게 펴서 무릎에 살포시 얹습니다. 이제 눈을 감고 깊게 호흡을 합니다. 들숨을 쉬며 "사랑의 성령님" 날숨을 내쉬며 "저에게 오소서"라고 기도합니다. 이렇게 10번 반복합니다.

- 마태오 복음 25장 31절부터 45절까지 읽고 가장 마음에 와 닿는 구절을 가지고 예수님과 이야기 나눕니다. (10분)

과제제시

1 복습

- 오늘 우리가 무엇을 배웠는지 '복습'의 칸을 채워 보세요.
  ✏️ 오늘 배운 내용 중 가장 기억에 남는 내용을 적어 보세요.
  ✏️ 다음을 읽고 빈칸을 채우세요.

2 실천

- 그리스도인으로서 꼭 지키고 싶은 나의 다짐을 적어 내가 가장 오래 머무르는 공간에 붙여 놓고 실천해 봅시다.

3 알아봅시다

- 부록의 내용을 살펴보겠습니다. 교재 132쪽에 사회 정의를 위해 노력하신 복자 오스카 로메로와 아베 피에르를 만날 수 있습니다.

정답: 용어 풀이

의무 대축일 : 모든 주일을 포함한 주님 성탄 대축일(12월 25일), 천주의 성모 마리아 대축일(1월 1일), 성모 승천 대축일(8월 15일)

판공성사 : 적어도 1년에 한 번 고해성사를 해야 하는 것.

단식재 : 사순절이 시작되는 재의 수요일과 예수 그리스도의 수난이 절정에 이르는 성금요일에 지킴.

교무금 : 우리가 받는 복에 대한 감사를 드리는 가시적 행위이며, 또한 교회의 일원으로서 교회 조직을 유지하게 하는 것.

교사 자기 점검표 ☑

내 용	확인
· 오늘 수업 준비에 성실하였습니까?	☐
· 예비신자들이 오늘 수업목표에 각각 도달하였습니까?	☐
· 나를 통해 예비신자들이 그리스도인의 권리와 의무를 알게 되었습니까?	☐

교사 마침 기도

좋으신 하느님, 오늘 수업에 대해 감사드리며, 저의 모든 노고를 사회 정의를 위해 애쓰는 모든 이를 위하여 바칩니다. 저의 부족한 수업을 당신 친히 채워 주시고 제가 보다 나은 수업을 준비하도록 도와주소서. 우리 주 그리스도를 통하여 비나이다. 아멘.

추천합니다

* **가톨릭 도서**

「정의와 사랑」
　　　　　　안충석 지음 │ 가톨릭출판사

「정의 없는 평화 없고, 용서 없는 정의 없다」
　　　　　장바니에 지음, 제병영 역 │ 다른우리

「성서와 사회정의」
　　　　H. 헨드릭스 지음, 정한교 역 │ 분도출판사

「사회교리」
　　　　　황창희 지음 │ 인천가톨릭대학교출판부

「사회를 변화시키는 그리스도인」
　　　　　　김춘호 지음 │ 가톨릭출판사

* **노래**
  - 가톨릭 성가 17　　정의의 하느님
  - 가톨릭 성가 20　　어두움을 밝히소서
  - 가톨릭 성가 68　　기쁨과 평화 넘치는 곳
  - 가톨릭 성가 421　나는 세상의 빛입니다